2012–2016

# Weltkrise und Neubeginn

Dr. Elizabeth Teissier
Gerhard Hynek

# 2012–2016
# Weltkrise und Neubeginn

## Die Horoskope der Staaten und Ihre persönlichen Sterne

mvgverlag

Bibliografische Information der Deutschen Nationalbibliothek:
Die Deutsche Nationalbibliothek verzeichnet diese Publikation in der Deutschen Nationalbibliografie; detaillierte bibliografische Daten sind im Internet über http://d-nb.de abrufbar.

**Für Fragen und Anregungen:**
teissier@mvg-verlag.de

2. Auflage 2012

Nymphenburger Straße 86
D-80636 München
Tel.: 089 651285-0
Fax: 089 652096



Übersetzung: Christa Trautner-Suder
Umschlaggestaltung: Julia Jund
Umschlagabbildung: iStockphoto
Satz: HJR, Jürgen Echter, Landsberg am Lech
Druck: GGP Media GmbH, Pößneck
Printed in Germany

ISBN 978-3-86882-250-2

# INHALT


Einleitung: Ich, Kassandra ... 8

ERSTER TEIL 13

KAPITEL 1: DIE APOKALYPTISCHEN VORHERSAGEN 14

Von Nostradamus bis zur Johannes-Apokalypse 14
Die Vorhersagen der Maya, der Hopi-Indianer und der Azteken 26

KAPITEL 2: VOM MENSCHEN UNABHÄNGIGE BEDROHUNGEN 42

Die kosmische Gefahr: Sonnenaktivität, Kometen, Asteroide 42
Naturkatastrophen: Die vier Elemente werden entfesselt 56

KAPITEL 3: VOM MENSCHEN VERURSACHTE BEDROHUNGEN 66

Cyberwar 66
Epidemien und Pandemien 69
Die lautlosen Killer 71

KAPITEL 4: UNSERE TODSÜNDEN IM 21. JAHRHUNDERT 74

Der Stolz 74
Die Gier 81
Der Hunger 82
Die Wollust 83
Die Gewalt 83
Die kollektive und individuelle Feigheit 85

KAPITEL 5: DIE FOLGEN UNSERER TODSÜNDEN 86

Der Bruch mit Mutter Natur 86
Die Vergiftung der Böden 87
Industrielle Tierzucht und ungesundes Essen 89
Verschwendung und Müll 93

KAPITEL 6: MÖGLICHE LÖSUNGEN. PLÄDOYER FÜR EINEN WELTRAT DER WEISEN 96

Ein Hoffnungsschimmer 96

ZWEITER TEIL ........................... 115

KAPITEL 7: DIE GROSSEN PLANETENZYKLEN ZWISCHEN 2012 UND 2016 ........................... 116

Die Welt schwingt in einem 500-Jahres-Zyklus ........... 116
2012: Die Weltordnung verändert sich ........... 121
2013: Ein großer, kanalisierter Umbruch ........... 129
2014: Gerät das Abendland ins Wanken? ........... 133
2015: Auf der Suche nach einer neuen Ausgewogenheit ........... 135
2016: Eine mögliche gesellschaftliche Wiedergeburt ........... 137
2012–2016: Die weltweite Zivilisationskrise ........... 139
Ausblick auf die Zukunft ........... 141

KAPITEL 8: HOROSKOPE FÜR EINIGE LÄNDER DIESER WELT ... 143

Die großen Planetenzyklen in der kommenden Krise ........... 143
Deutschland ........... 145
Frankreich ........... 154
Die Vereinigten Staaten von Amerika ........... 167

DRITTER TEIL ........................... 177

KAPITEL 9: DIE HOROSKOPE FÜR JEDES STERNZEICHEN VON 2012 BIS 2016 ........................... 178

Einleitung: Die Sternzeichen ........... 178
Widder ........... 186
Stier ........... 204
Zwillinge ........... 220
Krebs ........... 237
Löwe ........... 254
Jungfrau ........... 270
Waage ........... 291
Skorpion ........... 311
Schütze ........... 330
Steinbock ........... 349
Wassermann ........... 371
Fische ........... 389

BIBILIOGRAFIE ........... 409

*»Nicht äußern will ich mich zu den Philosophen, den Astronomen und Astrologen, deren für die Menschen äußerst nützliche Wissenschaft sich durch das Dogma bestätigt, durch die Methode erklärt und durch die Erfahrung rechtfertigt.«*

HL. JEREMIAS

*»Zwanzig Jahre gewissenhaften Studiums haben meinen rebellischen Geist von der Stichhaltigkeit der Astrologie überzeugt.«*

J. KEPLER

## Einleitung: Ich, Kassandra ...

In diesem Sommer 2011 kann man sich angesichts der Fülle an Büchern, Filmen und sonstigen Werken, die sich einer Neuauflage der Angst vor der Jahrtausendwende widmen, zu Recht fragen: Warum ein x-tes Buch über 2012 und die damit verbundenen Ängste vor einem Weltuntergang veröffentlichen?

Darauf gibt es zwei Antworten. Erstens beschränkt sich dieses Werk nicht auf das Jahr 2012, sondern umfasst auch die Jahre bis 2016. Zweitens stützt sich diese Analyse auf die kosmischen Zyklen, die Einflüsse der Planeten. Dieses Buch enthält keine unbegründeten Vermutungen oder Hirngespinste, sondern Beobachtungen und Daten, die sich aus astronomischen Berechnungen ergeben. Das bedeutet: Dieses Werk ist ein Original.

Schon in den ersten Monaten des Jahres 2011 haben wir die Wirkung des dissonanten und schwierigen Zyklus von Pluto/Uranus gespürt, der ähnlich wie in den 1960er-Jahren mit den bekannten drastischen Ereignissen (Vietnam, chinesische Revolution, Mai 1968 usw.) aktiv war. Eine neue gesellschaftliche Revolution hat begonnen. Die Tragödie von Fukushima und die Revolutionen in einigen arabischen Ländern sind ein Vorgeschmack auf die möglichen Auswirkungen dieser Konstellation.

Beginnen wir jedoch in der noch weiter zurückliegenden Vergangenheit: beim antiken Mythos von Kassandra. Was wissen wir wirklich von dieser sagenhaft schönen Trojanerin, abgesehen davon, dass sie eine prophetische Gabe besaß, die ihr tragische Visionen und schreckliche Vorhersagen eingab? Wissen wir, dass sie ihrer Mutter, noch während diese schwanger war, ankündigte, ihr Sohn Paris würde die Stadt ins Unglück stürzen? Dass sie ihrem Bruder Paris vorhersagte, er werde die schöne Helena entführen und damit den Untergang Trojas herbeiführen? Dass sie die Trojaner, die von ihrer Schönheit fasziniert waren, vor der von den Griechen eingesetzten List mit dem Trojanischen Pferd warnte?

Kassandra wurde von ausländischen Fürsten und Königen bewundert und hofiert; der Gott Apollo sprach einen Fluch gegen sie aus. Ihm verdankte sie ihre visionäre Gabe und entzog sich trotzdem seiner Annäherung. Aus verletzter Eitelkeit verfügte er, dass niemand ihre Vorhersagen und Prophezeiungen jemals glauben würde, auch wenn diese richtig sein sollten! Sogar den Tod Agamemnons und ihren eigenen sah Kassandra voraus – ermordet von Königin Klytemnestra, die trunken vor Eifersucht war, als ihr Mann, König Agamemnon, der dem Charme der Pythia erlegen war, diese nach Troja mitgebracht hatte, um sie in sein Bett zu bekommen.

Schön und gut, werden Sie sagen, aber was hat das mit dem Inhalt dieses Buchs zu tun?
Ich bin keine beschönigende Astrologin, die nur Gutes prognostiziert. Da ich meine Kunst sehr hoch achte, habe ich immer gesagt und geschrieben, was sie mir diktiert hat. Daher hat man mich häufig als Kassandra bezeichnet. Zum Beispiel als ich in meinem Buch *Verbrennt die Hexe nicht* für Mai 1981 das Attentat (»Unmöglich!«, hieß es, und ich selbst weigerte mich fast, es niederzuschreiben!) auf Papst Johannes Paul II. vorhersagte oder in der Zeitschrift *Elle* das Attentat auf Reagan. Man hielt mich für verrückt, weil ich derartige Prognosen machte.
Das brachte mich zu der Frage, ob es Ähnlichkeiten zwischen dem Mythos der Kassandra und meinem Schicksal gibt und wenn ja, wie weit diese wohl gehen. Ich habe verwirrende Ähnlichkeiten festgestellt, aber auch große Unterschiede. Der erste Unterschied ist: Auch wenn ich gelegentlich visionär bin – dank einer fast göttlichen Eingebung! –, bin ich doch keine Hellseherin, sondern benötige für meine Prognosen meine Ephemeriden mit den Positionen der Planeten, sie sind die Grundlagen meiner Inspiration dank ihres symbolischen Reichtums.
Mit Hellsehen hat das also nichts zu tun. Auch nicht mit Magie oder einem direkten Draht zum Himmel. In meinen Argumentationen greife ich ständig auf die Dienste meines Corpus callosum zurück – Sie wissen schon, das ist der Gehirnbalken, der die linke Gehirnhälfte (Logik) mit der rechten Gehirnhälfte (Intuition, Kreativität) verbindet und eine Synthese zwischen der Symbolik und der Rationalität eines Arguments erlaubt. Mithilfe meines Neptuns (u. a. der Planet des Traums und der Intuition) im rationalen Sternzeichen Jungfrau wurzeln meine Visionen – wenn es denn Visionen sind – in der Realität. Dabei wäre noch hinzuzufügen, dass bei der Umsetzung dieses ehrgeizigen Werks und den Herausforderungen, die es mir gestellt hat, mein Corpus callus auf eine harte Probe gestellt wurde. Denn wie soll man sich beispielsweise an eine Vorhersage für 2015 wagen, während man, zumindest konkret, nichts über den Ablauf des Jahres 2014 weiß?
Dabei spreche ich nicht von der Schwierigkeit einer astrologischen Vorhersage an sich. Der Dichter André Breton, vom Sternbild Wassermann, hat die Argumentation bezüglich der königlichen Kunst der Sterndeutung wie folgt kommentiert: „Was ich an der Astrologie immer in höchstem Maß geschätzt habe, ist nicht ihr lyrischer Aspekt, sondern die multidialektische Kunst, die sie verlangt und auf die sie sich gründet. Unabhängig von ihren sehr subtilen Bewertungsmöglichkeiten halte ich ihre Methode auch für die fruchtbarste Lockerungsübung für den Geist. Ein Schicksal anhand der Planetenstellungen und ihrer gegenseitigen

Aspekte in den verschiedenen Sternzeichen und Häusern in Bezug zur Lokalisation von Aszendent und Himmelsmitte zu entwirren, setzt ein solches Fingerspitzengefühl voraus, dass dieses alleine ausreichen sollte, um die üblichen Formen synthetischer Argumentation für geradezu lachhaft zu erklären und sich von deren Kinderei zu überzeugen.“ (in *Astrologie moderne*).

Ich denke, jeder weitere Kommentar dazu erübrigt sich.

Zurück zu Kassandra: Als Ähnlichkeit sehe ich eigentlich nur diesen Fluch, die Nicht-Anerkennung, die häufige gesellschaftliche Ablehnung, diese Voreingenommenheit, die an Ungerechtigkeit grenzt. Wie sonst wäre diese Behandlung mit zweierlei Maß zu erklären, die mir seit über drei Jahrzehnten zuteil wird? Man spricht und schreibt prinzipiell nur über meine Fehlprognosen, aber nur selten über richtige Vorhersagen, obwohl es Hunderte davon gibt, schwarz auf weiß! Das ist für mich ein fortwährendes und ermüdendes Leitmotiv. Man verzeiht mir keinen einzigen Fehler. Ganz anders als bei Futurologen und Experten verschiedenster Richtungen, in der Wirtschaft, im Finanzwesen etc. Ich aber habe kein Recht auf einen Irrtum!

Eine moderne Kassandra also? Vielleicht. Wenn es darum geht, dass es zur Berufung des Propheten, der Pythia gehört, dramatische Ereignisse oder Katastrophen anzukündigen, davor zu warnen – dann kann man diese Frage bejahen. Dabei muss man bescheiden bleiben, da in der Ausübung meiner Kunst der Sterne Fehler unterlaufen können. Denn in der Astrologie berühren sich die Extreme.

Der Astrologe soll wie der Dichter hellsehen. Aber wehe, wenn er sich irrt! Oder wenn er gelegentlich alles durch eine zu finstere Brille betrachtet und die Zukunft schwärzer sieht, als sie ist. Das mag bei mir manchmal der Fall gewesen sein. Vielleicht eine Projektion meiner eigenen Befürchtungen, genährt durch die geheimnisvollen Planetenzyklen?

Im vorliegenden Buch habe ich versucht, für Sie, liebe Leserin, lieber Leser, die Geheimnisse dieser Zyklen zu entschlüsseln, ihren Einfluss auf unsere Welt und unsere Gesellschaft, das kollektive Geschehen zu entziffern. Außerdem habe ich eine Reihe von Staaten analysiert, für die der außergewöhnlich starke Zyklus Pluto/Uranus besonders wirksam sein sollte. Schließlich habe ich die Einflüsse der Planeten auf die verschiedenen Tierkreiszeichen bewertet, ebenfalls für den Zeitraum zwischen 2012 und 2016.

Parallel dazu hat mein Teampartner und Gefährte Gerhard Hynek, Journalist und (Drehbuch-)Autor, eine Bestandsaufnahme unserer heutigen Welt erstellt, eine Zusammenfassung von Informationen, Ergebnissen und Beobachtungen über unsere postmoderne Gesellschaft, ihre Übertreibungen, Abweichungen, Ungerechtigkeiten und die Bedrohungen aller Art auf unseren Planeten – einschließlich der kosmischen Bedrohungen. Die Beschreibung und Analyse der Vorhersagen der Maya und – wie ich feststellen konnte – deren Zusammentreffen mit den kommenden kosmischen Rhythmen bilden ein weiteres Kapitel des Buchs. Dieses Werk, in dem ich auch meine eigenen Beobachtungen und Vorschläge als Soziologin – meiner weiteren Funktion – hinzugefügt habe, beschränkt sich nicht nur auf negative und manchmal beängstigende Feststellungen, sondern bietet auch Vorschläge und Heilmittel an, einige – leider noch wenige! – Lichtblicke.

Ja, Kassandra … Sollte man sich nicht freuen, wenn uns bestimmte negative Vorhersagen, bestimmte Katastrophen erspart bleiben? Die vorausschauende Astrologie ist die *Wissenschaft der höheren Wahrscheinlichkeiten.* Absolute Gewissheit liegt außerhalb der Reichweite von uns einfachen Menschen, die wir selbst konditioniert sind. Begnügen wir uns damit, unsere Mitmenschen, unsere Brüder und Schwestern zu warnen. Denn wenn es Ereignisse bis hin zu Katastrophen gibt, die zu allen Zeiten von einem astro-historischen Determinismus vorgesehen sind, so gibt es andere, für die wir verantwortlich sind und bei denen wir handeln können – handeln *müssen.* Beispielsweise bei der Heilung unseres Planeten, unserer »Mutter Gaia«, die in unseren Händen liegt, die unsere Verantwortung ist.

Bei diesem Prozess tief greifender sozialer Wandlungen, der in den Sternen eingetragen ist, steht Pluto ähnlich wie zum Beginn der Renaissance am Anfang des 16. Jahrhunderts im Zeichen Steinbock, Symbol für politische Strukturen par excellence. Vielleicht erleben wir nach Krisen und tief greifenden Umwälzungen, symbolisch für Pluto, eine neue Renaissance?

Wir laden Sie ein zu dieser Reise in die Zukunft. Wir hoffen, dass Sie durch die Lektüre Informationen zu den möglichen Ereignissen der nächsten Jahre gewinnen. Nicht nur im Hinblick auf das *wie*, sondern speziell auf das *wann*, die wichtigsten Phasen und Daten, das *Timing.*

Gott und die Sterne mögen Sie in dieser Zeit großer Veränderungen beschützen. Hoffen wir, dass diese für ein Wohlergehen der Welt und ihrer Bewohner sorgen werden.

Für uns alle.

# ERSTER TEIL

# KAPITEL 1:
# DIE APOKALYPTISCHEN VORHERSAGEN

## Von Nostradamus bis zur Johannes-Apokalypse

Schon seit Urzeiten wollte der Mensch die Zukunft kennen. Heute, zu Beginn des 21. Jahrhunderts, verwandelt sich diese Neugier in die bange Frage, ob es anhand von Prophezeiungen wohl möglich sei, unser persönliches und das Schicksal unserer Erde zu entziffern. Und es gibt tatsächlich eine Fülle an Weissagungen und Prognosen, von denen einige sich inzwischen bewahrheitet haben – seit dem Orakel von Delphi und den biblischen Propheten, über die bedeutenden visionären Astrologen des Mittelalters wie Kardinal d'Ailly, Nostradamus, Paracelsus, Mystiker wie Hildegard von Bingen oder Meister Eckhart oder die Kalender der Maya und der Hopi-Indianer bis hin zu Edgar Cayce und den Futurologen unserer Epoche.

Beschränken wir uns hier auf einige erstaunliche Vorhersagen der Vergangenheit, die unsere nähere Zukunft betreffen. Während einige dieser Prognosen sehr geheimnisvoll sind wie die berühmten *Centurien* von Nostradamus oder die »Päpsteprophezeiungen« des Malachias von Armagh in Irland, sind andere Prognosen sehr viel klarer und verständlicher formuliert.

### DIE ASTROLOGEN UND IHRE VORHERSAGEN

Die Astrologen, überdurchschnittlich gebildet, meist zudem Ärzte, waren die Gelehrtesten ihrer Zeit. Seit der Römerzeit und während des gesamten Mittelalters nannte man sie übrigens *mathematici* – die Mathematiker.

Im 14. Jahrhundert erregte **Kardinal d'Ailly** (1351–1420), der wie viele andere Kirchenmänner die Astrologie praktizierte, großes Aufsehen, als er für das späte 18. Jahrhundert eine große Revolution in Frankreich vorhersagte, also beinahe vier Jahrhunderte im Voraus!

1556 wagte **Nostradamus** (1503–1566) neben einigen anderen, eine ebenso weit in die Zukunft weisende Vorhersage, als er das Jahr 1792 als den Beginn eines neuen Zeitalters für Frankreich angab.

Einer der heftigsten Gegner von Nostradamus war ein gewisser Antoine Couillard. 1560 veröffentlichte er ein Pamphlet mit dem Titel *Contredicts à Nostradamus* (»Einwendungen gegen Nostradamus«), in dem er behauptete, dessen Vorhersagen sowie die sämtlicher »Astrologen-Scharlatane« seien null und nichtig. In der Annahme, Nostradamus und

Kardinal d'Ailly lächerlich machen zu können, kam er auf die unglückliche Idee, sich speziell über ihre Vorhersage einer möglichen Revolution in Frankreich 1789 zu mokieren:
»Sie erfinden unendlich viele unglückliche Vorhersagen, die alle falsch sind. Da sie uns um das Jahr unseres Herrn Tausendsiebenhundertneunundachtzig eine der größten Konjunktionen ankündigen, wobei zehn Saturnumläufe vollständig zu Ende sein werden, versteht es sich von selbst, dass wir davon verschont sein werden«, schreibt er.
Bereits damals mangelte es den Rationalisten, die geradezu allergisch auf die Gestirne reagierten, an Weitblick und geschärfter Intuition!

## NOSTRADAMUS

Dieser großartige Visionär, Arzt und Astrologe hat seit seinem Tod den Anstoß zu mehreren Tausend Büchern gegeben. In der Welt wimmelt es von Exegeten jeglicher Art, die es offensichtlich ablehnen, die Warnungen dieses bedeutenden Weisen aus Salon in der Provence zu berücksichtigen: Seinen eigenen Worten zufolge wird man ihn erst 2050 entschlüsseln und verstehen!
Die 1566, direkt vor Nostradamus' Tod (2. Juli 1566) erschienene Ausgabe der *Centurien* enthielt zehn Centurien (die VII. blieb unvollendet) mit insgesamt 942 Vierzeilern. Und wie es der Autor in einem Brief an seinen Sohn ankündigte, hatte er sie selbst »unverständlich zurechtgestutzt« …
Sowohl seine Centurien als auch seine »erhellenden« Texte dazu (Brief an seinen Sohn Caesar und Brief an König Heinrich II.) sind äußerst schwierig zu entschlüsseln, trotz der Tatsache, dass seit seinem Tod 1566 mindestens 20 000 bis 30 000 »Übersetzungen« und »Interpretationen« herausgegeben wurden.
Aber eines wird deutlich: Nostradamus war nicht nur ein großartiger Arzt, der Tausende vor der Pest rettete, sowie ein bedeutender Eingeweihter – er besaß eine immense Bildung, sprach Latein, Griechisch und Hebräisch –, sondern auch ein außergewöhnlicher Astrologe. Ein heutiger Astrologe kann tatsächlich kaum begreifen, wie Nostradamus zu so fantastischen Schlussfolgerungen gelangen konnte, ohne auf unsere modernen übergenauen Ephemeriden zurückgreifen zu können – ganz zu schweigen von den astronomischen Daten unserer Computerprogramme. Dies ist ein unerklärliches Geheimnis, sind blendende Tatsachen, die Bewunderung verdienen und ungläubiges Staunen hervorrufen. Denn die Prophezeiungen von Nostradamus gründen sich vor allem auf die Einflüsse der Sterne. Dies äußert er mehrfach ganz klar, wie etwa in dem Brief an seinen Sohn Caesar: »Gott der Schöpfer

wollte einige Geheimnisse der Zukunft durch bildliche Eindrücke enthüllen, in Übereinstimmung mit der vernünftigen Astrologie«* ... Und: »Ich habe einige Bücher mit Prophezeiungen zusammengestellt, die jeweils hundert prophetische *astronomische Vierzeiler* enthalten.« Oder: »Die Dinge, die eintreten müssen, lassen sich anhand der natürlichen *nächtlichen Himmelslichter* vorhersagen.«

Er warnt seinen Sohn davor, sich mit Magie zu beschäftigen: »Ich flehe dich an, du mögest deinen Verstand niemals auf solche Träumereien und Eitelkeiten verwenden, in denen sich die Seele verliert. (...) Seit jeher von der Heiligen Schrift verworfen (...) und auch vom Oberhaupt, von dem das Urteil der vernünftigen Astrologie akzeptiert worden ist: Dadurch und mittels *Inspiration und göttlicher Offenbarung* haben wir unsere Prophezeiungen schriftlich ausgearbeitet.«* Eine bewundernswerte Synthese von hieb- und stichfester Klarheit.

In seinem Vorwort zu den letzten drei Centurien (VIII, IX und X), in dem Nostradamus sich an den »unbesiegbaren, überaus mächtigen Heinrich II., König von Frankreich« wendet, dessen Tod in einem Turnier er vorhersagte, gibt er erneut klar und deutlich an, dass sich seine Vorhersagen der Zukunft auf »die Astrologie und die göttliche Eingebung« stützen. Das bedeutet, dass jede andere Interpretationsquelle – wie sie von einigen begriffsstutzigen oder auf Planeten allergisch reagierenden Exegeten angeführt wurde – schlecht fundiert und zumeist an den Haaren herbeigezogen ist.

Auch wenn es nicht Thema des vorliegenden Werkes ist, eine Abhandlung über die Vorhersagen von Nostradamus zu schreiben, bleibt es doch interessant festzustellen, dass Nostradamus wiederholt von einer »islamistischen Gefahr« für Frankreich spricht. Da der religiöse Fanatismus eines der großen Probleme unserer Epoche darstellt, kann man daraus schließen, dass die angekündigten Ereignisse erst noch kommen werden, möglicherweise in sehr naher Zukunft. Es weist allerdings nichts mit Sicherheit darauf hin, für welches Jahr genau Nostradamus diese »Invasion« vorhergesehen hat. Man kann lediglich Hypothesen aufstellen und beim Vergleich dieser Vierzeiler mit anderen und mit den beiden weiter oben zitierten Briefen neigen wir zu der These, dass uns diese Probleme von religiösem Fanatismus und Fundamentalismus *ganz aktuell* bedrohen.

Hierzu möchten wir nur drei der Vierzeiler von Nostradamus zitieren und überlassen dem Leser das Urteil:

---

* Copyright by Ray O. Nolan, http://nostradamus-prophezeiungen.de))

*Centurie I*, Vierzeiler 18:

*Durch die Zwietracht, vernachlässigte Franzosen,*
*wird ein Durchgang für den Mohammedaner geöffnet sein*
*mit Blut tränkt man die Erde und das Meer von Senoyse*
*der Hafen Phocen, von Segeln und Schiffen.*

*Par la discorde negligence Gauloise*
*Sera passage à Mahomet ouvert*
*De sang trempé la terre & mer Senoise*
*Le port phocéen de voilles & nefs couvert.*

(Der Hafen Phocen, anders gesagt Marseille, wird von Segeln und Moscheen eingenommen. Die Segel müssen zugleich als Segel von Schiffen und als der islamische Schleier, der Tschador, verstanden werden.)

Und hier *Centurie I*, Vierzeiler 73:

*Frankreich wird durch Nachlässige von fünf Seiten bestürmt*
*Tunis, Argiels (?) werden durch Perser aufgewiegelt,*
*Lion, Sevilla, Barcelona werden schwach.*
*Sie werden wegen der Venezianer keine Flotte mehr haben.**

*France à cinq pars par neglect assaillie*
*Tunys Argel esmeus par Persiens:*
*Leon, Sevilie, Barcelon ne faillie,*
*N'aura la classe par les Venitiens.*

Oder auch Vierzeiler 29 der zweiten *Centurie*:

*Der Orientale verlässt seinen Stammsitz/Thron,*
*überquert die Berge der Alpen, erblickt Frankreich.*
*Überwindet vom Himmel die Gewässer und Schnee*
*Einen jeden wird er mit seiner Peitsche schlagen.**

*L'Oriental sortira de son siège*
*Passer les monts appenins: voir la Gaule*
*Transpercera le ciel, les eaux et neige*
*Et un chacun frappera de sa gaule.*

In einem anderen Vierzeiler 77 der *Centurie* VIII spricht der Weise aus Salon (Provence) von einem Krieg, der 27 Jahre dauern wird:

* Copyright by Ray O. Nolan, http://nortradamus-prophezeiungen.de

*Der Antichrist, recht bald drei vernichten,*
*der Krieg wird siebenundzwanzig Blutjahre dauern,*
*die Ketzer getötet, Gefangene ins Exil geschickt,*
*Blut, menschliche Körper, Wasser rotgefärbt, Erde voll Hagel.**

*L' antéchrist trois bien tost annichilez.*
*Vingt et sept ans durera sa guerre,*
*Les heretiques morts, captifs exilez,*
*Sang corps humain eau rogie gresler terre.*

Dabei könnte man von einem Beginn des Krieges der Islamisten am 11. September 2001 ausgehen, der 27 Jahren dauern würde … also bis 2028! Eine Hypothese, die man tatsächlich nicht ausschließen darf, denn wenn man sich auf die Planetenzyklen bezieht, kann mit einem goldenen Zeitalter ab 2027/2028 gerechnet werden (siehe Kapitel 7).
Interessant ist auch, dass Nostradamus in diesem Zusammenhang mehrfach von Persern oder dem persischen Traum spricht, was vor der »Regierungszeit« von Khomeini und der Islamischen Revolution im Iran schwer verständlich war …
Eine weitere beunruhigende Tatsache: Der Weise aus der Provence nennt in seinen Texten nur vier genaue Daten. In seinem Brief an Heinrich II. gibt er das Jahr 1792 an und kündigt eine Erneuerung in Frankreich nach einer großen Verfolgung der christlichen Kirche an, die bis ins **Jahr Tausendsiebenhundertzweiundneunzig** dauern wird.
Wie sollte man keine Bewunderung für diese Vorhersagen empfinden? Nostradamus hatte mehr als zwei Jahrhunderte im Voraus den neuen Kalender der Französischen Revolution vorhergesehen!
Ein weiteres exaktes Datum nennt er in seinem 71. Vierzeiler der *Centurie* VIII:

*Die Zahl der Astronomen wird sich so stark vermehren*
*verjagt, verbannt, und Bücher zensiert,*
*Das Jahr Tausendsechshundertundsieben während heiligem Zeitablauf,*
*dass keiner zu den Weihen mehr sicher sein wird.**

*Croistra le nombre si grand des astronomes*
*Chassez, bannis et livres censurez:*
*L' an mil six cens sept par sacrez glomes*
*Que nul aux sacres ne seront asseurez.*

---

* Copyright by Ray O. Nolan, http://nortradamus-prophezeiungen.de

Ohne eine Interpretation der beiden letzten, sehr rätselhaften Zeilen unternehmen zu wollen, versteht man doch sehr gut, dass sich die ersten beiden Zeilen auf die Erfindung des Teleskops sowie auf die astronomischen Entdeckungen von Kopernikus und Galilei beziehen, die ein neues Zeitalter einläuteten und – parallel dazu – auf die Trennung von Astronomie und Astrologie, wobei die Astrologie letztlich verboten und verbannt wurde. Man musste noch 60 Jahre warten, bis Colbert den Astronomen die Ausübung der Astrologie untersagte, sodass diese verurteilt und von der Sorbonne ausgeschlossen wurden (1666).

## DAS MISSVERSTÄNDNIS VON 1999

Das dritte Datum gibt Nostradamus in seinem berühmten Vierzeiler 72 der *Centurie X* an:

*»Im Jahr Tausendneunhundertneunundneunzig und sieben Monate*
*wird ein großer Schreckenskönig vom Himmel herabsteigen,*
*wird wieder auferstehen der große König von Angolmois.*
*Mars regiert vorher und nachher durch Glück.*

*L'an mil neuf cents nonanteneuf et sept mois*
*Du ciel viendra un grand Roy d'effrayeur*
*Ressusciter le grand Roy d'Angolmois,*
*Avant après Mars regner par bon-heur.*

Vor 1999 dachten viele Interpreten dieses Vierzeilers – ich eingeschlossen –, Nostradamus gebe das Datum der berühmten Sonnenfinsternis vom 11. August 1999 an (er verwendete noch den Julianischen Kalender, damit fiel diese Sonnenfinsternis auf den 1. August, also genau sieben Monate nach Jahresbeginn). Als der 11. August 1999 jedoch vorüberging, ohne dass irgendetwas geschah, was einem »großen Schreckenskönig, der vom Himmel kommt« entsprach, war ich ratlos.
Im Übrigen muss ich hinzufügen, dass ich, anders als in der Presse aus der Feder meiner Kritiker hundertmal zu lesen war, in diesem Zusammenhang nie vom Ende der Welt gesprochen habe. Ich fürchtete jedoch eine große Katastrophe rund um dieses Datum. Ich stützte mich auch auf das kosmische Kreuz planetarer Dissonanzen aus fixen Zeichen – in meinen Augen sehr beunruhigend – und nannte damals als Hypothese den Absturz der Sonde Cassini, die sich an diesem Tag der Erde nähern sollte. Ich sprach jedoch auch von Erdbeben oder Vulkanausbrüchen.
Das war so falsch nicht, denn fünf Tage nach dem 11. August wurde die Türkei von einem Erdbeben der Stärke 7,8 auf der Richterskala heimge-

sucht, dem schlimmsten des Jahrhunderts mit 12 000 Toten und 27 000 Verletzten. Es gab jedoch noch ein anderes Ereignis, das mich an diesem Tag aufhorchen ließ – und mich noch immer wachsam sein lässt: Genau am 11. August 1999 wurde Wladimir Putin zum Ministerpräsidenten Russlands ernannt, am selben Tag lösten die Attentate von Dagestan, einem Nachbarstaat Tschetscheniens, den zweiten Tschetschenienkrieg aus, einen der schlimmsten Konflikte der letzten zwanzig Jahre. Auch heute noch bin ich in Bezug auf Wladimir Putin leicht beunruhigt wegen Nostradamus' Ausspruch, in dem er einen »großen Schreckenskönig« und einen »großen König aus ANGOLMOIS«, ein Anagramm von MONGOLOIS, der Mongole, erwähnt (vgl. die Analyse des Geburtshimmels und die Prognosen zu Wladimir Putin in Kapitel 8). Zusammenfassend denke ich, dass diese rätselhafte Persönlichkeit mit verdeckten Karten spielt und das letzte Wort noch nicht gesprochen hat.
Es ist jedoch noch eine andere Version dieses Vierzeilers denkbar: Wenn Nostradamus angibt »das Jahr 1999 und sieben Monate«, kann man logischerweise auch die sieben Monate zu dem Jahr 1999 hinzufügen und wäre dann bei Juli 2000. Wäre es tatsächlich ein schwerer Fehler, wenn jemand Mitte des 16. Jahrhunderts ein Ereignis, das 450 Jahre später stattfinden wird, mit *grosso modo* einem Jahr Abweichung vorhersagt? Denn dieser Vierzeiler könnte auch die schreckliche Illustration des Angriffs vom 11. September 2001 auf das World Trade Center gewesen sein …
Doch lassen wir das … und hoffen, dass Wladimir Putin niemals die Inkarnation des »großen Schreckenskönigs« wird. Besonders, da er seinen brutalen Charakter – der widersprüchlich ist für sein Sternzeichen Waage, allerdings mit dem Aszendenten Skorpion – bereits mehrfach gezeigt hat: sein bewaffnetes Eingreifen in einem von vielen Kindern besuchten Theater in Tschetschenien oder als er der Ukraine im Winter 2000 das Gas abdrehen ließ. Sind das nicht alles Beispiele, die einen nachdenklich machen?
Wenn man bedenkt, dass Nostradamus ein wahrer Prophet war, kann man sich freuen, denn er nennt ein viertes präzises Datum, das hoffen lässt: In einem Brief an seinen Sohn Caesar schreibt Nostradamus, dass seine Vorhersagen bis **3797** gelten. Demnach haben wir, dem großen Weisen aus der Provence zufolge, noch viel Zeit vor uns und die endgültige Katastrophe steht uns nicht schon morgen bevor. Auch nicht übermorgen, uff!

## HILDEGARD VON BINGEN

1098 in eine aristokratische Familie in Hessen geboren, war Hildegard von Bingen eine außergewöhnliche Frau. Ihre ersten Visionen hatte sie

im Alter von drei Jahren, und mit zwölf Jahren trat sie in den Benediktinerinnen-Orden ein. Mit nur 38 Jahren war Hildegard von Bingen Äbtissin (1136). Einige Jahre später gründete sie das Kloster Rupertsberg in Bingen. Sie starb mit 81 Jahren und hinterließ ein monumentales Werk: Dank ihrer umfassenden Bildung beherrschte und bereicherte sie alle Wissenschaften ihrer Zeit, sowohl die Naturwissenschaften als auch die Philosophie, Medizin, Ernährungslehre und Botanik; und sie verteidigte als große Pionierin die Rolle der Frau in der Gesellschaft.
Bekannt als Avantgardistin, beschrieb sie erstmals den weiblichen Orgasmus. Als Medium hatte sie Visionen und kündete in einem ihrer Bücher (*Liber divinorum operum/Welt und Mensch)* die Ankunft des furchtbaren und zerstörerischen Antichrist an. Er werde die Gabe besitzen, Kranke zu heilen und Tote aufzuerwecken, »(…) aber diese Auferweckung wird nur kurze Zeit anhalten (…) er wird viele Völker für sich gewinnen (…) er wird ihnen Schätze und Reichtümer zeigen (…) und wenn er alle seine Absichten erfüllt hat, wird ihn ein Blitzschlag töten«. Wie die meisten biblischen Propheten sagt auch Hildegard von Bingen »Zeichen am Himmel« vorher, wenn die Zeit des Endes gekommen sein wird, sie macht jedoch keine Angaben über das Datum dieser Ereignisse.

## DER HEILIGE MALACHIAS UND DIE PÄPSTEPROPHEZEIUNGEN

Der irische Erzbischof von Armagh, Malachias O'Morgair, später bekannt unter dem Namen Heiliger Malachias, ist der Autor der Päpsteprophezeiungen. Es handelt sich dabei um 112 kurze Texte, in denen er die Päpste beschreibt, die auf Papst Innocent II. (1130–1143) folgen sollten. Diese Texte wurden 1595 von dem benediktinischen Historiker Arnold de Wyon veröffentlicht, nachdem sie sich seit 1140 im Archiv des Vatikans befunden hatten. Betrachtet man diese Vorhersagen in Bezug auf die letzten Päpste, kann man nicht anders, als erstaunt zu sein. So beschreibt Malachias Papst Johannes XXIII. als »Pastor et nautae« (Hirte und Seefahrer): Einerseits war er der erste Papst, der viel reiste, andererseits war er Erzbischof von Venedig …
Für Paul VI. erklärt sich die Bezeichnung »flors florum« (Blume der Blumen) durch sein Familienwappen, das eine Lilie enthält. Für seinen Nachfolger Johannes Paul I., der nach nur 33 Tagen im Amt unter mysteriösen Umständen starb, ist die Devise »De medietate lunae« sicher in Bezug zu der Tatsache zu sehen, dass er am 26. August 1978 gewählt wurde, am Mittag des Vortags war der abnehmende Mond in sein letztes Viertel getreten, der Halbmond! Er starb am 28. September, sein Tod

trat vier Tage nach Eintritt des abnehmenden Halbmondes in sein letztes Viertel ein, einen Monat später.
Schwieriger erweisen sich die Wahlsprüche für Johannes Paul II.: »De labore solis« (= von der Arbeit der Sonne) und von Benedikt XVI., »Gloriae olivae«. Allerdings gibt es für Johannes Paul II. eine brauchbare Hypothese. Einerseits ist er am Tag einer Sonnenfinsternis geboren, andererseits arbeitete er, bevor er Priester wurde, in einem polnischen Bergwerk. Bei Benedikt XVI. scheint es derzeit noch schwierig, ihm das Attribut »Gloriae olivae« zuzuordnen. Auf ihn wird der Vorhersage nach der letzte Papst folgen: Petrus Romanus.
Die Prophezeiungen des Malachias enden mit dem Kommentar: »Im Lauf der letzten Verfolgung der Kirche wird Peter von Rom regieren (...) Wenn der Schmerz vergangen ist, wird die Stadt der sieben Hügel vernichtet werden und der höchste Richter (...) wird die Menschen richten.«
Bei optimistischer Betrachtung und unter der Hypothese, dass sich der derzeitige Papst noch einige Zeit einer ausgezeichneten Gesundheit erfreuen wird und dass sein Nachfolger jung sein und etwa 20 Jahre im Amt sein wird, ist demnach um das Jahr 2040 mit dem Ende des Papsttums zu rechnen.

## DIE DREI GEHEIMNISSE VON FATIMA

Die Prophezeiungen der Jungfrau Maria, die, wie es heißt, zwischen Mai und Oktober 1917 drei Hirtenkindern in der portugiesischen Stadt Fatima erschienen ist, sind berühmt. In den ersten beiden Botschaften wurden der Zweite Weltkrieg und weitere Katastrophen des 20. Jahrhunderts angekündigt. Es gab jedoch noch eine dritte Botschaft, die nie veröffentlicht wurde und vom Vatikan geheim gehalten wird. Es wird erzählt, Papst Johannes XXIII. sei von einem Unwohlsein ergriffen worden, als er die schrecklichen Offenbarungen las, und habe 1960 beschlossen, den amerikanischen und den sowjetischen Staatschef über den Inhalt der Vorhersage zu informieren. Durch Indiskretion wurden einige Auszüge veröffentlicht: Vor dem Ende des Jahrhunderts werde ein weiterer großer Krieg in Europa ausbrechen und Millionen Opfer fordern. Der Vatikan hat diese Enthüllungen jedoch nie bestätigt und zum Glück ist die Prophezeiung nicht wahr geworden, zumindest nicht, was Europa betrifft. Der schreckliche Konflikt im ehemaligen Jugoslawien hat wenigstens nicht Millionen Todesopfer gefordert ...
In Zusammenhang mit dem Attentat auf Papst Johannes Paul II., das am 13. Mai 1981 erfolgte (und das ich in meinem Buch *Verbrennt die Hexe nicht*, Ullstein 1997, ankündigte), kursiert eine merkwürdi-

ge Anekdote. Genau in dem Moment, als auf ihn geschossen wurde, beugte sich der Heilige Vater zu einem kleinen Mädchen hinunter, das ein Bild der Heiligen Jungfrau von Fatima bei sich trug. Eine Geste, die ihm das Leben rettete. Zufall? Eine umso aufwühlendere Tatsache, als dies genau am Jahrestag der ersten Erscheinung der Heiligen Jungfrau bei den drei Hirtenkindern geschah: Diese hatte am 13. Mai 1917 stattgefunden!

Hierbei stellt sich eine metaphysische Frage: War diese Geste schon seit allen Ewigkeiten vorgesehen oder hat die Vorsehung mithilfe der Heiligen Jungfrau von Fatima den Lauf des Schicksals abgewendet?

Derzeit ist das dritte Geheimnis noch im Geheimarchiv des Vatikans eingeschlossen. Es wäre jedoch möglich, dass dieses Rätsel 2012 gelöst wird, denn der Vatikan hat angekündigt, einen Großteil der Dokumente, die unzugänglich sind, zu veröffentlichen.

Johannes Paul II. hatte 1980 eine Anspielung auf das dritte Geheimnis gemacht: »Aufgrund der Schwere seines Inhalts und um die Weltmacht des Kommunismus nicht zu ermutigen, bestimmte Taten auszuführen, haben es meine Vorgänger im Dienste des Heiligen Petrus aus diplomatischen Gründen vorgezogen, die Veröffentlichung aufzuschieben. (…) Alle Christen müssen sich hiermit zufriedengeben: Wenn es sich um eine Botschaft handelt, in der gesagt wird, dass die Meere über die Ufer treten werden (…) Wir müssen uns darauf vorbereiten, bald große Prüfungen auferlegt zu bekommen, die von uns Opfer verlangen (…) man kann gegen das angekündigte Unglück nichts mehr unternehmen (…) Wie oft ist die Erneuerung der Kirche im Blut vor sich gegangen! Es wird auch dieses Mal nicht anders sein.«

Da Russland, der Kommunismus und die Verbrechen gegen die Religion in den drei Prophezeiungen von Fatima eine wichtige Rolle spielten, kann man hoffen, dass das Ende des Kommunismus und die Rückkehr zu religiösen Aktivitäten die Risiken für die von der Heiligen Jungfrau angekündigten Katastrophen verringern – in dem Maße natürlich, in dem man für ihre Offenbarungen empfänglich ist.

## EDGAR CAYCE

Dieser Durchschnittsamerikaner, Fotograf von Beruf, empfing seine Botschaften in Trance. Dabei antwortete er auf alle Fragen, die man ihm stellte. In den USA wurde er rasch für seine *Lesungen* berühmt. Er heilte Tausende Menschen, gab finanzielle und praktische Ratschläge. Er wollte jedoch nie als Prophet angesehen werden und weigerte sich im Übrigen, für seine Hilfe irgendeine Entlohnung anzunehmen. Er war doppelter Fisch – bei ihm standen Sonne und Aszendent in diesem

Sternzeichen der Opferbereitschaft, Selbstlosigkeit und großen Intuition. Cayce sagte tatsächlich den Zweiten Weltkrieg voraus, den Börsencrash 1929, das Kriegsende und die Schaffung des Staates Israel. Er starb 1945 und hinterließ Tausende *hearings* (Aufzeichnungen von Heilungs- und Prophezeiungssitzungen), die zahlreiche Vorhersagen enthalten. Er ging davon aus, dass gegen Endes des Jahrhunderts die Erdbeben und Naturkatastrophen zunehmen würden. Ihm zufolge sollte die Erdbebenaktivität 2001 ein Rekordniveau erreichen und man würde außergewöhnliche Klimaveränderungen erleben: »In kalten oder gemäßigten Regionen wird es ein Tropenklima geben.«

Noch haben wir dieses Stadium der Klimaerwärmung nicht erreicht, es lässt sich jedoch nicht leugnen, dass ein Teil des ewigen Eises im Hohen Norden in den letzten Jahren geschmolzen ist. Der Mensch, sagte Edgar Cayce, werde zur Kenntnis nehmen, dass die Zeit der Veränderung gekommen sei, »wenn der Ätna wiedererwacht (…) wenn die ersten Zeichen eines Umbruchs sichtbar werden (…) insbesondere auf offener See vor den Küsten Siziliens, in der Nähe des Ätna, dann wird man wissen, dass alles begonnen hat.«

Zufall, Fügung oder wichtiges Zeichen? Gerade in dieser Zeit, in der wir dieses Buch beenden, waren auf Sizilien Anzeichen festzustellen, dass »der Ätna wiedererwacht«: Vor allem jedoch haben die Sizilianer mit Verblüffung festgestellt, dass ihre Uhren plötzlich um etwa 20 Minuten nachgingen. Niemand fand eine rationale Erklärung für dieses merkwürdige Phänomen, das sich innerhalb weniger Wochen zweimal wiederholt hat!

Handelt es sich dabei um eines der Zeichen, von denen Edgar Cayce gesprochen hat? Und der wiedererwachte Ätna, ist auch er ein Vorzeichen? Es stimmt zudem, dass die Erdbebenaktivität seit 1960 zugenommen hat, und es lässt sich nicht leugnen, dass wir in den letzten Jahren eine Zunahme von Naturkatastrophen beobachten. Zum Glück haben sich jedoch die großen Katastrophen, die Cayce für die Zeit vor dem Jahr 2000 für Kalifornien oder die Ostküste der USA und Japans vorhergesagt hatte, bisher nicht bestätigt! Abgesehen von Japan, wenn man an die Katastrophe vom 11. März 2011 denkt und die Folgen des Tsunami am nächsten Tag für das Atomkraftwerk Fukushima, das Entweichen großer Mengen Radioaktivität, die man nicht unter Kontrolle hatte – eine Art »kleine Apokalypse«. Bis heute, fünf Monate nach dem Unfall, hat man noch immer kein Mittel gefunden, dieses Entweichen von Radioaktivität zu stoppen und das unsichtbare und für die gesamte Biosphäre tödliche Gift verteilt sich weiter in der Welt. Nicht nur in Japan, sondern mehr und mehr in der Atmosphäre und im Meer …

## DIE APOKALYPSE

Die Bibel übermittelt uns viele Prophezeiungen, u. a. durch Ezechiel, Daniel und weitere Propheten. Bei Lukas (21, 25, 26) warnt Jesus: »Es wird Zeichen geben in der Sonne, dem Mond und den Sternen. Auf der Erde werden die Nationen in Angst leben, voller Entsetzen vor dem Getöse des Meeres und der Wogen, während die Menschen Todesangst empfinden werden vor den Katastrophen, die die Welt bedrohen. Denn die Mächte der Himmel werden ins Wanken geraten.«

Johannes seinerseits kündet in der *Apokalypse* an, dass die Menschheit ihrem Untergang entgegengeht, dass es Zeichen am Himmel geben wird und Feuer auf die Menschen herabfallen wird. Die *Apokalypse*, was *Offenbarung* bedeutet, ist ein Buch mit sieben Siegeln. Die ersten vier Siegel offenbaren die berühmten Vier Reiter, die ein weißes, ein rotes, ein schwarzes und ein graues Pferd reiten. Bei der Offenbarung des sechsten Siegels wird ein großes Erdbeben die Welt erschüttern, die Sonne wird sich verdunkeln, der Mond wird blutrot werden »und alle Gebirge und Inseln werden von ihrem Platz wegbewegt«.

Die Offenbarung des siebten Siegels schließlich wird eine große Stille auf der Erde und am Himmel verursachen. Sieben Engel werden erscheinen und auf Posaunen blasen und bei jedem Ton wird sich eine neue Katastrophe ereignen. Ein Drittel des Meeres wird in Blut verwandelt sein, ein Drittel der Schiffe wird untergehen und das Wasser wird von einem herabstürzenden Stern verseucht sein. Dieser Stern heißt *Absinth*. Ein Großteil der Menschen wird sterben, nachdem sie von diesem bitteren Wasser getrunken haben. In meinen vorherigen Büchern habe ich bereits das außergewöhnliche semantische Zusammentreffen erwähnt: *Tschernobyl* bedeutet auf Ukrainisch *Absinth*. Diese schreckliche Ankündigung in der Offenbarung des Johannes könnte auch eine atomare Verseuchung bedeuten.

Trotz all dieser angekündigten Katastrophen können wir jedoch hoffen, denn nach diesem Unheil erwartet uns eine Wiedergeburt: »Er wird unsere Tränen trocknen. Es wird keine Toten mehr geben; es wird keine Tränen, kein Geschrei und kein Leiden mehr geben, denn die alte Welt wird verschwunden sein.« (Apokalypse XXI, 4) Es ist ein Hinweis darauf, dass die Welt trotz aller Katastrophen überleben wird, und zeigt eine Parallele zu den Prophezeiungen der Maya oder Hopi-Indianer, in denen von Veränderungen am Himmel und bei den Sternen die Rede ist, die jedoch ebenfalls auf eine Wiedergeburt und eine neue Welt hoffen, auf das Universum des fünften Elements.

## Die Vorhersagen der Maya, der Hopi-Indianer und der Azteken

### DIE MAYA

Seit dem Beginn des 21. Jahrhunderts kursieren Prophezeiungen, die sich auf Maya-Kalender stützen. Demnach soll der 21. Dezember 2012 das Ende unserer Zeit markieren, wenn die Sonne bei der Wintersonnenwende in den Steinbock eintritt. Zusätzlich zu dieser Konstellation werden sich mehrere Planeten mit der Sonne und dem galaktischen Zentrum auf einer Achse befinden. Unzählige Bücher sind in den letzten Jahren erschienen, die dieses Schicksalsdatum zum Thema haben und von einer Katastrophe ausgehen. Ihr gemeinsamer Nenner: eine drastische globale Umwälzung, eine grundlegende Veränderung auf verschiedenen Ebenen, die nicht zwangsläufig das Ende der Welt an sich bedeuten muss, jedoch das Ende unserer Welt, wie sie heute besteht. Dieser umwälzenden Erschütterung soll eine Vielzahl an Katastrophen, Erdbeben, Überschwemmungen, Vulkanausbrüchen sowie Unfällen durch menschliches Versagen – z. B. in einem Atomkraftwerk – vorangehen.

Als Hollywood Ende 2009 den Katastrophenfilm *2012* herausbrachte, kamen die Diskussionen zu dieser angekündigten Apokalypse wieder in Gang. Überall auf unserem Planeten fragte man sich, ob es fundierte und plausible Fakten hinter diesen albtraumhaften und apokalyptischen Bildern geben könnte. Was hat es tatsächlich damit auf sich?

#### *DIE MAYA-KALENDER*

Die Maya gehören zu den mesoamerikanischen Völkern wie die Azteken, die Inka und die Tolteken. Zwischen dem 3. und 9. Jahrhundert unserer Zeitrechnung blühte ihre Zivilisation. Ihr Niedergang hatte jedoch bereits begonnen, als im 16. Jahrhundert die spanischen Konquistadoren kamen. Die Maya entwickelten eine Schrift, ihre Kenntnisse in der Mathematik und vor allem in der Astronomie waren erstaunlich. Leider vernichteten die Spanier Hunderte von Büchern, die auf einer Art Papier geschrieben waren, und nur wenige Exemplare, die vier Kodizes, entkamen dieser Bücherverbrennung durch die Priester.

Einer dieser Kodizes, der *Dresdner Kodex*, enthält wertvolle astronomische Angaben und Beobachtungen. Man hat auch Inschriften auf Stelen und Statuen gefunden, die u. a. genaue Auskünfte zu bestimmten Daten und Ereignissen liefern. Die Maya stützten sich dabei auf die Umlaufbahnen der Sonne und der Planeten, insbesondere der Venus, sowie

Fixsterne und Konstellationen, speziell Sirius und die Plejaden, und erstellten Kalender, anhand derer sie die religiösen Feste und die Ernten verzeichneten, wie die Mesopotamier, die Sumerer und die Chaldäer bereits tausend Jahre zuvor. Grundlage des Zahlensystems bei den Maya war die 20 – statt der 10 wie in unserem System. Man nennt dies Vigesimalsystem. Die Zahl 20 entspricht einem Punkt, die 5 einem Strich, und die Null einer kleinen Ellipse. Die Maya schrieben ihre Zahlen von unten nach oben – wie im I-Ging. Interessant ist, dass sie bereits lange vor uns die Null verwendeten. Wir in Europa mussten erst das Wissen der Araber im Mittelalter abwarten, um die Null kennenzulernen! Ein Beweis für ihre außergewöhnlichen Kenntnisse in der Astronomie: Die Maya schätzten die Länge eines Sonnenjahrs auf 365,242 Tage und die Dauer einer Lunation – das ist der Mondumlauf von Neumond zu Neumond – auf durchschnittlich 29,53 Tage. Verglichen mit unserem gregorianischen Kalender sind ihre Berechnungen genauer, denn der Fehler liegt bei nur 0,0002 Tagen, während unser Kalender sich um 0,0003 Tage irrt!

Um die Jahreszeiten und Zyklen einzuordnen, nutzten sie insgesamt 17 verschiedene Kalender, von denen einige einen Zeitraum von mehreren Millionen Jahren abdecken (ein Beweis für ihren Optimismus, sodass sie das sichere Ende der Welt im Jahr 2012 wohl nicht befürchteten?!). Ein Rätsel bleibt für uns ungelöst: Wie konnten sie die Bewegungen der Gestirne über Tausende von Jahren in der Vergangenheit und für die Zukunft berechnen?
Die Maya gebrauchten vor allem zwei Kalender. Einer war der *Tzolkin*-Kalender oder *Cholq'ij*, der auf dem Plejadenzyklus basierte und sich aus 13 Perioden zu je 20 Tagen zusammensetzt, d. h. 260 Tage umfasst. Neben dem Tzolkin, der sich vor allem mit den religiösen Festen befasste, gab es den *Haab*-Kalender, der zur Festlegung der Ernten diente. Der Haab ist ein Sonnenkalender und besteht aus 365 Tagen, unterteilt in 18 Monate zu 20 Tagen, denen man 5 zusätzliche Tage hinzufügte – die als »verfluchte Tage« galten. 52 Jahre mit 365 Tagen entsprachen somit 73 Jahren mit 260 Tagen. Die Kombination beider Kalender ergab den heiligen Zyklus von 52 Jahren. Allerdings nutzten die Maya noch weitere, längere Zyklen. Ein *tun* entsprach 360 Tagen, 20 tun einem *katun* von 7200 Tagen etc., bis zu einem *alautun*, der etwa 63 Millionen Jahre dauerte, bis hin zu einem *hablatun*, der 1,26 Milliarden Jahre (!) umfasste. Schwindelerregend und für den menschlichen Geist schwer zu begreifen.
Es ist eine sehr komplizierte Angelegenheit, die verschiedenen Maya-Kalender zu lesen. Vertraut man jedoch Fachleuten auf diesem Gebiet,

ist das Datum, an dem der aktuelle Zyklus begann, der *13. August des Jahres 3114 v. Chr.* oder der *4 Ahau 8 Lumku.* Das eingetragene Datum für das Ende des aktuellen großen Zyklus – 5125 Jahre später – wäre demnach … *der 21. Dezember 2012.* Es gab auch den sogenannten Langen Zähler oder *long count*, der diese 5125 Jahre umfasste. Das Datum des 21. Dezember 2012 hatte für die Maya eine sehr große Bedeutung, denn es markierte nicht nur das Ende dieses 5125 Jahre währenden Zyklus »Langer Zähler«, sondern auch einen kürzeren Zyklus von 13 Jahren, der am *21. Dezember 1999* begonnen hat. Einigen Forschern zufolge zeigt dieses Datum den Eintritt der Menschheit in ein neues Zeitalter an, in eine andere Dimension und ein anderes und höheres kollektives Bewusstsein. In ihren heiligen Texten schreibt sich dieses Datum: 13.0.0.0.0.

## *DIE WELT WIRD NICHT ZUM STILLSTAND KOMMEN*

Ein bekannter Experte für die Maya-Zivilisation ist Carlos Barrios, ein spanischstämmiger Historiker und Anthropologe, der in Guatemala geboren wurde. Nach über zwanzigjährigen Studien der Mam, einem Stamm der Maya, wurde er selbst Priester und spiritueller Führer der Maya des Adler-Clans. »Die Anthropologen lesen zwar die Stelen und Inschriften in den Tempeln (…), aber sie verstehen es nicht, die Zeichen korrekt zu deuten«, erklärt Barrios. »Einige kündigen für Dezember 2012 das Ende der Welt an. Das entspringt einfach nur ihrer Einbildung. Die alten Maya sind mit dieser Auslegung gar nicht zufrieden. Die Welt wird nicht enden. Die Welt wird umgeformt.«

In einem der Kalender wird – mehrere Jahrhunderte im Voraus – ein bestimmter Tag im Jahr des Schilfrohrs genannt, an dem bärtige Männer auf Schmetterlingen kommen werden und die Ära der »neun Höllen« beginnen wird. Dieser Tag war Ostersonntag, der *21. April 1519*, an diesem Tag näherte sich Hernán Cortéz an der Spitze mehrerer spanischer Schiffe, deren große Segel Schmetterlingen ähnelten. Die Hölle begann. Diese Ära nannten die Maya die Zeit der *Neun Bolomtikus* oder der »neun Höllen«, jede Phase dauerte 52 Jahre.

Ihr Land wurde geplündert, ihre Anbauflächen wurden verwüstet. Barrios zufolge endeten diese neun Perioden im August 1987. Seither befinden wir uns in einer Phase, »in der der rechte Arm der materialistischen Welt dabei ist, zu verschwinden, langsam, aber unerbittlich. Wir befinden uns in einer Übergangsperiode zwischen der Welt der Vierten und der Fünften Sonne«.

Die Menschheit wird sich der Energieprobleme bewusst, der Zerstörung unserer Umwelt, der Hungersnöte und Kriege. All dies hatten die

Maya in ihren Schriften bereits vor Jahrhunderten vorhergesagt. »Es wird große Veränderungen geben (...) und alles wird sich wandeln«, versichert Barrios. »Die Zeitwächter bei den Maya halten den 21. Dezember 2012 für das Datum der Wiedergeburt, den Beginn der Welt der Fünften Sonne. Es wird der Ausgangspunkt eines neuen Zeitalters sein, das Ergebnis der erneuten Ausrichtung der Polachse auf das Zentrum unserer Galaxis.«

## *DIE FINANZKRISE*

Im April 2007 sprach Barrios nach einer Versammlung der Maya-Weisen eine Warnung aus. Er erinnerte daran, dass wir uns im Dezember 2012 am Ende des vierten Zyklus der Maya befinden werden und der neue Zyklus der *Fünften Sonne* beginnen wird. Die Sonne »ist äußerst aktiv und es wird zugleich eine äußere und eine innere Anpassung geben. Die *äußere* Anpassung wird sich durch extreme Ereignisse wie Erdbeben, Vulkanausbrüche, Orkane, Tsunamis, Überschwemmungen etc. äußern. Kurz gesagt wird unsere Welt in Unordnung sein.« Carlos Barrios gab weiter an, dass die »amerikanische und die europäische Wirtschaft anfälliger sind, als man denkt« und dass »wir im kommenden Jahr radikale Veränderungen auf den Devisenmärkten und bei weiteren Finanzsystemen erleben werden«. Er spricht nicht von einem Zusammenbruch, aber von einer »schwierigen Phase«. Die Vorhersage bezüglich der Bankenkrise bestätigte sich mit dem Crash der Lehman-Brothers-Bank Mitte September 2008 und der darauf folgenden großen Krise im Herbst 2008.

Der Ältestenrat sah im April 2007 außerdem vier Tsunamis voraus, von denen die vier Kontinente betroffen sein würden, zuletzt Australien. Den Heiligen Texten der Maya zufolge wird die Zeit verrückt spielen und wir dazu. Das Meer und ganze Landstriche, so glaubten die Maya, würden in Flammen stehen, aber wir Menschen hätten die Möglichkeit zu handeln, um bestimmte Katastrophen zu vermeiden. »Wir werden diese Veränderungen nicht aufhalten können, aber wir können sie teilweise beherrschen«, fügte Barrios hinzu.

## *DAS FÜNFTE ELEMENT*

Wir werden in eine neue Periode eintreten, die von einem Fünften Element beherrscht sein wird, dem *Äther*. »Dieses Element der Fünften Sonne ist himmlisch, immateriell, aber es ist ebenso real wie Holz, Felsgestein oder Fleisch.« Den Weisen zufolge wird dieses Element dazu beitragen, uns spirituell voranzubringen. »Wir leben in einer Welt der

Energie und müssen lernen, die Energie von jedem und allem zu spüren und zu sehen: die Energie der Menschen, der Pflanzen und der Tiere. Je näher wir der Welt der Fünften Sonne kommen, desto wichtiger wird dies, denn diese ist mit dem Element Äther verbunden, dem Reich, durch das die Energie lebt und sich verbreitet. (…) Geht an die heiligen Orte unserer Erde und betet für die Wertschätzung unserer Erde, die euch Nahrung, Kleidung und Wohnraum gibt. (…) Das ist unsere Aufgabe.« Die Menschheit wird nach Ansicht der Maya 2012 weiterexistieren, aber anders. Wir leben derzeit im wichtigsten Jahrzehnt der gesamten Menschheitsgeschichte. Alle Prophezeiungen, alle Überlieferungen der Welt laufen in der Periode zusammen, die wir derzeit durchleben. Das ist äußerst beeindruckend und aufregend! Die Maya-Weisen erwarten allerdings einen Kampf mit den dunklen Mächten, die ihre materialistischen Ideen verteidigen und den Zugang zu einer höheren Ebene verhindern möchten. Es werde zu kritischen Phasen kommen, zu Kämpfen und Aufständen …

## *ENDET DIE VIERTE WELT BEREITS 2011?*

Die meisten Experten, die sich mit der Welt der Maya auskennen, halten das Datum des 21. Dezember für sehr genau, aber es gibt eine Ausnahme. 2007 hat ein Oberhaupt im Ältestenrat der Maya, Don Alejandro Oxlaj, die Debatte über das Schicksalsdatum des 21. Dezember 2012 wieder angekurbelt und wird darin unterstützt von Dr. Carl Johan Calleman, einem schwedischen Biologen, der als einer der bedeutendsten Experten der Maya und ihrer Kalender gilt, die er seit über 25 Jahren studiert. Dieser erklärt: »Praktisch keiner der Verfechter des 21. Dezember 2012 verfügt auch nur über das geringste Interpretationsschema des Maya-Kalenders und seiner Beziehungen zur Evolution. (…) Sie konzentrieren sich auf das, was passieren wird, (…) und was sie für dieses Datum ankündigen, ist das Erscheinen eines Phänomens am Himmel, die Umkehrung der Erdachse, einen Kometen, der auf die Erde stürzt (…) oder das Ende der Welt infolge einer Umkehr der Pole.« Calleman erklärt, dass sich die Archäologen täuschen, wenn sie denken, die alten Maya hätten sich bei der Erstellung dieses Kalenders »Lange Zählung« auf ein bestimmtes Enddatum festgelegt. Ihm zufolge beziehen sich die Inschriften der alten Maya ausschließlich auf die Beschreibung des *Beginns* der Langen Zählung (5125 Jahre), auf das Datum seiner Entstehung, das auf den 11. August 3114 v. Chr. festgelegt ist: »Das Datum der Langen Zählung wurde genau auf den Tag festgelegt, an dem die Sonne im Zenith über Izapa stand, der Stadt, in der diese Lange Zählung aller Wahrscheinlichkeit nach erstellt wurde«, berichtet Calleman. Dieses

Datum dürfte aber wohl nur für die Bewohner der Stadt Izapa gelten, versichert er. Ein weiterer, von Calleman angeführter Grund ist, dass der 21. Dezember 2012 im Tzolkin-Kalender ein *4 ahau* sein wird und damit kein Zyklusende. Das Enddatum müsste auf einen *13 ahau* fallen. Er fügt hinzu, dass Don Alejandro »von einer Prophezeiung bezüglich der Rückkehr des *13 ahau* spricht, die über die Jahrhunderte von den Ältesten überliefert wurde«. In einem anderen heiligen Buch wird der *13 ahau* beschrieben als »heiliger Tag, an dem die Zeit in Wahrheit erfüllt sein wird«. Für die Verfechter dieser Hypothese wäre das Enddatum der »Langen Zählung« demnach der 28. Oktober 2011.

Wir wollen uns aus dieser Diskussion heraushalten, denn sie scheint ebenso kompliziert wie die Erforschung des tatsächlichen Geburtstags von Jesus Christus. Festhalten möchten wir jedoch, dass Calleman, wie die meisten anderen Experten der Maya-Zivilisation, davon ausgeht, dass wir das Ende eines Zyklus erleben und in ein neues Zeitalter eintreten werden, in die Fünfte Sonne oder das Fünfte Element.

## DIE PROPHEZEIUNGEN DER HOPI-INDIANER

Seit dem 20. Jahrhundert leben die Hopi in Nordamerika, Arizona, in einem Reservat zusammen mit den Navajo. Wahrscheinlich stammen sie von den Maya und den Tolteken ab. Sie sind eine friedfertige, monotheistische Ethnie, Hopi bedeutete »Frieden«. Derzeit gibt es nur noch 6000 von ihnen. Die Hopi-Indianer glauben, dass es Menschen mit Tierköpfen gibt, die »Kachina«, extraterrestre Wesen, die von den zwölf Sternen kommen. Sie besitzen außergewöhnliche Kräfte, bewegen sich in »fliegenden Schilden« fort und können sich unsichtbar machen. Zeichnungen und gravierte Stelen zeigen Fluggeräte, die UFOs ähneln, und man könnte glauben, dass diese »Kachina« den Elohim im Alten Testament entsprechen.
Die Hopi sind davon überzeugt, dass wir in vier Welten gelebt haben: Taiowa, der Schöpfer, hat in der Ersten Welt den Menschen erschaffen, der durch Feuer vernichtet wurde, da er die Gesetze nicht einhielt. Die Zweite Welt wurde durch Eis, Erdbeben und eine Sintflut zerstört, und es tauchten zwei neue Kontinente auf. Die Dritte Welt wurde von zwei Zivilisationen bevölkert: Eine von ihnen erforschte die Erde und den Weltraum, und wieder wurden die Menschen arrogant. Schließlich ging auch diese Welt vor 80 000 Jahren zugrunde. Die beiden Kontinente wurden verschlungen, einige Menschen überlebten jedoch ... und neue Kontinente tauchten auf. Die Vierte Welt ist unsere derzeitige Welt: Die »Kachina« führten die Hopi in die heutige Region von Mexiko und Be-

lize. Einer ihrer Überlieferungen zufolge wird ein Teil des Volkes auf einen anderen Planeten gehen und die Vierte Welt wird durch ein Feuer vernichtet werden. »Eines Tages *werden bestimmte Sterne gemeinsam in einer Reihe stehen (...)* dies ist die Zeit der Reinigung für die Erde. Die Zeit der Klimaveränderungen und zahlreicher Katastrophen.« Man denkt natürlich sofort an die *planetare Ausrichtung*. Diese Vorhersage spricht auch von »einer Reihe von Sternen oder einer Planetenansammlung«.

## *VORHERSAGEN DER HOPI-INDIANER*

Wie die Maya und die Tolteken warnten auch die Hopi ihr Volk vor einer Vielzahl von Katastrophen. Der Hopi-Häuptling Weißer Bär erzählte die Geschichte seines Volkes und seiner Vorfahren, die von Generation zu Generation überliefert wird (vgl. das Werk von Josef F. Blumrich: *Kásskara und die sieben Welten*, Knaur 1979). Bezüglich der Vierten Welt zitierte Weißer Bär eine ihrer Vorhersagen: »Es gibt kein Heilmittel, denn das Feuer wird unsere Vierte Welt vernichten. Es wird kein Atomkrieg sein, sondern eine elektrische Waffe, die man gerade entwickelt und die man bald entdeckt haben wird. Ich weiß nicht, wie diese Waffe genau wirken wird, aber sie wird von einer Station etwas Ähnliches wie Radiowellen aussenden, die sich nach überall verbreiten werden.« Dies ist eine äußerst genaue Vorhersage, und zugleich erscheint es bei unserem derzeitigen Wissensstand schwierig, zu benennen, von welcher elektrischen Waffe hier die Rede ist. 1986 beim Continental Indigenous Council beendete der Hopi-Weise Lee Brown seine Rede über die Zukunft mit den Worten: »Wir befinden uns nun in der Epoche der allgemeinen Reinigung. Nicht-Indianer bezeichnen dies als Apokalypse, unsere Vorfahren nannten es Reinigung. Aber verzweifeln Sie deshalb nicht. Es mag schrecklich erscheinen, aber wir werden überleben. (…) Ob Sie jung oder alt sind, Indianer oder nicht, ich bitte Sie aufzuwachen, sich für diese Epoche einzusetzen (…) und vorwärtszugehen, alle Völker der Erde. (…) Erhebt euch und wacht auf!« Bereits 1970 hatten die Hopi einen Brief an das Weiße Haus geschrieben, der sich als prophetisch erweisen sollte. Es handelte sich um eine ernste Warnung, von der wir größere Auszüge zitieren möchten. Diese Passagen sprechen für sich, so brennend aktuell ist diese mehr als 40 Jahre alte Botschaft!

**Brief vom 4. August 1970 an Präsident Nixon von den Ältesten eines Hopi-Dorfes**

Lieber Herr Präsident,
als Älteste der Hopi-Nation haben wir immer strikt den Weg befolgt, den uns der Große Geist vorgegeben hat. Heute fühlen wir uns verpflichtet, Ihnen die Botschaft der Prophezeiungen mitzuteilen, die uns anvertraut wurden.
Der Grund ist, dass der Weiße Mann der Natur gegenüber unsensibel ist und das Gesicht von Mutter Erde entweiht hat. Man kann die technologischen Fähigkeiten des Weißen Mannes als Ergebnis seines Mangels an Wertschätzung für den Geistigen Weg und für alles, was auf der Erde lebt, betrachten. Seine Begehrlichkeiten und sein Wunsch, materielle Güter zu genießen, haben ihn blind gemacht für die Wunden, die er Mutter Erde zugefügt hat, und das alles im Namen dessen, was er »Ausbeutung der natürlichen Ressourcen« nennt.
Im ganzen Land sind die Gewässer verseucht, die Böden aufgewühlt und besudelt, die Luft ist vollkommen verschmutzt. Zahlreiche Pflanzen und Tiere werden durch das Gift der Industrieabfälle getötet. Der Göttliche Weg ist für meisten Menschen praktisch kaum mehr wahrnehmbar, dies gilt sogar für zahlreiche Indianer, die sich entschieden haben, dem Weg des Weißen Mannes zu folgen.
Wir haben die Pflicht, Sie darüber zu informieren, dass alles Leben praktisch vernichtet werden wird, wenn die Menschheit nicht umkehrt zu einem Leben in Frieden und Harmonie mit der Natur – unsere Prophezeiungen übertragen uns diese Verantwortung. Nur wer die Geheimnisse der Natur, der Mutter aller Dinge, verstanden hat, hat die Möglichkeit, dieses unheilvolle Schicksal abzuwenden. Dieser zerstörerische Prozess muss aufhören, sonst wird Mutter Natur so reagieren, dass die gesamte Menschheit Leid und Schmerz erfahren wird.

## DAS GALAKTISCHE ZENTRUM

In den verschiedenen Texten über den Tzolkin-Kalender der Maya und die Prophezeiungen der Hopi ist die Rede vom *Galaktischen Zentrum* und einer besonderen Ausrichtung, die am 21. Dezember 2012 eintreten wird. Worum handelt es sich dabei? Wenn man sich an astronomische Erklärungen hält, ist über das Galaktische Zentrum wenig bekannt. Seit etwa zehn Jahren hat die Erforschung unserer Galaxis außerhalb unse-

res Sonnensystems jedoch beträchtliche Fortschritte gemacht und die Astrophysiker lokalisieren das Galaktische Zentrum etwa 26 000 Lichtjahre von unserer Sonne entfernt, im Sternbild Schütze A*.
Dieses Zentrum unserer Galaxis bleibt jedoch sehr geheimnisvoll. Man ist sich ziemlich sicher, dass es sich um Schwarze Materie handelt. Ihre Masse wird trotz ihrer relativ geringen Größe auf über 4 Millionen Sonnen geschätzt. Es handelt sich also um ein schwarzes Loch mit einer gewaltigen Masse, man geht aber davon aus, dass andere Galaxien ein zentrales Loch haben dürften, dessen Masse mehr als einige Hundert Millionen Sonnenmassen beträgt. Insofern erscheint es logisch, dass das Zentrum unserer Milchstraße eine vorrangige Rolle für unser Sonnensystem spielt und wir es – trotz aller verbleibenden Geheimnisse – als Motor unseres Universums betrachten können, als Hauptenergiequelle, die die Welt und uns antreibt.
Bereits bei den Maya hatte das Galaktische Zentrum große Bedeutung. Barbara Hand Clow, die Enkelin eines Cherokee-Indianers und Astrologin, die zu den Ältesten der Internationalen Maya-Gemeinde zählt, ist auch für ihre schamanischen Schriften bekannt. In ihrem Buch *Der Maya Code* erklärt sie den Einfluss dieses Galaktischen Zentrums auf unsere Welt. »Erst vor 400 Jahren haben wir das geozentrische gegen das heliozentrische Weltbild getauscht. Derzeit endet dieses **baktun** (Periode von 144 000 Tagen) und wir sind dabei, zu einem galaktozentrischen Weltbild (an der Galaxis orientiert) zu wechseln. Die meisten Menschen haben erst vor Kurzem erfasst, dass unser Sonnensystem um das Zentrum der Milchstraße, unsere Galaxis, kreist.«
Der deutsche Philosoph Immanuel Kant hatte bereits im 18. Jahrhundert eine recht genaue Vorstellung von unserer Galaxis, der Milchstraße. In seiner *Allgemeinen Naturgeschichte und Theorie des Himmels* beschreibt er unsere Galaxis als eine große, flache Scheibe, die aus Millionen von Sternen besteht, mit einer Aufblähung in der Mitte. Kant war beeinflusst von dem genialen schwedischen Philosophen und Mystiker Emanuel Swedenborg, ging jedoch in seinen Hypothesen zu unserem Universum noch weiter. Für Kant war unsere Galaxis nur eine unter unzählig vielen weiteren. Er sprach von Myriaden von Sternsystemen und sich bewegenden Anhäufungen von Galaxien. Für Kant und Swedenborg basierte dieses Wissen auf Intuition oder mehr noch Initiation. Beide gingen davon aus, dass die Sterne oder Konstellationen um ein Zentrum kreisen. Diese Gedanken beeinflussten die Astronomie ab Mitte des 18. Jahrhunderts und hatten Auswirkungen auf unsere gesamte Weltsicht. Seit Kopernikus weiß man, dass sich die Sonne im Zentrum des Sonnensystems befindet, nun jedoch beginnt

man den Gedanken zu akzeptieren, dass auch unser Sonnensystem nicht das Zentrum des Universums ist.
Bereits vor Kant und Swedenborg schrieb der englische Mathematiker und Astronom Thomas Wright 1750 in seiner *Hypothese des Universums* (*An Original Theory or new Hypothesis of the Universe*), dass die Sterne unserer Galaxis um ein Zentrum kreisen wie die Planeten um die Sonne. Wright war überzeugt, dass das Zentrum unserer Galaxis von göttlicher Ordnung sei. Angesichts dieser zeitgleichen Äußerungen kann man vermuten, dass sich dieser Gedanke damals im Kollektivbewusstsein befand, wie die Differentialrechnung, die gleichzeitig von Newton und Leibniz erfunden wurde (die einander nicht kannten).

## *EIN SUPERMASSIVES SCHWARZES LOCH*

1931 registrierte Karl G. Jansky, ein Ingenieur der *Bell Telephone Company*, Radiowellen aus dem Galaktischen Zentrum. Und Ende der 1990er-Jahre verzeichnete der Satellit Chandra Röntgenstrahlen, die vom Galaktischen Zentrum ausgingen. In den letzten zehn Jahren konnten die Astronomen dank verschiedener neuer Programme zur Weltraumerforschung zwar Neues entdecken, aber alle Geheimnisse um dieses weiterhin mysteriöse Zentrum unserer Milchstraße bleiben weiterhin bestehen. Astronomen vom Max-Planck-Institut für Physik in München hatten eine Reihe von Sternen beobachtet, die um dieses schwarze Loch kreisen, und konnten berechnen, dass es 4,31 Millionen Sonnenmassen entspricht. Im September 2003 hat man Schallwellen entdeckt, die von einem massiven schwarzen Loch ausgehen, das 250 Millionen Lichtjahre von unserer Erde entfernt ist. Einigen Berechnungen zufolge ist die Frequenz des Tons, der von dem schwarzen Loch ausgeht und der vom Chandra-Röntgenteleskop 53 Stunden lang aufgezeichnet wurde, »viele Milliarden Mal tiefer ist, als unser menschliches Gehör wahrnehmen kann«, wie Bruce Margon, stellvertretender Direktor des Space Telescope Science Institute in Baltimore, erklärte. »Das schwarze Loch sendet ein *B* aus«, präzisierte Margon in einer AFP-Depesche, und zwar »57 Oktaven unter dem mittleren *C*.« Zum Vergleich: Ein Klavier hat einen Tonumfang von sieben Oktaven. Dies ist eine weitere Information, die nachdenklich macht und einen an die Extreme des unendlich Kleinen/unendlich Großen und an Blaise Pascal denken lässt: »Denn was ist der Mensch letztlich in der Natur? Ein Nichts gegenüber dem Unendlichen, ein Alles gegenüber dem Nichts, die Mitte zwischen Nichts und Allem. Unendlich weit davon entfernt, die Extreme zu verstehen, sind das Ende der Dinge und die damit verbundenen Grundsätze für ihn unbesiegbar in einem undurchdringlichen Geheimnis verborgen, ebenso ist er nicht dazu fähig, das Nichts zu sehen, aus dem es stammt, oder das Unendliche, von dem es verschlungen wird. Was kann er also anderes tun, als in der Mitte der Dinge einige Offensichtlichkeiten zu erkennen, nie darauf hoffen könnend, über die Grundsätze und das Ende je etwas zu erfahren? Alles stammt aus dem Nichts und geht ins Unendliche. Wer wird diesen erstaunlichen Schritten folgen? Der Urheber dieser Wunder versteht sie. Aber kein anderer …« (Blaise Pascal: *Gedanken über die Religion und einige andere Themen).*

## *ZWEI GIGANTISCHE BLASEN*

Die Forschungen mit dem Teleskop Fermi haben im November 2010 zu einer weiteren Entdeckung geführt. Das Team von Prof. Doug Finkbeiner vom Harvard Smithsonian Center for Astrophysics in Cambridge (USA) hat zwei gigantische Blasen mit Gammastrahlen registriert, die vom Zentrum der Galaxis auszugehen scheinen. Jede dieser geheimnisvollen Strukturen hat eine Länge von 25 000 Lichtjahren, und man geht davon aus, dass sich diese beiden Blasen vor mehreren Millionen Jahren bei einer gewaltigen Energieexplosion des supermassiven schwarzen Lochs im Zentrum der Milchstraße gebildet haben. Wenn man bedenkt, dass diese beiden Kugeln ober- und unterhalb der Milchstraßenebene eine Distanz von 50 000 Lichtjahren abdecken und dass in unserem Sonnensystem Pluto, der am weitesten entfernte Planet, nur etwa 20 Lichtminuten von unserer Erde entfernt ist, lässt sich das Ausmaß dieser beiden Blasen und die gewaltige Energie ermessen, die im Galaktischen Zentrum herrschen muss.

## *DAS ZENTRUM DER MILCHSTRASSE UND DIE ASTROLOGIE*

Auf jeden Fall können wir ziemlich sicher sein, dass das Galaktische Zentrum eine große – vielleicht grundlegende – Bedeutung für unser gesamtes Universum hat. Als universelle Energiequelle ist dieser kosmische Ort somit auch die Quelle allen Lebens auf unserer Erde. Deshalb erscheint die Hypothese, wonach unser Galaktisches Zentrum die gesamte Energie und alle Informationen unserer Welt enthalten und die Grundlage allen Lebens im Universum und auf unserer Erde sein soll, mehr als wahrscheinlich. Das Galaktische Zentrum ist das zentrale Feuer mit einem unbegrenzten energetischen Potenzial. Die Schallwellen sind wahrscheinlich die Ausgangsinformation: »Am Anfang war das Wort.« Das ist der berühmte Urklang OM, Grundlage des Lebens im Makro- wie im Mikrokosmos.

Das Galaktische Zentrum befindet sich derzeit auf dem Tierkreis im Zeichen Schütze bei 27°, aber die astrologische Tradition kannte die-

sen Punkt im Universum nicht. Erst seit einigen Jahren berücksichtigen manche Astrologen das Galaktische Zentrum, einen Punkt, der im Geburtshoroskop einiger bemerkenswerter Persönlichkeiten auf eine überdurchschnittliche geistige Aufgeschlossenheit und eine altruistische und kosmopolitische Einstellung hinweist.
Der deutsche Astrologe und Astronom Theodor Landscheidt interessierte sich für diesen zentralen Punkt in unserer Galaxis und veröffentlichte 1965 *Fixsterne, Aspekte und galaktische Strukturen*. Darin bewies er, dass das Galaktische Zentrum eine wichtige Rolle im Horoskop berühmter Menschen spielt, ob nun bei Politikern, Sportlern, Künstlern oder anderen.
Die englischen Astrologen Michael und Margaret Erlewine bestätigen ihrerseits in ihrem Buch *Astrophysical Directions* die Bedeutung der Position des Galaktischen Zentrums für das persönliche Horoskop. Sie glauben, dass es nach der Sonne der wichtigste Punkt im Geburtshoroskop ist.

## *PLUTO TRANSITIERT DAS GALAKTISCHE ZENTRUM*

Pluto, der langsamste Planet unseres Sonnensystems (mit einer Umlaufdauer von 248 Jahren), wanderte in den letzten Jahren mehrmals – aufgrund der Rückläufigkeit der Planeten von der Erde aus gesehen auf dem Tierkreis – über das Galaktische Zentrum am Ende des Schützen. So transitierte er das Galaktische Zentrum auf 27° Schütze mehrmals zwischen Anfang 2006 und Ende 2007.
Denkt man an Pluto als Symbol der Energie und der Finanzwelt (vgl. das Wort »Plutokratie«), so stellt man fest, dass diese Periode einer Phase entspricht, in der die Energieprobleme ihren Höhepunkt erreichten, in der man in unseren Industrieländern einen grundlegend anderen Weg in Richtung weniger umweltverschmutzender Energien und alternativer Energien (Sonne-, Windenergie etc.) eingeschlagen hat.
In den Jahren 2006 bis 2007 haben wir aber auch den Gipfel der Finanzspekulationen erreicht mit der Subprime-Krise und der daraus resultierenden Katastrophe bis hin zur Krise 2008. Pluto bedeutet Zerstörung und Erneuerung, Tod und Wiedergeburt.
Vergessen wir im Übrigen nicht, dass die Wintersonnenwende im Dezember 2012 zwangsläufig – wie jede Wintersonnenwende – nur 3° vom Galaktischen Zentrum entfernt eintreten wird und wir mit der planetaren Ausrichtung, von der die Maya sprechen und die im Buch an späterer Stelle analysiert wird (vgl. Kapitel 7: *Die großen Planetenzyklen*), vielleicht eine weitere Finanzkrise erleben werden, die wahrscheinlich noch drastischer oder sogar die alles entscheidende sein wird.

## DIE PLANETARE AUSRICHTUNG AM 21. DEZEMBER 2012

Man spricht von einer besonderen planetaren Ausrichtung zum Zeitpunkt der Wintersonnenwende 2012. Wir wollen genauer darauf eingehen, worum es sich dabei handelt (vgl. auch Kapitel 7: *Die großen Planetenzyklen*). Erstellt man das Horoskop für den Zeitpunkt der Wintersonnenwende am 21. Dezember 2012, wenn die Sonne in den Steinbock eintritt, findet man mehrere Planeten in der Nähe der Sonne: Da ist Pluto bei knapp 10° im Steinbock, Merkur bei 15° und Venus bei 8° im Schützen. Fügt man noch die Mondknoten bei 26° Skorpion/Stier und Mars bei 26° Steinbock hinzu, findet man fünf Planeten und die Mondknoten auf einem Raum von 60° – was einem Sechstel des Tierkreises entspricht. In der Vergangenheit hat es allerdings bereits größere und engere Planetenansammlungen gegeben.

Der Maya-Kalender, der sich über eindrucksvolle Zyklen erstreckt, stützt sich sowohl auf die Beziehung Erde/Sonne als auch auf die Beziehung Sonne/Milchstraße. Die Maya kannten möglicherweise die Präzession der Tagundnachtgleiche, eine Periode von etwa 26000 Jahren, in der die Erdachse eine langsame Kreiselbewegung durchführt, auf dem Tierkreis rückwärts wandert und dabei etwa 2160 Jahre benötigt, um ein Sternzeichen zu durchlaufen. Die Mayas hatten sogar berechnet, dass es in unserer Zeit eine Kreuzung zwischen dem Sonnensystem (Ekliptikebene) und dem galaktischen Äquator geben würde! Diese Kreuzung erfolgt seit 1987 und wird 2012 enden, wobei der exakte Moment im Mai 1998 erreicht war. Man kann sich vorstellen, dass unser Sonnensystem über und unter dem Äquator der Milchstraße durchzieht. Für viele Interpreten der Maya-Prophezeiungen ist die Erdachse auf das Galaktische Zentrum ausgerichtet, dieses gigantische Loch und diese fantastische Energiequelle.

Erinnern wir daran, dass die Maya den 21. Dezember 2012 als *das* große kosmische Zusammentreffen betrachten, den Augenblick der »Wiedergeburt, den Beginn der Welt der Fünften Sonne«. Laut Carlos Barrios wird es »der Beginn einer neuen Ära sein, die aus der erneuten Ausrichtung der Polachse auf das Zentrum unserer Galaxis resultiert. Bei Sonnenaufgang – und erstmals wieder seit 26000 Jahren – wird die Sonne sich an der Schnittstelle der Milchstraße mit der Ekliptikebene befinden.« Zusätzlich wird zu diesem Zeitpunkt die Venus vom Morgenstern zum Abendstern wechseln.

Für viele Astronomen hat diese Ausrichtung allerdings kaum Hand und Fuß. Denn tatsächlich kreist unser Sonnensystem in einem Außenarm der Milchstraße um das Zentrum, aber dies dauert 230 Millionen Jahre. Dabei bewegt sich das Sonnensystem unterhalb und oberhalb der Eklip-

tik der Milchstraße. Nach Ansicht von Astronomen befindet es sich nur alle 30 bis 40 Millionen Jahre in genauer Konjunktion mit dem Zentrum der Galaxis. Auch die Erdachse zeigt nach Ansicht der Astronomen nicht auf das Galaktische Zentrum.
Derzeit zeigt unsere Erdachse auf den Polarstern, und in etwa 12 000 Jahren wird sie auf den Fixstern Wega in der Konstellation Lyra ausgerichtet sein. Korrekt ist aber, dass die Sonne und die Erde in einer Linie mit dem Galaktischen Zentrum stehen, allerdings bereits seit Mai 1998, und bei der Wintersonnenwende 2012 wird die Sonne tatsächlich vor dem dunklen Band der Milchstraße stehen. Allerdings ist diese Position jedes Jahr zur Wintersonnenwende ähnlich.
Auch wenn diese Konstellation jedes Jahr zum gleichen Zeitpunkt am 21. Dezember zu beobachten ist, sind die Positionen der anderen Planeten und auch die unseres Sonnensystems in der Milchstraße nicht identisch. Wir müssen also abwarten, ob der Hinweis der Mayas auf diesen speziellen Tag tatsächlich außergewöhnlich ist und ob der Hinweis auf große kosmische Ereignisse und den Beginn einer neuen Epoche seine Richtigkeit hat ...

## *DIE LEGENDE VON DEN KRISTALLSCHÄDELN*

In den Prophezeiungen und Kalendern der Maya spielen die Kristallschädel eine bedeutende Rolle. Hollywood hat diese Legende in einem der Abenteuer von *Indiana Jones* mit Harrison Ford verfilmt, der hinter diesen geheimnisvollen Artefakten her ist, was die Geschichte nicht sehr glaubwürdig macht. Das gilt auch für den Film *2012* von Roland Emmerich, der die Prophezeiungen der Maya auf einen Katastrophenfilm beschränkt hat, in dem die Spezialeffekte wichtiger sind als die humanistische Botschaft dieser alten Zivilisation.
Einer alten Überlieferung der Maya zufolge werden das Ende der Vierten Welt und der Beginn der Fünften Welt nah sein, wenn die 13 Kristallschädel wiedervereint sind. Dann werden sie die Geheimnisse des Lebens und unseres Universums offenbaren. Sie sollen das gesamte Wissen der Menschheitsgeschichte enthalten, sowohl bezüglich der Vergangenheit als auch der Zukunft. Den Maya-Weisen zufolge singen und sprechen diese Schädel und wenn man die zwölf authentischen Schädel mit dem dreizehnten vereint, enthüllen sie ihre Geheimnisse.
Seit Beginn des 20. Jahrhunderts hat man etwa 20 dieser Schädel gefunden, musste aber in vielen Fällen feststellen, dass es sich um Nachbildungen handelte, die Ende des 19. Jahrhunderts in Deutschland oder Mexiko hergestellt worden waren. Nach genaueren Untersuchungen hat

man auch erkannt, dass die beiden Schädel, die sich derzeit im Musée du quai Branly in Paris bzw. im British Museum in London befinden, Bearbeitungsspuren mit metallischen Instrumenten aufweisen und daher nicht authentisch sein können.

Die Begeisterung für derartige Objekte hat die Fälscher auf den Plan gerufen, sodass zahlreiche Kopien und Nachbildungen in Umlauf sind. Es gibt jedoch eine gewisse Anzahl dieser Kristallskulpturen, die als authentisch gelten, obwohl das Geheimnis ihrer Herstellung noch nicht erklärt werden konnte.

Am berühmtesten ist der »Schädel des Schicksals« oder »Mitchell-Hedges« (nach seinem Eigentümer). Bei archäologischen Ausgrabungen 1924 in Yucatán fand die Tochter von F. A. Mitchell-Hedges in einer Pyramide hinter einem Altar ein glänzendes Objekt. Sie erzählt: »Die Maya, die uns begleiteten, fielen auf die Knie und waren wie erstarrt. Einige küssten den Boden, andere weinten.« Denn bei ihnen gelten diese Schädel als heilige Objekte.

Dieser Kristallschädel ist aus sehr reinem, natürlichem Quarz, dem Siliciumdioxid, angefertigt. Er besteht aus zwei Teilen, die aus demselben Kristallblock stammen. Da diese Art Quarz keinen Kohlenstoff enthält, kann man die Methode der C-14-Datierung nicht anwenden. Die Entdeckung weiterer Objekte am selben Ort – in Lubaantun – könnte jedoch darauf hinweisen, dass dieser Kopf etwa 3000 Jahre v. Chr. angefertigt wurde (was dem Beginn der »Langen Zählung« von 3114 v. Chr. entsprechen würde).

In einem Labor bei Hewlett Packard hat man diesen Schädel wissenschaftlich untersucht, ihn verschiedenen Experimenten unterzogen und festgestellt, dass er keinerlei Spuren metallischer Geräte aufweist, auch nicht unter dem Mikroskop, wie es bei den meisten anderen Schädeln, die seit Beginn des 20. Jahrhunderts gefunden wurden, der Fall war. Daraus lässt sich schließen, dass dieses Objekt komplett per Hand gefertigt wurde. Der Wiener Kunsthistoriker Dr. Diestelberger gibt in einem Bericht an, dass für diese Arbeit sieben Millionen Arbeitsstunden erforderlich gewesen wären, was 16 Jahrhunderten entsprechen würde!

Eine weitere Anomalie: Der Schädel ist gegen die Kristallachse bearbeitet worden, wodurch der Kristall nach aller Logik sofort brechen müsste. Die Experten bei Hewlett Packard kommen zu dem Schluss, dass das Rätsel völlig ungelöst bleibt: »Dieser Gegenstand dürfte eigentlich gar nicht existieren«, sagt einer von ihnen. Der Legende nach sind diese Schädel außerirdischen Ursprungs. Die Itzas, die aus Atlantis flüchteten, sollen diese Schädel auf ihrer Flucht mitgenommen haben, die ihnen von Abgesandten eines anderen Sterns (wahrscheinlich den Plejaden) übergeben worden waren. Derzeit scheinen nur sechs oder sieben dieser Objekte authentisch zu sein. Man wird bis Dezember 2012 warten müssen, um zu sehen, ob alle Schädel dann vereint sein werden und ob es uns gelingen wird, ihre Botschaften zu registrieren und zu verstehen …

# KAPITEL 2: VOM MENSCHEN UNABHÄNGIGE BEDROHUNGEN

## Die kosmische Gefahr: Sonnenaktivität, Kometen, Asteroide

Die größte Gefahr für uns Menschen könnte aus dem Kosmos kommen. Es ist mehr als wahrscheinlich, dass der Einschlag von großen Meteoriten oder eines kleinen Asteroiden in der Erdvergangenheit die größten Umwälzungen ausgelöst hat. Abgesehen von der Auslöschung der Dinosaurier vor rund 60 Millionen Jahren kann man davon ausgehen, dass näher an unserer heutigen Zeit der Untergang von Atlantis möglicherweise durch den Aufprall eines Objekts aus dem Kosmos erfolgt ist (seriösen Studien zufolge vor wahrscheinlich 15 000 Jahren).

Beginnen wir mit unserem Tagesgestirn, der Sonne. Sie ist die Voraussetzung für das Leben auf der Erde und eine Strahlen- und Wärmequelle, wobei diese Wärme, nebenbei gesagt, in tödliche Hitze umschlagen kann. Von ihr könnte eine echte Gefahr ausgehen in Form von Sonnenstürmen, wobei Sonnenteilchen auf die Erde geschleudert und Veränderungen des Magnetfelds der Erde verursacht werden könnten. Seit Beginn der 17. Jahrhunderts wird die Sonnenaktivität beobachtet und man hat festgestellt, dass diese gewaltigen Stürme und die Sonnenflecken in einer gewissen Regelmäßigkeit auftauchen. Diese Maxima und Minima der Sonnenaktivität kehren nach rund elf Jahren regelmäßig wieder. Eine hochinteressante Feststellung für den Astrologen, denn dies entspricht etwa dem Zyklus von Jupiter.

Die Flecken auf der Sonnenoberfläche, deren Anzahl während eines Maximums stark zunimmt, lassen sich beobachten. Auf ein Maximum folgt eine Phase, in der die Aktivität deutlich abnimmt, ein Minimum. Im Juni 2010 stellte Richard Fisher, der Direktor der Heliophysics Division der NASA in einem Artikel, der in *NASA Science News* erschien, fest, dass die Sonne »nach einem Tiefschlaf aufwacht und in den kommenden Jahren mit einer stärkeren Aktivität zu rechnen ist«. Die Astrophysiker wissen jedoch nicht, welches Ausmaß diese künftige Sonnenaktivität annehmen wird. Hier kommt der Faktor des astralen Einflusses zum Tragen.

Dieser koronale Massenauswurf KMA, (englisch: Coronal Mass Ejection, CME) kann eine gewaltige Teilchenmenge erreichen. Werden diese Teilchen auf die Erde geschleudert, kann es zu beträchtlichen Auswirkungen kommen. Eine mögliche Auswirkung sind die Polarlichter,

ein herrliches Schauspiel am nächtlichen Himmel, das in der Regel auf der nördlichen Halbkugel sichtbar wird.
Für die quantitative Erfassung dieser Sonnenflecken und Sonnenstürme wurde eine Skala entwickelt: A, B, C, M und X. Dabei entspricht A dem geringsten Wert, M einem Mittelwert und X dem stärksten Wert. Ein Fleck der Klasse M ist zehnmal größer als ein Fleck der Kategorie C, und X entspricht einem Fleck, der wiederum zehnmal größer ist als ein Fleck der Klasse M. Mehr oder weniger bedeutend sind auch die Materiemengen, die von der Sonne ausgeworfen werden, der KMA. Zudem spielt auch die Geschwindigkeit, mit der die Teilchen zur Erde geschleudert werden, eine wichtige Rolle.
All diese Faktoren sind mehr oder weniger unvorhersehbar. Vor allem weiß man im Vorfeld auch nicht, wie sich die Magnetosphäre der Erde gegenüber diesen Teilchen und Strahlungen verhalten wird. Auch hier kann die Astrologie die Aufgabe des Missing Link, des fehlenden Bindeglieds, übernehmen.
Es sei daran erinnert, dass einer der schwersten Sonnenstürme, den der britische Astronom Richard Carrington 1859 beobachtete, äußerst eindrucksvoll war und beträchtliche Schäden auf einem Teil der Nordhalbkugel anrichtete. Carrington hatte Ende August 1859 zahlreiche Sonnenflecken und am 1. September einen gewaltigen Auswurf beobachtet. Die ausgestoßenen Teilchen erreichten die Erde in weniger als 20 Stunden (anstelle der üblichen zwei oder drei Tage) und störten das Magnetfeld der Erde schwerwiegend. Ergebnis: Nordlichter waren überall in den USA bis hinunter in den Süden, in der Karibik, zu sehen.
Die Telegrafiesysteme in Nordamerika und Europa wurden ebenso lahmgelegt wie elektrische Geräte. Es gerieten sogar Telegrafenmasten in Brand!
Interessante Anmerkung: Ende August 1859 begann das Zeitalter des Erdöls mit der ersten Entdeckung von Erdöl in Titusville, Pennsylvania!
In jüngerer Zeit hat am 13. März 1989 eine der stärksten Deflagrationen des Jahrhunderts bei einem Maximum Milliarden Teilchen in die Nordhalbkugel geschickt und in Kanada sowie mehreren skandinavischen Ländern beträchtliche Schäden verursacht. Das Stromnetz in Québec brach zusammen und Millionen Kanadier saßen ohne Strom da.
Sogar in Europa gab es in diesem Moment Stromausfälle: Die Funkverbindungen und der Radioempfang waren gestört. Am Himmel über Marseille, Rom und anderen Städten – bis hin nach Mexiko – konnte man die spektakulärsten Polarlichter seit rund 30 Jahren beobachten. Wie es heißt, konnte man nachts alleine bei kosmischem Licht lesen.

Auf Weltebene entsprach diese kosmische Unruhe den Vorzeichen dessen, was die Welt einige Monate später erschüttern sollte: dem Fall der Berliner Mauer, dem Vorspiel zum Ende des Kommunismus in der UdSSR. Ein wichtiges Ereignis, das von mir 1980 (im *Figaro Magazine*), also neun Jahre zuvor, vorhergesagt worden war. In meinem deutschen Jahrbuch *IHR HOROSKOP 1983* hatte ich geschrieben, dass wir »mit der Konstellation Saturn/Neptun 1989 mit einer großen Umwälzung oder dem Ende des Kommunismus rechnen könnten«.

## SONNENSTÜRME UND REVOLUTIONEN

Es ist klar, dass Sonnenstürme und der Ausstoß von Millionen Tonnen Partikeln Sonnenmaterie ins All schleudert, die sich auf das Leben auf der Erde auswirkt. Man kann daher die Hypothese aufstellen, dass während der Perioden der Sonnenaktivitäts-Maxima die Störungen der Magnetosphäre der Erde einen Einfluss auf das menschliche Verhalten haben und in direktem Zusammenhang mit Revolutionen oder Epidemien stehen. Bedenkt man, dass der menschliche Körper täglich von Milliarden Neutrinos und zahlreichen kosmischen Strahlen durchdrungen wird (deren Zusammensetzung man nicht kennt), scheint es offensichtlich zu sein, dass die Emanationen während eines Sonnensturms unsere Zellen beeinflussen. Es ist zudem mehr als wahrscheinlich, dass die Sonnenaktivität mit ihren Folgen für unsere Magnetosphäre auf unser Zentralnervensystem, die Tätigkeit unseres Gehirns und damit auf unser Bewusstsein einwirkt. Obgleich langfristige Statistiken hierzu fehlen und trotz der Schwierigkeit, diese Einflüsse zu quantifizieren, hat man beunruhigende Zusammenhänge mit den Sonnenstürmen festgestellt.
Prof. A. L. Tschijewsky (1897–1964), ein russischer Professor für Astronomie und Biophysik, stellte eine Verbindung zwischen Spitzen der Sonnenaktivität und Kriegen, Revolutionen und Massenmigrationen fest und erklärte, dass 72 % der großen Epidemien in der Zeit eines Maximums und nur 28 % in der Zeit eines Minimums aufgetreten waren.
A. L. Tschijewski stellte fest, dass die Jahres des Ersten Weltkriegs, die die meisten Todesopfer forderten, nämlich 1916/1917, einer Periode maximaler Sonnenaktivität entsprachen. Er schloss daraus, dass es einen möglichen direkten Zusammenhang zwischen diesen Faktoren geben könnte. Daraufhin untersuchte er die Geschichte von 72 Ländern zwischen 500 v. Chr. und 1922 und kam zu dem Schluss, dass die wichtigsten Phasen (Kriege, Revolutionen, Völkerwanderungen, Zunahme von Suiziden und Herzanfällen …) in der Zeit eines Sonnenaktivitäts-Maximums stattgefunden hatten. Für diese Hypothese interessierten sich weitere Wissenschaftler. Der Deutsche Suitbert Ertel stellte fest,

dass die künstlerische und wissenschaftliche Kreativität während solcher Maxima zunimmt. Es gibt derzeit zahlreiche weitere wissenschaftliche Arbeiten, die zu vergleichbaren Ergebnissen kommen.

Die wichtigsten Beispiele für den Einfluss der Sonnenaktivität auf das Geschehen in unserer sublunaren Welt:

1789/90 – die Französische Revolution, 1929 – die Große Depression, 1940/41 (der Krieg entwickelt sich zum Zweiten Weltkrieg). Weitere Beispiele: 1917/1918 – Spanische Grippe mit 20 Millionen Todesopfern in der Welt, 1956/57 – Revolution in Ungarn, 1967–1970 – (Mai 1968) sowie der Höhepunkt des Vietnamkriegs. Ist es Zufall, dass die Aktivität von 1979/80 mit dem Ausbruch von AIDS zusammenfiel? Die von 1989/90 mit dem Fall der Berliner Mauer und dem Ende des Kommunismus? Und die von 2001 mit dem Attentat des 11. September, einem sicher historischen Augenblick unserer Zivilisation?

### *UND NUN?*

Es ist interessant festzustellen, dass in der Zeit, in der wir dieses Buch schreiben, eine sehr ruhige Periode mehrerer Jahre Minima zu Ende geht und sich am 14. Februar einer der schwersten Sonnenstürme ereignete (seit 2006 war dies laut NASA die stärkste Deflagration), der mehrere Stunden lang die Funkverbindungen in China störte, jedoch ohne weitere sichtbare Konsequenzen. Kann es da überraschen, dass wir Mitte Februar einen Höhepunkt der »Revolutionen in den arabischen Ländern« beobachten mit dem Abtritt Mubaraks?
Laut der Website der NASA, spaceweather.com, ereignete sich am 10. Februar ein »Sonnen-Tsunami«, bei dem »eine gewaltige Plasmawelle« (monster-wave) Millionen Kilometer ins All geschleudert wurde. Darauf folgte am 15. Februar die stärkste Sonnenexplosion seit über vier Jahren. Man hat ab 8. Februar die Entwicklung mehrerer Sonnenflecken beobachtet, die am 14. und 15. Februar eine erstaunliche Größe – größer als Jupiter! – erreichten.
Ein weiterer beunruhigender »Zufall«: Nach der starken Deflagration vom 14. Februar gibt es eine weitere, noch stärkere. Es ist Sonnenfleck Nummer 1164, der einen riesigen Massenauswurf ins All schickt, und zwar mit erstaunlicher Geschwindigkeit (die höchste Geschwindigkeit seit September 2005). Es ist der 9. März. Zwei Tage später, am 11. März, wird Japan von einem Erdbeben verwüstet, es erreicht den Wert 8,9 auf

der Richterskala und ist das schwerste seit 1923, gefolgt von einem Tsunami, der rund 30 000 Todesopfer fordert und das Atomkraftwerk von Fukushima überflutet. Kann man da noch von Zufall sprechen?
Vergessen wir auch nicht, dass sich das katastrophale Erdbeben in Christchurch, Neuseeland, das über 400 Todesopfer forderte und beträchtliche Schäden verursachte, am 22. Februar ereignete, wenige Tage nach den Sonnenstürmen vom 14. und 15. Februar!
Nach einer Ruhezeit von über vier Jahren ist die Sonne mit diesen beiden Stürmen vom 15. Februar und 9. März 2011 wieder aufgewacht, und man kann daraus schließen, dass der »Zyklus 24« im Gange ist. Weitere magnetische Stürme werden unsere Erde erschüttern.
Den jüngsten Vorhersagen zufolge werden wir den Höhepunkt dieses »Zyklus 24« im Jahr 2013 erleben, dieses Datum wird sich aber wahrscheinlich noch verschieben und den künftigen Beobachtungen angepasst werden. Zudem besteht dabei, nebenbei bemerkt, keine Einigkeit zwischen den verschiedenen wissenschaftlichen Institutionen. Als Astrologe möchte ich hinzufügen, dass die Planetenkonstellationen, die diese Maxima- und Minima-Phasen begleiten, uns zusätzliche und wesentliche Erklärungen für die Zusammenhänge zwischen der Sonnenaktivität und ihrem Einfluss auf unser Leben auf der Erde liefern können.

**DIE ARBEITEN VON PROF. KOGBETLIANTZ**

Prof. Ervand Kogbetliantz, Doktor der Naturwissenschaften und genialer Mathematiker, hat sich ebenfalls mit diesen Zusammenhängen beschäftigt und kam zu dem Schluss: »Die festgestellten Tatsachen scheinen zu beweisen, dass der Rhythmus, der das Leben der Sonne kennzeichnet, das menschliche Schicksal beeinflusst.« Dieser Einfluss betrifft nicht nur die Zellen, sondern auch vielzellige Organismen (den Menschen) und die menschlichen Gesellschaften, das heißt die Geschichte der Völker. Der Mensch schwingt wie jede lebende Materie mit der Sonne und gehorcht ihrem Rhythmus.
Der aus Armenien stammende Professor lehrte in den USA und in Frankreich. Er schrieb unter anderem ein Buch über die Primzahlen und weitere mathematische Werke.

Als leidenschaftlicher Schachspieler erfand er in den 1950er-Jahren ein dreidimensionales Schachspiel. Er fügte einige zusätzliche Figuren hinzu und die Züge waren nicht auf die Horizontale beschränkt, sondern auch senkrecht. Das *LIFE Magazine* widmete ihm einen langen Artikel, das Spiel mit der zusätzlichen dritten Dimension war jedoch so viel komplizierter als das klassische Schachspiel, dass die Erfindung bald in Vergessenheit geriet, trotz Kogbetliantz' Zusammenarbeit mit dem damaligen Weltmeister, dem genialen Schachspieler Bobby Fischer. Kogbetliantz erklärt, dass die Cholera- oder Pestepidemien mit den Sonnenzyklen zusammenhängen, aber auch die besten Ernteergebnisse bei Getreide oder Wein. »In Frankreich sind die besten Jahrgänge immer die der Jahre mit Sonnen-Maxima.« Auch er zitiert eine Vielzahl historischer Ereignisse wie die Französische Revolution von 1789, die Revolutionen von 1830 und 1848, den Deutsch-Französischen Krieg von 1870/71 und weitere. Sehr interessant ist sein Beispiel der Kreuzzüge: »Der erste Kreuzzug fand 1097 statt, der zweite 1147, der dritte 1189, nach der Einnahme von Jerusalem durch Saladin im Jahr 1187, der vierte 1202 und schließlich der tragische Kinderkreuzzug 1212. Die Maxima der entsprechenden Sonnenflecken fielen in die Jahre 1096, 1144, 1188, 1200 et 1212. Der Zusammenhang ist absolut klar ...« Er fügt hinzu, dass es während der Maxima von 1095/96 auch eine Pestepidemie gab, und schloss: »Allgemein kann man sagen, dass die Kreuzzüge nur durch den jeweiligen Zustand der Übererregung möglich wurden, den die Sonnenflecken verursachen.«

## *GEFAHR FÜR 2012?*

Seit einigen Jahren befinden wir uns in einer Minimum-Phase, die nächste Maximum-Phase mit einer stärkeren Aktivität wird für 2012/2013 erwartet. Anfang 2011 (Revolutionen in den arabischen Ländern, Tsunami in Japan) war in gewisser Weise der Prolog. Die seriöse *Times* hat im Februar 2010 einen Artikel veröffentlicht, in dem auf die Möglichkeit katastrophaler Störungen 2012/2013 hingewiesen wurde. Wissenschaftler, die an der Mission Solar Dynamics Observatory der NASA mitarbeiten, fürchten, das nächste Maximum dieser Sonnenstürme könnte verheerende Folgen für unsere Erde haben.

Welche Konsequenzen hätte es, wenn ein schwerer Sonnensturm die Stromnetze, alle Kommunikationssysteme, unsere Satelliten und die Navigationssysteme GPS sowie unsere Computer lahmlegen würde? Selbst wenn dies auf die Nordhalbkugel beschränkt bliebe, müsste man mit einem unbeschreiblichen Chaos rechnen! 2010 schätzten die Experten der NASA, eine solche Katastrophe könnte Verluste in Höhe von bis zu 2 Billionen US-Dollar (2000 Milliarden Euro) verursachen. Innerhalb weniger Tage käme es zu einem weltweiten Chaos, das Leben – Alltag, Wirtschaft, Beziehungen – bliebe stehen …

Der indische Professor Sundara Raman, Direktor des Instituts für Astrophysik in Kodaikanal, fürchtet ebenfalls, dass die abnorme Sonnenaktivität in den kommenden Jahren gewaltige Sonnengewitter und Sonnenstürme verursachen könnte. »Die Sonnenwinde und ihre Teilchen können riesige Massenauswürfe verursachen und die Erde erreichen«, stellte er im Oktober 2010 fest. »Dies könnte die Übertragungsnetze zerstören, die Stromkabel schmelzen lassen und ein bisher unbekanntes Chaos verursachen.«

Ein weiteres Problem könnte erschwerend hinzukommen: Das Magnetfeld der Erde schützt uns vor bestimmten Strahlungen. Es wird von den Sonnenauswürfen und Sonnenstrahlen, Milliarden von Teilchen bombardiert. Am Ende jedes Zyklus von rund elf Jahren kommt es zu einer Umpolung des Magnetfelds der Erde. Bei Sonnenwinden eines Maximums ist der Einfluss auf das Magnetfeld der Erde gewaltig. Dem Astrophysiker Dr. George Sofko von der Universität Saskatchevan zufolge werden dabei Spannungen von 100 000 Volt erreicht und Stromstärken von zehn Millionen Ampère.

## *EIN RIESIGES LOCH IN DER MAGNETOSPHÄRE*

Das Magnetfeld, das unsere Erde umgibt, bildet eine Art Schutzschild vor bestimmten Strahlungen, die von der Sonne kommen, sowie vor kosmischen Strahlen aus dem All, von außerhalb unseres Sonnensystems.

Im Februar 2007 startete man das Programm THEMIS, um unsere Magnetosphäre genauer zu studieren, wobei die Raumsonden ein gewaltiges Loch verzeichneten. »Es ist unglaublich, diese Entdeckung verändert unser Verständnis der Interaktion zwischen den Sonnenwinden und der Magnetosphäre von Grund auf«, erklärte Prof. David Sibeck vom Goddard Space Flight Center. Man hatte ein Loch entdeckt, das die vierfache Größe unserer Erde hat. »Jede Sekunde werden Milliarden Teilchen – stellen Sie sich eine Zahl mit 27 Nullen vor – Richtung Erde katapultiert«, sagte ein Kollege Sibecks, Jimmy Raeder, Astrophysiker am gleichen Institut.

Mit Sicherheit können die Sonnenwinde dort einfacher durchdringen, aber man hat im Rahmen des Programms THEMIS außerdem eine Anomalie in der Polarität unserer Magnetosphäre festgestellt. Es würde zu

lange dauern, alle Ergebnisse dieser Forschungsarbeiten zu erklären (sie sind im Internet auf der Site der NASA zu finden).
Kurz gesagt: Wir können uns auf einige Überraschungen gefasst machen. In den kommenden Jahren wird man wegen der beträchtlichen Fortschritte, die bei der Erforschung unserer Sonne in den letzten zehn Jahren gemacht wurden, wahrscheinlich noch stärkere magnetische Stürme sehen als in letzter Zeit.
Dank des Programms STEREO können wir beide Seiten der Sonne beobachten (mit zwei Satelliten auf jeder Seite der Sonne). Durch die Nutzung von STEREO lassen sich die gewaltigen Auswürfe der Sonne besser beobachten und analysieren. Milliarden Tonnen von Teilchen werden mit einer Geschwindigkeit von über 1 Million km/h ins All geschleudert. Vorher dachte man, diese Stürme würden immer durch Sonnenflecken »angekündigt«, aber STEREO zufolge ereignet sich fast die Hälfte dieser Stürme ohne Vorzeichen. Seit April 2010 sehen wir dank des Observatoriums der NASA S. D. O. (Solar Dynamics Observatory) die Sonne wie nie zuvor.
Man hat festgestellt, dass die kosmischen Strahlen, die von außerhalb unseres Sonnensystems stammen, zunehmen, wenn die Sonnenaktivität abnimmt. Dieses Phänomen hängt mit der Tatsache zusammen, dass die Magnetosphäre der Sonne in diesen Momenten dünner ist. 2009 stieg die Intensität der kosmischen Strahlung um 19 % im Vergleich zu allem, was man in den letzten 50 Jahren hatte sehen können.
Diese kosmische Strahlung besteht vor allem aus Protonen, die sich in Lichtgeschwindigkeit fortbewegen, und zwar wahrscheinlich nach Explosionen von Supernovae. Erstes Schutzschild dieser »kosmischen Dusche« ist die Magnetosphäre der Sonne, die Heliosphäre. Mit abnehmender Sonnenaktivität nimmt auch der Schutz ab. Zudem ist das Magnetfeld der Sonne schwächer und der Druck der Sonnenwinde hat nachgelassen (der Sonde *ULYSSE* zufolge der niedrigste Wert seit 50 Jahren): Ideale Bedingungen also, dass die »kosmischen Stürme« ein Maximum erreichen!
Die Forschungen über unser zentrales Gestirn müssen fortgesetzt werden, um diese Stürme und ihren möglichen Einfluss auf unsere Erde bestmöglich vorhersagen zu können. So könnte man bestimmte Vorsichtsmaßnahmen ergreifen, beispielsweise eine Warnung aussprechen, um die Stromnetze zu schützen, die Fluggesellschaften vorzuwarnen und die Schäden vielleicht einzugrenzen. Immer in der Hoffnung, dass die künftigen Stürme die der letzten Jahre nicht übertreffen werden.
Trotz all dieser Entdeckungen und der Fortschritte bei den Kenntnissen über die Sonnenaktivität dank des Teleskops Hubble und den Tä-

tigkeiten der NASA wie dem Sonnenobservatorium SOHO (Solar and Heliospheric Observatory) und dem Zentrum zur Analyse der Sonneneinflüsse SIDC (Solar Influences Data Analysis Center) kennen wir bisher nur einen Teil der Sonnenaktivität und wissen nur wenig über die Teilchen, die von den Sonnenwinden zur Erde transportiert werden.
Da ich seit über 30 Jahren Astrologie praktiziere, weiß ich, dass es den Einfluss der Sonne, des Mondes und der Planeten gibt. Während man dank der astronomischen Ephemeriden den Zeitpunkt kennt, weiß man – da es bisher keine physikalische Messung dafür gibt – nicht, *wie* dieser Einfluss sein wird. Und was das Warum angeht, so stößt man an die großen Geheimnisse der Schöpfung, die Rätsel des Universums. Wir sind zu Hypothesen gezwungen, die an die Grenze zur Philosophie und Metaphysik reichen, wie die der universellen Interdependenz, die, nebenbei gesagt, mit dem neuen wissenschaftlichen Geist, der Physik von David Bohm oder Fritjof Capra, übereinstimmt. Eine von der Astrologie untermauerte Weltanschauung … Wird man sie eines Tages identifizieren/messen können? Eine ständig weiter verbesserte Spitzentechnologie und immer subtilere Instrumente erlauben es, dies anzunehmen. Ganz zu schweigen von den anderen Einflüssen, die von den Sternen unserer Galaxie stammen!

## DIE KOMETEN

Am Himmel sichtbare Kometen haben die Vorstellungskraft der Menschen schon immer stark beeinflusst. Noch dazu, da dieses Schauspiel relativ selten zu beobachten ist.
Am bekanntesten ist der Halley'sche Komet, benannt nach seinem Entdecker im 17. Jahrhundert, dem englischen Astronom Sir Edmond Halley. Dieser Komet hat eine Umlaufzeit von 76 Jahren, das letzte Mal kam er 1986 in Erdnähe vorbei. In der Zeit, als er der Erde am nächsten kam, Ende April 1986, ereignete sich die Katastrophe von Tschernobyl. Hat er diese bisher schrecklichste Atomkatastrophe verursacht oder angekündigt?
In meinem Buch *Ihr Horoskop 1986* (erschienen im Oktober 1985) hatte ich geschrieben, die Zeit um den Neumond am 22. April sei eine der kritischsten Phasen des Jahres; ich fürchtete »eine Katastrophe durch Gas oder giftige Flüssigkeiten« oder eine »ökologische oder ökonomische Katastrophe« … Ursache waren mehrere Dissonanzen: einerseits das Duo Pluto/Neptun, das oft Umweltverschmutzung bedeutet, sowie – es ist wichtig, dies hier wegen der kommenden Jahre zu erwähnen – das Duo Pluto/Uranus.
Für mich war es die Gelegenheit, den Einfluss von Pluto im Hinblick auf die Atomkraft zu integrieren. Pluto, der erst 1930 entdeckt wurde, blieb

für den Astrologen bis dahin ein Forschungsobjekt, besonders in der Mundanastrologie (der Zweig der Astrologie, der sich mit den Ereignissen – politisch, wirtschaftlich, kulturell etc. – beschäftigt, im Gegensatz zur individuellen Astrologie). Ich stellte die Hypothese auf, dass um den 31. Oktober desselben Jahres neuerlich die Gefahr einer schweren Umweltverschmutzung bestehe, bei der nächsten Dissonanz zwischen Sonne und Pluto. Und genau am 1. November kam es zum schrecklichen Chemieunfall (Sandoz) in Schweizerhalle in der Nähe von Basel, die den Rhein auf Jahre hinaus verseuchte. Die größte Katastrophe dieser Art seit Jahrzehnten!

Was weiß man astronomisch gesprochen vom Ursprung der Kometen? Aristoteles interpretierte sie im 5. Jahrhundert v. Chr. als »terrestre Exhalationen«, die sich bei geeigneten Bedingungen der Atmosphäre entzünden, das heißt, wenn die Luft ausreichend trocken ist. Seneca (1. Jahrhundert n. Chr.) war der Erste, der Kometen als Gestirne betrachtete, seine Sichtweise war jedoch zu revolutionär, um allgemeine Berücksichtigung zu finden. Tycho Brahe (Steinbock wie Newton und Kepler) befasste sich als Erster damit, die Parallaxe des Kometen zu messen, der zwischen 1577 und Anfang 1758 am Himmel leuchtete. Da diese Parallaxe für die bereits recht genauen Instrumente, über die er verfügte, bei Weitem zu klein war, schloss er daraus, dass der Komet mindestens sechsmal weiter von der Erde entfernt sein musste als der Mond.

In den letzten Jahren hat man entdeckt, dass die Kometen elektrisch geladen sind und dass zwischen der Sonne und den Kometen elektromagnetische Kräfte am Werk sind. Damit erschiene es logisch, dass Interaktionen zwischen einem Kometen und der Erde ebenfalls auf dieser Ebene ablaufen, und wahrscheinlich, dass die Kometenteilchen, ähnlich wie die von der Sonne zur Erde geschleuderten Teilchen, durch die Magnetosphäre uns und unser Verhalten beeinflussen.

Der Vorbeizug eines Kometen hat schon immer Ängste in der Bevölkerung erweckt. Man sah darin ein unheilvolles Vorzeichen, denn dieses Gestirn mit seinem langen, glänzenden Schweif schien die perfekte Ordnung des Universums zu stören, es wirkte wie ein ungewöhnlicher Besucher. In der Antike glaubte man, es seien die Seelen großer Männer, die zum Himmel aufstiegen und unsere armselige Menschheit einer der zyklisch auftretenden Geißeln überließen. Der Tod Cäsars wurde von einem herrlichen Kometen begleitet. Der Stern von Bethlehem seinerseits ist wahrscheinlich dem Auftreten eines Kometen zuzuschreiben, der der Geburt des bemerkenswerten Jesus Christus vorausging: Historisch gesprochen ist er aller Wahrscheinlichkeit nach auf das Jahr fünf unserer Zeitrechnung zu datieren.

## *REGELMÄSSIGER BESUCHER: DER HALLEY'SCHE KOMET*

Was man hingegen sicher weiß, ist, dass der Halley'sche Komet die Schlacht von Wilhelm dem Eroberer 1066 bei Hastings begleitete und dass er bald auf die Einnahme Konstantinopels (Juni 1456) folgte. Später lenkte ein Komet die Geburt und den Tod Kaiser Napoleons. Bereits früher hatte man das Vorzeichen für den Tod von Ludwig I. dem Gutmütigen im Februar 837 gesehen. 1301 malte der italienische Maler Giotto den Vorbeizug des Kometen in *Die Anbetung der Weisen*. Nicht zu vergessen die schrecklichen Beschreibungen des »Himmelsmonsters« 1528 von Ambroise Paré mit äußerst suggestiven Illustrationen oder die bedrohlichen und katastrophalen Vorhersagen der Astronomen, die 1832 die Zerstörung der Erde durch den herabstürzenden, entflammten Himmelskörper vorhersahen. Man muss also nicht unbedingt Astrologe sein, um apokalyptische Vorhersagen zu machen …

Diese himmlischen Erscheinungen fesseln die Menschheit nicht umsonst seit Urzeiten. Mark Twain, dieser moderne und zugleich noch humorvolle Geist, war sicher nicht besonders abergläubisch. Er wurde 1835 an dem Tag geboren, als der Komet auftauchte, und war überzeugt davon, dessen Rückkehr werde seine Zeit auf Erden beenden. Diese Gedanken vertraute er seinem Freund und Kollegen A. B. Paine an: »Ich bin 1835 mit dem Halley'schen Kometen gekommen. Nächstes Jahr kehrt er wieder und ich hoffe, mit ihm dahinscheiden zu können. Es wäre die größte Enttäuschung meines Lebens, nicht mit ihm gehen zu dürfen … Es besteht kein Zweifel, dass der Allmächtige gesagt hat: ›Nun ist die Reihe an diesen beiden seltsamen Hochstaplern; sie sind gemeinsam gekommen, sie sollen auch gemeinsam wieder gehen.‹« Mark Twain sollte erhört werden. Am 20. April 1910 leuchtete der Komet am Himmel, am nächsten Tag starb er.

Die Astrologen haben hingegen nie eine große Sache aus diesen periodischem Phänomen gemacht, sie stützen sich lieber auf die Kontinuität der Einflüsse und himmlischen Rhythmen als auf ihre Anomalien. »Dieses Phänomen«, sagt A. Barbault, ein großer Spezialist der Mundan-Astrologie unserer Zeit, »ist wahrscheinlich ein Informationsträger, jedoch in einem völlig anderen Register der planetaren Klaviatur.« Auf einer gewissen Ebene gibt es sicher einen Zusammenhang zwischen dem Vorbeizug der Kometen und dem Zustand unserer irdischen Welt – vielleicht in Form eines Vorzeichens einer Verwandlung unserer Menschheit. Nach der Entdeckung, dass das Auftreten von Kometen durch die Jahrhunderte wahrscheinlich mit dem Zyklus Sonne/Uranus zusammenhängt, wobei Uranus das Symbol der Veränderung, ja sogar eines Umbruchs ist, bin ich absolut geneigt, diese Hypothese zu unterstützen, die gleichbedeutend mit Fortschritt und Entwicklung ist.

## ASTEROIDE

Eine weitere Gefahr, die aus dem Kosmos droht, kommt von den **Asteroiden**. Man geht davon aus, dass der Ursprung mehrerer großer Katastrophen unserer Vergangenheit wie die Auslöschung der Dinosaurier vor 65 Millionen Jahren der Einschlag eines außerirdischen Körpers war. Zudem weiß man, dass in jüngerer Zeit, im Juni 1908, eine gewaltige Explosion in der sibirischen Taiga, in Tunguska, im Umkreis von 35 Kilometern alles dem Erdboden gleichgemacht hat und dass noch in mehreren Tausend Kilometern Entfernung Seismografen diese Explosion registriert haben.
Diese Gefahr wird sehr ernst genommen und man beobachtet den Weltraum ständig: Sobald ein Körper von mehreren Metern Durchmesser festgestellt wird, versucht man, seine Bahn zu bestimmen. Wie in einem Hollywood-Monumentalfilm stellt man sich vor, einem eventuellen Eindringling aus dem All Flugkörper entgegenzuschicken, die ihn explodieren lassen. Oder zumindest seine Bahn abzulenken, damit er die Erde nicht trifft.
Das Problem ist die Größe dieses Objekts. Sollte das »Steinchen« über 50 Meter Durchmesser haben, hätten die Raketen Mühe, es in kleine Stücke explodieren zu lassen.

### *JUPITER, UNSER RETTER*

Zum Glück werden die meisten Eis-, Eisen- oder Mineralblöcke durch die Schwerkraft anderer Planeten oder die Sonne selbst abgelenkt. Vor allem Jupiter, der größte Planet unseres Sonnensystems, zieht viele dieser Besucher aus dem All an. Man kann Jupiter als unseren Schutzengel bezeichnen: Seit Urzeiten hat er eine unberechenbare Menge an Meteoriten, Asteroiden oder sonstiger Materie aus dem All angezogen. Dabei ist es sehr interessant festzustellen, dass Jupiter in der astrologischen Tradition seit Jahrtausenden als der Planet des Glücks gilt! Und er spielt tatsächlich die Beschützerrolle. Die Astronomen haben Asteroiden, die die Bahn der Erde kreuzen könnten, als »Geo-Cruiser« bezeichnet.
Ein »Star« unter diesen Himmelskörpern ist ein Asteroid namens Apophis (nach dem ägyptischen Schlangengott Apep, der Ra verschlingen möchte), der über 300 Meter misst und bei einem Sturz auf die Erde apokalyptische Schäden verursachen könnte. Bei seiner Entdeckung 2004 durch russische Astronomen wurde angekündigt, dass Apophis

voraussichtlich 2029 oder 2036 die Erdumlaufbahn kreuzen könnte. Berechnungen der NASA zufolge liegen die Chancen für einen Aufprall zum Glück nur bei 1 zu 250 000. Zudem fügen die Wissenschaftler hinzu, dass er in den kommenden Jahren seine Bahn noch ändern könnte …

Der Gedanke ist nicht gerade beruhigend, wenn man sich überlegt, dass die mathematische Chance, im Lotto einen Haupttreffer zu machen, bei 1 zu 6 Millionen liegt: Nach der Wahrscheinlichkeitsrechnung besteht damit eine um das 24-Fache höhere Chance, dass uns Apophis um die Ohren fliegt, als im Lotto zu gewinnen!

Jon Giorgini, einem Astronom am J. P. L. (Jet Propulsion Laboratory) in Kalifornien zufolge, können diese Berechnungen beim nächsten Vorbeizug von Apophis im Jahr 2013 präzisiert werden, gute Sicht vorausgesetzt. Derzeit gibt es also keinen Grund zur Beunruhigung, sagen die Fachleute. Der Himmel wird ständig beobachtet. Dabei ist festzuhalten, dass von rund 1000 Objekten, die zwischen 10 Metern und mehreren Kilometern messen, keines als potenziell gefährlich gilt. Also wollen wir der Wissenschaft vertrauen …

In den letzten Jahren sind uns einige dieser Besucher allerdings durchaus sehr nahe gekommen: Am 10. März 2009 flog ein Asteroid von 40 Metern Durchmesser in 70 000 Kilometern Entfernung an der Erde vorbei! Sein Name: 2009-DD45. Sein Einschlag hätte katastrophale Überschwemmungen hervorrufen können, und diese Entfernung gilt kosmisch gesehen als »um ein Haar«! Einige Tage später war es ein gewisser 2009-FH von rund zehn Metern Durchmesser, der in 80 000 Kilometern Entfernung knapp an uns vorbeizog.

Ein weiterer war 2000-SM10, ein Asteroid von 100 Metern Durchmesser, der uns nur knapp verfehlte, als er mit einer Geschwindigkeit von 45 000 km/h an uns vorbeiraste.

1999-RQ36 mit einer Länge von beinahe 500 Metern kommt uns in 160 Jahren nahe, bestätigt Andrea Milani von der Universität Pisa. Seine Kollegen von der NASA haben berechnet, dass eine Kollision zwischen diesem Monster mit einem Gewicht von 140 Millionen Tonnen und unserer Erde eine Chance von 1 zu 1400 hätte. Die Folgen wären apokalyptisch.

Ein weiterer und näherer kritischer Moment: 2003 hatten amerikanische Astronomen berechnet, dass ein 30 Meter langer Asteroid innerhalb von weniger als 36 Stunden die Erde zu berühren drohte. Zum Glück war die Umlaufbahn falsch berechnet worden und eine Panik konnte vermieden werden. Ein weiterer Irrtum: Die Länge betrug nicht 30 Meter, sondern das Zehnfache! Wenn ich als Astrologin eine ironische Bemerkung machen wollte, so würde ich, an die Situation angepasst, die berühmte – und parteiische – Bemerkung unseres lieben Voltaire aufnehmen: »*Die Astronomen genießen nicht das Privileg, sich immer täuschen zu dürfen.*« Kleiner Scherz am Rande …

## *ASTEROID-ABWEHRPROGRAMME*

Die Regierungen mehrerer Länder nehmen die Bedrohung durch Asteroiden ernst. Die NASA und ihr europäisches Pendant ESA arbeiten an Möglichkeiten, eine Katastrophe zu verhindern. Seit 2008 überwacht die UNO diese Arbeiten. Geplant ist ein Warnsystem, das so schnell wie möglich über eine eventuelle Gefahr informiert. Der ehemalige Astronaut des Apollo-Programms, Russel Schweickart, leitet die Forschungsarbeiten der NASA, ein Großteil der Informationen werden vom Pentagon jedoch als vertraulich eingestuft, da alles, was den Weltraum betrifft, einen Bezug zum Krieg der Sterne haben könnte. Auf die Frage, ob die Möglichkeit bestünde, einen sich nähernden Asteroiden zu neutralisieren, meint Schweickart, dass wir technisch dazu in der Lage wären. »Wir können den Ort des Vorbeizugs identifizieren und haben die Möglichkeit, seine Bahn abzulenken.«
Die NASA und die japanische Raumfahrtagentur JAXA haben 2005 einen ersten Test durchgeführt: Ein Flugkörper aus 400 Kilogramm Kupfer schlug am 4. Juli 2005 auf dem Kometen Tempel-1 auf und die japanische Raumsonde Hayabusa setzte im selben Jahr auf dem Asteroiden Itokawa auf, ein Beweis dafür, dass wir in der Lage wären, ein Objekt im Raum anzuvisieren und zu treffen, das mit einer Geschwindigkeit von über 50 000 km/h fliegt.

## *DIE VORHERSAGE BESTIMMTER EREIGNISSE*

Zählen wir alle Gefahren auf, die uns in Zusammenhang mit dem Kosmos drohen, empfiehlt es sich, optimistisch zu bleiben und das Glas als halb voll zu betrachten. Die Sonne kann uns Partikel schicken, die unsere Magnetosphäre verändern, oder wir empfangen zu viele schädliche Strahlen (bekanntlich ist das Ozonloch extrem gefährlich, da es die UV-Strahlung durchlässt). Ganz zu schweigen von weiterer Strahlung aus den Galaxien außerhalb unseres Sonnensystems. Inzwischen ist bekannt, dass dieser Beschuss mit Strahlen und Teilchen unsere Zellen und unser Verhalten verändern kann. Abgesehen von unserer Sonne gibt es die Kometen, Asteroiden und sonstigen Himmelskörper, die das Leben auf unserem Planeten von einem Augenblick auf den anderen verändern können.

Wissenschaftler, Astronomen und Astrophysiker haben in den letzten Jahren außergewöhnliche Entdeckungen und beträchtliche Fortschritte gemacht. Die verschiedenen Programme der NASA, der Europäischen Weltraumagentur sowie von japanischen Forschern und aus anderen Ländern haben eine Vielzahl von Entdeckungen dazu ermöglicht. Trotz dieser Fortschritte kennen wir jedoch nur einen winzigen Teil unseres Kosmos.
Trotz des Wissens über die Sonnenflecken und Sonnenstürme, die häufig vor größeren Erdbeben beobachtet werden konnten, ist man noch immer nicht in der Lage, das Ausmaß dieser Erdbeben oder den Ort vorherzusagen, an dem sie sich ereignen werden.
Daher könnte die Astrologie ein zusätzlicher, aufschlussreicher Faktor sein und uns beim Verständnis des Universums ein Stückchen weiterbringen. Die seit Jahrhunderten stattfindende Beobachtung der Planetenzyklen kann, häufig mit hoher Genauigkeit, die kritischen Phasen oder ruhigeren Perioden angeben. Eine Synthese all dieser Einflüsse ist natürlich schwierig. Die Planeten, Sonne und Mond bilden insgesamt 45 Zyklen, die aber praktisch niemals alle harmonisch oder dissonant sind. Der »Cocktail« dieser Planeteneinflüsse verändert sich ständig, und eine bestimmte Konstellation wiederholt sich erst nach mehreren Milliarden Jahren!
Dies betrifft aber nur unser Sonnensystem. Und es ist mehr als wahrscheinlich, dass die Fixsterne unserer Galaxis, wie der uns am nächsten liegende Alpha Centauri, aber auch Sirius, Vega, Orion etc. ebenfalls einen Einfluss auf unsere sublunare Welt ausüben.

## NATURKATASTROPHEN: DIE VIER ELEMENTE WERDEN ENTFESSELT

Die wahrscheinlichsten Katastrophen, die uns bedrohen, stammen von der Erde selbst. Und doch erschreckt uns das Unbekannte der kosmischen Bedrohungen mehr. Vor allem, weil wir nicht viele Möglichkeiten haben, uns gegen den eventuellen Absturz eines Meteoriten oder gegen einen Sonnensturm zu schützen. Dabei sind die tellurischen Kräfte oder die Kapriolen des Klimas, die regelmäßig Naturkatastrophen auslösen, meist ebenfalls unvorhersehbar.
Seit einigen Jahren ist die Anzahl von Erdbeben, Vulkanausbrüchen, Überschwemmungen oder Tsunamis spürbar gestiegen, die Opferzahlen und das Ausmaß der materiellen Schäden haben zugenommen. Die Statistiken der UNO bestätigten 2010 eindeutig, dass die Naturkatastrophen sich seit 20 Jahren mehr als verdoppelt haben. Für 1990 wurden rund 200 Katastrophen gezählt, zwischen 2005 und 2010 hat man hingegen 350 bis 400 Unglücke pro Jahr festgestellt!

## DIE NATURGEWALTEN

Seit Urzeiten kämpft der Mensch gegen die Naturgewalten und muss den vier Elementen trotzen. Dem Element FEUER, den Vulkanen oder »Feuerkugeln«, die vom Himmel fallen, dem Element WASSER mit Tsunamis und Überschwemmungen, der LUFT und den Zyklonen und Tornados und schließlich der ERDE mit Erdbeben und Erdrutschen.
In allen Zivilisationen finden wir Berichte über große Katastrophen. Die Beschreibung einer großen Sintflut wie in der Bibel findet sich auch in den Texten des alten Indiens, in den mesoamerikanischen Kulturen (Maya, Azeken) sowie in China.
Häufig gelten sie als Bestrafung des Menschen durch eine höhere Macht. Der Mensch wird für seine schlechten Taten durch Katastrophen ermahnt, durch gewaltige Erdbeben oder Fluten, durch Feuer, das vom Himmel fällt, oder durch Vulkanausbrüche, die ihn zur Einsicht, zur Reue aufrufen. Diese legendären Ereignisse gehören zur Mythologie verschiedener Völker und enthalten im Allgemeinen ein Körnchen Wahrheit.
So wissen wir zwar nicht mit Sicherheit, ob Atlantis tatsächlich existiert hat und in welcher Region der Welt sich dieser Kontinent befand, verfügen jedoch über Hunderte von Büchern und verschiedene Hypothesen zu diesem Thema. Schon in alten griechischen Texten wird über den Untergang von Atlantis berichtet: Platon schrieb in *Timaios* und *Critias* 350 v. Chr., dass sich »eine Insel, größer als Libyen und Asien zusammen«, im Atlantik westlich von Gibraltar befand, vor 8000 Jahren jedoch durch eine gewaltige Katastrophe verschlungen wurde und in den Fluten versank.

### *DAS FEUER UND DIE VULKANE*

Die Gefahr durch Feuer droht hauptsächlich von Vulkanen, vom Erdinneren. Daneben gibt es die Waldbrände, die jedes Jahr Millionen Hektar Wald in aller Welt vernichten und häufig vom Menschen selbst ausgelöst werden. Seit einigen Jahren werden diese Brände immer zerstörerischer und schwerer kontrollierbar. Das Jahr 2009 begann mit der schlimmsten Katastrophe in Australien: Anfang Februar brachen im Bundesstaat Victoria nach einer mehrtägigen Hitzeperiode mit Temperaturen von über 41° C Buschbrände aus. Am 7. Februar, dem »Schwarzen Samstag«, forderten verschiedene Brandherde 231 Todesopfer und vernichteten über tausend Häuser und 360 000 Hektar.
Noch dramatischer waren die Brände im Sommer 2010 rund um Moskau. Die schlimmsten Waldbrände der Geschichte hüllten Moskau in

eine fast apokalyptische Wolke aus Rauchschwaden, die den Menschen den Atem raubten. Nach einer schrecklichen Hitzeperiode im Juli wüteten die Brände in einer Region von bis zu 500 Kilometern rund um die russische Hauptstadt und die Aschewolken reduzierten die Sichtweite auf wenige Meter.

Katastrophal waren auch im April 2010 der Ausbruch des isländischen Vulkans Eyjafjallajökull und die riesige Aschewolke, die den Himmel mehrere Wochen verdunkelte und den Flugverkehr tagelang lahmlegte. Derselbe Vulkan und sein Nachbar Katla hatten bereits 1823 nach einem Ausbruch, der über ein Jahr gedauert hatte, große Schäden angerichtet. Die in die Atmosphäre geschleuderte Asche hatte für einen deutlichen Rückgang der Temperatur in Europa gesorgt und schlechte Ernten und eine Hungersnot verursacht.

Im Mai 2011 gab es einen neuen Alarm beim Ausbruch des Grimsvötn, sein Ascheregen ließ jedoch nach drei Tagen nach.

2010 ist uns bewusst geworden, dass Vulkanausbrüche katastrophale Folgen nicht nur für die unmittelbar betroffene Region haben können, sondern für die ganze Welt, wenn die Aschepartikel den Luftverkehr behindern. Die isländischen Vulkane bleiben unser Damoklesschwert. Nach dem Grimsvötn gibt es zwei weitere Vulkane mit beunruhigenden Prognosen: Katla und Hekla, zwei der größten Vulkane der Insel, stehen nach Meinung mehrerer Wissenschaftler, die sich auf Statistiken der letzten Jahrhunderte stützen, kurz vor einem Ausbruch. »In den kommenden zehn Jahren erreichen wir eine Periode, in der die Vulkanaktivität stark zunehmen wird«, erklärte der isländische Geologe Gunnar Gudmundsson von der isländischen Meteorologiebehörde.

Bestätigt wird diese Hypothese von einem anderen Spezialisten für isländische Vulkane, dem holländischen Geologen A. Hooper von der Universität Delft. Er fürchtet, dass »die Anzahl der Eruptionen in naher Zukunft zunimmt«. Der Vulkan Hekla ist in den letzten 60 Jahren im Mittel alle zehn Jahre einmal ausgebrochen und seine letzte Eruption war im Jahr 2000. »Er zeigt uns alle Symptome, die einem Ausbruch vorausgehen«, fügt der französische Vulkanologe Patrick Allard vom Geophysikalischen Institut Paris hinzu.

Katla ist bei den Isländern schlecht angesehen, der Name bedeutet »Hexe«. Er könnte in den kommenden zwei Jahren erwachen, denn sein »Speicher mit mehreren Hundert Millionen Kubikmetern Magma füllt sich« …

Das Verhalten der Vulkane ist häufig schwer vorhersehbar – trotz einiger Hinweise wie einer Druckzunahme, dem Ausstoß von Gas, Lavaauswurf etc. Insbesondere Vulkane in bewohnten Regionen werden überwacht und in der Regel hat man ausreichend Zeit, die Menschen zu evakuieren, die in der Nähe leben.

Die meisten Vulkane, die eine permanente Gefahr darstellen, befinden sich auf dem »Feuergürtel« rund um den Pazifik, auf einer Linie entlang der Westküste von Nord- und Südamerika, von Chile bis Alaska, die über die Philippinen, Japan bis Australien und Neuseeland verläuft. In den USA sind es vor allem der Mount St. Helens, dessen letzter Ausbruch 1980 stattfand, und sein Nachbar, der Mount Rainier. Beide beunruhigen die Spezialisten, die für die kommenden Jahre ein Erwachen der Monster befürchten.

In Europa ist es – nach Island – vor allem Italien, das ständig unter der Bedrohung durch den Vesuv in der Nähe von Neapel oder den Ätna auf Sizilien lebt. Im Umkreis des Vesuv könnten über eine Million Einwohner betroffen sein, und der Untergang von Pompeji ist Teil unseres kollektiven Bewusstseins.

Nicht zu vergessen die Vulkane auf Hawaii: Der Mauna Loa oder der Kilauea sind seit Jahrzehnten ständig aktiv, bisher sind die Lavaströme jedoch unter Kontrolle.

Auf den Philippinen schafft es der Pinatubo regelmäßig in die Schlagzeilen: Sein letzter Ausbruch 1991 forderte über 1000 Todesopfer! Der Vulkan war nach sechs Jahrhunderten Schlaf im April 1991 erwacht, seine Eruption war mit der des Mount St. Helens die größte des 20. Jahrhunderts.

### *DER SUPERVULKAN*

Der größte Vulkan der Welt unter dem Yellowstone Park in Wyoming gibt seit einigen Jahren Hinweise auf sein Erwachen. Die *caldera* – der Vulkankrater – ist mit Erde bedeckt und erst 2000 konnte man durch Satellitenbeobachtungen seine Ausdehnung genauer einordnen. Er misst etwa 70 mal 50 Kilometer und hat eine Tiefe von durchschnittlich 7 Kilometern. Seither wird dieser Supervulkan täglich beobachtet, der in der obersten Kategorie auf einer Skala von 1 bis 8 auf der Stufe 8 eingetragen wurde.

Zwar liegt sein letzter Ausbruch 600 000 Jahre zurück, Wissenschaftler beobachten jedoch seit 2004, dass sich die Erde über dem Krater jedes Jahr um rund zehn Zentimeter hebt, was seit Beginn der Beobachtung 1923 die größte Veränderung darstellt.

Der Geophysiker Robert Smith von der Universität Utah stellte fest: »Dieser Anstieg ist gewaltig, wenn man die große Fläche bedenkt.« Zudem beobachtet man seit einigen Jahren eine Zunahme der seismischen Aktivität in der Region. Es gibt zahlreiche Erdbeben schwacher oder

mittlerer Amplitude. 2002 hat man beispielsweise 2300 Erdbeben gezählt, und 2004 und 2005 wurden die stärksten Erdstöße seit 40 Jahren festgestellt.
Nach Meinung der Fachleute könnte der Kessel (*caldera*), wie er genannt wird, apokalyptische Schäden verursachen, tausendmal stärker als die Explosion des Mount Helens 1980. Die Folgen sind schwer vorstellbar: Über die Hälfte der USA im Umkreis von 1500 Kilometern vernichtet, der Boden wäre mit einer 50 Zentimeter dicken Ascheschicht bedeckt, der über 35 Kilometer in die Atmosphäre geschleuderte Staub könnte das Weltklima über mehrere Jahre hinweg verändern. Hoffen wir, dass dieser Supervulkan trotz der tellurischen Kräfte, der magnetischen Stürme und sonstiger kosmischer Kräfte noch einige Tausend Jahre weiterschläft!

## DAS ELEMENT ERDE: ERDBEBEN

Jeden Tag wird unsere Erde von einigen Dutzend Erdstößen erschüttert. Wie bei den Vulkanen gehört der Feuergürtel um den Pazifik zu den Regionen mit hoher seismischer Aktivität. Dort, wo die tektonischen Platten mit den Kontinentalplatten kollidieren, setzt das Gleiten oder der Druck des kochenden Magma unter der Erdkruste riesige Kräfte frei. Die Folge sind Erdbeben.
Seit Beginn des 20. Jahrhunderts gibt es mehrere Klassifikationen, am häufigsten wird jedoch die Richterskala verwendet, die von 1 bis 10 reicht. Bisher haben die stärksten Erdbeben die Stufe 9 knapp überschritten, wie das schreckliche Erdbeben, das 1960 in Chile registriert wurde. Es gab jedoch auch Erdbeben der Stärke 6,5 oder 7, die mehr Schäden angerichtet haben als andere der Stärke 8 oder darüber.
Die Zerstörungen hängen natürlich vom Epizentrum eines Erdbebens ab. Befindet dieses sich in der Nähe einer Großstadt, können die Konsequenzen katastrophaler sein. In einigen sehr exponierten Regionen, speziell in Japan, wird die Bauweise der Häuser dieser Art von Katastrophen angepasst. Somit kann es sein, dass ein Erdbeben der Stärke 8 in einer japanischen Stadt keine größeren Schäden verursacht, während es andernorts verheerende Folgen hätte. Ein trauriges Beispiel war das Erdbeben im August 1999 in der Nähe von izmit in der Türkei: Es erreichte den Wert 7,8 auf der Richterskala und forderte 12 000 Todesopfer und 27 000 Verletzte. Dies lag an den schlecht gebauten Gebäuden, die wie Kartenhäuser zusammenstürzten.

## *DER EINFLUSS DER SONNE UND DER PLANETEN*

Untersucht man Erdbeben und Vulkanausbrüche, so stellt man fest, dass Sonnenstürme sehr häufig eine Rolle spielen: Ein oder zwei Tage vor einem Erdbeben lassen sich größere Sonnenflecken als üblich beobachten. Man konnte auch erkennen, dass die Gefahr in den Tagen nach einer Sonnenfinsternis zunimmt. Beobachtet man die Planetenzyklen, so lässt sich ein Zusammenhang zwischen Erdbeben und bestimmten Zyklen feststellen. Zum Zeitpunkt dieser Katastrophen sind vor allem die Zyklen von Pluto und Uranus aktiv. Dies gilt zum Beispiel für den Fall von Kobe (17. Januar 1995), den ich wegen der Konjunktion Sonne/Uranus angekündigt hatte.

Die Weltastrologie (Mundanastrologie), die versucht, den Einfluss der Planeten auf unsere Erde zu verstehen, ist sehr komplex. So kann bei einem Tsunami auch Neptun eine wichtige Rolle spielen, wenn es sich um ein Erdbeben unter Wasser handelt. Ich habe andererseits beobachtet, dass die Achse der Mondknoten (die Punkte, an denen die Mondbahn die Ekliptik kreuzt) in den Horoskopen von Erdbeben-Katastrophen eine wichtige Rolle spielt. Der Grund dafür: Die Mondknoten sind u. a. das Symbol für kollektive Ereignisse.

Die Planetenzyklen der kommenden Jahre und weitere Ereignisse im Kosmos kündigen eine Zunahme solcher Katastrophen – und zwar zahlenmäßig sowie hinsichtlich ihrer Intensität – an.

## DAS ELEMENT LUFT: ORKANE, TORNADOS UND ZYKLONE

Auch die Anzahl und die Intensität der Katastrophen durch Orkane oder Tornados haben in den letzten zehn Jahren zugenommen. Als Grund dafür werden die Erderwärmung und gewisse Meeresströmungen genannt.

Greg Holland vom Nationalen Atmosphären-Forschungszentrum hat die Zahl der Orkane seit 1900 untersucht und seine Schlussfolgerung ist eindeutig: Von 1900 bis 1930 lag die Zahl pro Jahr bei 6, zwischen 1995 und 2005 stieg sie auf 15. Holland ist überzeugt davon, dass diese Zahl mit dem Anstieg der Durchschnittstemperatur weiter steigen wird.

Diese Katastrophen, denen man in alphabetischer Reihenfolge Vornamen gibt (jedes Jahr beginnt man beim Buchstaben A für den ersten Sturm, dann B etc.), kommen nicht überraschend. Mit Beginn ihrer Entstehung – diese erfolgt bei Atlantikorkanen im Allgemeinen auf offener See vor der Westküste Afrikas – beobachtet man Stunde für Stunde das Vorankommen dieser Ungeheuer, deren Windgeschwindigkeiten mehr als 250 km/h erreichen können. Der schlimmste Orkan der letzten Jahre war sicher Katrina, der im Sommer 2005 einen Teil von New Orleans zerstörte.

Der englischen Zeitschrift *Nature* zufolge »nehmen Anzahl und Intensität der heftigsten Zyklone mit der Erwärmung der Weltmeere zu«. Zu derselben Schlussfolgerung kommt das bekannte M. I. T. (Massachusetts Institute of Technology), wo festgestellt wurde, dass sich die Stärke tropischer Zyklone seit den 1950er-Jahren praktisch verdoppelt hat.

Schwer vorhersehbar sind hingegen die Tornados, die sich nicht über einem Ozean, sondern auf dem Festland bilden. Diese Tornados von erschreckender Heftigkeit können Geschwindigkeiten von mehr als 400 km/h erreichen. Im Gegensatz zu Orkanen, die gelegentlich Entfernungen von mehreren Hundert Kilometern überwinden, sind sie jedoch lokal begrenzt und ihre Lebensdauer beträgt weniger als eine Stunde.

Auch hier besteht kein Zweifel, dass Anzahl und Stärke der Tornados deutlich steigen. Im Frühjahr 2011 wurden die USA von mehreren Hundert solcher Katastrophen innerhalb einiger Tage heimgesucht – ein trauriger Rekord.

## DAS ELEMENT WASSER: TSUNAMIS UND ÜBERSCHWEMMUNGEN

Ein Tsunami ist in der Regel die Folge eines Vulkanausbruchs oder eines Erdbebens unter Wasser, das Wellen von 20 Metern Höhe und mehr verursacht. Diese erreichen manchmal innerhalb weniger Minuten die Küsten.

In trauriger Erinnerung ist der Tsunami vom Dezember 2004 im Indischen Ozean, der über 250 000 Todesopfer forderte und Millionen Menschen obdachlos machte.

Auf lange Sicht noch katastrophalere Folgen hatte der Tsunami vom 11. März 2011 an der Ostküste Japans: mehr als 25 000 Todesopfer und massive Zerstörungen über rund 100 Kilometer entlang der Küsten. Vor allem verursachte das Erdbeben eine schwere Panne im Atomkraftwerk Fukushima, die schlimmste Atomkatastrophe bis zum heutigen Tag. Obwohl die Informationen über die Folgen von Fukushima nur »tropfenweise« in den Medien veröffentlicht werden, wissen wir jetzt (Sommer 2011), dass die Lage schlimmer ist als in Tschernobyl. Und niemand weiß, wie lange es noch dauern wird, bis die Techniker die Strahlungen in den Griff bekommen!

In unseren Breitengraden sind die Gefahren eines Tsunami begrenzt, vergessen wir jedoch nicht das Erdbeben von Lissabon im Jahre 1755, das einen verheerenden Tsunami ausgelöst und 100 000 Todesopfer gefordert hat.
Es versteht sich von selbst, dass Überschwemmungen zu den häufigsten Katastrophen durch Wasser gehören. Da ihre Zahl ebenfalls zunimmt und sie sich in bisher mehr oder weniger verschonten Regionen ereignen, scheinen sie eine Folge des Klimawandels der letzten Jahrzehnte zu sein. Unleugbar trägt die Zunahme der Niederschläge der letzten Jahre – zumindest in bestimmten Regionen der Welt – zu einer beträchtlichen Zunahme der Überschwemmungen bei. Erinnern wir uns an die jüngsten Katastrophen in Pakistan 2010 und in Australien Anfang 2011. In beiden Fällen sprach man von »biblischen« Ereignissen, den schlimmsten Überschwemmungen seit über 100 Jahren oder gar seit Menschengedenken! Für Millionen Menschen war es die Sintflut …
Wie bei anderen, bereits genannten Naturkatastrophen – Erdbeben, Vulkanausbrüchen, Orkanen etc. – weiß man, dass die Sonnenaktivität auch bei Überschwemmungen eine wichtige Rolle spielt. Der koronale Massenauswurf verursacht Veränderungen in unserer Magnetosphäre. Auch hierbei habe ich in der Weltastrologie – meinem Steckenpferd, meinem Fachgebiet – festgestellt, dass bestimmte Konstellationen und Zyklen bei diesen Ereignissen ausschlaggebend sind. Wir haben den Einfluss der Zyklen von Pluto und Uranus auf Erdbeben und Vulkanausbrüche und den von Neptun auf Wasserkatastrophen bereits erwähnt. Bei Erdrutschen spielt häufig auch Saturn eine entscheidende Rolle, während Merkur (die Luft) bei Tornados und Orkanen fast immer präsent ist. Man weiß auch, dass Mars häufig als Auslöser wirkt und Jupiter den Effekt verstärkt.
Andererseits haben Wissenschaftler festgestellt, dass die Positionen von Jupiter und Saturn in Bezug zur Sonne – vor allem bei einer Konjunktion oder Opposition dieser beiden Planeten – die Zahl der Sonnenflecken und die Intensität von Sonnenstürmen ansteigen lässt und damit auch deren Stärke. Berufung und Ziel der Astrologie ist es, die Zusammenhänge zwischen Ereignissen auf der Erde und den begleitenden Konstellationen systematisch zu erforschen.

## 2012 BIS 2016: GEFÄHRLICHE JAHRE

Die Menschheit befindet sich in einer entscheidenden Phase. Diese Feststellung wird von vielen Denkern, sowohl von Wissenschaftlern, Philosophen, Politikern, Künstlern als auch von ganz einfachen Menschen geteilt, die ihren gesunden Menschenverstand bewahrt haben.

Und diese Feststellung stützt sich einerseits auf eine gewisse Beschleunigung der Ereignisse, andererseits auf einen Werteverlust.
In der Astrologie spiegelt sich diese soziopolitische Krise, ja eine Zivilisationskrise: Die Konstellationen der kommenden fünf Jahre sind dafür eine Bestätigung. Die allgegenwärtige Dissonanz des Zyklus Uranus/Pluto symbolisiert einerseits eine Zunahme der Naturkatastrophen sowie der vom Menschen hervorgerufenen Katastrophen (Atomkraft, Umweltverschmutzungen, Zusammenbruch des Bankensystems), andererseits spiegelt sie eine tief greifende – und wünschenswerte – Wandlung in unserem Denken, unserer Weltanschauung und Zukunftsorganisation. Es ist nicht zu leugnen, dass die Meinung über die Atomenergie nach einem Drama wie in Fukushima nicht mehr dieselbe ist, weil wir gesehen haben, wie machtlos wir angesichts eines derartigen Desasters sind.
Fragen wir ohne Umschweife: Wie viele weitere Katastrophen sind nötig, damit wir das Schlimmste für unsere Generation und kommende Generationen verhindern? Das Unglück passiert nicht immer nur den anderen und auch eine große Entfernung (bis Tschernobyl, bis Japan) ist eine gefährliche Täuschung.
Pluto ist, unter anderem in der Astrologie, das Symbol des Unterirdischen, der tellurischen Kräfte, der Atomkraft, während Uranus zugleich den Himmel, den Blitz und die Explosion repräsentiert. Und das Unvorhergesehene, die unangenehme Überraschung!
Diese bereits seit Anfang 2011 wirksame Dissonanz erstreckt sich über mehrere Jahre und wird sich wegen der Rückläufigkeit dieser beiden Planeten siebenmal exakt wiederholen, ein außergewöhnlich seltenes Phänomen! Denn in der Regel kommt es dreimal, manchmal viermal vor, dass sich eine bestimmte Konstellation aufgrund der Rückläufigkeiten – von der Erde aus gesehen scheinen die Planeten wegen ihrer elliptischen Bahn rückwärts zu gehen – wiederholt. Und diese Wiederholungen erhöhen der astrologischen Tradition zufolge die Stärke der jeweiligen Einflüsse. In diesem Fall erleben wir diese Dissonanz siebenmal und daher denke ich – wie übrigens auch andere Astrologen in aller Welt! –, dass Ereignisse wie Erdbeben, Vulkanausbrüche, Unfälle in Zusammenhang mit der Atomkraft, aber auch mit dem Feuer, Explosionen, Probleme mit Strom und Elektronik in den kommenden Jahren große Probleme bereiten könnten. Nicht zu vergessen der Zusammenbruch des Bankensystems (Pluto symbolisiert auch die Hochfinanz, Plutokratie). Wir werden gezwungen, reinen Tisch zu machen, und müssen eine bessere Welt erfinden. Gerechter, sauberer, fairer. Eine Welt, in der Mitgefühl und Liebe eine größere Rolle spielen.

Gegen Naturkatastrophen kann man wenig tun, aber durch Hinweise auf die gefährlichsten Phasen könnte man sich vielleicht besser darauf vorbereiten. Hinsichtlich von Pannen oder Unfällen könnte man die Sicherheitsvorkehrungen in den gefährlichsten Tagen womöglich verstärken.

In einigen Ländern (vor allem auf der Nordhalbkugel) beobachtet man die Sonnenaktivität ständig, denn die schweren Stürme können Schäden an Satelliten, Stromnetzen etc. verursachen.

Warum sollte man nicht alle Mittel zusammenfassen, mit denen Vorhersagen möglich sind, wenn sich die Schäden, die durch diese verschiedenen Unfälle oder Katastrophen entstehen, dadurch verringern ließen? Und warum sollte man nicht damit beginnen, eine eiserne Politik gegenüber der Atomkraft zu verfolgen, damit dieses schreckliche Damoklesschwert, das uns alle bedroht, möglichst schnell verschwindet? Ein Anfang wäre die Entscheidung, die ältesten Atomkraftwerke stillzulegen – unabhängig davon, was es kostet; die Kosten sind auf jeden Fall geringer als der heutige und künftige Verlust an Menschenleben oder jahrelanges Siechtum aufgrund von radioaktiver Strahlung.

Und natürlich müsste man die Entscheidung treffen, keine neuen AKWs zu bauen, ein – außer in den Augen der Atomlobby – selbstverständlicher Entschluss! Vertrauen wir auf die Vernunft der Zuständigen – sie haben doch auch Kinder – und auf die Optionen unserer Demokratien. Frankreich – das Land mit den meisten Atomkraftwerken weltweit – liefert Atomkraft an seine Nachbarn. Im Fall einer Katastrophe, die im Lauf der Zeit und angesichts der Planetenaspekte unvermeidlich scheint, werden wir diesem surrealistischen Schauspiel aus der ersten Reihe zusehen.

# KAPITEL 3:
# VOM MENSCHEN VERURSACHTE BEDROHUNGEN

## Cyberwar

Die Hacker-Angriffe von Gruppen wie »Anonymous« haben sich in den letzten Jahren vervielfacht. Als Beispiele gelten die Fälle der Attacken im Frühjahr 2011 gegen Sony, den IWF, den Flugzeugbauer Lockheed Martin in den USA oder Ende 2010 gegen die multinationalen Firmen Paypal und Mastercard, als Rache für ihre Aktion gegen Wikileaks.
Noch ernster einzustufen sind die Angriffe auf Regierungsinstitutionen oder die Armee in mehreren Ländern. So haben die USA und China erklärt, sie würden – falls nötig – auf jeden Angriff mittels Internet mit konventionellen militärischen Aktionen antworten! Daran zeigt sich die Bedeutung dieses Problems. Alle Länder nehmen die Bedrohung durch einen Cyberwar sehr ernst. Es ist bekannt, dass die Anlagen des Stromnetzes durch terroristische Angriffe sehr verwundbar sind und dass die Infrastrukturen der Gas- und Wasserversorgung zur Zielscheibe immer wirksamerer und gefährlicherer Viren werden könnten.
In der Zusammenfassung einer Konferenz von 14 Ländern und ihren Experten für IT-Sicherheit mit dem Titel »In the dark« im April 2011 steht zu lesen, dass die Gefahr eines Eindringens in die äußerst sensiblen Netze größer ist als je zuvor und ein ganzes Land lahmlegen könnte. Betroffen wären die Verkehrsmittel, die Transaktionen der Banken, der Handel etc., kurz gesagt: ALLES! Bereits nach drei oder vier Tagen wäre mit einer chaotischen Situation zu rechnen, nach dem Prinzip des Dominoeffekts würde eine Dienstleistung nach der anderen ausfallen und das Leben käme zum Erliegen. Dies ist der Grund für die Unruhe unserer Regierenden bezüglich der Sicherheit der EDV-Netze. Tatsächlich handelt es sich um eine beunruhigende Flucht nach vorne, denn je ausgeklügelter die EDV-Systeme werden, desto komplizierter und wirksamer müssen auch die Gegenmittel werden, um die Sicherheit zu gewährleisten.
Die Regierungen haben verstanden, dass schnellstens Verteidigungssysteme entwickelt werden müssen, um die Funktionsfähigkeit aller EDV-Systeme zu gewährleisten und alle Informationen, ob militärischer, wirtschaftlicher oder wissenschaftlicher Art, bestmöglich abzusichern.

## DAS INTERNET ALS KAMPFSCHAUPLATZ

Der Cyberwar begann im Frühjahr 2007. Zwischen Russland und Estland herrschte Krisenstimmung und nach wochenlangen Angriffen von beiden Seiten gelang es Moskau, Estland lahmzulegen, indem Hunderttausende E-Mails an mehrere Regierungsdienststellen geschickt wurden. Hierzu wurden Botnets genutzt: Dabei wird über Tausende von Computern die Kontrolle übernommen, diese werden zu »Zombies« und überschwemmen die Zieladressen, in diesem Fall die E-Mail-Postfächer der Regierung Estlands, mit Post.
Dieser Angriff zwang Estland zum Rückzug. Moskau hatte die Schlacht gewonnen, leugnete allerdings, Urheber dieses »Virenangriffs« gewesen zu sein. Die Regierenden in aller Welt begriffen in diesem Moment, wie wichtig ihre »Cyber-Armeen« sind.

### *EIN ANGRIFF AUF DAS IRANISCHE ATOMPROGRAMM*

Das Szenario könnte aus einem Thriller stammen. Mitte Juli 2010 wurden etwa zehn Spezialisten in verschiedenen Mitgliedsstaaten der NATO mitten in der Nacht geweckt: Die Sondereinheiten des Cyberwar standen Gewehr bei Fuß im Kampf gegen ein neues Virus, das niemand kannte und das gefährlicher zu sein schien als alle bisherigen. Ein »self-replicating computer-virus« (ein selbstreplizierendes Virus) hatte weltweit Tausende von Computern infiziert, auf der Suche nach kleinen, grauen Kunststoffkästen, den PLC (Programmable Logic Controllers bzw. Speicherprogrammierbare Steuerung, SPS) in der Größe eines Zigarettenpäckchens. Diese steuern die Maschinen in den Fabriken, Garagentore oder Verkehrsampeln in den Städten. Etwa 50 Experten, verteilt auf fünf Kontinente, begannen daraufhin nachzuforschen, woher dieser Eindringling stammen könnte, der eine komplexere Struktur aufwies als alles, was man auf diesem Gebiet bislang kannte. Er war zwanzigmal leistungsfähiger als der Champion aller Virenkategorien, das Virus »Conficker«. Innerhalb weniger Tage hatte dieses neue Virus Tausende von Geräten infiziert, insbesondere in Asien, Indien, Südkorea und dem Iran. Man tauft es »Stuxnet«.
Microsoft suchte nach den Schwachstellen und wurde dabei von zwei der größten Antiviren-Firmen, der amerikanischen Firma Symantec und der russischen Firma Kaspersky, unterstützt. Sie erkannten in »Stuxnet« tatsächlich eine neue Gefahr, komplexer als die bisherigen Viren. Damit war klar, dass an einem so raffinierten Programm mindestens 30 Spezialisten mehrere Monate gearbeitet haben mussten.

Einen Monat später, im August, verkündete Ralph Langer, ein deutscher Spezialist für Netzsicherheit und Berater mehrerer großer Organisationen und Firmen, dass »Stuxnet« aus zwei »warheads« (Kriegsköpfen) bestehe und mit dem iranischen Atomprogramm in Zusammenhang gebracht werden könne. Sein Ziel seien die von Siemens hergestellten SPS. Jedes Mal, wenn das Virus einen Computer oder dessen Netz unter Windows infiziert, versucht es herauszufinden, ob er mit einem SPS von Siemens verknüpft ist. In diesem Fall klinkt es sich in das System ein, ohne dass man es als Feind oder von außen kommend identifizieren könnte. Dann injiziert es seinen Schadcode in vorhandene Systemdienste. Da der Nutzer nichts bemerkt, bleibt das Virus verborgen und wartet den passenden Moment ab, um tätig zu werden (hier ist eine Parallele zu den »Schläfern« unter den Terroristen zu erkennen). Im November 2010 wurde einem holländischen Experten klar, dass »Stuxnet« die Kontrolle über die Geschwindigkeit der Zentrifugen übernehmen könnte, die in einem iranischen Atomkraftwerk arbeiten! Weitere Forschungen ergaben schließlich, dass »Stuxnet« durch amerikanische Spezialisten und den israelischen Mossad in Umlauf gebracht worden sein dürfte. Nach monatelanger Vorbereitung gelang es dem Eindringling tatsächlich, die Zentrifugen im Atomkraftwerk Natanz im Iran zu stören, wodurch das iranische Atomprogramm in seiner Arbeit um Jahre zurückgeworfen wurde. Dies ist die allgemein angenommene Version. Aber niemand kennt letztlich die Wahrheit. War die Operation für die Urheber ein Erfolg? Es ist durchaus möglich, dass der Iran die Welt nur glauben macht, »Stuxnet« habe sein Atomprogramm gebremst, während das Land in Wahrheit seinen Weg unauffällig fortsetzt … etwa mit dem Ziel, die Atombombe zu bauen?

### *RIESIGE SCHÄDEN ALS DAMOKLESSCHWERT*

Schädliche Programme (»Malware«), die in die Netze eindringen, werden immer komplexer. Würde man beispielsweise die EDV-Systeme mehrerer Banken, der Fluggesellschaften und der Telekommunikationseinrichtungen in einem Land zerstören, wäre die Folge innerhalb weniger Tage das komplette Chaos – ein Albtraum für unsere ultra-automatisierten, computerisierten Gesellschaften. Das derzeit gefährlichste virtuelle Programm, TDL-4, könnte unkalkulierbare Schäden anrichten. Es könnte rund 4,5 Millionen Computer in aller Welt infizieren! Unbegreiflich.

Für die OECD (Organisation für wirtschaftliche Zusammenarbeit und Entwicklung) sind die Gefahren eines Cyberwars noch begrenzt. Sie hält die Wahrscheinlichkeit eines Konflikts in großem Maßstab zwischen zwei Ländern für gering.

Es besteht jedoch eine reale Bedrohung durch Cyber-Angriffe. Deshalb investieren derzeit alle Länder große Summen, um eine wirksame Verteidigung für den Angriffsfall einzurichten. Eine gute Sache, wenn man die Risiken und Gefahren in den kommenden Jahren bedenkt, die geprägt sein werden von den Dissonanzen Pluto/Uranus. Uranus symbolisiert u. a. auch die Informatik und Pluto in negativen Fällen die Zerstörung. Zwischen 2012 und 2016 wird sich diese latent vorhandene Dissonanz, die erstmals wieder seit den 1960er-Jahren wirksam ist, als die Informatik noch keine derartige Verbreitung hatte, siebenmal wiederholen. Dies könnte ein erhöhtes Risiko für Unfälle und Katastrophen bedeuten. Ironie dieser Situation: Gerade unsere Fortschritte und wunderbaren technologischen Erfolge sind es, die uns, die wir total von ihnen abhängig geworden sind, in die Knie zwingen könnten. Letztlich ein Fortschritt, der sich in den eigenen Schwanz beißt …

## Epidemien und Pandemien

Die Menschheit wird regelmäßig von Epidemien heimgesucht. Die Bedrohung durch Infektionen stellt noch immer ein erhebliches Risiko für die Gesellschaften dar. Wir haben in den letzten Jahren rund 20 solcher Infektionskrankheiten erlebt, darunter SARS, Rinderwahnsinn, Vogel- und Schweinegrippe, AIDS oder Denguefieber und Chikungunya-Fieber. Zum Glück waren die Viren, die sich sehr rasch ausbreiten, sodass von einer Epidemie gesprochen werden kann, nicht übermäßig aggressiv. So war es auch bei der Grippe, die 2009 durch das H1N1-Virus ausgelöst wurde und innerhalb weniger Tage mehrere Länder betraf, jedoch recht schnell unter Kontrolle gebracht werden konnte. Obgleich die WHO von einer sehr raschen Übertragung ausgegangen war, erwies dieses Virus sich letztlich als harmloser als andere Viren der saisonalen Grippe. Die USA und mehrere europäische Staaten hätten beträchtliche Summen einsparen können, wenn sie sich geweigert hätten, diese gewaltigen Mengen an Impfstoffen zu produzieren – aber dabei redet natürlich die Lobby der Pharmaindustrie ein Wörtchen mit (von denen einige Vertreter, nebenbei erwähnt, Mitglied im Rat der WHO sind!).

### INTERESSANTE PARALLELEN

Es ist – bei allem, was wir bisher in diesem Buch über die Macht der Sonne erfahren haben – vermutlich keine große Überraschung, dass die großen Epidemien wie die Spanische Grippe von 1918 bis 1920, die Asiatische Grippe von 1957 bis 1958 oder die Hongkong-Grippe von

1968 bis 1970 immer zu Zeiten einer starken Sonnenaktivität (Zyklus von etwa elf Jahren) aufgetreten sind. Auf astrologischem Gebiet hat man festgestellt, dass Epidemien häufig bei dissonanten Neptun-Zyklen auftreten, speziell dann, wenn zusätzlich Jupiter negative Aspekte zu Neptun bildet. Ein Beispiel ist das Superbakterium EHEC (Escherichia coli-Stamm 0104), das im Frühjahr 2011 in Deutschland und zwei Wochen später auch in Frankreich auftauchte und innerhalb weniger Wochen für über 50 Todesfälle verantwortlich war.
Anfangs standen spanische Gurken als Auslöser in Verdacht, später ägyptische Sprossen, aber die tatsächliche Ursache konnte noch immer nicht gefunden werden. Die Ärzte waren tagelang ratlos, sie fanden kein spezifisches Gegenmittel gegen dieses Bakterium, das gegenüber acht verschiedenen Antibiotika resistent war! Wie man hört, soll es sich um ein biotechnisch hergestelltes Bakterium handeln, das mutiert ist. Interessant für den Astrologen: Zum ersten Mal seit 164 Jahren kam Neptun wieder in sein eigenes Sternzeichen, die Fische, und genau am 22. Mai, als den Medien zufolge das Bakterium am aktivsten war, gab es eine Dissonanz zwischen Neptun und der Sonne! Zufall ausgeschlossen ... Frankreich wird im Frühjahr/Sommer 2012 sowie im Februar/März 2013 für Epidemien anfällig sein (siehe Kapitel *8: Horoskope für einige Länder dieser Welt*). Dabei ist anzumerken, dass Dissonanzen mit Neptun auch symbolisch sind für Umweltprobleme, z. B. durch Giftstoffe, chemische Unfälle, Probleme im Zusammenhang mit Wasser wie Überschwemmungen, Schiffskatastrophen – und in Kombination mit Pluto auch für nukleare Umweltverschmutzung. Die große Dissonanz zwischen Pluto und Uranus, die sich zwischen 2012 und 2015 mehrfach wiederholen wird, ist einer der wichtigsten Faktoren aller anstehenden Veränderungen und eines der Hauptthemen dieses Buchs. Dieser negative Zyklus könnte auch für beunruhigende Mutationen verantwortlich sein, die uns vor unlösbare Probleme stellen werden. Dies gilt vor allem dann, wenn Neptun als Symbol für Umweltbelastungen und Epidemien ebenfalls wirksam ist. Drücken wir die Daumen ...

Zum Glück blieben wir in den letzten Jahren von schweren Epidemien wie der Spanischen Grippe verschont, die Ende des Ersten Weltkriegs über zwanzig Millionen Todesopfer gefordert hat. Dank einer wirksamen Informationspolitik und rascher Entscheidungen (im Fall von SARS im Jahr 2003 beschlossen die kanadischen Gesundheitsbehörden zum Beispiel, die Betroffenen sofort unter Quarantäne zu stellen) ist man dieser Epidemie bereits im Anfangsstadium Herr geworden, wie auch 2009 der Vogelgrippe. Viren oder Bakterien werden allerdings immer resistenter, da sie sich den Medikamenten anpassen, sodass diese ihre Wirksamkeit verlieren.

Das gilt beispielsweise für die Malaria. Das Problem besteht auch bei vielen Antibiotika, die keinen Behandlungserfolg mehr bringen, weil wir eine Resistenz gegen sie entwickelt haben. Diese Situation steht wahrscheinlich auch mit dem Verzehr von Fleisch in Zusammenhang, das von Tieren stammt, die prophylaktisch mit Antibiotika behandelt werden – man weiß, dass vor allem Schweine regelrecht mit Medikamenten vollgestopft werden. Die gesundheitliche Rechnung, die wir dafür werden zahlen müssen, droht hoch zu werden.
Ein anderes besorgniserregendes Problem sind die Krankenhausinfektionen. Die Keime – Bakterien oder Viren –, mit denen man im Krankenhaus infiziert wird, erweisen sich häufig als multiresistent. In Deutschland werden jährlich bis zu 30 000 Todesfälle durch solche Infektionen gezählt. Mehreren Studien zufolge liegt das Risiko, sich bei einem Krankenhausaufenthalt mit einer solchen Krankheit anzustecken, bei etwa zehn Prozent; und man muss fürchten, dass diese Zahlen in den nächsten Jahren steigen werden. Es ist nicht auszuschließen, dass eine Epidemie oder Pandemie dann unkontrollierbar wird, weil Staphylokokken, Viren oder andere Keime multiresistent geworden sind. Ein greifbares Szenario mit schwer vorstellbaren Konsequenzen, wie geschaffen für einen Horrorfilm.

## DIE LAUTLOSEN KILLER

Kehrseite der Medaille unserer technischen und wissenschaftlichen Fortschritte ist, dass diese nicht immer gefahrlos sind. Ein Großteil der Bevölkerung in Europa ist sich der Tatsache bewusst, dass die Atomenergie ein Damoklesschwert ist, das über unseren Köpfen und denen unserer Kinder und Enkel schwebt. Erst die Katastrophe von Fukushima im März 2011 hat uns jedoch begreifen lassen, wie eilig es ist, etwas gegen die Atomkraftwerke zu unternehmen oder zumindest deren Sicherheit zu verbessern.
Es gibt allerdings auch eine andere Gefahr, die unsere Gesundheit bedroht und die schwieriger nachzuweisen ist: die elektromagnetischen Strahlen, die insbesondere von unseren Telefonen ausgehen (sowohl den Mobiltelefonen als auch den DECT-Telefonen), den WLAN-Netzen und den Mikrowellen. Die Präsenz künstlicher elektromagnetischer Wellen in der Luft und in unserem Lebensumfeld stellt einen ständigen Angriff auf unsere körperliche Gesundheit dar. Trotz der Schädlichkeit der schnurlosen Geräte und der zahlreichen Studien, die deren Gefahr für unsere Gesundheit belegen, stecken wir den Kopf in den Sand.
Stellen Sie sich eine Diskussion vor, in der man alle jungen Leute bitten würde, ihr Handy wegzuwerfen. Es gäbe sofort eine Revolution! Auch

die Erwachsenen wären damit nicht einverstanden, sind sie doch überzeugt von der absoluten Notwendigkeit dieser Geräte, ohne die unser modernes Beziehungsleben nicht mehr zu funktionieren scheint. Aus diesem Grund fürchten die Industriezweige der Telefonie und aller schnurlosen Systeme keine eventuellen Restriktionen und noch weniger ein Verbot. Denn, es muss wiederholt werden, eine moderne Welt ohne WLAN oder Handy ist nur noch schwer vorstellbar.

Derzeit versteckt sich die Lobby hinter dem Schlüsselargument, es gebe keine Studien, die langfristige Gesundheitsprobleme belegen würden. Wie bei den GVO (gentechnisch veränderte Organismen) gewinnen die Hersteller mit solchen Argumenten wertvolle Zeit.

Schlimmer ist, dass man uns regelmäßig Studien vorsetzt, die die Unschädlichkeit der schnurlosen Geräte bestätigen. Die meisten dieser Studien, die in den letzten Jahren veröffentlicht wurden, stammten jedoch von Organisationen, die von der Industrie selbst finanziert werden – eine Unverschämtheit! Man nehme nur den Fall eines gewissen Michael Repacholi, der Studien für die WHO in Genf erstellte, gleichzeitig jedoch einen Beratervertrag für eine Firma hatte, die für die Erzeugung von Elektrosmog verantwortlich ist. Alle Radiofrequenzen, die in der Vergangenheit vom Militär genutzt wurden, erhielten in den USA die Genehmigung der FDA (Food and Drug Administration) – ohne vorherige Tests ihrer möglichen schädlichen Wirkungen auf den menschlichen Körper. Unsere Gesellschaft wurde vor vollendete Tatsachen gestellt. Und das, obwohl die beunruhigenden Auswirkungen der Strahlen auf die Gesundheit in Militärkreisen seit Jahrzehnten bekannt sind. Es ist nachgewiesen, dass die elektromagnetischen Felder von Hochfrequenzwellen unser Immunsystem angreifen und – nach den Worten von Dr. George Carlo, Fachmann für Telekommunikation – in den kommenden Jahren für eine Epidemie von Gehirntumoren und Krebserkrankungen verantwortlich sein könnten. Trotz einer Unmenge von Studien über die Schädlichkeit von Hochfrequenzstrahlen hält sich die Schulmedizin zu diesem Thema sehr bedeckt. Einer Studie von Dr. Andreas Varga von der Universität Heidelberg aus dem Jahr 1991 zufolge beeinflussen diese Frequenzen unser Nervensystem, unsere DNA und unser Hormonsystem und können u. a. Unfruchtbarkeit verursachen.

Im Mai 2011 hat eine Studie gezeigt, dass ein Mobiltelefon, das man vor einen Bienenstock gelegt hatte, innerhalb weniger Tage dazu führte, dass die Bienen die Orientierung verloren und der Bienenstock nach weniger als drei Wochen zugrunde ging! Die WHO, die mit solchen Studien sehr vorsichtig ist, hat im Mai 2011 eindeutig negative Ergebnisse veröffentlicht und bestätigt, dass die Nutzung eines Mobiltelefons das Krebsrisiko erhöht. In mehreren Medien hat man jedoch neben dieser Warnung die Meinung eines Krebsspezialisten veröffentlicht, der behauptete, diesen Studien mangle es am nötigen Abstand und man müsse eine Veröffentlichung der WHO nicht zu wörtlich nehmen. Das ist mehr als erstaunlich, wenn man bedenkt, dass die WHO in der Regel der offiziellen Wissenschaft und den großen multinationalen Konzernen nach dem Mund redet. Dieses eine Mal hat sie Mut bewiesen, als sie die Warnung herausgab.

Es ist jedenfalls nicht auszuschließen, dass die Lebenserwartung in den kommenden Jahren zurückgehen wird. Die Strahlenbelastung, die Probleme in Zusammenhang mit der Radioaktivität, die Folgen der Nutzung von GVO, die Resistenz der Bakterien gegenüber Antibiotika, Mutationen, die gesundheitlichen Folgen der schlechten Ernährung – um nur einige Beispiele zu nennen – werden unsere Gesundheit und Lebenserwartung negativ beeinflussen. Da man weiß, dass diese derzeit regelmäßig steigt, werden einige Skeptiker oder Menschen, denen es an Überblick oder Fantasie mangelt, bei diesen Zeilen lächeln. Wenn wir unsere Sichtweise jedoch erweitern, wenn wir aus all diesen negativen Faktoren Schlüsse ziehen, müssen wir uns fragen, was unter dem Strich bleiben wird von den Fortschritten in Wissenschaft, Medizin und Kosmetik, wenn man ihnen die Bedrohungen aller Arten gegenüberstellt, mit denen sie konfrontiert werden. Wird es zu einer Pattsituation kommen?

## KAPITEL 4: UNSERE TODSÜNDEN IM 21. JAHRHUNDERT

Gegen die Gefahren aus dem Kosmos oder durch Naturkatastrophen können wir nicht viel tun. Es gibt jedoch viele Bedrohungen für das Leben auf unserer Erde, an denen wir Mitverantwortung tragen. Trotz all unserer vermeintlichen Vernunft begehen wir tagtäglich Todsünden, die zur Zerstörung unseres Planeten führen – und möglicherweise zu einer Apokalypse.

### Der Stolz

»Sobald ich einige allgemeine Kenntnisse der Physik erworben hatte und nachdem ich sie bei verschiedenen besonderen Schwierigkeiten auszuprobieren begann, habe ich festgestellt, wohin sie führen können und wie sehr sie sich von den Prinzipien unterscheiden, die bisher Anwendung fanden. Ich glaubte, ich könnte sie nicht verborgen halten, ohne schwer gegen das Gesetz zu verstoßen, das uns verpflichtet, soweit es in unserer Macht steht, für das allgemeine Wohl aller Menschen zu sorgen. Denn sie haben mir gezeigt, dass es möglich ist, zu Kenntnissen zu gelangen, die für das Leben sehr nützlich sind. Anstelle der spekulativen Philosophie, die man in den Schulen lehrt, lässt sich eine Praxis finden, durch die – wenn man die Kraft und die Wirkungen des Feuers, des Wassers, der Luft, der Gestirne, des Himmels und aller uns umgebenden Materie ebenso genau kennt wie die verschiedenen Berufe unserer Handwerker – wir sie ebenso für jeden geeigneten Gebrauch verwenden könnten und uns so zu Meistern und Besitzern der Natur machen. Das ist nicht nur wünschenswert hinsichtlich der Erfindung einer Unzahl von Raffinessen, die dafür sorgen würden, dass man ohne Mühe die Früchte der Erde und alle Annehmlichkeiten genießen könnte, die sich dort finden, sondern vor allem auch für den Erhalt der Gesundheit, die zweifellos das höchste Gut und die Grundlage für alle anderen Güter dieses Lebens darstellt.« Dieses enthusiastische Lob der Wissenschaft, das dem *Discours de la méthode (Abhandlung über die Methode)* von Descartes entnommen ist, ist seit dem 17. Jahrhundert das Credo unserer postmodernen Gesellschaften im Allgemeinen und unserer Wissenschaftler im Besonderen. Da das höchste Ziel die Beherrschung der Natur ist, hat man störende Skrupel rasch im Keim erstickt, Ethik wurde ganz einfach zum Synonym für Fortschrittsbremse.
Von der Überzeugung getragen, dass der Mensch sich zugleich zum »Meister und Besitzer der Natur« machen soll, hat die Menschheit beträchtliche technische Fortschritte gemacht, insbesondere im letzten Jahrhundert. Mit der Entdeckung des Erdöls begann eine Art Wettlauf:

Die allgemeine Verbreitung des Automobils, aus Erdöl hergestellte Produkte, die chemische und die pharmazeutische Industrie wurden zur Grundlage unseres Wohlstands und des modernen Komforts.
Erst in den letzten Jahrzehnten des 20. Jahrhunderts haben wir zu verstehen begonnen, dass unser Lebensstil die Ursache schwerwiegender Probleme ist, die unsere Gesundheit bedrohen und unseren Planeten zerstören. Die Erfindungen und wissenschaftlichen Entdeckungen haben eine Kehrseite: abartige und unerwartete Auswirkungen, denen wir wehrlos ausgesetzt sind und die uns wieder unseren richtigen Platz zuweisen, irgendwo zwischen dem *unendlich Großen* und dem *unendlich Kleinen*, um mit Blaise Pascal zu sprechen. Als fordere der Triumph der Wissenschaft seinen Tribut in Form von unvorhergesehenen Kollateralschäden. Denn letztlich haben sehr wohl die Tsunamis, Orkane, Vulkanausbrüche und Erdbeben oder Pandemien das letzte Wort. Die endzeitlichen Bilder der Welt, die in den Fernsehnachrichten ausgestrahlt werden, machen uns sprach- und machtlos, sie zwingen uns zu Demut. Die Arroganz, um nicht zu sagen der Größenwahn gewisser Dr. Fausts oder Frankensteins, die in ihrer eigenen Welt leben, verschwindet deswegen jedoch nicht, sie ist die Manifestation eines Überlegenheitsinstinkts, der nach Dr. Henri Laborit die wichtige anthropologische Basis der menschlichen Psyche ist. Etwas weniger Stolz und mehr Verantwortungsbewusstsein, etwas mehr Zweifel und Demut wären hier wünschenswert. Während viele Wissenschaftler sich die Fragen nach möglichen Konsequenzen ihres Handelns stellen, machen andere sich leichtfertig zu Zauberlehrlingen in ihrem jeweiligen Bereich – leider! Dabei denkt man insbesondere an die »Künstler« der Genmanipulation, dieser Vergewaltigung von Mutter Natur, die letztlich zur Erschaffung von Monstern, von Chimären führt, eine aberwitziger als die andere. »Wissenschaft ohne Gewissen verdirbt die Seele«, dieser Ausspruch von Rabelais ist aktueller denn je.

## DIE KERNKRAFT: EIN DAMOKLESSCHWERT

»Viele Arten erliegen ihrem Schicksal. Nur eine einzige rennt in ihr Verderben,« sagte einst W. H. Auden. Der Gipfel unseres Hochmuts und unserer Überheblichkeit wurde mit der Kernenergie erreicht, einer Errungenschaft, die anfangs als der »Stolz des modernen Menschen« gewürdigt wurde. Zum Zeitpunkt der militärischen Versuche sorgte sich allerdings niemand um die eventuellen gesundheitlichen Folgen für die Bewohner der betroffenen Regionen. Bei Tests explodierten weltweit über 2000 Atombomben, und die Armeen der Länder, die über eine Atomstreitkraft verfügen, haben insgesamt über 3000 Tonnen Plutonium in die Atmosphäre geschickt.

Dann kam der 26. April 1986. Um 1:23 Uhr begann der Albtraum im Umgang mit dieser »friedlichen« Energie, als Block 4 des Kernkraftwerks Tschernobyl während einer Sicherheitsübung explodierte. Eine Katastrophe der Stufe 7, ein GAU trat ein und zum ersten Mal war die Bevölkerung Europas mit radioaktiver Strahlung konfrontiert.
Diese Energie, die man für sauberer und weniger umweltschädlich als die anderen gehalten hatte, zeigte ihr wahres Gesicht. Der Atomlobby gelang es jedoch in der Folge, die Konsequenzen dieser Katastrophe herunterzuspielen und wenige Jahre danach akzeptierten die Menschen erneut alle Gefahren dieser Energie, die ein Segen für unsere Gesellschaft wäre, wenn wir hundertprozentige Kontrolle hätten. Dies aber übersteigt unsere Möglichkeiten.
Pluto ist nicht nur Symbol des Atoms, sondern auch der Planet des Unsichtbaren, und dies erklärt, dass man die Gefahren der Strahlung unterschätzt. Im Übrigen ist es kein Geheimnis, dass die Informationen unvollständig sind und nur tröpfchenweise mitgeteilt werden, in der ehrenwerten, aber gefährlichen Absicht, die Bevölkerung nicht zu beunruhigen (vgl. im Internet www.greenpeace.de). Mit der Katastrophe von Tschernobyl jedenfalls hatten die Zauberlehrlinge eine Schlacht, aber nicht den Krieg verloren.
Über diesen Wahnsinn könnte man ein ganzes Buch schreiben. Jede Diskussion endet jedoch bei der einfachen Tatsache, dass ein Unfall immer möglich ist. Der Atomlobby zufolge liegt die Chance für einen solchen Unfall bei eins zu einer Million, wobei man sich fragt, anhand welcher Fakten eine solche Fantasiebewertung möglich sein soll. Außerdem erklärt man uns, die Schäden durch Strahlungen könnten unter Kontrolle gebracht werden, wie dies nach Tschernobyl der Fall gewesen sei (!). Eine denkwürdige Katastrophe, für deren Folgen einige noch immer mit verschiedenen Krebserkrankungen bezahlen, die meisten Betroffenen sind bereits verstorben. Eine Katastrophe, die ich in meinem Jahrbuch *Ihr Horoskop 1986* – unter anderem – wegen der Dissonanz (Halbquadrat) von Pluto/Uranus vorhergesagt hatte.
Noch frischer in Erinnerung ist uns der 11. März 2011. Der Tsunami in Japan verursachte ein Desaster, einen Unfall der Stufe 7, der sich in den Wochen darauf als schlimmer erwies als jener von Tschernobyl. Die ganze Welt stand unter Schock und kurz nach der Katastrophe beschloss Deutschland, aus der Atomkraft auszusteigen, die Schweiz und Italien folgten – per Volksentscheid. In Frankreich jedoch halten wir an unserem Programm fest. Unser Präsident Sarkozy hat (anders als seine Kollegin Angela Merkel) eine zusätzliche Milliarde für das französische Atomprogramm lockergemacht. Er ist sichtlich unzugänglich für Argu-

mente zugunsten unseres Überlebens und dem der folgenden Generationen. »Möchten Sie lieber wieder zurück zum Kerzenlicht?«, lautet eine der Fragen der Atombefürworter. Als würden Länder ohne Kernreaktoren wie in der Steinzeit leben! Wäre es nicht sinnvoller gewesen, diese Milliarde in die Entwicklung alternativer Energien zu investieren?
Heute ist die Situation besonders komplex und kaum zu lösen: Einerseits können wir nicht rasch aus der Atomenergie aussteigen, denn Stilllegung und Dekontamination brauchen Zeit und – vor allem – verschlingen astronomische Geldsummen. Im Übrigen hatte man bei den Preisberechnungen der Atomenergie immer die riesigen Summen »vergessen«, die für die Entsorgung der verbrauchten Brennelemente und eines Tages für den Abbau dieser Monster anfallen. Die Schlussfolgerung: Die Atomenergie ist anachronistisch, überholt, zu teuer – und unkontrollierbar. Und vor allem zu gefährlich: Man betreibt eine Vogel-Strauß-Politik, wenn man dem Heute den Vorzug vor dem Morgen gibt und dabei - völlig unverantwortlich - eine mögliche Katastrophe riskiert, nur um unseren Komfort zu erhalten. Haben wir das Recht, eine radioaktive Verseuchung unserer Luft und unserer Böden zu riskieren, die nicht nur unser Leben, sondern auch das unserer Kinder über Jahrzehnte oder sogar Jahrhunderte hinweg beeinträchtigt? Eine unverantwortliche und äußerst waghalsige Entscheidung, die an die Legende von den Atlanten erinnert, die wegen der Arroganz ihrer Zivilisation untergegangen sind.
Letztlich sind alle Diskussionen über ein Für und Wider überflüssig. Solange die Möglichkeit eines Störfalls besteht – und mathematisch gesehen wird dieser Störfall kommen, bei über 400 Reaktoren weltweit, davon alleine 58 in Frankreich! –, dürfen wir diese Energie nicht akzeptieren. Wir dürfen nicht in Kauf nehmen, dass eines Tages eine ganze Region wegen radioaktiver Verseuchung unbewohnbar wird.
»Die Kernkraft ist eine selbstmörderische Wahl«, erklärt die Europaabgeordnete Corinne Lepage, die das Problem seit 30 Jahren kennt. Für sie ist klar, dass das Risiko eines weiteren Störfalls besteht: »Bei der UN-Konferenz über die Sicherheit der Atomkraft in Kiew unter dem Vorsitz der Internationalen Atomenergie-Organisation aus Anlass des 25. Jahrestages von Tschernobyl nannte Jacques Repussard, der Leiter des IRSN (französisches Institut für nukleare Sicherheit, Anm. der Übersetzerin) ein Risiko von einem Atomstörfall auf 10 000 Reaktoren pro Jahr. Beim aktuellen Park von über 400 Reaktoren weltweit bedeutet dies einen Störfall alle 20 Jahre.«
Der Astrologe argumentiert anders. Die Zeit ist nicht gleichförmig, ihre Qualität nicht immer identisch. Es gibt Phasen, die gefährlicher sind als

andere, nämlich die Phasen, in denen Pluto (Symbol der Atomkraft – es ist kein Zufall, dass seine Entdeckung mit der ersten Kernspaltung zusammenfiel!) in Dissonanz zu anderen langsamen Planeten steht – Uranus beispielsweise, einem Faktor für Unfälle und unvorhergesehene Explosionen. Und Pluto bildet in den kommenden Jahren, wie gesagt, mehrmals einen Quadrat-Aspekt zu Uranus!
Wenn diese Dissonanz zusätzlich durch einen negativen Neptun, einen aggressiven Mars oder einen störenden Jupiter verstärkt wird, besteht die Gefahr, dass das Pulverfass in die Luft fliegt. Und dies könnte schon innerhalb der nächsten 20 Jahre passieren, der Zeitspanne, die anscheinend nötig ist, um ein Kernkraftwerk stillzulegen. Es ist deshalb von absoluter Dringlichkeit, zu entscheiden, dass keine weiteren Kraftwerke gebaut werden – entgegen den Äußerungen von höchster Stelle in Frankreich, die unverantwortlich sind. Außerdem müssen wir so schnell wie möglich die technischen Mittel finden, um diese beängstigende Frist abzukürzen. Es muss gehandelt werden, solange noch Zeit dazu ist – wenn wir sie überhaupt noch haben.
Wir erleben derzeit in Fukushima, dass die Techniker nicht in der Lage sind, die Situation unter Kontrolle zu bringen. Ganz zu schweigen von dem Problem, die Bevölkerung zu evakuieren. Sollten der Wind oder die Meeresströmungen das Cäsium 137 oder das Iod 131 nach Tokio treiben, wäre es dann wirklich denkbar, eine Stadt mit mehr als 20 Millionen Einwohnern zu evakuieren? Und wohin sollten die Menschen gehen?
Kurz, es gibt nur eine Lösung: Solange wir diese Energie nicht beherrschen, haben wir die moralische Verpflichtung uns und unseren Kindern gegenüber, die Kernkraftwerke abzuschalten und keine weiteren zu bauen. Denn niemand kann garantieren, dass wir hier in Europa nie ein Erdbeben der Stärke 8 oder darüber erleben werden! Das Kernkraftproblem ist allerdings nur einer der Aspekte, die den unermesslichen Hochmut unserer Zivilisation symbolisieren, denn wir spielen auch in anderen Bereichen mit dem Feuer, indem wir unser Wissen überschätzen.

## BEUNRUHIGENDE MUTATIONEN – DIE BÜCHSE DER PANDORA?

Ein Bereich, der ebenso beunruhigend ist wie die Kernkraft, ist das Eingreifen des Menschen bei den Lebewesen, was die Möglichkeit künftiger Mutationen beinhaltet. Bereits an mehreren Orten hat man festgestellt, dass gentechnisch veränderte Pflanzen das Auftreten neuer Unkräuter (»Superweeds« wie in den USA, wo die Bauern gezwungen sind, ein Unkraut zu bekämpfen, das bisher unbekannt war) oder Superbakterien fördern, die infolge einer Mutation praktisch gegen alles resistent sind. Ein Beispiel: Das Problem der Bakterien, die von BP im Golf von Mexiko nach der »Deepwater Horizon«-Katastrophe im Frühjahr 2010 eingesetzt wurden, um die vielen Tausend Tonnen Erdöl zu »verschlingen«, die auf dem Meer trieben. Der vielsagende Name dieser Bakterien: Blue Plague (Blaue Pest). Diese Bakterien, die anfangs als wunderbar galten, haben die ärgerliche Tendenz zu mutieren. Der »Deepwater«-Unfall hat eine der schlimmsten Umweltkatastrophen aller Zeiten im Golf von Mexiko verursacht, aber einige Monate danach, im Herbst 2010, wirkten Wasser und Küste fast schon sauber. Wohin sind die 800 Millionen Liter Erdöl verschwunden? Und die sieben Millionen Liter des chemischen Produkts Corexit, die das Erdöl »verdünnen« sollten?

Eine unsichtbar gewordene Ölpest? Tatsache ist: Das Erdöl ist noch immer vorhanden. Es ist zwar an der Oberfläche nicht mehr zu sehen, dafür aber in etwa 1000 Metern Tiefe. Eine apokalyptische Seeschlange: 300 Kilometer lang, beinahe 100 Kilometer breit und 100 bis 400 Meter hoch. Dieses Unterwasserungeheuer senkt den Sauerstoffgehalt, und der Dispergator Corexit, der dafür sorgt, dass die vielen Tonnen Erdöl unter der Oberfläche bleiben, ist extrem giftig für Flora und Fauna.

»BP wollte unbedingt vermeiden, dass das Erdöl an die Oberfläche steigt und einen kompakten und vor allem sichtbaren Teppich bildet«, erklärt Tracy Villareal, Biologe der Universität Texas, einem Team des französischen Fernsehsenders France 2, das eine Reportage für die Sendung *Envoyé Spécial* drehte. Im Mai 2010, als BP den Einsatz dieses toxischen Produktes ankündigte, waren einige Biologen über den Einfluss auf die Biosphäre und die Folgen der Ausbreitung besorgt. Einerseits ist Corexit sehr viel toxischer als Erdöl. Vor allem jedoch ist es ein Faktor, der beunruhigende Mutationen hervorrufen wird. Der Golf von Mexiko ist zu einer Zeitbombe geworden. Zwei Bestandteile von Corexit, 2-Butoxyethanol und Benzol, sind für das Blut, die Nieren, die Leber und das Zentralnervensystem aller Säugetiere toxisch. Aber die schlimmste Gefahr ist die Tatsache, dass diese Produkte Mutagene sind, die in Anwesenheit von Bakterien zu Mutationen führen. Daher ist in mehr oder weniger naher Zukunft mit vielen Mutationen zu rechnen.

Wenn man bedenkt, dass Bakterien, die genetisch verändert wurden, um Erdöl zu verschlingen, unter dem Einfluss all dieser chemischen und toxischen Substanzen (chemische Mutagene verursachen hundertmal mehr Mutationen in den Genomen von Bakterien) beginnen werden, Mutationen auszulösen, muss man das Auftreten neuer Superbakterien und eine tief greifende Umwälzung der gesamten Biosphäre in dieser Region befürchten.

Es ist übrigens nicht ausgeschlossen, dass der mysteriöse Tod von Millionen Fischen und Vögeln seit Ende 2010 an den Küsten von Louisiana, Alabama oder Florida mit dieser submarinen Ölpest zusammenhängt. Andere Mutationen könnten langfristige Auswirkungen zeigen. Es besteht Einvernehmen darüber, dass der zu häufige Einsatz von Antibiotika zur Folge hatte, dass sich die Bakterien angepasst haben, indem sie mutierten. In der industriellen Tierzucht werden jedes Jahr Tausende Tonnen Medikamente eingesetzt, die regelrechte Nährböden schaffen. Auch hier müssen wir mit neuen Viren oder Superviren rechnen.

Aus all diesen Gründen sollten wir wachsam sein. Wir dürfen nicht den Lobbys in die Falle gehen, die uns glauben machen wollen, dass gentechnisch veränderte Organismen keine Gefahr für unsere Gesundheit und unsere Umwelt darstellen. Zahlreiche Studien sagen das Gegenteil und es reicht gesunder Menschenverstand, um den Argumenten der Hersteller dieser »Wunderprodukte« keinen Glauben zu schenken. Gene einer Spezies in das Genom einer anderen Spezies einzupflanzen, widerspricht den Grundgesetzen der Natur und des Lebens.

## GENMANIPULATIONEN ODER EIN ASYMPTOMATISCHER WAHNSINN

Die Genetik kann uns außergewöhnliche Horizonte eröffnen und es ist klar, dass wir vielversprechende Fortschritte gemacht haben, die es uns erlauben bisher tödliche Krankheiten zu heilen.

Der Hochmut des Menschen kennt jedoch keine Grenzen, und wir sind dabei, die letzten Grenzen der Moral und der elementaren Ethik zu überschreiten. Genmanipulationen zwischen verschiedenen Spezies können zu Ergebnissen führen, die einen schaudern lassen. Wenn wir eine Ziege erschaffen, die menschliche Gene enthält, um von ihr menschliche Muttermilch zu erhalten, sind wir auf einem gefährlichen Weg. Die Vermischung der Gene von Menschen und Tieren wird zu einem Abenteuer der Wissenschaft, dessen Konsequenzen sich nicht ermessen lassen. Ein internationaler Rat aus Persönlichkeiten verschiedener Sparten, die über jeden Verdacht erhaben sind, sollte, so scheint mir, Gesetze zu den Grenzen wissenschaftlicher Experimente erlassen, die nicht überschritten werden dürfen.

Mit einer Fliege fing 1984 alles an: Biogenetiker entwickelten eine Obstfliege, die anstelle der Fühler zwei Beine hatte. 1996 schuf man das erste Klonschaf, Dolly. 2001 folgten ein Schwein mit einem fluoreszierenden Gen sowie ein Huhn mit vier Keulen! Die ersten Monster waren geboren. Im Juli 2011 berichtete die britische Zeitung *Daily Mail*, englische Wissenschaftler hätten die Zellen von Affen mit menschlichen Zellen kombiniert und dadurch Embryos von *Schimären* erschaffen. Da die englischen Gesetze vorschreiben, dass Embryos, die zu Forschungszwecken dienen, nach 14 Tagen vernichtet werden müssen, war das Labor gezwungen, dieses Spiel »Planet der Affen« zu beenden. Diese Kreaturen waren vermutlich für Forschungszwecke bestimmt. Da insbesondere in der pharmazeutischen Forschung Affen verwendet werden – sehr diskret, um nicht die Aufmerksamkeit von Tierschützern zu erregen –, hätten diese Lebewesen zur Herstellung von Zellen dienen können. Wir sind nicht weit entfernt von Frankenstein. Im Übrigen wissen wir nicht, was in einigen Forschungslabors im Geheimen geschieht, bei denen die Gebote der elementaren Ethik als Spielverderber beim Experimentieren gelten oder schlicht und einfach gar nicht existieren.

## Die Gier

Der *Heiligen Schrift* zufolge symbolisierte vor vielen Jahrtausenden der Tanz der Hebräer in der ägyptischen Wüste um das goldene Kalb die Gier der Menschen. Seither hat sich nichts geändert. Unsere gesamte Wirtschaft basiert auf Gewinn und die Spekulation ist Königin. Die westlichen Staaten sind in einer dramatischen Situation, sie brechen unter ihrer Schuldenlast zusammen, ohne die echte Hoffnung, aus diesem System zu entkommen. Alle Wirtschaftswissenschaftler sind sich darin einig, dass wir gegen die Wand fahren werden, die einzige Frage ist: Wann?

Studiert man die Planetenzyklen der nächsten Jahre, kann man bekräftigen, dass eine Neufassung unseres Währungssystems unvermeidlich erscheint. Nun ist Pluto unter anderem auch das Symbol für Geld. Zwischen 2012 und 2016 wird er von Uranus (der Blitz) latent gestört werden. Er bildet jedoch zu anderen Zeiten auch positive Aspekte mit Jupiter (Expansion, Gerechtigkeit, Gesetz). In jedem Fall ist mit großen Umwälzungen in diesem Bereich wie auch in vielen anderen zu rechnen (siehe Kapitel *8 Horoskope für einige Länder der Welt*). Zudem kann man davon ausgehen, dass das absehbare Platzen dieser künstlichen Seifenblase, die das Ergebnis einer anarchischen, unausgewogenen und ungerechten Globalisierung ist, absolut notwendig sein wird, die unerlässliche Voraussetzung für die Läuterung eines Systems, von dem gerade einmal – auf skandalöse Weise – die Oligarchie der Welt profitiert.

Zurzeit geht die Spekulation allerdings munter weiter. Nach dem weltweiten Alarm im September 2008, ausgelöst vom Bankrott der Lehman-Brothers-Bank, streichen die großen Banken erneut Gewinne in astronomischer Höhe ein, wie zuvor werden Derivate verkauft und Boni gewährt und bezahlt wie zuvor. Obgleich sich die meisten Experten darin einig sind, dass eine neue Krise bevorsteht – drastischer als die von 2008 –, bleiben unsere Regierungen abgesehen von einigen »kosmetischen« Regulierungen untätig, sie sind offensichtlich unfähig – oder nicht gewillt –, die wahren Ursachen anzugehen.

**KRITISCHE MOMENTE IN DEN KOMMENDEN JAHREN IN ZUSAMMENHANG MIT DER FINANZKRISE**

Studiert man die Planetenzyklen zwischen 2012 und 2016, so wird deutlich, dass sie in allen Bereichen (Erdöl, Atomunfälle, Luft- und Raumfahrtkatastrophen, Vulkanausbrüche und Erdbeben, größere Blackouts bis hin zu bewaffneten Konflikten) und insbesondere im Wirtschafts- und Finanzbereich sehr bewegt sein werden:

- Ganz allgemein der Beginn der Jahreszeiten (Ende Dezember/Anfang Januar, Ende März/Anfang April, Ende Juni/Anfang Juli und Ende September/Anfang Oktober)
- Ende November 2012
- 2013: Ende Mai; vom 15. Juli bis 5. August, Anfang November, Mitte Dezember
- 2014: Die ersten sechs Monate sind explosiv mit Spitzen Anfang und Ende Januar, in der letzten Februarwoche, der zweiten Aprilhälfte (!), Ende Mai/Anfang Juni und Mitte Dezember
- 2015 (ein Jahr des beginnenden Aufschwungs): Ende Januar/Februar, Anfang September und Anfang Dezember
- 2016: Ende März/April/Mai, Mitte September/Mitte Oktober (!), Ende November, Ende Dezember
- 2017: Anfang Januar

## Der Hunger

Der Hunger in der Welt zählt sicher zu den großen Problemen unserer Epoche, er ist unsere größte Schande. Regelmäßig sehen wir die Bilder von Kindern, die zu Skeletten abgemagert sind. Alle Maßnahmen, um diese Geißel auszurotten, bleiben wirkungslos.

Meinem Freund, dem Schweizer Soziologen Jean Ziegler, zufolge, der sich mehrere Jahre als UN-Sonderberichterstatter mit diesem Problem des Hungers auseinandergesetzt hat, sind rund 800 Millionen Menschen in der Welt von diesem Skandal betroffen, und »alle zehn Sekunden verhungert ein Kind oder stirbt an einer Krankheit aufgrund seiner Mangelernährung« (*Das Imperium der Schande*, Bertelsmann 2005). Das Schlimmste ist, dass der Einzelne sich angesichts dieses Phänomens, dieses Krebsgeschwürs der Menschheit machtlos fühlt. Woraufhin er seinerseits eine Krebserkrankung entwickelt, die – nach der Hypothese von Dr. Laborit – eine Folge der »Hemmung der Handlungsfähigkeit« ist (vgl. unser gemeinsames Buch *Sterne und Moleküle*, Grasset 1992). Andererseits und wie zur Betonung des inakzeptablen Ungleichgewichts hat sich in unseren westlichen Ländern das Übergewicht durch zu üppige Ernährung zu einem großen Problem der öffentlichen Gesundheit entwickelt. In den USA sind mehr als 20 % der Bevölkerung fettleibig, und auch in Europa sind wir von dieser Zahl nicht mehr weit entfernt. Solange diese inakzeptable Unausgewogenheit und diese Schuldgefühle andauern, wird uns jede Freude versagt bleiben und wir werden weiterhin unser kollektives Karma belasten. Denn das kosmische Gesetz verlangt, dass wir unsere Nahrung mit unseren Brüdern teilen, ganz gleich, welche Hautfarbe sie haben.

## Die Wollust

Zwangsprostitution, vergewaltigte oder geschlagene Frauen, Pädophilie, die die jungen Opfer zeitlebens prägt, eine häufig entwürdigende Pornografie, Sextourismus und eine Welt, die an das biblische Sodom und Gomorrha erinnert, sind weitere Abszesse unserer postmodernen Gesellschaften. Unter dem Deckmantel von Modernität und (pseudo-)fortschrittlichen Sitten werden sie toleriert. Die zahlreichen Suizide junger Menschen sind wahrscheinlich eine Folge davon. Verschwunden ist der Sinn für das Heilige, verschwunden sind die Schönheit und das Geheimnis der Liebe, vieles ist nur noch reduziert auf entehrende Praktiken. All dies sind Symptome, die an dekadente Zivilisationen erinnern.

## Die Gewalt

Die Gewalt ist in unseren Gesellschaften allgegenwärtig. Sie prägt und vergiftet unsere Psyche und erzeugt ein diffuses Klima der Gewalt zwischen den Menschen. Die sich entwickelnde Psyche junger Menschen ist dafür besonders anfällig. Das kann so weit gehen, dass junge Menschen die Grenze zwischen Realität und Fiktion nicht mehr erkennen können (vgl. Videospiele im Stil von *war games*) – und dies kann in extremen Fällen dazu führen, dass Jugendliche ihre Kameraden erschießen! Diese immer öfter ausufernde Gewalt – einer der tragischen Höhepunkte wurde im Sommer 2011 in Norwegen erreicht – scheint mir eines der großen Probleme unserer Zeit zu sein. Wir sollten deshalb Gesetze und Initiativen unterstützen, die eine Besserung versprechen. Beispielsweise durch das Verbot von TV-Sendungen, in denen viel Blut fließt und die wenig zu irgendeiner Form geistiger Erhebung beitragen. Tun wir dies nicht, wird sich die im Zyklus Uranus/Pluto enthaltene Gewalt in den kommenden Jahren noch weiter ausbreiten können. Denken wir an die Dissonanz dieser beiden Planeten zum Zeitpunkt der großen Unruhen in ganz Europa im Mai 1968, die aber nur ein blasses Abbild dessen sind, was uns in den kommenden Jahren erwarten könnte …

## HASS UND FANATISMUS

»Wer das Herz seiner eigenen Religion trifft, trifft auch das Herz anderer Religionen«, sagte Gandhi, Sternzeichen Waage mit dem Aszendenten Waage, dem Sternzeichen des Friedens und der Gewaltlosigkeit par excellence, die er sein ganzes Leben lang predigte. Der Terrorismus und der blinde Fanatismus revoltierender Attentäter sind oft die Folge der Verzweiflung und des Hasses auf sich selbst und die anderen, deren Andersartigkeit nicht akzeptiert wird. Verlangt es in einem Land, das von verschiedenen Ethnien bevölkert wird, nicht der gesunde Menschenverstand, dass man sich den Sitten und Gebräuchen dieses Landes aus Höflichkeit anpasst? Der Gipfel des Horrors ist erreicht, wenn eine Frau, die dazu geschaffen ist, Leben zu schenken, sich in die Luft sprengt, um Leben zu zerstören. Wenn der Hass stärker ist als der Lebensinstinkt, sagt dies viel über die riesige Kluft in unserer heutigen Gesellschaft aus. Mit einem neuen Bewusstsein, gefördert durch die Planetenaspekte der kommenden Jahre und der Veränderungen, Entdeckungen sowie Prüfungen, die sie uns bringen werden, sollten wir einer höheren Stufe unseres Bewusstseins, dem Sinn für das Gute, Schöne und Wahre, näherkommen und die Kriterien des platonischen Ideals erreichen.

## VERBRECHEN GEGEN DAS LEBEN

Das Klonen des Menschen, die teratologischen Experimente einiger skrupelloser Wissenschaftler, die grausamen und oft unnötigen Tierversuche im Labor, das Kind als Ware, die Leihmütter, der Skandal der kommerziellen Eugenik, all dies sind Verbrechen gegen das Leben. Dies ist nicht zu tolerieren und dem Menschen unwürdig. In den USA kann man sich sein Baby nach genauen anatomischen Kriterien bestellen – Augenfarbe, Haarfarbe etc. Auch hier geht das Heilige verloren: Der Mensch nimmt den Platz von Mutter Natur oder des Schöpfers ein. Besessen von einem falsch verstandenen Schönheits- und Bequemlichkeitskult (so spart man sich die Last einer Schwangerschaft, bei der die Figur Schaden nehmen könnte), überschreiten wir die Grundgesetze der Natur. Und dies ohne bestimmte, objektiv bekannte Fakten zu berücksichtigen wie die Bedeutung des intra-uterinen Lebens für das entstehende Kind, seine Verschmelzung mit der (austragenden) Mutter, die ihm ihre Gedanken, Ängste und ihre Spiritualität vermittelt. Neun Monate organischer - und psychischer - Symbiose, Blut, das von einem fremden Blut genährt und versorgt wird, das fremde DNA enthält, wird dies alles ohne Folgen bleiben? Kann man es also vernachlässigen? Nicht zu vergessen die *Verdinglichung* der Frau, die wie ein Brutkasten benutzt wird. Ein Handel, der sich rundum, insbesondere in Russland, entwickelt, zum Preis der Würde der Frau. Zum Preis letztlich auch der gestörten Identität des Kindes.

## Die individuelle und kollektive Feigheit

Sowohl die individuelle als auch die kollektive Feigheit, dieser heimtückische Katalysator der Entgleisungen und Ungerechtigkeiten, gehört zu unseren Todsünden. Viel zu oft schauen wir bei schockierenden Ereignissen oder inakzeptablen Entscheidungen weg. Wir wollen unsere Ruhe haben und unseren sozialen Status wahren, deshalb praktizieren wir eine vorsichtige Selbstzensur bis hin zu blinder Naivität oder opportunistischer Demagogie. Kurz, wir wählen ein schuldhaftes *Nichtagieren* mit verhängnisvollen Folgen. Tatsächlich ist Mut zum derzeitigen Zeitpunkt der Geschichte, da sich so viele Dinge ändern werden und müssen, eine der notwendigsten Kardinaltugenden.
Es gibt jedoch Hoffnung. Die Ereignisse der letzten Monate, insbesondere in mehreren arabischen Ländern, zeigen, dass sich etwas verändert. Obgleich es fast täglich Dutzende Tote gibt, gehen die Menschen – und vor allem junge Menschen – weiterhin auf die Straße, um gegen korrupte oder totalitäre Regime zu demonstrieren (z. B. in Syrien und im Jemen). Einer dieser aufständischen Jugendlichen brachte es auf den Punkt: »Wir machen weiter, auch wenn sie weiter auf uns schießen. Denn wir sind schon tot, es kann nicht mehr schlimmer sein.«
Bestimmte positive Planetenzyklen in den kommenden Jahren lassen die Hoffnung zu, dass am Ende doch die Freiheit siegen wird, dass sich der Mut dieser Jugend bezahlt machen wird. Wenn Jupiter harmonische Winkel zu anderen Planeten wie Pluto oder Uranus bildet – z. B. im Frühjahr 2012 oder im Herbst 2014 –, werden wir hoffentlich einen Schritt weiter sein im Kampf gegen die Feigheit (siehe Kapitel 8: *Horoskope für einige Länder dieser Welt*).

# KAPITEL 5: DIE FOLGEN UNSERER TODSÜNDEN

## Der Bruch mit Mutter Natur

Die Erde, unsere Mutter Gaia, wie der Astronom und Astrologe Johannes Kepler sie schon im 16. Jahrhundert bezeichnete, ist ein Lebewesen, das atmet und leidet. Mit solchen Gedanken legt man keinen lächerlichen und kindischen Anthropomorphismus an den Tag, sie beruhen vielmehr auf dem intuitiven und jahrtausendealten Wissen von den Verflechtungen der Welt, die nach dem Muster der Analogie angelegt und aufgebaut ist. Diese Weisheit ist auch auf der berühmten *Smaragdtafel* verzeichnet, in jenen unsterblichen und meisterlichen Zeilen, die Hermes Trismegistos zugeschrieben werden und deren wahrscheinlich ägyptischer Ursprung auf das 2. Jahrhundert n. Chr. zurückgehen soll: »Es ist wahr, ohne Lüge, sicher und wahrhaftig: Das, was unten ist, ist wie das, was oben ist und das, was oben ist, ist wie das, was unten ist, damit sich das Wunder der Einheit vollende.«
Der zeitgenössische Wissenschaftler J.-E. Lovelock äußert denselben Gedanken in seiner Gaia-Hypothese: »Man muss die Erde wie ein Lebewesen betrachten, mit einer eigenen, selbsterhaltenden Intelligenz.«
Die Erde als Organismus ist krank, sehr krank, einige sagen sogar, sie sei sterbenskrank. Man hat ihr unzählige Wunden zugefügt, von denen einige unheilbar sind. Das schrecklichste Symbol dafür ist unser »achter Kontinent«, der *great garbage patch*, eine riesige Müllinsel, die von den Meeresströmungen zwischen Hawaii und der kalifornischen Küste angeschwemmt wird. Dieses Symbol unserer Wegwerfgesellschaft (in erster Linie Plastik) – Flaschen, Verschlüsse, Tüten und alles, was wir ins Meer geworfen haben – bedeckt eine Fläche in der Größe von Frankreich und Belgien zusammengenommen und reicht 20 Meter in die Tiefe!
Der *Agence Science Presse* zufolge gibt es bereits eine weitere riesige Insel im Atlantik, die eine Fläche von der Größe Deutschlands hat, und »aufgrund der Meeresströmungen halten zwei andere Zonen wahrscheinlich ebenso unerfreuliche Überraschungen bereit, beide im offenen Meer vor Südamerika ... eine vor Chile im Pazifik, die andere auf der Atlantikseite vor Argentinien«. Es ist nur schwer vorstellbar – und einzugestehen –, dass der Müll unserer Zivilisation derartige Müllberge erzeugen kann. Zu allem Überfluss haben viele dieser Kunststoffe eine Lebensdauer von mehreren Generationen! Dies ist ein abscheuliches, beschämendes Erbe, das wir unseren Kindern hinterlassen werden.

Jedes Mal, wenn eine Katastrophe den Menschen an seine Grenzen bringt, stellen wir uns die Frage nach dem Warum: Gibt es einen Sinn hinter schrecklichen Überschwemmungen oder einem verheerenden Tsunami? Gläubige fragen sich, wie Gott solche Prüfungen zulassen kann – muss man hinter einer als »biblisch« bezeichneten großen Katastrophe wie Anfang 2011 bei den gewaltigen Überschwemmungen in Australien, den schlimmsten seit einem Jahrhundert, einen Sinn sehen?

Die UNO und die Weltbank haben im Juni 2011 einen 250 Seiten langen Bericht veröffentlicht unter dem Titel »Natural Hazards, Unnatural Disasters«. Er wurde innerhalb von zwei Jahren von 70 Wissenschaftlern erstellt und sagt voraus, dass sich die Verluste durch Naturkatastrophen bis 2100 verdreifachen werden. Seit 1970 wurden 3,3 Millionen Menschen Opfer von Katastrophen, die Schäden während dieser 40 Jahre belaufen sich auf 1,7 Billionen Euro (eine Zahl mit zwölf Nullen!). Die Frage ist, ob unsere Zivilisation fähig ist, ihr Bewusstsein zu verändern? Sind wir in der Lage, auf globaler Ebene Verantwortung zu übernehmen? Die Optimisten gehen davon aus, dass die Krise der nächsten Jahre unseren Horizont und unser Bewusstsein erweitern wird, aber die Zyniker – oder Realisten? – teilen diesen Optimismus nicht. Nur durch eine enorme Katastrophe könnte die Menschheit – sozusagen unter Schock – zu einer tief greifenden Veränderung bereit sein.

## Die Vergiftung der Böden

Gentechnisch veränderte Organismen (GVO) können töten. Obwohl man uns in zahlreichen Studien – die zum Großteil von der Lobby der großen multinationalen Nahrungsmittelindustrie veröffentlicht und finanziert werden – vom Gegenteil überzeugen will und behauptet, dass der Konsum gentechnisch veränderter Produkte keine gesundheitlichen Probleme verursachen würde, sind diese Produkte gefährlich.

Im November 2008 veröffentlichte die *Daily Mail*, alarmiert von Prinz Charles, eine Untersuchung, in der die Probleme in Indien in Zusammenhang mit dem Anbau von GVO als »GVO-Genozid« bezeichnet wurden. Die offiziellen Zahlen des indischen Landwirtschaftsministeriums sprechen von fast 1000 Bauern, die sich jeden Monat das Leben nehmen, in den meisten Fällen nach der Nutzung von gentechnisch veränderten Pflanzen (Baumwolle, Reis) und den daraus resultierenden katastrophalen Ernten.

Der Journalist der englischen Zeitung zitiert die Bauern: »Sie (die Firma Monsanto, Anm. der Übersetzerin) verkaufen uns Saatgut (…) und

sagen, dass wir damit keine teuren Pestizide mehr brauchen, aber das stimmt nicht.« Denn in Wahrheit kostet dieses »Zaubersaatgut« sehr viel mehr und benötigt vor allem das Doppelte an Wasser. Bei Trockenheit gehen die GVO-Pflanzen ein und die Bauern sind ruiniert.
Ein Spezialist in Sachen GVO, William Engdahl, beschreibt diese Probleme in seinem Buch *Seeds of Destruction. The Hidden Agenda of Genetic Manipulation.* Er prangert die Position der großen multinationalen Firmen Bayer, Monsanto, Syngenta und Dupont an, die er als die »vier Reiter der GVO-Apokalypse« bezeichnet: »Die Menschheit ist in Gefahr, denn der zunehmende Einsatz hoch entwickelter Technologien, deren Folgen für unser Ökosystem und unsere Biosphäre unheilvoll sind, wird irreversibel. Diese Technologien sind eine Gefahr für Körper und Seele.«

## DIE PATENTIERUNG LEBENDER ORGANISMEN

Durch die Patentierung eines genetisch veränderten Bakteriums und dank der Gesetze, die von der WTO (Welthandelsorganisation) verabschiedet wurden, kann man sich neue Hybridgene patentieren lassen. Das bedeutet, dass das europäische oder amerikanische Patentamt anerkennt, dass ein Bestandteil eines Lebewesens zum legalen Besitz einer Firma oder einer Person wird! Nach dem Vorbild der Industriepatente ist es Firmen, insbesondere den großen, multinationalen Gesellschaften wie Monsanto oder Aventis, gelungen, sich ein Gen, das sie entschlüsselt oder modifiziert haben, oder den Wirkstoff einer Pflanze patentieren zu lassen. So hat man traditionelle Arzneipflanzen systematisch ausgewertet und dann das wirksame Molekül zum Patent angemeldet. Dies gilt auch für viele Agrarpflanzen, wodurch die Bauern daran gehindert werden, ihr eigenes Saatgut zu nutzen und es in jahre- oder jahrhundertelanger Tradition jedes Jahr neu zu säen.
Das Übereinkommen über die Rechte auf geistiges Eigentum (TRIPS) vergibt seit 1994 Patente für »tierische und pflanzliche Varietäten bis zur Stufe der Mikroorganismen und ihrer Derivate«, mit der Auflage, nur diese patentierten Saatmittel zu verwenden. Bauern, die ihre Saat erneut aussäen, werden in aller Welt wegen der Verletzung der Rechte auf geistiges Eigentum an den GVO-Pflanzen verfolgt, da Firmen wie Monsanto ein Patent dafür angemeldet haben. Der Profit dieser Firmen gefährdet das Überleben ganzer Gemeinschaften.
Eine weitere Anwendung dieses perversen Verfahrens besteht darin, den Wirkstoff einer Pflanze zu patentieren und als Innovation anerkennen zu lassen, während diese Substanz manchmal bereits seit Jahrtausenden bekannt ist! Jeder, der dieses Produkt kommerziell nutzen möchte, muss den Patentinhaber dafür bezahlen. Allerdings hat die Konferenz

von Rio 1992 den genetischen Ressourcen der Natur den Status eines »lokalen Erbes« zuerkannt, wodurch die »biologische Souveränität der Staaten« über ihre Naturschätze erneut bekräftigt werden kann. Einmal mehr haben die Globalisierung des Handels und das Gewinnstreben einen inakzeptablen Vorgang begünstigt. Trotz des wachsenden Widerstands mehrerer Länder hat die WTO still und leise neue Richtlinien im Sinne der großen, multinationalen Firmen erlassen, im heimlichen Einvernehmen der Führungskräfte mit den Lobbys!

Die GVO wurden zuerst in den USA und in Kanada zugelassen, »um die Arbeit der Bauern zu erleichtern« (!). Eines der Hauptargumente für den Einsatz der GVO auf der ganzen Welt lautet, dass es »die Zauberlösung sei, um das Hungerproblem in der Welt zu lösen« (dies erinnert an die Befürworter der Kernenergie, wonach sie »die sauberste Energie für unsere Umwelt« sei).

Inzwischen sind wir auf dem Weg, den Krieg gegen die GVO zu verlieren. Zu diesem Schluss kommen mehrere Wissenschaftler, nachdem festgestellt wurde, dass die Pollen von Feldern, auf denen GVO gepflanzt wurden, andere Felder in mehr als 30 Kilometern Entfernung »infiziert« haben! Viele unabhängige Studien haben in den letzten Jahren bestätigt, dass Tiere, die mit GVO gefüttert werden, Krankheiten entwickeln. Man kann davon ausgehen, dass die GVO auch für den Menschen langfristig schädlich sind. Diese Meinung vertritt neben anderen Experten auch Marie-Monique Robin, die auf diesem Gebiet seit Jahren recherchiert (*Monsanto – mit Gift und Genen* – Buch und Film). Trotzdem behaupten die großen Produzenten wie Monsanto oder Bayer, dass der Genuss von GVO absolut ungefährlich sei. Die Studien und Expertisen, die sie regelmäßig in Auftrag geben, werden von Forschungslabors und Wissenschaftlern durchgeführt, die genau von diesen multinationalen Firmen subventioniert werden. Allerdings werden immer mehr Zwischenfälle bekannt und in Europa wächst der Widerstand gegen GVO. Wollen wir hoffen, dass der gesunde Menschenverstand das letzte Wort haben wird – vielleicht durch den Anstoß einiger Länder, die den Einsatz von GVO auf ihrem Staatsgebiet verbieten?

## Industrielle Tierzucht und ungesundes Essen

Die Marktgesetze, die verlangen, dass möglichst viel zu möglichst geringen Kosten produziert wird, haben eine sogenannte intensive industrielle Tierzucht gefördert. Die Bedürfnisse der Tiere werden dabei vollständig missachtet. Um konkurrenzfähig zu bleiben, müssen die Züchter ihre Produktion rationalisieren und Zeit gewinnen. Ein Maximum an Tie-

ren auf einem Minimum an Platz, so sieht die Vorgabe aus. Damit die Tiere in einem akzeptablen Zustand sind, verabreicht man ihnen Medikamente (Beruhigungsmittel, damit sie friedlich bleiben, Hormone, um ihr Wachstum zu optimieren, Antibiotika, um Infektionen zu vermeiden etc.). Kälber werden ruhiggestellt, damit ihr Fleisch weißer wird, Legehennen werden in winzigen Käfigen gehalten, damit sie sich möglichst wenig bewegen. Die Tiere entwickeln weniger Abwehrkräfte, sind anfälliger für Keime und Bakterien und empfinden großen Stress. Daher gibt man ihnen noch mehr Medikamente, was wiederum dazu führt, dass mehr und mehr Bakterien und Viren resistent gegen eine Vielzahl von Medikamenten werden. Ein Teufelskreis. Wer den Mut hat, eine dieser Tierhaltungen zu besuchen, hat gute Chancen, Vegetarier zu werden.
Zudem ist der Fleischverzehr in unseren westlichen Ländern zu hoch, und dies ist schädlich für unsere Gesundheit. Das äußert sich insbesondere durch Herz-Kreislauf-Probleme. Obendrein ist der hohe Fleischkonsum ein negativer Faktor für unsere Umwelt, für Gaia. Für die Produktion von 1 Kilo Rindfleisch werden 7 bis 10 Kilo Getreide und 15 000 Liter Wasser (!) benötigt. Ein weiteres Problem: Die intensive Tierzucht und der ständig wachsende Bedarf verstärken auch die Verschmutzung unseres Grundwassers, das durch den Einsatz von phytosanitären Produkten, wie Pestizide und Herbizide verschämt bezeichnet werden, ohnehin schon in einem traurigen Zustand ist. Kurz gesagt: Die industrielle Tierzucht ist zugleich ein ethisches Problem und ein ökologisches Desaster.
*Man kann es nicht anders sagen: Mit dem, was wir essen, vergiften wir uns selbst.* Sehr bedenklich sind die Ergebnisse einer Studie, bei der man 2010 einen ganz normalen Apfel in einem französischen Supermarkt genauer analysierte. Er enthielt nicht weniger als 26 Pestizide und Zusätze. Mit einem vermeintlich gesunden Apfel nehmen wir Captan, Propargit und Phosalon zu uns. Beim Verzehr eines schönen Kopfsalats schlucken wir Chlorothalonil, Procymidon und Deltamethrin. Diese Liste ließe sich beliebig verlängern auf rund 50 chemische Substanzen in unserem Gemüse, die zum Großteil »wahrscheinlich krebserregend« und/oder »endokrine Störfaktoren« sind. In unserer Nahrung findet man auch Bisphenol, Aspartam, Quecksilber, Blei etc.
Im Zuge einer Studie 2011 der HEAL (Health and Environment Alliance) fand man in einem klassischen Frühstück mit Obst, Butterbrot, Traubensaft etc. nicht weniger als 128 chemische Rückstände, davon 47, die vermutlich krebserregend sind!
Es ist höchste Zeit, dass wir unsere Lebensmittel besser kontrollieren und die Bürger durch knallharte Gesetze vor chemischen Substanzen

geschützt werden. Ein Anfang wäre eine strikte Überwachung der Wasserqualität und eine sinnvolle Beschränkung von Pestiziden und anderen Giften, die wir täglich aufnehmen. Ein schier unlösbares Problem und ein Teufelskreis: Je ärmer die Böden werden (einer Studie zufolge haben die landwirtschaftlichen Böden durch die intensive Landwirtschaft 80 % ihres biologischen Reichtums verloren!) und je stärker das Wasser verschmutzt ist, desto weniger können wir damit rechnen, dass gesundes Obst und Gemüse auf unseren Tellern landet, ganz zu schweigen vom Verlust des Geschmacks. Zum Glück erfährt der biologische Anbau eine immer stärkere Verbreitung, aber wir haben noch einen langen Weg vor uns …

## GRAUSAMKEITEN GEGENÜBER DEN TIEREN

Unzählig sind die Verbrechen gegenüber Tieren. Jedes Jahr werden 100 Millionen Haifische massakriert, hauptsächlich wegen ihrer Flossen, die speziell für die Herstellung von Haifischflossensuppe verwendet werden sowie für Kosmetika und Medikamente, die angeblich die Manneskraft steigern sollen. Man fängt diesen König der Meere, der eine wichtige Rolle in der maritimen Nahrungskette spielt, hackt ihm die Flossen ab und wirft den Rumpf – während das Tier noch lebt – zurück ins Meer, wo es verendet. Und das, obgleich der Fang von Haifischen fast überall verboten ist. Im Mittelmeer sind 90 % dieser Spezies verschwunden, und auch andernorts in der Welt sind die Haie dabei, auszusterben.

Andere Spezies sind bereits ausgestorben oder ihr Bestand geht gefährlich zurück. Dies bedeutet eine Störung unseres Ökosystems. Ich kann mich nicht erinnern, wann ich die letzten Maikäfer gesehen habe … Und was ist aus den Schwalben geworden?

## DAS BIENENSTERBEN

Naturschützer schlagen regelmäßig Alarm: Seit einigen Jahren verschwinden die Bienen in großer Zahl. Einer der Hauptgründe dafür ist wahrscheinlich der übermäßige Einsatz von Insektiziden, insbesondere eines Produkts namens Cruiser, dessen Einsatz 2011 trotz der Proteste zahlreicher Imker vom französischen Landwirtschaftsministerium erneut genehmigt wurde. Das Bienensterben geht insbesondere in Europa und Nordamerika weiter. Dadurch ist unser gesamtes Ökosystem in Gefahr, denn die Bestäubung der Pflanzen durch die Bienen auf unseren Feldern hat fundamentale Bedeutung. Unsere gesamte Flora – und damit unser

Leben – hängt davon ab. Ein weiterer Faktor für das Verschwinden der Bienen ist wahrscheinlich die elektromagnetische Verschmutzung, der Elektrosmog. Eine Studie des Schweizer Biologen Daniel Favre, der den Einfluss elektromagnetischer Wellen von Mobiltelefonen auf die Bienen analysiert hat, bestätigt die Schädlichkeit dieser Strahlung. »Ein Mobiltelefon, das in der Nähe eines Bienenstocks abgelegt war, führte innerhalb von fünf bis zehn Tagen zur Vernichtung der Kolonie.«
Marguerite Yourcenar erfasste als inspirierte Prophetin das Wesentliche, als sie schrieb: »Lasst uns gegen Ignoranz und Grausamkeit revoltieren, die sich übrigens weniger häufig gegen die Menschen richten als gegen die Tiere. (…) Vergessen wir Folgendes nicht: Wenn alles, was wir tun, auf uns selbst zurückfällt, so würde es weniger misshandelte Kinder geben, wenn es weniger gequälte Tiere gäbe, es würde weniger plombierte Eisenbahnwaggons geben, in denen die Opfer einer Diktatur in den Tod geschickt werden, wenn wir uns nicht angewöhnt hätten, Viehwagen zu akzeptieren, in denen die Tiere ohne Nahrung und Wasser vegetieren, während der Schlachter auf sie wartet.« (*Wer weiß, ob die Seele der Tiere im Staub versinkt* (1981), in *Die Zeit, die große Bildnerin*). Der Titel ist wahrscheinlich eine Antwort auf den biblischen Vers »Wer weiß, ob die Seele von Adams Sohn in den Himmel aufsteigt und die Seele der Tiere im Staub versinkt?« (*Buch Kohelet, III, 21).*

Unser Verhalten den Tieren gegenüber spiegelt unsere niedersten Triebe wider, die verstärkt werden durch die Krise der Menschheit, die Ära des Kali-Yuga oder der Finsternis. Für viele von uns sind Tiere ein Konsumartikel geworden. Die Schweiz ist den anderen Ländern Europas voraus: 2008 haben die Schweizer per Volksentscheid dafür gestimmt, dass Tiere ein Recht auf den Status von Lebewesen haben und dementsprechend behandelt werden müssen. Dabei tauchte sogar die Frage auf, ob sie im Streitfall Anspruch auf einen Anwalt haben, dieser Gedanke wurde jedoch verworfen. Inzwischen ist die berühmte Haifischflossensuppe in der Schweiz verboten und von den Speisekarten der asiatischen Restaurants völlig verschwunden. Ein nachahmenswertes Beispiel.

## DAS MYSTERIÖSE TIERSTERBEN

Fast überall in der Welt ist der mysteriöse Tod einer Vielzahl von Vögeln oder Fischen beinahe eine Alltäglichkeit geworden. In den ersten sechs Monaten des Jahres 2011 wurden über 1000 Fälle gezählt, davon alleine 500 in den USA. Dieses deutlich zunehmende Phänomen beunruhigt die Fachleute – Ornithologen, Verhaltensforscher, Biologen –, und das umso mehr, als ein Teil dieser Fälle ohne rationale Erklärung bleibt. Die

Hauptursachen für das Massensterben bei Fischen sind wahrscheinlich die chemische Verschmutzung und der Sauerstoffmangel im Wasser. Es verwundert nicht, dass die Strände der Bundesstaaten Louisiana, Alabama und Florida besonders stark betroffen sind, und man kann davon ausgehen, dass die *Deepwater Horizon*-Katastrophe und die Millionen Liter Erdöl und Chemikalien, die wochenlang in den Golf von Mexiko geflossen sind, eine ausschlaggebende Rolle bei der Vernichtung vieler Tierarten spielen.

Ein Teil solchen Massensterbens bleibt jedoch mysteriös. Insbesondere die Fälle, in denen nur eine einzige Spezies betroffen ist oder in denen Tiere gleichzeitig verenden. Dieses Phänomen hat man beim Massensterben von Vögeln festgestellt, aber auch bei Seesternen, die in Massen verendet sind und an einer englischen Küste entdeckt wurden. In allen diesen Fällen schieden Verschmutzung, hohe Temperaturen oder Sauerstoffmangel aus, weil andere Vogelarten oder andere Fische und Meerestiere an der gleichen Stelle nicht betroffen waren. Man denkt dabei an die biblischen Prophezeiungen, insbesondere die zehn Plagen Ägyptens, und fragt sich, warum sich dieses Phänomen in so großer Zahl und immer öfter ereignet.

## Verschwendung und Müll

In unserer Konsumgesellschaft sind wir zu Meistern der Verschwendung geworden. Man schätzt, dass die Verschwendung in Großbritannien jährlich Kosten in Höhe von 13 Milliarden Euro verursacht – eine schwindelerregende Zahl! Wer hätte vor 50 Jahren gedacht, dass sich Spuren von Abfällen der pharmazeutischen Industrie in unserem Trinkwasser wiederfinden würden? Jedes Jahr werden tonnenweise Medikamente weggeworfen und die Rückstände sowie Schadstoffe der chemischen und pharmazeutischen Industrie landen im Grundwasser. Nicht zu vergessen sind die Abwässer aus der Umgebung von Schweinezuchtbetrieben, wobei die Exkremente der Schweine mit Antibiotika und anderen Medikamenten gesättigt sind.

### UNSERE COMPUTER STECKEN VOLLER GIFTSTOFFE

Sehr viel schädlicher, als man glauben möchte, ist der Computermüll. Wir stellen Produkte mit kurzer Lebensdauer her, um sie möglichst schnell ersetzen zu können. Man kauft ein elektronisches Gerät und ersetzt es bei der ersten Störung durch ein neues Gerät. Auch ohne Störung neigt man nach zwei bis drei Jahren dazu, ein neues, leistungsfähigeres Gerät zu kaufen. Die Universität der Vereinten Nationen in

Tokio hat in einer Studie angegeben, dass für die Herstellung eines Büro-Computers (mit Bildschirm) 240 Kilogramm fossile Brennstoffe, 22 Kilogramm verschiedene chemische Produkte und 1,5 Tonnen Wasser (!) benötigt werden. Es schaudert einen bei dem Gedanken, dass in vielen Firmen durchschnittlich alle vier Jahre zumindest ein Computer ausgetauscht wird.
Mehrere Millionen Tonnen Müll (14 Kilogramm pro Person jedes Jahr!), der 19 hochgiftige Produkte enthält, darunter Arsen und Zyanid, Schwermetalle wie Cadmium, Quecksilber, Chrom, Blei etc., werden nach Afrika oder Indien »exportiert«, wo häufig Kinder einige dieser Gefahrstoffe wiederverwerten. Eine Studie in Kanada hat ergeben, dass der Computermüll in Kanada im Jahr 2005 3012 Tonnen Blei, 4,5 Tonnen Cadmium und 1,1 Tonnen Quecksilber enthielt.
Die reichen Länder exportieren die gefährlichsten Giftstoffe in die armen Länder. Das ist auch eine Art, sich die Hände von der Verantwortung reinzuwaschen. Offensichtlich vergessen wir dabei die bekannte Regel: »Was du nicht willst, das man dir tu, das füg auch keinem andern zu.« In Frankreich produzieren wir jährlich 850 Millionen Tonnen Müll. Dabei macht vor allem der Giftmüll Probleme. Plastikmüll verschmutzt unsere Meere. Flaschen, Becher und andere nicht abbaubare Produkte werden von der Meeresströmung fortgetragen und enden auf Inseln von der Größe Frankreichs und Belgiens zusammen. Man fand bereits viele Fische und andere Wassertiere, die solche Plastikabfälle geschluckt hatten und dadurch verendet waren.
In den 1950er-Jahren entstand eine kollektive Perversion, die als »geplante Obsoleszenz« bezeichnet wird: Den Herstellern von Glühbirnen gelang es, mehr oder weniger ewig haltbare Glühbirnen herzustellen, die nicht kaputtgingen. Da dies für den Umsatz sehr schlecht war, kamen die größten Hersteller überein, unvollkommene Glühbirnen mit begrenzter Lebensdauer herzustellen, um die Verbraucher zum regelmäßigen Kauf dieses Verbrauchsartikels zu zwingen. Diese »geplante Obsoleszenz« wurde in der Folge von anderen Industriezweigen übernommen und unsere Gesellschaft wurde zu einer Wegwerfgesellschaft, Symbol des Vergänglichen, des Provisorischen. Zudem schuf man mit Werbung künstliche Bedürfnisse und die Banken gewährten Kredite für den Kauf der ständig erneuerten Waren. Der *Homo sapiens* wurde zum *Homo consumerus* bzw. *Homo economicus*.

## ALBTRAUM ATOMMÜLL

Von allen Sorten Giftmüll verursacht insbesondere der Atommüll unlösbare Probleme. Trotz aller Anstrengungen verfügen wir über keine

Möglichkeiten, ihn sicher zu lagern. Nun werden aber weltweit jedes Jahr rund 10 000 Kubikmeter hoch radioaktiver Abfälle produziert. Einige, wie das Plutonium 239, bleiben rund 240 000 Jahre lang radioaktiv. Diese Periode ist ebenso lang wie die Zeitspanne, die uns vom Neandertaler trennt, und niemand kann wissen, wie sich diese Stoffe entwickeln werden. Zum anderen bestehen auch die potenziellen Risiken beim Transport. In Tschernobyl lagert man die verbrauchten Brennelemente seit Jahren »randvoll in Schwimmbecken, deren Gefahren zwanzigmal höher als die beim Unfall 1986 sind«, wie Wladimir Tschuprow, der Leiter der Energieabteilung von Greenpeace Russland, in einem Artikel in der Tageszeitung *Libération* erklärt. Dieser Atommüll würde ausreichen, um die Hälfte unseres Planeten zu vernichten. »Und das in einer Region der Ukraine, die immer wieder Erdbeben ausgesetzt ist.«
Derzeit schätzt man die Gesamtmenge an radioaktivem Müll in der Welt auf 250 000 bis 300 000 Tonnen. Diese Zahl steigt von Tag zu Tag. In Finnland wird nun ein unterirdisches Lager gebaut, in dem solche Abfälle mindestens 100 000 Jahre lang gelagert werden sollen! Das Projekt heißt Onkalo (finnisch für »Grotte« oder »Höhle«), aber die exorbitanten Kosten und eine Reihe von Problemen bremsen das Unternehmen. Eine endgültige und echte Lösung ist derzeit nicht in Sicht. Das »Feuer des Prometheus unserer Zivilisation« lässt sich nicht löschen.

# KAPITEL 6: MÖGLICHE LÖSUNGEN. PLÄDOYER FÜR EINEN WELTRAT DER WEISEN

*»Verändere dein Bewusstsein und du wirst die Welt verändern.«*

FRITJOF CAPRA

Befinden wir uns am Rande des Abgrunds? Angesichts einer äußerst besorgniserregenden gesellschaftlichen Bestandsaufnahme, bei der selbst für den optimistischen Beobachter das Negative überwiegt, scheint es zwingend, Rosskuren zu finden und anzuwenden. Denn wir laufen Gefahr, in den kommenden Jahren einem wahren Erdbeben der Zivilisation beizuwohnen. Diese Gefahr wird von den kosmischen Einflüssen unterstrichen. Wir müssen unsere verloren gegangenen oder missachteten Werte wiederfinden, insbesondere, indem wir unser Verhältnis zu Mutter Natur neu definieren. Und es bleibt uns nichts anderes übrig, als bestehende und künftige Initiativen zu fördern, um unseren Planeten zu retten. Wie sehen diese Lösungen aus und unter welchen Bedingungen könnten sie Erfolg haben?

## Ein Hoffnungsschimmer

Unsere Situation ist alarmierend, sowohl auf gesellschaftlicher Ebene als auch in Bezug auf den Zustand unserer Erde. In den vorherigen Kapiteln haben wir einige kritische Punkte genannt, die ein schnelles Eingreifen verlangen. Denn es geht um unser Überleben. Ein Atomunfall, ein schwerer Sonnensturm, der unsere Strom- und EDV-Netze zerstört und ein unvorstellbares Chaos anrichten würde, eine Pandemie oder die verheerenden Folgen des Klimawandels sind nur einige der drohenden Katastrophen. Es gibt jedoch auch einige Hoffnungsschimmer, Initiativen, die erste Früchte tragen, neue Projekte oder auch neue Vorgehensweisen bei einigen der drängendsten Probleme. Ohne Anspruch auf Vollständigkeit möchten wir nur einige der Initiativen zeigen, die einen Schritt in die richtige Richtung gehen, um das Leben auf unserem Planeten zu verbessern und das Überleben unserer Mutter Gaia zu sichern.

### DIE KERNKRAFT IST AUF DEM ABSTEIGENDEN AST

Ein Atomunfall bleibt *die* größte Gefahr. Man kann die Entscheidungen in Deutschland, Italien und der Schweiz vom Frühjahr 2011, so schnell wie möglich aus der Atomenergie auszusteigen, deshalb nur begrüßen. Auch einige arabische Länder haben sich entschlossen, die Nutzung der Kernkraft zu reduzieren oder ganz auszusteigen und stattdessen die Solarenergie verstärkt zu nutzen. Eine Umfrage, die in 24 Ländern bei 19 000 Personen durchgeführt wurde, zeigt, dass 62 % der Bevölkerung die Kernkraft ablehnen – seit Fukushima ist die Zahl um 26 Prozentpunkte gestiegen! Trotz einer Vielzahl an Problemen, die damit in Zusammenhang stehen, werden wir gezwungen sein, alternative Energien zu nutzen – Windkraft, Sonnenenergie, Geothermie u. a. Man kann hoffen, dass die neuen Energien, die das Erdöl, die Kohle und vor allem die Kernkraft ersetzen, in den kommenden Jahren konkurrenzfähig werden. Möge es den großen, multinationalen Energiekonzernen gelingen, neue vollwertige Energien zu entwickeln, die weniger umweltschädlich sind und einen akzeptablen Preis haben.

Die Wahl der Primärquelle der Energie bestimmt die politischen, wirtschaftlichen und technologischen Anstrengungen, die zur Gewinnung, Verarbeitung, zum Transport und Vertrieb erforderlich sind, nicht zu vergessen die Nutzungstechnik. Dieser Umstand dürfte es bedingen, dass man von einigen wenigen, großen Kraftwerken und Raffinerien auf eine größere Zahl mittlerer und kleiner Einheiten, von internationalen Infrastrukturen auf regionale Strukturen und von umweltverschmutzenden Energien auf saubere Energien übergeht, die weniger Treibhausgase ausstoßen. Dies ist eine der großen Herausforderungen unserer Zukunft.

## DIE WUNDEN GAIAS BEHANDELN

Wir haben die Pflicht, so schnell wie möglich zur Tat zu schreiten. Die zahlreichen Wunden unserer Ökosysteme sind beunruhigend geworden und jeder Versuch, der eine Verbesserung für unseren Planeten verspricht, muss unterstützt werden. Seit etwa zwanzig Jahren ist es Pionieren in mehreren Bereichen gelungen, Lösungen zu finden, um bestimmte Probleme zu lösen und Schäden einzugrenzen. Man stellt beispielsweise fest, dass die biologische Landwirtschaft in fast allen westlichen Ländern zunimmt, wo die Qualität des Bodens während mehrerer Jahrzehnte gelitten hat. Forscher haben in Bezug auf die Armut unserer Böden Alarm geschlagen. Die Anbauflächen sind ausgetrocknet, ausgewaschen und durch Tonnen von Pestiziden vergiftet. Die Zukunft kann nur in einer chemiefreien, biologischen Landwirtschaft liegen. Ein Beispiel, das Hoffnung macht und die Dinge voranbringen wird, ist die Nutzung »wirksamer Mikroorganismen« (genannt EM – *efficient microorganisms*). Der japanische Forscher Terua Higa hat Mikroorganismen entwickelt, die die Bodenqualität verbessern. Diese EM sind eine Nährlösung, die als Ergebnis zwanzigjähriger Forschungsarbeiten entstanden ist. Mithilfe dieser EM dürfte es gelingen, kranke Ökosysteme wiederherzustellen, denn die Sekrete der in den EM enthaltenen kleinen Tierchen bestehen aus großen Mengen an Nährstoffen, die für Pflanzen und Tiere positiv wirken. Dieses scheinbare Allheilmittel, das als EM-1 und EM-A in mehreren Ländern vertrieben wird, wurde nicht zum Patent angemeldet, da Terua Higa seine Erfindung der Allgemeinheit zugänglich machen wollte. Das Herstellungsgeheimnis hat er einigen sorgfältig ausgewählten Personen anvertraut. Der Cocktail, der die Pestizide ersetzt, scheint sich sowohl in der Fischzucht zur Reinigung des Wassers als auch in der Tierzucht bewährt zu haben, wo er üble Gerüche und gefährliche Keime beseitigt. Diese EM, die es für den Hausgebrauch als geruchshemmendes Spray gibt – für Ausguss, Abwasser, Klärgruben und alle anderen Örtlichkeiten, an denen Bakterien am Werk sind –, reinigen auch wirksam das Wasser von Schwimmbädern oder Pools. Sie sind eine effiziente Alternative zu chemischen Produkten. Krankheitskeime werden geschluckt, Antibiotika, Fungizide, Bakterizide oder sonstige Pflanzenschutzmittel werden unnötig. Somit tragen die EM wirksam zu einer nachhaltigen Entwicklung bei. Überflüssig zu erwähnen, dass diese Erfindung den Großfirmen der pharmazeutischen Industrie und den Riesen der landwirtschaftlichen Chemie nicht sonderlich gefällt und ihnen ein Dorn im Auge ist.

Im Zusammenhang mit der Vergiftung der Böden sind der Mut und die Intelligenz von Frauen wie Marie-Monique Robin zu nennen, die viel dazu beigetragen hat, die Gefahren des Einsatzes dieser gentechnisch veränderten Pflanzen aufzuzeigen, oder Silvie Simon, die regelmäßig die Probleme unseres Ökosystems und die Macht der Pharmalobby sowie der multinationalen Energiekonzerne anprangert – um nur zwei Beispiele zu nennen. Zwei Frauen, die viel Mut beweisen und den Großkonzernen auf die Finger schauen.

Ein Bericht der französischen Fédération des Amis de la Terre enthüllte im Februar 2011, dass der Anbau genmanipulierter Pflanzen in Europa zurückgeht: Die Zahl der Verbote nimmt zu, die Anbauflächen mit GVO nehmen ab. Diesem Bericht zufolge werden auf weniger als 0,06 % der europäischen Felder genmanipulierte Pflanzen angebaut, das ist verglichen mit 2008 ein Rückgang um 23 %. Sieben Mitgliedsstaaten halten das Verbot für Mais der Firma Monsanto aufrecht und stützen sich dabei auf die immer zahlreicheren Beweise für dessen negative Folgen für die Umwelt. Zum ersten Mal haben fünf Mitgliedsstaaten die Europäische Kommission verklagt, weil sie eine gentechnisch manipulierte Pflanze genehmigt hat. Der Widerstand der Bürger gegen GVO hat zugenommen und erreicht inzwischen 61 % in der Europäischen

Union! Auch auf internationaler Ebene ist eine negative Haltung bis hin zu einer Ablehnung von GVO festzustellen. Selbst die Regierungen Südamerikas, die genmanipulierte Organismen befürworten, ergreifen Maßnahmen, um die Folgen dieser denaturierten Pflanzen für die Landwirte und die Umwelt abzuschwächen. Wir können also hoffen, dass der gesunde Menschenverstand die Oberhand gewinnt und dass die Biodiversität auf unserem Planeten besser geschützt wird.
In einem im Oktober 2010 veröffentlichten Bericht hat die FAO (Ernährungs- und Landwirtschaftsorganisation der Vereinten Nationen) die Bedeutung der Biodiversität angebauter Sorten im Vergleich zu industriellem Saatgut anerkannt. Die FAO spricht dem traditionellen bäuerlichen Wissen die vorrangige Rolle für den Erhalt der Agrobiodiversität (biologische Vielfalt der Landwirtschaft) zu. Es erscheint uns in der Tat unbegreiflich, dass man so gut wie überall in der Welt den Landwirten eine genormte Landwirtschaft aufzwingen will und sie dazu verpflichtet, das Joch der Saatgutpatente zu akzeptieren, die im Besitz der Großindustrie sind, und Düngemittel sowie Pestizide zu verwenden.
Eine weitere gute Nachricht: Im März 2011 wurde dem UN-Menschenrechtsrat der Bericht »Agroökologie und das Recht auf Nahrung« vorgelegt. Dieser Bericht, der sich auf neuere wissenschaftliche Untersuchungen stützt, weist nach, dass die Agroökologie die Nahrungsproduktion ganzer Regionen innerhalb von zehn Jahren verdoppeln könnte – und dabei gleichzeitig Lösungen für das Problem des Klimawandels bringt. »Wenn wir im Jahr 2050 neun Milliarden Menschen ernähren möchten«, erklärt Olivier de Schutter, UN-Sonderberichterstatter für das Recht auf angemessene Ernährung, »ist es dringend erforderlich, die wirksamsten landwirtschaftlichen Techniken zu übernehmen, d. h. agroökologische Methoden. Und wir haben Beweise dafür, dass die Nutzung chemischer Düngemittel zur Steigerung der Nahrungsproduktion in schwierigen Regionen weniger wirksam ist«, fasst er zusammen.
In Ländern wie Indonesien, Vietnam oder Bangladesch hat man den Einsatz von Insektiziden beim Reis um 92 % reduziert – für die Bauern bedeutet dies eine beträchtliche finanzielle Einsparung. Unterstützt man diesen Weg, könnte man die Nahrungsproduktion in den Regionen, in denen der Hunger wütet, innerhalb von fünf bis zehn Jahren verdoppeln, bekräftigt der Bericht (siehe www.srfood.org). Jean Ziegler, der jahrelang UN-Sonderberichterstatter für das Recht auf angemessene Ernährung war, sagt dazu: »Lange wurde die Zerstörung der Menschen in einer Art eisiger Normalität toleriert. Heute gilt sie als untragbar. Die öffentliche Meinung übt Druck auf die Regierungen und die zwischenstaatlichen Institutionen aus (WTO, IWF, Weltbank etc.),

damit elementare Maßnahmen zur Schwächung des Feindes ergriffen werden: Agrarreform in der Dritten Welt, angemessene Preise für die landwirtschaftlichen Produkte des Südens, Rationalisierung der humanitären Hilfe bei plötzlichen Katastrophen, Schließung der Börse für landwirtschaftliche Rohstoffe in Chicago, wo auf eine Hausse bei den Hauptnahrungsmitteln spekuliert wird, Kampf gegen die Privatisierung des Trinkwassers.« Dies sind fromme Wünsche, die schnell Wirklichkeit werden müssten, wenn man diese Wunde der modernen Welt in Grenzen halten möchte, diese Welle menschlichen Elends.

## *DIE MELODIE DER PROTEINE*

Musik wurde bereits in verschiedenen Bereichen bei Pflanzen und Tieren eingesetzt und man konnte ihre wohltuende Wirkung feststellen. Pflanzen gedeihen besser, Kühe geben mehr Milch, wenn sie Mozart hören, Hennen brüten zu Musik von Vivaldi größere Eier aus.

Eine der außergewöhnlichsten Erfindungen der letzten Jahre ist wahrscheinlich die Protéodie des französischen Physikers Joël Sternheimer. Seine Forschungen über die Tonfrequenzen mündeten in der genodischen Wissenschaft. Das Prinzip: Bei der Proteinsynthese senden die Aminosäuren eine Folge von Quantensignalen aus, die für jedes Protein eine spezifische Melodie ergeben. Um nun auf einen bestimmten Aspekt einer Pflanze einzuwirken, muss eine Melodiesequenz komponiert werden, bei der jeder Ton einer Aminosäure des angestrebten Proteins entspricht. Durch Aneinanderreihen der Töne in der richtigen Reihenfolge entsteht ein einmaliges Musikstück, das mit der inneren Pflanzenstruktur übereinstimmt. Wie es scheint, ist dies ein großartiger Beweis für die allumfassende Verflechtung und die Sphärenmusik, die bereits bei Plotin erwähnt und vom großen Astronomen und Astrologen Johannes Kepler aufgenommen wurde (vgl. *Harmonices Mundi, Die Zusammenklänge der Welten,* 1619).

Diese Melodie der Proteine ergab die Protéodies, die Tiere und Menschen heilen könnten, wenn man das zugrunde liegende Prinzip weiterentwickeln würde. Es ist eine Tatsache, dass die Protéodies seit etwa zehn Jahren in einigen Weinbergen oder auf zahlreichen Gemüsefeldern die Pestizide ersetzen. Damit eröffnet sich Landwirten, Weinbauern und Gemüsebauern ein neuer und gesunder Weg. Joël Sternheimer, seines Zeichens Physiker und in jungen Jahren Assistent des berühmten Oppenheimer (www.genodics.net), zählt zu den Genies unserer Epoche. Im Übrigen ist zu hoffen, dass seine für eine nachhaltige Entwicklung günstige Erfindung auch tatsächlich für die Verbesserung des Obst- und Gemüseanbaus eingesetzt werden darf und nicht aus Gründen der Konkurrenz, die sie für die zahlreichen Pflanzenschutzmittel und chemischen Produkte darstellt, in einer Schublade verschwindet.

## *PIONIERE IN ALLER WELT*

Wir könnten noch Hunderte Pioniere nennen, die sich einer Vielzahl von Problemen angenommen haben und für Lösungen sorgen, um unsere Erde bewohnbarer zu machen und vor dem drohenden ökologischen Desaster zu retten. Wie beispielsweise Peter Malaise (Belgien), der mit der Produktion der ökologischen Waschmittel Ecover begonnen hat, Peter Koppert (Niederlande), einem der führenden Hersteller natürlicher Pestizide, oder Vandana Shiva (Indien), die an der Seite der indischen Bauern gegen die GVO und für die Verwendung natürlicher Düngemittel kämpft, sowie viele andere (vgl. das Buch *80 Hommes pour changer le Monde* von Sylvain Darnil und Mathieu Leroux).
Nicht zu vergessen die Verbände, die sich – weitab von den politischen Parteien – für mehr Gerechtigkeit einsetzen und gegen eine Vielzahl von Geißeln unserer Epoche kämpfen.

## EIN AUSWEG AUS DER KRISE

Um unsere Position zusammenzufassen: Nur eine weltweite Schiedsgerichtsbarkeit wäre befähigt, einen Ausweg aus der eingefahrenen Spur unserer unbilligen Gesellschaften zu finden, die der Verwirrung und dem *Homo economicus* geweiht sind. Wir denken dabei an einen Weltrat der Weisen.
Nachfolgend das politisch-soziologisch-finanzbezogene Credo eines Autors mit revolutionären Ideen, die auf verschiedenen Ebenen Innovation und Rettung bringen könnten.

## DIE ZEHN GRUNDLEGENDEN VORSCHLÄGE FÜR EINEN AUSWEG AUS DEN KRISEN

Von André Teissier du Cros, Präsident des Comité Bastille

1. **Eine streng republikanische, also laizistische Rechtsordnung:** Das menschliche Wesen muss umso mehr außerhalb der Reichweite jeglicher Macht bleiben, als es aufgrund seiner persönlichen Ethik nach mehr Wahrheit um der Wahrheit willen, nach mehr Gerechtigkeit um der Gerechtigkeit willen sucht in einer Haltung des Mitgefühls mit dem anderen und nicht nur aus Solidarität. Religion, Glaube, ideologische Überzeugungen, sexuelle

Präferenzen etc. sind Teil des Privatlebens und daher unantastbar durch die politische Macht, solange sie nicht in das Gemeinwohl eingreifen (die *res publica*).

2. Nicht die Menschenrechte zählen, sondern **die Pflichten gegenüber dem Menschen**[1], absolute Pflichten, zu denen jede Institution per Gesetz verpflichtet wird: Regierung, Kirche, Unternehmen ... Zu diesen Pflichten zählen **der absolute Respekt vor der menschlichen Würde** und den Wurzeln jedes Einzelnen, solange es keinen Konflikt mit dem republikanischen Recht gibt. Verstöße gegen die Pflichten gegenüber dem Menschen werden als Verbrechen eingestuft.

3. **Das wahre Wachstum ist ein Wachstum der Lebensqualität unter Achtung der Natur und der menschlichen Würde.** Es bemisst sich in Lebenserwartung (Franzosen: 81 Jahre*, Pro-Kopf-Vermögen (Franzosen: ~140 000 Euro*) und Pro-Kopf-Umweltverschmutzung[2]. Jeder andere Indikator ist tendenziös und manipulatorisch (z. B. das BIP pro Kopf, da er Wohlstand und Pro-Kopf-Konsum gleichsetzt).

4. Aufgabe eines republikanischen Staates ist es, dank zweier Hilfsmittel ein harmonisches soziales Leben zu garantieren und dieses zu pflegen: **Bildung** für alle und eine von allen gebilligte **Besteuerung**.

5. Vorrangige Aufgabe der **kostenlosen Bildungspflicht** ist die Erziehung zu einem eigenverantwortlichen Bürger, der dazu ermutigt wird, eigenständig und unter Achtung des anderen und des Gemeinwohls zu denken. Dies setzt voraus, dass Ethik (Wahrnehmung des Fehlens des Schlechten an sich), Ontologie (Wissen, was existiert und was ist) und Erkenntnistheorie (Wissen warum man weiß, was man weiß) gelehrt werden als Mittel zum Verständnis von: Wahrheit (nach der man strebt dank der Freiheit des Bewusstseins und des Ausdrucks), Gerechtigkeit (die aus der Gleichheit vor dem Gesetz resultiert, Chancengleichheit und Bekämpfung von Privilegien, Gleichberechtigung der Geschlechter, Recht des Kindes ...) und Mitgefühl (solange der Elendste un-

* Zahlen für 2011.

[1] Simone Weil : *Die Einwurzelung, Einführung in die Pflichten dem menschlichen Wesen gegenüber.*

[2] Wobei die größte Umweltverschmutzung die Zerstörung der Ökosysteme ist.

ter den Menschen vergessen und missachtet wird, wirst auch du eines Tages dazugehören, wenn die Umstände dazu beitragen). Dies setzt voraus, dass die staatliche Erziehung wieder ihre ursprüngliche Aufgabe erfüllt: **Verantwortungsvolle Bürger hervorzubringen, die das Lernen gelernt haben.**

6. **Gerechte Steuern,** die zur sozialen Harmonie beitragen, sind Steuern, die zu einer permanenten Bildung ermuntern, dem Streben nach Sicherheit (Kranken-, Arbeitslosen- und Altersversicherung, Spartätigkeit und Investition), der Achtung vor der Natur und vor dem Leben. In der Praxis sind dies die Mehrwertsteuer (sie hält vom Konsum ab und fördert damit das Sparen), Bio-Steuern auf die Zerstörung natürlicher Ressourcen (Treibstoffe, Energie, Ökosystem ...) und eine neue Form der Vermögenssteuer auf das gesamte Vermögen in jeglicher Form. Diese ersetzt die Einkommenssteuer, die Gewerbesteuer, die Grundsteuer, die bisherige Vermögenssteuer und die Erbschaftssteuer. Diese Steuer, zusammen mit einer Anhebung der Mehrwertsteuer auf 25 %,[3] würde es erlauben, die Verschuldung Frankreichs innerhalb von zehn Jahren von 84 % auf 50 % des BIP zu senken. **Die schlimmste Steuer ist die Einkommenssteuer:** Sie bestraft die Bemühungen, die eigene Situation zu verbessern und durch Arbeit, Entwicklung der eigenen Fähigkeiten und Sparen Selbstverantwortung zu übernehmen. Sie fördert die Steuerflucht durch den wachsenden Dschungel der steuerlichen Absetzbarkeit von Ausgaben. Sie schreckt durch Abschreibungen von langfristigen Investitionen ab. Die Abschaffung der Einkommenssteuer würde Steuerparadiese überflüssig machen.

7. Das Mindestmaß an menschlicher Würde wird u. a. durch eine **negative Einkommenssteuer** (*Grundeinkommen, Basic Income* nach der Definition von Marc de Basquiat, www.allocationuniverselle.com) gewährleistet, die jedem Staatsbürger ohne Unterschied in Höhe von etwa 400 Euro pro Monat bezahlt wird und jede andere Form der Unterstützung (Sozialhilfe, Grundsicherung etc.) oder das Kindergeld ersetzt.

8. Die **Tätigkeit als Arbeitnehmer wird nach und nach verschwinden**, da sie, selbst wenn die Bedingungen durch die Sozialgesetze und eine scheinbar garantierte Kaufkraft allmählich gebessert wer-

* [3] wie in Dänemark

den, den Einzelnen sich selbst entfremdet, indem sie künstliche Bedürfnisse pflegt[4], indem sie den Einzelnen auf Berufe spezialisiert, die ihn häufig von seinen Begabungen wegführen, und indem sie eine falsche Wahrnehmung von Sicherheit fördert. Der Berufstätige der Zukunft wird ein Einzelunternehmer sein, der selbst für seine Ausbildung und seine produktiven Investitionen sorgt und darüber wacht, mehr als einen Kunden zu haben, der bald durch eine prekäre, bald durch eine dauerhafte Vereinbarung an ihn gebunden ist. Wo dies angebracht ist, kann er ein Multifunktionsunternehmen gründen (Produktion, Verkauf, Einkauf etc.).

9. Die Finanzierung eines Unternehmens durch einen **Börsenmarkt ist auf längere Sicht ebenfalls zum Ende verurteilt**. Was sofort verboten wird, ist die Vergütung der leitenden Angestellten durch Aktienoptionen und der Rückkauf der eigenen Aktien durch ein Unternehmen. Was sich in Zukunft durchsetzen wird, sind: Selbstfinanzierung durch den Unternehmer, eventuell mithilfe von Aktionären in Form natürlicher Personen; Genossenschaften, bei denen die Angestellten zugleich auch Partner sind; einfacher Bankkredit; für eine begrenzte Dauer Finanzierung durch einen **nationalen Investitionsfonds auf Gegenseitigkeit** für die sehr langfristige Finanzierung (mindestens zehn Jahre) von großen, strategischen Investitionen und/oder solchen, die einen biokompatiblen Umstellungsprozess sichern. **Dieser Investitionsfonds wird als höchste Finanzgarantie dienen** und ist **der Bevollmächtigte des Investorstaats** (öffentliche Dienste, Gesellschaften mit strategischer Berufung auf Landesebene wie Energieversorgung, Rettung bedrohter Regionen, Landesverteidigung, große logistische Projekte, Rückgewinnung karger Böden etc.). Er bietet den Unternehmern und Sparern seine eigenen Aktien und Obligationen an (eigene Fondsanteile und festverzinsliche Wertpapiere). Als Zahlungsmittel für diese Finanzierungsinstrumente dienen die von natürlichen Personen gezahlten Bio-Steuern. Die Geschäftsführung ist autonom und wird einer paritätischen Kommission übertragen.

10. **Beseitigung der hohen Kriminalität** durch den **freien Verkauf aller geläufigen Drogen** in Apotheken mit Identitätsnachweis, wobei die Drogen von einem Staatsmonopol produziert werden, und Verabschiedung einer **Prostitutionsgesetzgebung**, wobei die

* [4] Siehe die Affekte und den Conatus in der Definition von Spinoza.

Legislative autonom ist und gewählten Frauen übertragen wird. Die Wahlkandidatinnen legen bei ihrer jeweiligen Gemeinde ihre Qualifikationen offen (professionelle Prostituierte, Sozialhelferinnen, Ärztinnen und Fachpsychologinnen, Beamtinnen der Sittenpolizei). Die Gesetzesvorschläge werden dem Parlament in einem verfassungsgemäßen Verfahren vorgelegt.

**EINIGE POSITIVE PHASEN, AUCH SEITENS DER BÖRSE**

2012: Um den 18. Januar, gegen Mitte März, Ende Juli;

2013: Um den 20. Juni, um den 20. Juli;

2014: Um den 25. Juli und 25. September, um den 10. Oktober;

2015: 1. Märzhälfte, Anfang April, zwischen 10. und 20. Oktober;

2016: Mitte Januar, 6. bis 15. Juli, Anfang Mai.

## WIEDERGEBURT DURCH KOLLEKTIVE EINSICHT

Die Weisen der Maya erwarten für den neuen Zyklus, der im Dezember 2012 beginnen soll, ein neues Bewusstsein. Sie sehen eine zunehmend wichtiger werdende Rolle der Frau in den künftigen Gesellschaften voraus – die Anfänge erkennt man bereits an der immer größeren Anzahl von Frauen in Führungspositionen in den Unternehmen, aber auch in der Politik und auf nationaler bzw. offizieller Ebene. In Zusammenhang mit dieser Vorstellung sprechen die Maya von einem künftigen Vorherrschen der rechten Gehirnhälfte gegenüber der linken – also einem Vorherrschen von Intuition und Kreativität gegenüber dem Verstand und der reinen Logik. Wenn man an die kaltblütige, rationale und unmenschliche Organisation von Völkermord auf Kosten jeglicher Empathie im 20. Jahrhundert denkt, kann man sich über diese Entwicklung nur freuen.

Zu diesem Thema hat mein verstorbener Freund, der großartige Biologe Dr. Henri Laborit (mit dem ich *Sterne und Moleküle*, Grasset 1992, geschrieben habe) bekräftigt, dass das Corpus callosum, der Balken zwischen den beiden Gehirnhälften, bei der Frau weiter entwickelt ist als beim Mann, was die Synthese beider Gehirnhälften beim weiblichen Geschlecht theoretisch erleichtert. Dies erklärt, warum Frauen sich von ihren männlichen Artgenossen gelegentlich vorwerfen lassen müssen, sie würden mit dem Bauch denken, während sie eigentlich mehr nach dem Herzen handeln.

Die individuelle Einsicht muss eine kollektive Einsicht werden, damit diese in das kollektive Unbewusste (vgl. C. G. Jung) eindringen kann, um zu einer weiterentwickelten Menschheit zu führen, zu einer besseren, altruistischen Welt. Die Rückkehr von Neptun in sein Zeichen Fische Anfang 2011 – das erste Mal seit seiner Entdeckung 1846 – ist das Zeichen dafür, dass die Menschheit einen Gang zulegen muss bei ihrem kollektiven Bewusstsein, einem universellen Bewusstsein, das dem Teilen offener gegenübersteht. Neptun ist u. a. das Symbol der menschlichen Solidarität und des Mitgefühls.

Neptun bleibt bis 2026 in den Fischen – ob dies wohl die erforderliche Zeitspanne ist, um das Ruder herumzureißen und unser Bewusstsein zum Guten zu verändern?

Meditative Besinnung und Gebet könnten unser Bewusstsein voranbringen. Es gibt eine Theorie, wonach das gleichzeitige Meditieren vieler Menschen einen positiven Einfluss auf bestimmte Schwingungen haben kann – und auf diesem Weg auch auf bestimmte Ereignisse. Dank der Geschwindigkeit der Kommunikation durch Internet und soziale Netzwerke könnte man diese Art der Meditation mit vielen Menschen ausprobieren, um zu sehen, ob sie zu konkreten Ergebnissen führt.

### *DAS GLOBAL CONSCIOUSNESS PROJECT*

In den 1970er-Jahren begann Dr. Nelson von der Universität Princeton seine Experimente mit einem *Zufallszahlengenerator*. Sie zeigten, dass das menschliche Bewusstsein mit diesem Gerät interagiert. Er vernetzte mehr als 40 dieser Generatoren an verschiedenen Orten der Welt. Am 6. September 1997 ereignete sich etwas Erstaunliches: Die Geräte verzeichneten eine plötzliche Veränderung, eine gewaltige Abweichung überall rund um den Globus. Es war der Tag der Beerdigung von Prinzessin Diana, die von einer Milliarde Menschen weltweit verfolgt wurde! Konnte es sein, dass die Generatoren von Dr. Nelson die kollektive Gemütsbewegung einer großen Anzahl von Menschen empfingen?

Als Folge dieser Ergebnisse entstand das Global Consciousness Project (Globales Bewusstseinsprojekt). Heute sammeln über 60 Wissenschaftler in aller Welt Informationen von mehr als 100 Zufallszahlengeneratoren (ZZG), die in 41 Ländern rund um die Uhr in Betrieb sind. Diese synchron laufenden Geräte produzieren pro Sekunde 200 Ziehungen von zwei Zahlen, entweder die 1 oder die 0, wie in der Informatik. Ziel ist es, die subtilen Korrelationen wissenschaftlich zu untersuchen, die die Existenz und den Einfluss eines weltweiten Bewusstseins oder eines kollektiven menschlichen Bewusstseins sowie dessen Stimmungsschwankungen anzeigen, also die Effekte ein und derselben Emotion, die von Millionen Menschen gleichzeitig empfunden wird. Ausgangspunkt des Projekts war eine einfache Feststellung: ein Generator, genannt Zufallszahlengenerator (ZZG), der nach dem Zufallsprinzip zwei Zahlen erzeugt, entweder die 1 oder die 0, ergibt systematisch nach einer gewissen Zeit die gleiche Anzahl der beiden Faktoren. Wird dieser ZZG in die Nähe einer Personengruppe gestellt, die dieselbe Emotion empfindet oder teilt, werden die Ergebnisse systematisch signifikant verändert. Nelson nutzte seinen ZZG bei Gruppenmeditationen und stellte spektakuläre Abweichungen fest. Wenige Tage nach der Beerdigung von Lady Diana drehten die Zufallsgeneratoren erneut durch. Es war der Zeitpunkt der Trauerfeierlichkeiten für Mutter Teresa. Diese Geräte reagierten des Weiteren bei anderen bedeutenden Weltereignissen wie bei den Bombenangriffen auf Jugoslawien durch die NATO, der Tragödie des russischen U-Boots Kursk oder den sehr bewegten und umstrittenen Präsidentschaftswahlen in den USA im Jahr 2000. Die Generatoren stellten auch Anomalien bei Neujahrsfeierlichkeiten, Erdbeben, großen Sportereignissen, Attentaten und weiteren Gelegenheiten kollektiver Freude oder Trauer fest.

Einer der faszinierendsten Momente waren die Attentate vom 11. September 2001. Abweichungen wurden nämlich nicht nur *während* der Ereignisse verzeichnet, sondern bereits vier Stunden *bevor* die Flugzeuge in die Türme des World Trade Centers rasten und explodierten! Konnte diese Vorrichtung ein Vorwissen zu diesem historischen Ereignis haben? Genauso reagierten drei Jahre später, Ende Dezember 2004, die Generatoren mit einer starken Abweichung von ihrem Zufallskurs, und zwar 24 Stunden *vor* dem Tsunami in Südasien, einer Katastrophe, die 250 000 Todesopfer fordern sollte! Nelson und seinem Team zufolge stehen die Chancen, dass es sich dabei um einen Zufall handelt, bei *eins zu einer Million.*

Kann man wirklich Schlussfolgerungen über das kollektive Bewusstsein aus der Analyse eines zufälligen Zahlenflusses ziehen? Könnte man mit den elektronischen Geräten, die in 41 Ländern verteilt stehen, den Einfluss der kollektiven Gedanken und Emotionen messen? Besteht tatsächlich eine Interaktion zwischen dem menschlichen Bewusstsein und seiner Umwelt? Diese Bereiche sind noch Neuland und es stellen sich fesselnde Fragen.

Das Global Consciousness Project hat sich jedenfalls die Unterstützung namhafter Wissenschaftler sichern können, einige bleiben jedoch skeptisch und betrachten das Experiment als parapsychologisch. Dr. Nelson geht davon aus, dass das Bewusstsein »eine Realität ist, die den Lauf der Dinge beeinflussen kann. (…) Man könnte also durch das Bewusstsein, das wir von der Realität haben, das, was wir sind, und unsere eigene Entwicklung modifizieren«, äußert er. »Wir werden von einer Gesellschaft gesteuert, die uns voneinander trennt. Das ist nicht richtig. Wir könnten sehr viel enger miteinander verbunden sein, als wir das heute realisieren.« Und Nelson schließt: »In großem Umfang bringt das Gruppenbewusstsein in der physischen Welt Wirkungen hervor. Nachdem wir dies wissen, können wir unsere Fähigkeiten vollständig für eine kreative Bewegung hin zu einer bewussten Zukunft nutzen.« (In *Nexus* Nr. 70, September/Oktober 2010).

Bereits das bedeutende Medium Edgar Cayce war davon überzeugt, dass das Meditieren einer Personengruppe dazu beitragen könne, eine friedvolle Zukunft zu schaffen und den Stress jedes Einzelnen und des Kollektivs zu verringern. Man findet immer mehr Einzelpersonen und Gruppen, die glauben, dass die kollektive Meditation den Frieden voranbringen könnte und sich positiv auf unsere Erde auswirken würde. Wir gehören dazu.

Eine Gruppe von Wissenschaftlern in den USA hat ihrerseits die Global Consciousness Initiative ins Leben gerufen, die von dem Gedanken ausgeht, dass wir mit dem elektromagnetischen Feld der Erde verbunden sind, das durch Emotionen und das menschliche Bewusstsein beeinflusst wird. Daher könnten die Liebe, die Empathie und das Mitgefühl der Individuen positive Schwingungen erzeugen, die den Stress und die negativen Energien auf unserem Planeten verringern und damit unser kollektives Karma, vielleicht sogar das Karma der Erde, verbessern könnten. Würden viele diese Interaktion zwischen den Menschen und der Erde akzeptieren, könnte das kollektive Bewusstsein eine neue Aufwärtsbewegung nehmen, es könnte sich und damit die gesamte Menschheit erheben.

## *DIE SCHUMANN-RESONANZ*

1957 entdeckte Prof. Winfried Otto Schumann in unserer Ionosphäre eine radioelektrische Welle rund um die Erde, ein permanentes Phänomen in der Atmosphäre. Unsere Ionosphäre, die Luftschicht, die sich in einer Entfernung zwischen etwa 50 und 600 Kilometern rund um die Erde befindet, ist eine Art Schutzschild, der uns vor kosmischen Strahlungen und den Sonnenwinden schützt. Da die Erde negativ, die Ionosphäre positiv geladen ist, erzeugt dies einen richtigen Kondensator. Schumann berechnete, dass die Resonanzfrequenzen zwischen Erde und Ionosphäre bei etwa 7,83 Hz (Zyklen pro Sekunde) liegen. Diese Schwingung wird durch die Sonnenwinde und deren Partikel ständig aufrechterhalten.

Einige Jahre später entdeckte Schumanns Assistent, dass diese Welle dieselbe Frequenz hat wie die Alpha-Wellen unseres Gehirns (zwischen

7 und 12 Hz), die einem Zustand der Entspannung, des Halbschlafs oder Traums und auch dem Zustand der Meditation entsprechen. Nun stellte man fest, dass unsere persönlichen Magnetfelder und das Magnetfeld der Erde in Korrelation stehen und alle Störungen dieser Frequenzen negative Folgen haben können, sowohl auf physischem wie psychischem Gebiet. Unsere inneren Rhythmen interagieren mit den externen Rhythmen und beeinflussen unser Gleichgewicht. Die Wellen der Schumann-Resonanz scheinen auch unsere innere Uhr zu steuern, die auf unseren Schlaf, die Hormonsekretionen und den Austausch in unseren Zellen Einfluss nimmt.
Trotz der Komplexität der elektromagnetischen Wechselwirkungen mit den verschiedenen Frequenzen kann man sich vorstellen, dass die positiven Gedanken einer großen Menschenmenge einen günstigen und greifbaren Einfluss auf unsere Biosphäre ausüben können. Gedanken können Realität erzeugen. Wie schon Einstein formulierte: »Alles im Leben ist Schwingung.«

### *WO DIE LAIEN-SPIRITUALITÄT DIE RELIGIONEN ERSETZT*

Die meisten Religionen sind seit rund 20 Jahren im Niedergang begriffen und die Laien-Spiritualität hat an Bedeutung zugenommen. In Frankreich hat der Philosoph André Comte-Sponville diese Idee populär gemacht, und auch Buddhisten wie der Dalai Lama nehmen darauf Bezug. Der Psychosoziologe René Barbier geht davon aus, dass sich diese Tendenz noch weiter entwickeln wird. »Dies ist eine tiefgründige Tendenz. Es gibt ein Netz von Menschen, die man als Kulturkreative bezeichnen kann. (…) Sie entwickeln in ihrem Leben eine Poesie, die nicht mehr durch Religion, Wissenschaft oder sonst etwas institutionalisiert ist. (…) Die Macht des Religiösen im traditionellen Sinn ist jedoch sehr groß und das etablierte Sakrale ist nicht starr. (…) Also auch die Religionen entwickeln sich, jedoch langsam, und das Netz der Laien-Spiritualität entwickelt sich deutlich schneller, manchmal sogar zu schnell, mit gelegentlichem Abdriften, aber das ist unvermeidbar.« (In *Nexus* 71, Interview geführt von Jocelin Morisson).
Als Astro-Soziologin (oder Sozio-Astrologin) unterschreibe ich diese Feststellung des »Durstes nach dem Ideal« und der Suche nach dem Sakralen voll und ganz, die sich übrigens auf eine anthropologische Konstante stützt. Diese Realität wurde ausführlich vom großen Soziologen Émile Durkheim beschrieben (in *Die elementaren Formen des religiösen Lebens*, Suhrkamp 1981), der bekräftigt: »Der Mensch ist ein Wesen, das es nach dem Ideal dürstet.« Man möge mir verzei-

hen, wenn ich hier eine Passage aus meiner Doktorarbeit in Soziologie zitiere (S. 309 in *L'homme d'aujourd'hui et les astres, fascination et rejet/Kritische Studie zur Astrologie und ihrer Ambivalenz, Faszination/Ablehnung in den postmodernen Gesellschaften,* Plon 2001): »Es ist hier nicht meine Absicht, über die Ätiologie des Sinns für das Ideal oder das Geheiligte im Menschen zu befinden. Wesentlich ist die Feststellung, dass der postmoderne Mensch zunehmend von dem angezogen wird, was seine Auffassungsgabe übersteigt, während der moderne Mensch ein Mensch zu sein schien, der nicht mehr gläubig ist. (...) Diese Anziehung ist gekennzeichnet durch eine Reaktion auf die entzauberte Situation der Moderne, eine Welt ohne Gott, wie Jaspers sie beschrieb: ›eine Welt, die dabei ist zu zerbrechen, in der man immer weniger an traditionelle Werte glaubt. Diese Welt ist nur noch eine äußere Ordnung. Bar jedes symbolischen und transzendenten Gedankens lässt sie den Geist brachliegen. Sie genügt nicht. In dem Maß, in dem der Mensch frei bleibt, ist er sich selbst ausgeliefert, seiner Begehrlichkeit und seinem Überdruss, seiner Angst und seiner Gleichgültigkeit. Er ist alleine, ohne Unterstützung. Wenn er seinem Leben einen philosophischen Sinn geben möchte, muss er aus eigener Kraft schaffen, was ihm die Welt um ihn herum nicht mehr gibt.‹« Man könnte vielleicht noch hinzufügen: Auch nicht die großen Religionen, deren Missbrauch bzw. Abweichungen nicht mehr akzeptiert werden.

## *DAS ZEITALTER DES WASSERMANNS: EINE ÄRA DER SPIRITUALITÄT UND DER BRÜDERLICHKEIT*

Nach dem Zeitalter der Fische, das mit Christi Geburt begann und die Kirche in den Vordergrund stellte, die auch perverse Effekte wie die Inquisition hervorbrachte – wie jede institutionalisierte Religion zu Intoleranz oder gar Fanatismus führt –, kommt nun das Zeitalter des Wassermanns nach theoretisch 2160 Jahren (der Dauer eines Zeitalters, dem zwölften des Zyklus der Präzession von 26 920 Jahren). Innerhalb einiger Jahrzehnte sollte sich damit ein Zeitalter der Toleranz und Brüderlichkeit etablieren! Derzeit befinden wir uns in der Übergangsphase, einer Zone des Schattens, in der die Schlüsselbegriffe beider Zeitalter nebeneinander bestehen – und sich aneinander reiben, was das Chaos erklärt. Es handelt sich jedoch um ein vielversprechendes Chaos, auch wenn Sie und ich nicht mehr da sein werden, wenn dieses neue Zeitalter sich etabliert hat und die Welt sich erneuern wird.

# DER WELTRAT DER WEISEN

## GEDANKEN ZU EINER GLOBALEN ERNEUERUNG DER WELT VON HEUTE

Es ist völlig klar, dass eine große Reinigung unseres Planeten dringend erforderlich ist – und zwar auf mehreren Ebenen. Damit Mann und Frau ihre Würde im gegenseitigen Respekt und der Freude am Teilen wiederfinden, ist ein radikaler Hausputz unverzichtbar. Die Bedürftigkeit der einen und der Überfluss und Wohlstand der anderen sind unerträglich. Ich lehne jedes ideologische, politische oder religiöse Etikett ab. Vor allem ist es nicht mein Ziel, eine Kassandra der Katastrophen zu sein. Ich plädiere ganz einfach für eine universelle Ethik und dafür, dass wir unseren Kindern Hoffnung und Idealvorstellungen zurückgeben.

MEIN ZIEL: Die Einsetzung eines **WELTRATS DER WEISEN**
Warum?

- Weil Gaia, unsere Erde, unter dem mangelnden Respekt vor dem Leben und den Lebewesen leidet und weil sie und unsere Zivilisation an einem Punkt angelangt sind, an dem es kein Zurück mehr gibt.

- Weil wir alle betroffen, darin verwickelt und bedroht sind auf dieser Erde, deren Kinder und Henker wir gleichermaßen sind.

- Weil wir den Status menschlicher Wesen haben und dies wichtiger ist als einer Nation, einem Land, einem Kontinent, einer Rasse anzugehören und Bürger irgendeiner politischen Entität zu sein: Wir gehören zur riesigen Familie der Männer und Frauen hier auf der Erde, und dadurch ist ein Naturrecht geboten, das unserer Natur *sui generis* anhaftet, nämlich dass wir alle frei und gleich sind, was nur recht und billig ist und sich von selbst versteht; es erlaubt jedem von uns, sich zu äußern und Stellung zu beziehen in Bezug auf die großen Probleme der heutigen Welt.

Zwar gibt es bereits zahllose Organisationen, Verbände und Zusammenschlüsse, die sich mit den empfindlichen Themen befassen – nachhaltige Wirtschaft, Landwirtschaft, Ökologie, Hunger in der Welt, Pädophilie, Misshandlung von Tieren etc. – und dieser **Weltrat der Weisen** könnte verspätet, unnötig oder überflüssig erscheinen. So ist es aber nicht, denn wie viele andere auch bin ich von diesem gesetzgeberischen

Deckmäntelchen schockiert, das den berühmten Satz von Blaise Pascal spiegelt: »Was diesseits der Pyrenäen Wahrheit ist, ist jenseits Irrtum.« Dies führt dazu, dass richtige und heilsame Verfügungen an den Grenzen enden. Weder für die Umweltverschmutzung noch für die Plünderung der Ressourcen, die Zerstörung von Flora und Fauna, die verheerenden Folgen der Drogen, die rassistischen Ausgrenzungen, die zum Himmel schreiend ungerechte Umsiedlung von Bevölkerungsgruppen, die Ungleichheit medizinischer Versorgung bei Aids oder die unfassbaren Laborexperimente der Zauberlehrlinge benötigen einen Reisepass. Wir befinden uns im Universum von Chaos und Ungerechtigkeit, am Turm von Babylon, insbesondere weil eine globale Arbeitsplanung, eine weltweit gültige Gesetzgebung fehlen. Eine realistische Betrachtung der Dinge erinnert uns jedoch daran, dass man die existierenden Regierungen nicht ausklammern kann, die in erster Linie in ihren jeweiligen Ländern bestimmen und jede legislative Einmischung von außen ablehnen würden. Dennoch kann man – ich denke sogar *muss* man - versuchen, eine Weltorganisation auf die Beine zu stellen, die eine universelle Wirkung besitzt und auf ethischer Ebene anerkannte Autorität genießt. Ähnlich wie der UN-Sicherheitsrat oder der Internationale Strafgerichtshof von Den Haag.
In Anbetracht der aktuellen Weltlage ist es höchste Zeit, dass eine ethische Autorität mit weltweiter Wirkung, frei und unabhängig von jedem System und jedem politischen oder religiösen Gehorsam sowie allen staatlichen Interessen, von Weisheit inspirierte Entscheidungen treffen kann trotz der allgemeinen Kakofonie.

## WELCHE AUFGABE HÄTTE DIESER WELTRAT DER WEISEN?

Nur ein **Weltrat der Weisen** könnte im Räderwerk der weltweiten Plutokratie seine Meinung äußern, in dieser universalen Herrschaft des Geldes und der schnellen Gewinne, die zulasten unserer Zukunft und der Zukunft unserer Kinder gehen. Seit dem Zeitalter der Industrialisierung und des historischen Materialismus im 19. Jahrhundert hat der *Homo oeconomicus* die Macht übernommen: alles ist mit Geld umsetzbar, selbst Organe, ja sogar Babys! Wo soll das hinführen?
Während der **Internationale Strafgerichtshof in Den Haag** eine universelle juristische Instanz darstellt, hätte der **Weltrat der Weisen** die Berufung, eine **ethische Instanz** gleichen Umfangs zu sein, also eine Referenzorganisation mit beratenden, normativen und regulativen Aufgaben gleichermaßen. Seine wichtigste Aufgabe wäre es, über die großen Probleme der heutigen Welt nachzudenken und zu befinden und **übereinstimmend und interdisziplinär tätig zu werden** (Wissen-

schaftler, Künstler, Politiker, Philosophen, Intellektuelle aller Sparten etc.) mit – im Idealfall und schlussendlich – **einer Befehlsgewalt, die die Schlussfolgerungen des Rates auch durchsetzen kann**. Durch seine Eigenschaft als weltweite Organisation könnte jede natürliche oder moralische Person, jede kollektive Entität und jedes Land bei diesem Rat zu einem Thema, das das Werden des Menschen und seiner Umwelt betrifft, Klage einreichen. Dieser **Weltrat der Weisen** müsste mit einer tatsächlichen Machtbefugnis ausgestattet werden, um Verhaltensweisen, die dem Planeten (Fauna und Flora eingeschlossen) und seinen Bewohnern schaden, auch sanktionieren zu können. Diese ethische Instanz von Weltmaß würde gebildet aus **Mitgliedern von internationalem Ansehen** und mit **humanistischer bzw. idealistischer Weltsicht**. Sie würden **durch Kooptation gewählt**. Ihr **Sachverstand** in **allen betroffenen Bereichen** wäre bei Fachkollegen anerkannt und aufgrund ihrer eigenen Geschichte würden sie über jeglichem persönlichen Interesse oder Gewinn, jenseits rein egozentrischer Ambitionen stehen.

**Die Bildung eines solchen Rates ist ein ehrgeiziges, jedoch keinesfalls utopisches Projekt. Es verlangt Entschlossenheit, Mut, Beharrlichkeit und eine bestimmte Sicht der Zukunft.**

Wir befinden uns in einem Engpass der Geschichte und es besteht die Gefahr, dass alles sehr bald dramatisch ausufert – das zeigt die dissonante Phase des Zyklus Pluto/Uranus! Wir haben nur noch wenig Zeit, um die allgemeine Schussrichtung zu korrigieren – in Wirklichkeit hat der Countdown bereits begonnen. Setzen die Hopi-Indianer das Ende der Welt deshalb für 2012 an? Es liegt an uns, dass es nicht das Ende *der* Welt, sondern nur das Ende *einer* Welt wird. Genau deshalb haben wir viel zu tun.

# ZWEITER TEIL

# KAPITEL 7:
# DIE GROSSEN PLANETENZYKLEN ZWISCHEN 2012 UND 2016

***

*»Als Grundlage jeder wissenschaftlichen Arbeit einer gewissen Größenordnung ist eine Überzeugung anzuerkennen, die sehr gut mit einem religiösen Empfinden vergleichbar ist, denn sie akzeptiert eine auf Vernunft begründete Welt, eine verständliche Welt! Diese Überzeugung, in Verbindung mit einem tiefen Gefühl für eine höhere Vernunft, die sich in der Welt der Erfahrung enthüllt, vermittelt für mich die Vorstellung von Gott.«*

ALBERT EINSTEIN

*»Unsere Zivilisationen wissen heute um ihre Sterblichkeit.«*

PAUL VALÉRY

## Die Welt schwingt in einem Fünfhundert-Jahres-Zyklus

Die großen Planetenzyklen skandieren den Rhythmus sublunarer Ereignisse auf kollektiver wie auf individueller Ebene. Sie sind der kleine Zeiger auf der kosmischen Uhr, ein Abbild der großen Klimata, die sich über mehrere Wochen, Monate oder Jahre erstrecken. Der große Zeiger entspricht den schnellen Planeten, die für Veränderungen des Alltäglichen zuständig sind, Folge der 45 ineinander übergreifenden Planetenzyklen, vom kleinsten (solilunar: 28 Tage) bis zum größten (Neptun/Pluto: 498 Jahre). Jeder Augenblick ist einmalig, ist neu. Die Interpretation bzw. die Vorhersage ist daher jedes Mal wieder eine schöpferische Tätigkeit. Daraus ergibt sich die Schwierigkeit, die reinen Tatsachen vorherzusagen, was Raymond Abellio zu der Definition veranlasste: »Die Astrologie ist zugleich eine Kunst, eine Wissenschaft und eine Weisheit.« Andererseits enthält eine bestimmte Konfiguration meist sowohl positive als auch negative Aspekte, was die Unterschiedlichkeit der Ereignisse in der Welt erklärt. Ein Beispiel: Der 11. März 2011 ist uns in finsterer Erinnerung wegen des Erdbebens und der Kernexplosion im japanischen Fukushima, er war geprägt durch vielfältige Dissonanzen zwischen Pluto und Uranus/Jupiter/Merkur. An diesem 11. März gab es jedoch auch einen schönen Aspekt von Jupiter mit Venus, der mit dem Horoskop von Nicolas Sarkozy harmonierte. Ergebnis: Seine Entscheidung über die UNO, Libyen zu Hilfe zu eilen, war eine Initiative, die dem französischen Präsidenten positive Schlagzeilen einbrachte.

Hier kam die Theorie der **Planetenzyklen** zum Tragen, die für große Umbrüche in den Zivilisationen verantwortlich ist. Denn die Krisen und Einsichten der Welt kommen nicht von ungefähr. Es gibt einen *Sinn der Geschichte*. Er ist weniger politisch als kosmisch und steht mit der universalen Ordnung und den Planetenrhythmen in Zusammenhang. Die bedeutsamsten Wandlungen der Zivilisationen ereignen sich daher bei einem Zyklus, der das kleinste gemeinsame Vielfache der 45 astronomischen Zyklen darstellt: alle 496 Jahre, also ungefähr alle fünf Jahrhunderte. Dies entspricht der Dauer von zwei Pluto-Zyklen (248 Jahre) oder drei Neptun-Zyklen (165 Jahre).

## EIN BLICK IN DEN RÜCKSPIEGEL

Beim Blick zurück fällt das Augenmerk auf das 5. Jahrhundert v. Chr. mit der Geburt von Geistesgrößen wie Laotse, Konfuzius, Pythagoras oder Buddha, die über 2500 Jahre lang die Welt prägen sollten, länger als ein astronomisches Zeitalter (2160 Jahre). Dann erschien der Menschensohn, um die Welt zu verändern und seine Brüder zu retten. Diese zeitliche Kreuzung war übrigens von außerordentlicher astronomischer Bedeutung: In diesen Zyklus von fünf Jahrhunderten fiel nämlich auch der Beginn der Ära der Fische, die zusätzlich noch ein wichtiges Präzessionsjahr eröffnete – befand sich doch der Frühlingspunkt auf der Ekliptik bei null Grad im Widder, Beginn des *Großen Platonischen Jahrs* von 25 920 Jahren! Damit erhält Christi Geburt eine kosmische und historische Dimension.

Ende des 5. bzw. Anfang des 6. Jahrhunderts n. Chr., also fünf Jahrhunderte später, kam es zum Zusammenbruch des Römischen Reiches und zu den großen Barbareneinfällen, Ende des 10. Jahrhunderts folgten die Wikingerangriffe in England. In dieser Periode kamen in Frankreich zudem die Kapetinger an die Macht, deren Regierungszeit 800 Jahre dauern sollte. Fügen wir weitere fünf Jahrhunderte hinzu, so erreichen wir das Ende des 15. Jahrhunderts, das bekanntlich die großen geografischen und technischen Entdeckungen brachte sowie die Geburt bedeutender Reformer wie Luther, Zwingli und Calvin, aber auch von Ignatius von Loyola, dem Begründer der Jesuiten. Eine interessante Feststellung zum Buchdruck: Er wurde in China Ende des 10. Jahrhunderts erfunden, also genau einen 500-Jahres-Zyklus früher als im Westen!

Zwischen **2012** und **2016** befinden wir uns wieder in einer der Übergangsperioden, die für einen Umbruch in der Zivilisation verantwortlich sind. Es handelt sich allerdings nicht um den erwähnten »Zyklus der Menschheit« (Neptun/Pluto) von jeweils fünf Jahrhunderten, sondern um den Zyklus einer niedrigeren Stufe. Was er wohl bringen wird?

Die Zerstörung der menschlichen Rasse durch den Menschen selbst, der zum Opfer seiner diabolischen und sublimen Erfindungen wird, oder durch ein mikroskopisch kleines Virus, oder die Auslöschung des Menschen als Opfer seines Lebensraums, der Erde, die unbewohnbar geworden ist durch Verschmutzungen, die er selbst erzeugt hat? Oder wird der Mensch sich in letzter Minute retten, indem er das Wundermittel findet, um aus allen Sackgassen herauszukommen? All dies sind mögliche Szenarien für diese kritische Phase, die sich den Philosophen und Futurologen wie auch den Astrologen als ein großes Fragezeichen darstellt. Alles kann eintreten, je nachdem, ob der Mensch sich der Dringlichkeiten bewusst wird oder nicht, wie er seinen Einfluss, sein kollektives Karma (er)leben wird. Denn die Sterne sind nur ein *Zeichen* dieses Wandels, sie zeigen an, *wann* er eintreten wird. *Wie* dieser Wandel ausfallen wird, hängt von der Weisheit oder Verrücktheit der Menschen ab. Es ist zu befürchten, dass der Wahnsinn über die Klugheit siegen könnte, diese Ansicht wird zumindest in verschiedenen Überlieferungen vertreten.

Der esoterischen Überlieferung zufolge, insbesondere dem hinduistischen Vishnu Purâna, befinden wir uns derzeit im Zeitalter des Eisens oder *Kali-Yuga*, das durch eine Degeneration der Welt gekennzeichnet ist, die 6480 Jahre dauern soll (vgl. René Guénon, *La Crise du monde moderne*, Gallimard-Idées, 1946, Die kosmischen Zyklen, nur im französischen Original). Diese unheilvolle Periode, die von einer Umkehrung der Werte und einer Verdunkelung des Wissens um die kosmischen Gesetze begleitet wird, ist nicht neu. Sie soll nach jüdischer Überlieferung 720 Jahre vor der Schöpfung begonnen haben (die auf das Jahr **3761 v. Chr.** datiert wird), sodass sie um **4481 v. Chr.** anzusiedeln ist. Wäre das Ende dieser Welt, vielleicht *der* Welt überhaupt, entsprechend den *Centurien* von Nostradamus demnach **3797** zu erwarten? Niemand von uns wird noch da sein, um den wahren Sachverhalt dieser Vorhersage zu erfahren. Bezieht man sich auf die Übersetzung des Zohar durch Jean de Pauly, ginge die Welt im Jahr **2239** zu Ende, denn sie soll 6000 Jahre alt werden und ihre Entstehung wird für das Jahr **3761** vor der christlichen Zeitrechnung angegeben.

Kehren wir nun zu den Planetenzyklen der nächsten Jahre zurück, insbesondere zu ihrem gemeinsamen Nenner, der allgegenwärtigen Quadratur Pluto/Uranus, die sich als wichtigster Träger der künftigen gesellschaftlichen Veränderungen ankündigt. In *Votre Horoscope 2001* vom Sommer **2000** schrieb ich als Einleitung unter dem Titel »Wie präsentieren sich die ersten beiden Jahrzehnte des 21. Jahrhunderts?«: »**2010** bis **2012** wird man die erste große, weltweite Krise dieses beginnenden 21. Jahr-

hunderts anbrechen sehen. Eine globale politische und diplomatische Destabilisierung und Machtmissbrauch aller Art beeinträchtigen die Lebensenergie und die Lebensfreude: acht dissonante Aspekte ersticken den einzigen positiven Aspekt des Jahres 2010. (...) Aufstände, Verfolgungen, die Wirtschaft in Schieflage, Infragestellung des Erreichten: Man könnte glauben, dass die Welt nichts dazugelernt hat. Naturkatastrophen (Sturm Xynthia, Haiti, Erdbeben in Japan, Tornados in den USA) werden an eine mögliche Katastrophe im Technologiebereich anknüpfen. Wie der Physiker B. Nicolescu äußert: »Wir sind an einem Scheideweg zwischen Selbstzerstörung und Weiterentwicklung angelangt.« Werden wir uns für den richtigen Weg entscheiden? Siedeln deshalb die Hopi-Indianer das Ende der Welt im Jahr **2012** an, während diese versucht, sich von den Emotionen nach einem zumindest anfangs ähnlichen Jahr **2011** zu erholen?«
Das Jahr 2011 ist tatsächlich geprägt von Aufständen, die nach und nach in Tunesien, Ägypten, Bahrain, Libyen, Syrien etc. ausbrachen. Ein trauriges Beispiel der ökologischen Katastrophen lieferte Fukushima, und angesichts der großen und vielfältigen Dissonanz Pluto/Uranus, die auf uns zukommt, ist zu befürchten, dass dies kein Einzelfall bleiben wird. Hierzu eine Anmerkung: Beim Vergleich des Himmels der Hedschra habe ich fasziniert entdeckt, dass dieser in (positiver) Resonanz zur großen Konjunktion Jupiter/Uranus Anfang 2011 stand, was uns die Rebellionen in den arabischen Ländern eingetragen hat!
Auf Seite 29 des Horoskops konnte man die Fortsetzung lesen: »Zwischen **2011** und **2013** kommt es (...) zu ungewöhnlichen Dissonanzen zwischen den Planeten, wobei Uranus zugleich Pluto und Saturn stört, der seinerseits Jupiter stört: Der Kampf der (planetaren) Titanen! Schlussfolgerung: Wir haben die Wahl – aber haben wir sie wirklich? – zwischen einem Atomkrieg, in den Europa und die USA verwickelt sein könnten, einer kosmischen Katastrophe (Meteorit, Asteroid?) oder einer gewaltigen technologischen Katastrophe – vielleicht in Zusammenhang mit einer Panne bei einem Weltraumflug? Bedenken wir, dass sich der Challenger-Unfall (den ihre getreue Dienerin vorhergesagt hatte) bei der letzten Dissonanz zwischen Uranus und Pluto **1986** ereignete – genau wie Tschernobyl übrigens. (Eine Konjunktion dieser beiden Gestirne gab es auch **1965 und in den Folgejahren**, in denen das Weltraumabenteuer mit der Reise zum Mond begann ... Wie auch im Mai 1968 und beim Vietnamkrieg). Beunruhigend dabei ist: Der zyklische Index der Planetenkonzentration, ein von meinem Lehrmeister H.-J. Gouchon geprägter und von meinem Kollegen A. Barbault aufgegriffener Begriff, wird dann besonders niedrig und damit noch beunruhigender sein. Diese Theorie beruht auf einer beobachteten Korrelation

zwischen der Annäherung von Planeten unseres Sonnensystems an ein und denselben Himmelspunkt (deren Folge wahrscheinlich eine kosmische Destabilisierung ist) und der politisch-historischen Entwicklung der Welt. Diese Krisen sind umso schwerer (Kriege, Migrationen, Epidemien, Revolutionen …), je niedriger dieser Index ist. Dabei stehen die Ergebnisse in Konkurrenz – und parallel – zum Rhythmus der Sonnenaktivität, die einen Zyklus von etwa elf Jahren hat (wie weiter oben bereits erwähnt), was der russische Wissenschaftler Tischewsky Anfang des 20. Jahrhunderts bemerkt hatte.«
Heute, elf Jahre später, weise ich wieder darauf hin.

## EINE BEMERKENSWERTE ASTRONOMISCHE PREMIERE

Mit Interesse stellt man fest, dass Pluto, der Planet der großen Wandlungen, im Januar 2008 zum ersten Mal seit seiner Entdeckung 1930 in das Sternzeichen der Politik eingetreten ist, den Steinbock. Dort wird er bis Januar 2024 bleiben und verspricht daher tief greifende und irreversible Veränderungen der soziopolitischen Weltstrukturen. Seine Wirkung wird er vorzugsweise bei den Entitäten entfalten, deren Himmel mit den Positionen dieses mächtigen Gestirns in Resonanz stehen.

## NEPTUN KEHRT IN DIE FISCHE ZURÜCK

Ein weiterer Hinweis drängt sich wegen der Gewichtigkeit der Tatsache auf: Seit 1846, dem Jahr der Entdeckung dieses Planeten, der symbolisch mit dem Ideal, dem Traum, dem Mystizismus und dem Sozialismus verbunden ist (der nicht zufällig gleichzeitig entstanden ist), hat Neptun den gesamten Tierkreis durchlaufen und einen Umlauf von 164 Jahren vollendet. Am 4. April 2011 ist Neptun bei null Grad in einer weiteren astronomischen Premiere in die Fische zurückgekehrt, sein eigenes Sternzeichen, wo er bis Januar 2026 verweilen wird: Damit zeichnet sich die Entwicklung eines neuen kollektiven Bewusstseins ab, das auf dem Gedanken des Teilens und des Edelmuts gründet. Eine neue Form des Sozialismus wird sich entfalten, geläutert und regeneriert.

## URANUS IM WIDDER

Dritter und letzter Riesenplanet auf der Bühne ist seit Mai 2010 **Uranus**. Im Frühjahr 2010 begann Uranus nämlich nach 84-jähriger Abwesenheit wieder einen Zyklus durch den Tierkreis. Bis März 2019 wird er im Widder bleiben, dem ersten Sternzeichen des kosmischen Jahres und dem männlichen Zeichen schlechthin. Genau wie 1926, als Uranus, der Faktor der Veränderung, zum letzten Mal in diesem innovativen

Sternzeichen stand und die Frauen Hosen anzogen, sich das Haar kurz schneiden ließen und die Zwangsjacke des Korsetts ablegten, kann man mit einer wachsenden Macht des Feminismus rechnen. »Frauen an die Macht«, wird vermehrt das Credo in der Welt lauten. Wird beim Quadrat von Pluto das Pendel ins andere Extrem ausschlagen und der Mann als Opfer die Frau als Opfer ablösen? Das ist nicht auszuschließen. Ansonsten können wir angesichts des Symbolgehalts des Widders in Bezug auf Maschinen mit schönen Fortschritten und spektakulären Erfindungen in der Spitzentechnologie rechnen.

**RÜCKLÄUFIGE PERIODEN IN DIREKTER VERBINDUNG MIT DER BRODELNDEN DISSONANZ PLUTO/URANUS**

In der analysierten Periode wird der Himmel wegen der großen Dissonanz zwischen Pluto und Uranus bestimmte Jahresphasen besonders beeinflussen. Dabei handelt es sich um die Perioden zwischen zwei Jahreszeiten, in denen die Sonne die mächtigen Energien dieses inopportunen Planetenduos aktivieren wird, nämlich:

- vom 21. Dezember bis 15. Januar;
- vom 21. März bis 15. April;
- vom 21. Juni bis 16. Juli;
- vom 21. September bis 17. Oktober.

***

## 2012: Die Weltordnung verändert sich

Acht positive Aspekte gegenüber zehn negativen Aspekten: Es gab schon Jahre, in denen das Verhältnis zwischen guten Aspekten und planetaren Dissonanzen schlechter ausgewogen war. Dabei muss man jedoch wissen, dass die Seltenheit der beteiligten Aspekte die Wirkung verstärkt. Nun trifft es sich, dass **2012** die gewichtige Dissonanz zwischen Pluto und Uranus, beide Faktoren für radikale gesellschaftliche Veränderungen, exakt wird. Diese Dissonanz, die sich bereits **2011** ankündigte und Anfang des Jahres durch geringere Dissonanzen zwischen Jupiter/Uranus und Jupiter/Pluto verstärkt wurde, war Träger der Volksausschreitungen in einigen arabischen Ländern (Tunesien, Ägypten, Libyen, Bahrain, Jemen, Algerien). Mit Uranus/Pluto werden die Riegel gesprengt und die etablierten Machtverhältnisse bekommen

Risse, denn Uranus, alias der Blitz, spiegelt die Unvorhersehbarkeit wie auch die Gewalt dieser Volksbewegungen wider. Beschäftigt man sich mit den früheren Dissonanzen zwischen Uranus und Pluto in den letzten Jahrzehnten des 20. Jahrhunderts, stößt man auf das Jahr **1933** mit Hitlers Machtergreifung, auf **1950** mit dem Koreakrieg und auf **1965** mit dem Beginn des Vietnamkriegs, nicht zu vergessen die chinesische Kulturrevolution von 1966. Bei Uranus/Pluto handelt es sich um einen gewichtigen Zyklus von 127 Jahren. Er ist unregelmäßig, seine Periodizität liegt zwischen 113 und 141 Jahren mit einer Umlaufzeit von mindestens sechs Jahren. Nachdem die letzte Konjunktion von **1965** bis **1966** stattfand, hat sich ihr Einfluss zwangsläufig auch auf das Ende der 1960er-Jahre erstreckt und umfasste daher auch den Mai '68 und seine quasi-planetaren Studentenrevolten. Mit Pluto/Uranus bläst ein Wind der Revolte, ein verwüstender Wind, der auf seinem Weg alles hinwegfegt. Bemerkenswert ist, dass es sich **2012** (mit einem Vorgeschmack auf ihren Einfluss seit **2008**) um die erste Quadratur (90° ab der Konjunktion) seit 1965/1966 handelt, also um eine äußerst wichtige Phase für die Welt, in der das Gesellschaftsmodell infrage gestellt wird. Diese Quadratur verspricht, besonders mächtig und drastisch auszufallen, weil sie sich zwischen **2012** und **2015** siebenmal wiederholen wird, während dies **1965/1966** nur dreimal der Fall war. Nun kann man logischerweise davon ausgehen, dass sich der Einfluss eines Aspekts verstärkt, je öfter er sich einstellt. Dies ist eine astronomische Tatsache. Wir können daher 2012 und in den folgenden Jahren mit einem regelrechten gesellschaftlichen Erdrutsch rechnen, der die Grundlagen unserer heutigen Gesellschaften erschüttert.

Im Sommer 2012 (24. Juni) wird sich die Dissonanz Uranus/Pluto zum ersten Mal bilden, um sich im Herbst (19. September) zu wiederholen. Dieselben Aspekte werden zwischen **2013** und **2015** erwartet. **2012** könnten das Frühjahr (*Anfang Mai*) und der Sommer (*Ende Juli*) eine wichtige Erfindung erleben – vielleicht eine Entdeckung in der Medizin oder der Luft- und Raumfahrt? Der Wind wird sich *Anfang Mai* mit Jupiter/Uranus drehen, einem großen Risikofaktor für Naturkatastrophen, aber auch einem Faktor, der den aufständischen Charakter der berühmten Dissonanz Pluto/Uranus weiter verstärkt. Nach einer vorübergehenden Erholung in der *ersten Märzhälfte* beginnt am *8. Mai* eine Periode mit Volksausschreitungen und Naturkatastrophen mit möglichen Währungsproblemen (um *Mitte Mai*), Börsenverlusten um den *24./25. Juni* sowie ausgeprägten politisch-diplomatischen Kraftproben (nach *Mitte Juli*), außerdem sind Zugunfälle denkbar. Soziale Kraftpro-

ben und Probleme mit Umweltverschmutzungen oder Epidemien und Skandale folgen nach *Ende Juni* und im *August.*
Zwischen *Anfang Mai und dem 21. Juli* tritt eine Dissonanz in Verbindung mit Europa auf, das die Sterne in dieser Zeit im Visier haben werden. Es ist eine Reihe recht spektakulärer Dissonanzen zu beobachten: Angesichts des explosiven planetaren Kontexts sind Konflikte nicht auszuschließen, da Jupiter/Uranus sich beispielsweise in einer Konstellation wie zur Zeit der Kriegserklärung im September **1939** befinden. Frühjahr und Sommer werden also besonders bewegt sein, eine Revolte droht! Wird man es mit einer Lähmung der Kommunikation durch einen planetaren Bug zu tun haben, mit einem Krieg im Internet? Mit einer diktatorischen Machtübernahme wie **1933**? Es besteht die Gefahr, dass wegen der Dissonanzen zwischen Jupiter/Neptun und den Mondknoten die Aufstände sowie die Gefahren einer Epidemie und/oder Umweltverschmutzung beträchtlich sein werden, wie im März **2011**. Die Aspekte in Zusammenhang mit den Mondknoten haben immer eine starke kollektive Konnotation. Daraus ergibt sich ein vergänglicher Aspekt um den *22. Juli*, der in einem Klima echter Solidarität eine Entdeckung oder einen wichtigen Fortschritt in der Wissenschaft oder Medizin widerspiegeln könnte.
*Anfang August* hingegen ist erneut eine für Epidemien, Schiffbrüche und Überschwemmungen sowie Umweltverschmutzungen günstige Phase zu befürchten. Diese wird während der gesamten analysierten Periode 2012 bis 2016 spürbar sein als Abbild der allgegenwärtigen Dissonanz. Es gibt jedoch eine gute Nachricht: Man könnte heilsame Entscheidungen für die Umwelt treffen und zwar *Ende August bis Anfang September* sowie *Mitte Oktober* und *Mitte November.*
Europa könnte sich um den *15. Oktober* erneut in Schwierigkeiten befinden, da über die Dissonanz Jupiter/Saturn eine Destabilisierung auf politischem wie auf gesetzgebendem Gebiet angezeigt wird. Im Herbst scheint die kommunistische Ideologie sich wieder aufzurappeln. Dann endet das Jahr zum Glück mit einem positiven Aspekt zwischen Pluto und Saturn, einem kosmischen Schutzschirm gegen die Prophezeiung der Maya! Es scheint nämlich schwierig zu sein, mit einem solchen Aspekt das Ende der Welt anzukündigen …
Und doch mischt sich ein Wermutstropfen in die Analyse dieser außergewöhnlichen Wintersonnenwende. Die Dinge liegen komplizierter, als es scheint, insbesondere wenn man die Deklinationsparallelen berücksichtigt. Mit Jupiter, der die Grundlage eines Planetenhaufens bildet, der im Süden in Deklination steht, ist die Figur des 21. Dezember an sich bereits eindrucksvoll, noch mehr gilt dies jedoch für die Breitengrade

Mesoamerikas, wo die Maya leben. Angesichts der Verwicklung von Pluto im Halbquadrat (Dissonanz) mit den Mondknoten und dem Uranus-Quadrat in der Sonne der Sonnenwende, die besorgniserregende kollektive Ereignisse mit sich bringt, sind die Folgen wenig beruhigend (siehe Analyse weiter unten). Bleibt der *27. Dezember* als ein schöner Aspekt mit Neptun, der für ein Klima der kollektiven Sammlung und Inbrunst zeichnet, für Friedens- und Solidaritätsinitiativen: Vielleicht äußert sich darin eine Art Dankbarkeit und Erleichterung, sobald die Gefahr des 21. Dezember vorüber ist? Die Metamorphose unserer Gesellschaft, ja sogar unserer Zivilisation, wird nun aber erst beginnen.
Halten wir nebenbei fest – auch wenn dies alles andere als unbedeutend ist –, dass wir seit Anfang **2011** die seit Jahren stärkste Sonnenaktivität erleben. Sie entsprach den Volkserhebungen im Mittelmeerraum sowie der Katastrophe in Fukushima. Hierzu gab die NASA bekannt, dass diese Sonnenaktivität seit Anfang **2011** tatsächlich eine ansteigende Kurve genommen habe, der Höhepunkt werde **2012** bis **2013** erreicht. Eine Schlussfolgerung, die mit den Turbulenzen der Sternkonfigurationen übereinstimmt, die uns, vor allem *im Sommer* und gegen *Ende des Jahres* 2012, keinen ruhigen Fluss verheißen! Dieser Faktor der starken Sonnenaktivität mit den Sonnenflecken und -stürmen könnte im Übrigen für eine Veränderung des Magnetfelds der Erde verantwortlich sein, was die alarmierenden Vorhersagen über die Destabilisierung unserer sublunaren Welt bestätigt.
Eine besondere Erwähnung in diesem schicksalhaften Jahr 2012 verdient die bemerkenswerte Rückläufigkeit der Venus am *6. Juni*. Dieses astronomische Phänomen tritt nur alle 120 Jahre auf, wobei innerhalb dieses Zyklus die Rückläufigkeit in acht Jahren zweimal stattfindet. So war Venus im 18. Jahrhundert am 6. Juni 1761 und am 3. Juni 1769 rückläufig, im 19. Jahrhundert am 9. Dezember 1874 und am 6. Dezember 1882, dann musste man bis zum 8. Juni 2004 warten, bis dieses Phänomen erneut auftrat. 2012, acht Jahre danach, erfolgt eine weitere Rückläufigkeit, noch immer im Sternbild der Zwillinge wie 2004 (sie tritt entweder in diesem Sternzeichen auf oder im Schützen im Dezember). Es wird also eine einmalige Begegnung im 21. Jahrhundert – im 20. Jahrhundert gab es keine in dieser Art! –, denn die nächste wird sich erst am 11. Dezember 2117 und dann wieder am 8. Dezember 2125 ereignen! Was bedeutet das? Mit Sicherheit trägt dieses Phänomen dazu bei, dass 2012 zu einem außergewöhnlichen kosmischen Jahr wird. Astronomisch betrachtet entspricht dies einer perfekten Ausrichtung Erde/Venus/Sonne, wobei diese Gestirne dann in höherer Konjunktion stehen – für Astronomen handelt es sich um einen Venus-Durchgang,

wenn Venus ihre heliozentrischen Knoten schneidet (bei 16° Zwillinge und 16° Schütze).

Da Mars sich mit Venus verbinden wird, was traditionell bereits ein kriegerisches Klima erzeugt, können wir wetten, dass die Konjunktion des aggressiven Mars mit einer rückläufigen Venus, die für ein Auflodern kollektiver wie individueller Leidenschaften sorgt, den explosiven Charakter dieser Konstellation noch verstärken wird. Diese Konstellation ist wahrscheinlich ein Nachklang von *Anfang Februar*, wo die genannte Konjunktion bereits zu beobachten ist, allerdings mit einer direktläufigen Venus. Mit anderen Worten: Das heftige Klima von damals könnte sich *Anfang Juni* entzünden und Skandale, Komplotte und weitere Turbulenzen erzeugen. Der Ausbruch gewaltsamer Konflikte ist daher nicht auszuschließen angesichts dieses drastischen und anarchischen Hintergrunds des bemerkenswerten Quadrats Uranus/Pluto einerseits und Jupiter/Neptun andererseits, die beide genau am *25./26. Juni* eintreten werden! Erinnern wir uns an den *Mai 1968*, auch damals waren diese beiden Zyklen präsent, nur war der stärker destabilisierende von beiden, Uranus/Pluto, schon nicht mehr exakt, während er es *Ende Juni* sein wird. Venus, die ab 17. Mai rückläufig ist, wird sich daher am *6. Juni* perfekt mit Erde und Sonne ausrichten und erst am 29. Juni ihre Direktläufigkeit beginnen und ihren Platz vom 17. Mai *Ende Juli* wieder einnehmen. Dieser Prozess ist ein Abbild des Timings der kollektiven Ereignisse, wobei sich ihre Wirkungen letztlich erst *zwischen Ende Juni und dem 20. Juli* mit Macht entfalten werden. Dieser Prozess wird sich intensiv auf alle auswirken, die vor dem 15./16. Juni in einem veränderlichen Zeichen geboren sind (Zwillinge, Schütze, Jungfrau, Fische), vor allem jedoch auf alle, die **zwischen dem 4. und 10. Juni geboren** sind. Sie sollten besonders auf ihren guten Ruf achten und ihre zwischenmenschlichen Beziehungen versachlichen.

Schließlich ist noch ein weiteres astronomisches Phänomen zu nennen, das im Jahr 2012 Öl ins Feuer gießen wird: Die Rückläufigkeit (von der Erde aus gesehen) von Mars, dem Symbol für ein Klima, das militärische Konflikte begünstigt. Diese Rückläufigkeit tritt alle zwei Jahre ein und ist im ersten Halbjahr 2012 präsent, insbesondere ab dem *24. Januar bis Juni. Am 5. Februar* wird das kriegerische Gestirn in Verbindung mit Venus bei einem Ereignis seinem Namen alle Ehre machen, zumindest für ein explosives Weltklima sorgen, das sich bis *Anfang Juni* (weitere Konjunktion mit Venus) entfaltet. Der Eintritt dieses Ereignisses könnte die genannte Periode aber auch überschreiten.

## SCHLUSSFOLGERUNG FÜR 2012

2012 wird unsere Welt eine umfassende Metamorphose erfahren – insbesondere zwischen *Juni 2012* (erste Dissonanz Pluto/Uranus) und dem *17. März 2015* (siebte und letzte dieser Dissonanzen). Folglich kann man davon ausgehen, dass *Ende 2012* nur ein Teil dieser grundlegenden und irreversiblen Wandlung unserer Gesellschaft über die Bühne gehen wird. Mit welcher Art von Umwälzung müssen wir rechnen? Wir werden aber auch das Recht auf Entdeckungen haben. Politische wie diplomatische Destabilisierungen, Machtmissbrauch jeglicher Art, von denen die Lebensenergie beeinträchtigt wird – in diesem Zeichen steht 2012. Man findet dieselben Dissonanzen wie beispielsweise beim Vietnamkrieg, bei Tschernobyl oder der Challenger-Katastrophe. In diesem entscheidenden Jahr, in dem die große gesellschaftliche Umwälzung beginnen wird, muss die Welt sicher nicht mit Langeweile rechnen.

## RENDEZVOUS AM 21. DEZEMBER 2012

Über die berühmte Prophezeiung der Maya, die in der Regel als Ende der Welt interpretiert wird, die laut präkolumbischer Überlieferung für die Wintersonnenwende, den Sonnenaufgang des 21. Dezember 2012 vorhergesagt ist, haben wir bereits ausführlich gesprochen (vgl. Kapitel 1). Was hat es damit auf sich, durch das Fernrohr des heutigen Astrologen gesehen? Natürlich waren wir neugierig und haben für dieses Datum, das seit Jahren weltweit für eine gewisse Unruhe, ja sogar für echte Panik sorgt, das Horoskop erstellt.
Tatsächlich kann man ab der totalen Sonnenfinsternis am 13. November zumindest mit einer Verschlechterung des Weltklimas rechnen – vielleicht eine Folge von Anfang Juni, dem Monat, in dem das Klima, als Folge von Anfang Februar, auf kollektiver Ebene wirklich beunruhigend wird. Bei dieser Gelegenheit kann man sich über die erstaunlichen astronomischen Kenntnisse der Zivilisation der Maya wundern. Das Horoskop des Sonnenaufgangs im Widder am 21. Dezember 2012 gilt für 5:11 Uhr. In Westeuropa entspricht dies 12:11 Uhr (Ortszeit, 11:11 Uhr GMT). Das berühmte Quadrat Uranus/Pluto, von dem wir bei der Analyse dieses Jahres lang und breit gesprochen haben, ist natürlich präsent, denn es hat sich dann soeben zum zweiten Mal gebildet, und zwar am 19. September 2012. Diese Quadratur wird auch am 24. Juni 2012 stattfinden, wobei dieser Juni insbesondere am Monatsanfang ein unangenehmes Quadrat Sonne/Mars in Verbindung mit einer sehr seltenen Konfiguration zeigt: einer Ausrichtung von Sonne, Venus und Erde (s. o.). Dies dürfte eine bewegte Periode voller Ereignisse bringen.

Sehen wir uns diesen berühmten 21. Dezember 2012 und den dazugehörigen Himmel einmal genauer an. Man spricht von einer absolut außergewöhnlichen Ausrichtung. Es handelt sich dabei um ein wiederkehrendes astronomisches Phänomen, denn eine ähnliche Ausrichtung gibt es jedes Jahr zur Wintersonnenwende. Diese Ausrichtungen sind jedoch unterschiedlich eindrucksvoll, da sie unterschiedlich viele Planeten umfassen, die sich am Südhimmel in Deklination befinden, und zwar in der Nähe der Sonne, die am Tag der Wintersonnenwende definitionsgemäß immer auf 23° Süd steht. Genauer gesagt werden am 21. Dezember 2012 fünf der zehn Planeten des Sonnensystems in quasi exakter Ausrichtung stehen, während es beispielsweise 2006 sechs waren und 2017 wieder fünf sein werden. Ein weiteres Beispiel: 2023 findet man ebenfalls fünf Planeten in derselben südlichen Deklination, darunter Pluto, der sich in genauer Ausrichtung zur Sonne befinden wird, Symbol einer gewissen Wandlung. 2012 wird diese Ausrichtung allerdings von einer sehr speziellen astronomischen Figur begleitet, und meiner Meinung nach drückt genau dort der Schuh: Es handelt sich um die mehrfache Opposition von Jupiter in nördlicher Deklination gegenüber dieser planetaren Doriphorie (Planetenhaufen), zu der noch der Aszendent für die Breitengrade von Mexiko oder Belize hinzukommt – er liegt im beginnenden Schützen, genau im Moment der Sonnenwende (Sonne = 0°00 des Steinbocks) – nämlich um 5:11 Uhr jenseits des Atlantiks. Venus, der Leitstern der Maya, geht am Horizont auf, gefolgt von Merkur und Sonne – ein Planetentrio, das das Volk symbolisiert. Das Ganze wird von Jupiter unterstützt, dem Faktor großer kosmischer Destabilisierung, der im Westen untergeht und der, zu allem Überfluss, vom Schwarzen Mond flankiert wird, dem Symbol der Fatalität! Diese Himmelsfigur beschäftigt den Astrologen natürlich, weil zudem die Mondknoten (= kollektiver Faktor) in exakter Dissonanz zu Pluto, dem großen Transformator und Symbol von Tod und Wiedergeburt, stehen. Ende 2012 liegen zweifellos drastische Ereignisse in der Luft.

Erstellt man nun das Horoskop für den Augenblick der Sonnenwende für Europa (in diesem Fall für Paris), sind die Planeten natürlich identisch platziert, aber der Aszendent steht nicht mehr im Schützen, sondern in den Fischen, und die Sonne hat den Zenith überschritten (Ende des Schützen). Interessant ist, dass die Achse der Spannungen zwischen Jupiter/Schwarzer Mond und dem Planetenhaufen Venus/Merkur/Sonne nun den Sektor des Ausländischen betrifft, als würden die größten Schäden Ende 2012 unter anderen Himmeln als dem unseren eintreten. Tatsächlich scheint der Aszendent in den Fischen durch zwei positive Aspekte mit dem Sextil Neptun/Saturn Schutz zu bieten. Einige Län-

der genießen dieses Glück jedoch nicht (Jupiter/Schwarzer Mond im 3. Haus der Umwelt und der Nachbarstaaten). Die Konjunktion Jupiter/ Schwarzer Mond bedroht zudem den Sektor der Reisen, insbesondere der Flugreisen.
Schließlich ist weder hier noch andernorts wegen der Dissonanz zwischen den Mondknoten und Mond und Neptun einerseits sowie zwischen Pluto und diesen Knoten andererseits eine schwere ökologische Katastrophe auszuschließen, in Zusammenhang mit der Kernkraft oder mit Überschwemmungen bzw. anderen spektakulären Umweltverschmutzungen. Um zum Schluss zu kommen: Die große Frage, die dieser sehr spezielle 21. Dezember aufwirft, ist bei Weitem nicht einfach zu beantworten. Auch herrscht keine Einstimmigkeit unter den Astronomen – und noch weniger unter den Astrologen. Halten wir fest, dass es sich tatsächlich um eine bemerkenswerte, ja vielleicht sogar besorgniserregende Konstellation handelt.

## ERSCHWERENDER FAKTOR: DIE SONNENAKTIVITÄT

Fügt man zu den astrologischen Vorhersagen den Parameter der Sonnenaktivität hinzu (vgl. Kapitel 2), führt dies zu einer wenig optimistischen Sicht auf die nahe Zukunft. Bekanntlich begleiten Sonnenaktivitätsmaxima alle möglichen Turbulenzen auf kollektivem wie individuellem Gebiet in unserer sublunaren Welt (Migrationen, Kriege, Revolutionen, Anstieg von Herzanfällen und Suiziden etc.). Nun weiß man auch, dass diese Sonnenaktivitätsmaxima einen Zyklus von rund elf Jahren haben und es 1989/1990 einen Peak dieses kosmischen Phänomens gab (Fall der Berliner Mauer und beginnende Auflösung des Kommunismus in den östlichen Ländern), genauso wie 2001 (Attentat auf das World Trade Center). Das nächste Rendezvous steht 2012 an. Astronomen und Astrophysiker sind sich mehr oder weniger einig, dass man bereits seit 2011 eine Zunahme von Partikeln beobachten kann, die von unserer Sonne in die Luft geschleudert werden, und dass diese Sonnenaktivität 2012 ein Maximum erreichen wird, insbesondere in der Jahresmitte. Nun trifft es sich, wie ich bereits erwähnt habe, dass sich der *Juni* – und da vor allem der Monatsanfang – als besonders explosiv erweist: Es liegen Konflikte in der Luft (Venus/Mars), Aufstände, eine Epidemie oder eine schwere Finanz- oder Umweltkrise, Überschwemmungen (Jupiter/Neptun) sowie Brände und Explosionen oder auch Erdbeben oder Vulkanausbrüche. Bei einer Konvergenz zwischen den Planetendissonanzen und den Sonnenaktivitätsmaxima haben wir tatsächlich allen Grund anzunehmen, dass uns drastische Ereignisse bevorstehen. Auf individuellem Gebiet werden die Menschen stärker

betroffen sein, in deren Horoskop es eine Resonanz der astrologischen Konstellation gibt (vgl. Teil 3 dieses Buchs). Das Sonnenmaximum von 2012 wird laut NASA seinen Höhepunkt *zwischen Sommer und Jahresende* erreichen, gefolgt von 2013, was natürlich ein zusätzliches Gefahrenelement darstellt. Einigen Wissenschaftlern zufolge werden die kommenden Maxima von absolut außergewöhnlicher Intensität sein. Uranus kann elektrische, magnetische und EDV-Schäden sowie Schäden an allem Schwingenden auslösen – alle Kommunikationswege wären blockiert, das Internet ebenso wie die Telefonverbindungen, unsere Computer gingen kaputt und es gäbe keinen Strom mehr. In unseren postmodernen Gesellschaften sind wir abhängig geworden von diesen technologischen Strukturen und Hilfsmitteln. Wenn wir uns einen Totalausfall unserer Kommunikationseinrichtungen vorstellen, so erhalten wir ein erschreckendes Bild. Allerdings kann man sich fragen, ob eine solche Energiekatastrophe den Menschen zwingen würde, über diese Abhängigkeit nachzudenken und sie infrage zu stellen. Vielleicht erleben wir eine erzwungene Rückkehr zur Natur und zum Kerzenlicht während einiger Stunden oder Tage, in einem Chaos, in dem jeglicher Austausch, ob in der Politik, bei Geldgeschäften oder in privaten Bereichen, nicht mehr möglich wäre!
Es gibt jedoch noch viele andere Aspekte in Zusammenhang mit dem Weltraum oder gewaltigen Vulkaneruptionen, die ihren verhängnisvollen Staub über unserem blauen Planeten und in unseren Lungen verteilen würden. Mangels tatsächlicher Gewissheit über die Manifestationen dieser planetaren Dissonanzen, die den Zorn der Sonne ergänzen, wollen wir nicht länger Kassandra spielen und trotz allem hoffen, dass unsere schöne Gaia am 22. Dezember 2012 nicht untergehen wird. Es ist tatsächlich vorstellbar – und zu hoffen –, dass die Menschheit nicht vom Aussterben bedroht ist und unser schöner blauer Planet und seine Bewohner dieses schicksalhafte Datum überleben werden!

## 2013: Ein grosser, kanalisierter Umbruch

Uranus, der Beherrscher des Wassermanns, alias Prometheus, der den Göttern das Feuer stiehlt, um es den Menschen zu bringen, ist ein altruistisches und humanistisches, aber auch ein aufständisches Zeichen. Man denke an Beaumarchais, den berühmten Revolutionär, an Karl Marx oder Robespierre, beide Stier mit dem Aszendenten Wassermann, an Abraham Lincoln, Wassermann, der die Sklaverei abgeschafft hat, an C. G. Jung, Löwe mit Aszendent Wassermann, der die Psychologie revolutioniert hat, oder an Alfred Adler, Sigmund Freuds abtrünnigen

Psychologen, der die Willenskraft – eine Form der Revolte des Einzelnen gegenüber seinem Schicksal – zum Grundpfeiler seiner Typologie gemacht hat. Seit dieser Planet nach 84 Jahren Abwesenheit zwischen 1995 und Ende 2003 in sein Sternzeichen zurückgekehrt ist, unternimmt er eine Art Vorstoß im beginnenden Wassermann-Zeitalter, indem er vielleicht dessen Manifestationen der Solidarität zwischen den Menschen beschleunigt.

Wenn die Energien von Pluto und Uranus aufeinanderprallen, kommt es zu einer Kollision von Planetenriesen, die gar nicht anders als explosiv sein kann und eine ebenso heftige wie irreversible Wandlung erzeugt. Aber so, wie Pluto zugleich eine Energie der Zerstörung und der Regeneration, der möglichen Wiedergeburt ist, kann Uranus auch eine Quelle der Erneuerung und der Kreativität sein. Der Astrologe Hadès sagte diesbezüglich: »Der Planet (Pluto), der unsichtbar und unerbittlich in der Hölle thront, muss, mit dem Ziel eines Wiederaufbaus, verderben und zersetzen.«

Das Jahr **2013** beginnt durch Pluto/Uranus in Verbindung mit dem Nordknoten sehr stark. Nun kann alles eintreten, wofür Uranus/Pluto zuständig ist, und eine mächtige, kollektive Dimension annehmen. Denkbar sind Ereignisse in Zusammenhang mit der Atomkraft, dem Erdöl, Vulkanausbrüche, Erdbeben, aber auch ein möglicher planetarer Bug im Internet durch Uranus, den Planeten der Kommunikation. Das Internet hat sich, nebenbei gesagt, mit dem innovativen Sextil Pluto/Uranus **1996** endgültig in unseren Gesellschaften etabliert, dem Jahr, das ich als »Jahr der Kommunikation« betitelt hatte (in *Votre Horoscope 1996*), so wie sich im 15. Jahrhundert mit Gutenbergs Druck der Bibel der Buchdruck durchsetzte. Damals standen die beiden Planetenriesen in Konjunktion, was nur alle 130 Jahre vorkommt.

Im Frühjahr 2013 erleben wir einen konstruktiven Aspekt, der auf Reformen hoffen lässt; dank des konstruktiven und reformerischen Aspekts, der bereits Ende **2012** vorhanden sein wird, versucht man Lücken zu schließen, Schäden zu reparieren. Betrachtet man den Jahresverlauf **2013** chronologisch, so sieht man, dass sich im Mai die berühmte Dissonanz Pluto/Uranus, die der gesamten Periode von **2012** bis **2016** zugrunde liegt, zum dritten Mal bilden wird, sie erfüllt und mitreißt. Sie wird gefolgt von vier weiteren Formationen, von denen jede die Grundlagen unserer Gesellschaft erschüttern wird. Im November bildet sie sich zum vierten Mal und wird bis 2016 von drei weiteren Etappen gefolgt. Ein relativ destabilisierender Mai also, umso mehr, als auch Europas Zyklus davon betroffen ist (*Ende Mai*): Die europäische Entität hat Probleme, Harmonie und Ausgewogenheit zu finden. Eine weitere schwierige Phase folgt *Ende Juni* und begleitet möglicherweise entweder eine größere Luftfahrtkatastrophe oder bedeutende Währungs- oder Wirtschaftsprobleme. Setzten wir darauf, dass es sich auf jeden Fall um ein kollektives Ereignis handeln wird, das die gesamte Welt betrifft.

Europa tritt im Sommer, *Mitte Juli*, in eine konstruktive Phase, mit einer weiteren solchen Etappe zum *Jahresende*, wobei die Früchte *Anfang 2014* geerntet werden können: Es scheint eine harmonischere Regulierung und Strukturierung in der Luft zu liegen, deren Ergebnisse *Ende Mai 2014* spürbar werden könnten. Davor, *Mitte Juni 2013*, könnte ein schöner Aspekt zwischen Saturn und Neptun, ein Zyklus, der die Entwicklung der früheren UdSSR widerspiegelt, an eine vorübergehende Windstille der kommunistischen Ideologie denken lassen. Dieser Aspekt war nämlich auch bei der Entstehung dieser Entität im November **1917** vorhanden. Als die Konjunktion Saturn/Neptun sich **1953** wiederholte (ihr Zyklus beträgt 36 Jahre), erlebte man den Tod Stalins, ein wichtiger Augenblick für den Lauf der früheren UdSSR. Auf diese Periodizität und dieses bemerkenswerte Ereignis hatte ich mich bereits **1982** gestützt, um für **1989** die wahrscheinliche Wandlung – und den Anfang vom Ende – des Kommunismus anzukündigen. Bekanntlich war der Fall der Berliner Mauer beim Vollmond im November der Prolog zu einer Zerschlagung der Länder im Osten. Es ist wirklich bemerkenswert, dass eine Entität wie die frühere UdSSR, selbst wenn sie in dieser Form nicht mehr besteht, weiterhin bei den Aspekten in Bewegung gerät, die ihre Ursprünge bestimmt haben. Dies hatte es mir erlaubt, für **1998/1999** eine neue Infragestellung vorauszusagen, eine neue Problematik der beteiligten Kräfte (vgl. *Ihre Sterne bis zum Jahr 2000*, erschienen bei Ullstein 1989). Diese Infragestellung äußerte sich in dem langsamen Zerfall der russischen Macht durch eine Destabilisierung von Boris Jelzin, der erst phasenweise, dann chronisch mit gesundheitlichen Problemen zu kämpfen hatte. Bei der totalen Sonnenfinsternis am 11. August **1999**, die Ihre Dienerin für die Welt als drastisch vorhergesehen hatte, erfuhr man, dass Putin an die Macht gekommen war. Im Sommer **2013** lässt im Rahmen einer allgemeinen tief greifenden Destabilisierung dieses schöne Trigon zwischen Saturn und Neptun eine Zeit der Harmonisierung und Beruhigung erahnen, eine konstruktive Phase für Russland – oder eine Zeit der Machtstabilisierung? Ohne sich vorzustellen, dass der Kommunismus wie Phönix aus der Asche steigen könnte, ist es auch denkbar, dass diese Ideologie und dieses politische System in eine blühende Phase der Konsolidierung und Bestätigung eintreten – was für den Rest der Welt nicht unbedingt eine willkommene Nachricht wäre.

Bleibt noch hinzuzufügen, dass das Klima dieses harmonischen Aspekts von *Mitte Juni* auch wieder *Mitte Juli* zu finden sein wird.
Der *Juli* erscheint 2013 wie eine sonnige Lichtung, eine Phase, die großmütige Öffnungen und solidarischere Gesetze fördern könnte. Dieser Aspekt ist übrigens günstig für Maßnahmen, die der Mehrheit zugutekommen. *Mitte August* kann man dank eines positiven Aspekts von Jupiter auf eine optimistischere Periode hoffen, die nach einem wenig ermutigenden *Monatsbeginn im August* besonders willkommen sein dürfte. Es handelt sich dabei um eine Dissonanz, deren Motto antagonistische Kräfte sind, Machtrivalitäten, ein Klima der Revolten und dumpfen Gewalt, das häufig von einer Erdölkrise begleitet wird wie Ende **1973**, als derselbe Zyklus eine Rolle spielte. Es folgt eine destabilisierende Phase um den *21. August*, die sowohl ein Abbild eines aufständischen Weltklimas als auch von Naturkatastrophen (Erdbeben, Vulkanausbrüche) oder Luftfahrtkatastrophen bis hin zu militärischen Konflikten sein kann – man darf nicht vergessen, dass dieser Aspekt bei zahlreichen Kriegserklärungen vorhanden war wie z. B. am 3. September **1939**. Es ist ein Zyklus, der auch starke Börsenturbulenzen widerspiegeln kann. Ab *September* wird er jedoch durch eine Zeit der Ruhepause mit heilsamen Gesetzen und wirksamen Mitteln gegen dieses Klima allgemeiner drastischer Veränderungen kompensiert. Anders gesagt wird der Himmel uns helfen, die destabilisierenden Energien einzudämmen und diese Veränderungen in konstruktive Bahnen zu lenken.
Vergessen wir jedoch nicht, dass Uranus/Pluto ihre untergrabende Arbeit in unserer Gesellschaft fortsetzen und in das Programm der kommenden Jahre ein neues Paradigma eintragen. **2013** versucht die Welt, sich dem neuen Zeitgeist über adäquate Gesetze anzupassen. Die Gesetzgebungen aller Art werden durch einen dissonanten Jupiter, insbesondere im *Mai, Ende Juni, Ende August, Ende September* und im *Dezember* infrage gestellt – vor allem in Frankreich, Deutschland und England, aber auch in den USA. Das Bestehende wird anhand neuer sozialer Kriterien geprüft. Uranus/Pluto sind allerdings immer wieder auch ein Abbild von Polizeistaaten und Diktaturen. Deshalb sollten wir wachsam bleiben!

**Das letzte Vierteljahr könnte von einer Welle an Epidemien und verschiedenen Umweltverschmutzungen bestimmt sein, aber auch von anarchistischen Ausschreitungen, deren Nachwirkungen bis zum *Sommer 2014* reichen werden. Das Jahr endet mit einer Dissonanz Jupiter/Neptun *Mitte Dezember*, Abbild eines Klimas, das die Bestrebungen der Völker nach mehr Gerechtigkeit und Solidarität sym-**

**bolisiert. Das *Jahresende 2013* wird von diesem etwas chaotischen Klima geprägt sein, Kontrapunkt zum konstruktiven und stabilisierenden Klima von Jupiter/Saturn, das ab *Juni* und dann im gesamten *zweiten Halbjahr* die europäische Entität zu stärken scheint. Ab dem *Ende des Monats* – und des Jahres – glimmt jedoch die Glut unter der Asche: Mars/Pluto hält uns möglicherweise ein explosives Silvester bereit, dessen Niederschlag im *Juni 2014* zu finden sein wird!**

## 2014: Gerät das Abendland ins wanken?

Paul Valéry ist dieser schöne Vers zu verdanken: »Der Wind frischt auf, man muss versuchen zu leben ...« Sagen wir unverblümt, dass dieses Jahr zusammen mit **2015** vielleicht das härteste in der Periode der Zivilisationskrise sein wird. Das ganze Jahr über herrscht ein Grundklima soziopolitischer Erdbeben. Es ist ein Jahr, das von einem völligen Missverhältnis zwischen den positiven und konstruktiven Aspekten (zwei) und den kritischen, destruktiven Aspekten (zehn) gekennzeichnet wird. Ein beunruhigendes Jahr also, in dem man mit der Vergangenheit abschließen muss, in dem sich der schicksalhafte Zyklus Pluto/Uranus zweimal wiederholen wird, nämlich am *21. April* und am *15. Dezember.* Er wird sich **2015** zum letzten Mal wiederholen und eine entscheidende gesellschaftliche und globale Metamorphose einleiten.
Der erste konstruktive Aspekt des Jahres 2014 liegt um den *24. Mai,* bedingt durch den Zyklus Jupiter/Saturn, in dem Europa schwingt. Man kann hoffen, dass sich die Europäische Union dank der dritten Bildung dieses Aspekts, der bereits **2013** vorhanden ist, mithilfe eines harmonisierten Reglements mehr oder weniger konsolidieren kann. Die Europäische Union dürfte, kurz gesagt, nicht allzu schlecht davonkommen, da sie sich in einem positiven Klima der (Re-)Konstruktion befindet. Die fünf ersten Monate bis *Mai* bringen eine kosmische Flutwelle mit einem nicht zu vernachlässigenden Risiko von bewaffneten Konflikten, insbesondere wegen der Rückläufigkeit von Mars. Bereits der *Januar* wird explosiv sein (Erdöl, Börse, Atomkraft), ebenso *Anfang Februar,* dann wird Mars das Pulverfass zum Explodieren bringen mit seiner *Rückläufigkeit* zwischen *Anfang März* (es liegen bewaffnete Angriffe in der Luft!) und dem *22. Juli,* wobei eine besonders kritische Phase im *April bis Anfang Mai* und dann wieder in der *zweiten Junihälfte* zu erwarten ist. Eine große Destabilisierung ist in Aussicht, legislative und monetäre Probleme, größere Brände liegen in der Luft, Volksausschreitungen etc. Auch bei diesem kosmischen Schauspiel, das häufig Abbild eines schmerzlichen Teilungsklimas ist, werden u. a. Frankreich,

die USA, Deutschland und England in der ersten Reihe sitzen. Das alte Gesellschaftsmodell wird in der Versenkung verschwinden. Aufgrund von Jupiter/Uranus wird ein Klima herrschen, das Aufstände, Erdbeben und Attentate begünstigt, wobei eine Verwicklung von China und Israel möglich ist. Unter derartigen Konfigurationen, die Pluto, alias das Atom, umfassen, ist ein Atomkonflikt nicht auszuschließen. Die ersten vier Monate werden weltweit explosiv sein, aber sie begleiten auch Entdeckungen sowie Erfindungen in verschiedenen Bereichen.
Das zweite Halbjahr steht dem ersten kaum nach, da es am Jahresende zur sechsten Konjunktion Pluto/Uranus kommen wird, die den soziopolitischen Status quo unserer postmodernen Gesellschaften weiter untergräbt. Der zweite positive Aspekt folgt *Ende September* mit einer vorübergehenden Erholung sowohl für die Wirtschaft als auch für die Legislative und mit der Aussicht auf mögliche Reformen. Dieser Aspekt vom *25. September* wird übrigens Auswirkungen auf den *Sommer 2015* haben. Es ist ein Aspekt in Zusammenhang mit wissenschaftlichen Entdeckungen – möglicherweise medizinischer Natur –, Fortschritten in der Luft- und Raumfahrt und der Weltraumerforschung, Initiativen kollektiver Solidarität sowie einer Ankurbelung der Wirtschaft. Eine wertvolle Periode also, die leider in den nachfolgenden Aspekten beinahe untergeht, die insbesondere *November* und *Dezember* betreffen. *Ende November* taucht das Unheil verkündende Planetenpaar Pluto/Saturn auf wie im September **2001** (Attentat auf das World Trade Center), **1993** (Krieg im früheren Jugoslawien) oder auch **1914** (Erster Weltkrieg), **1939** (Zweiter Weltkrieg) und **1965** (Vietnamkrieg). Dieser Zyklus spiegelt zusammenfassend gesagt eine allgemeine Tendenz zu einer Rezession und zu Währungsproblemen, zur Gefahr bewaffneter Konflikte, zu religiösem Fanatismus und philosophischem Nihilismus wider. Er leitet ein Klima der Diskriminierung und des Rassismus ein. Ein Klima, das die Lebensfreude beeinträchtigt, was nicht verwundert angesichts der mit Zerstörung und Tod verbundenen Energien der beiden beteiligten Planeten. Das Jahr endet unter diesen wenig erfreulichen Aspekten. Alles verändert sich. Das Erreichte wird infrage gestellt, man macht reinen Tisch, während noch nichts Konkretes am Horizont auftaucht, was diese obsolet gewordene Welt ersetzen könnte. Es geschieht alles so, als müsse die Welt nun für Jahrzehnte des Wahnsinns und der Maßlosigkeit bezahlen, für ihr inkonsequentes Verhalten, ihre Leichtfertigkeit – man denke nur an die weltweiten Schäden, die Gaia zugefügt werden. Sie wird bereits um den *12. Juni* unter den Aspekten von Neptun/Jupiter revoltieren, wobei es zu allen möglichen Umweltverschmutzungen und

vielleicht auch zu Epidemien kommen wird: Um zu überleben, wird die Menschheit sich neu erfinden, sich zum Retter eines Planeten in Not machen, als Zauberer fungieren und dabei auf die Natur hören müssen, die nur zu oft verhöhnt wurde. Sie wird den Weg der Mitte wählen müssen, dessen Abbild das Tao ist.

## 2015: Auf der Suche nach neuer Ausgewogenheit

Wirft man einen Blick auf das Jahr 2015, wird man auch dort ein unerfreuliches Missverhältnis feststellen zwischen der Anzahl der negativen Himmelsaspekte (13) und der Anzahl der positiven Aspekte (fünf). Da, wie bereits erwähnt, die Stärke und Seltenheit der Aspekte zusätzlich ein Wörtchen mitzureden haben und man in diesem Fall im *März* die siebte und letzte Bildung des gewichtigen Quadrats zwischen Pluto und Uranus erleben wird, kann man daraus schließen, dass auch dieses Jahr alles andere als erholsam sein wird. Es beginnt im *Januar* gleich mit einem explosiven Klima, das bedeutsame kollektive Ereignisse zu bringen scheint. Wegen der Beteiligung der Mondknoten wird sich dies in einer äußerst machtvollen Weise in kollektiven Ereignissen widerspiegeln (vor allem um den *15. und 20. Januar*). Diese Ereignisse dürften besonders die USA und Frankreich betreffen und können alle erdenklichen Formen annehmen – von einem Zwischenfall in der Luftfahrt oder den Kommunikationswegen über bedeutende aufständische Bewegungen bis zu einer verrückt spielenden Börse oder einer allgemeinen Strom- oder EDV-Panne. Aufgrund von Pluto liegt andererseits auch ein Ereignis in Zusammenhang mit der Atomenergie oder dem Terrorismus in der Luft sowie ein erhöhtes Risiko für Vulkanausbrüche oder Erdrutsche, von denen große Bevölkerungsteile betroffen wären. Bereits die erste Woche des Jahres verspricht viele Gefahren. Wegen der Opposition Mars/Jupiter fördert sie zudem noch kühne und unreflektierte Entscheidungen.

Kompensierend und wie ein Kontrapunkt zu diesen unerfreulichen Vorzeichen ist jedoch parallel dazu – *zwischen Anfang März und Ende Juni* – ein optimistisches Klima festzustellen, das dem schönen Aspekt Jupiter/Uranus zu verdanken ist. Als Nachhall seiner Versprechungen von *Ende September 2014* kehrt dieser Aspekt zurück und begünstigt wissenschaftliche und medizinische Entdeckungen sowie bahnbrechende Technologien. Der Wind weht in Richtung eines allgemeinen Aufwärtstrends, verstärkt die Erfindungsgabe bei den Machthabern und bringt Innovationen – auch im Bereich der Legislative. Die Wirtschaft wird an ihrer Rekonstruktion arbeiten. Ein wichtiger Augenblick also, der die psychologischen Schäden mehr oder weniger reparieren und die Moral der Truppen wieder heben kann. Nur ist dieser Aspekt leider von kurzer Dauer, auch wenn er schemenhaft bis *Juni* weiterwirkt. Ab *Mitte März* kehrt die schicksalhafte und destabilisierende Dissonanz Pluto/Uranus zurück, die sich zuletzt im Dezember 2014 gebildet hatte. Bis *20. Juni* wird sie von weiteren drastischen Aspekten begleitet, die auf soziopolitische Verhärtung hinweisen, die Polizeistaaten und diktatorischen Machtverhältnissen entspricht. In Verbindung mit dem Unheil verkündenden Paar Saturn/Pluto birgt sie zudem eine erhöhte Gefahr von Konflikten. Da dieses Paar erstmals wieder seit 2010 zurückkehrt (israelisch-palästinensischer Konflikt), könnten die arabischen Länder und Israel in dieser Periode besonders betroffen sein. Wetten kann man auch, dass das Klima von *Anfang Mai* sich auf den *Oktober* auswirken wird (um den *22. Oktober*) und dass diese Phase eine Reihe von Attentaten in aller Welt widerspiegeln könnte.

Eine weitere Reihe von Dissonanzen schließt sich zwischen *Ende Juni und Mitte August* an, wobei Europa durch neue Herausforderungen besonders betroffen sein könnte, die ihren Höhepunkt im *Mai 2016* finden. Muss man eventuell damit rechnen, dass bestimmte Elemente der Europäischen Union verschwinden. Oder handelt es sich einfach nur um neue Probleme in Zusammenhang mit dem Gefälle zwischen den europäischen Ländern? Auf jeden Fall wird dies eine Periode bedeutender soziopolitischer Strukturauflösungen, in der wegen des dissonanten Jupiter die Gesetze und die Rechtmäßigkeit auf Halbmast hängen. Auch Währungsprobleme oder Probleme mit dem Erdöl und/oder der Kernkraft könnten an der Tagesordnung sein, vor allem im *August*, wenn durch Saturn/Pluto Energiefragen in einer relativ gedrückten allgemeinen Stimmungslage auftauchen.

Der Aspekt ist zudem ein Abbild von religiösem Fanatismus und philosophischem Nihilismus mit der Gefahr einer Wirtschaftsrezession. Die Periode, in der dieser Aspekt erneut auftritt, ist durch eine gewisse Verwirrung gekennzeichnet: Skandale, Prozesse, mögliche Attentate, Erdbeben, Exzesse und Volksausschreitungen. *Anfang und Mitte September* kommen ebenfalls heikle Momente, einerseits hinsichtlich der Gefahr einer Epidemie, von Umweltverschmutzung oder Überschwemmungen, andererseits hinsichtlich der Mentalität, die zu einer gewissen Leichtgläubigkeit neigt: Vorsicht vor Gurus, Sekten oder falschen Propheten! Angesichts dieser äußerst bewegten Periode, die die Welt seit 2011 und vor allem seit 2012 durchlebt hat, werden leicht zu beeindruckende Menschen dazu neigen, sich durch Theorien verführen zu lassen, die gefährliches Blendwerk sind. Nach dieser Periode, die günstig ist für Skandale, Exzesse und Naturkatastrophen, erlebt man *Ende September bis Anfang Oktober* eine gewisse Zügelung und allgemeine Konsolidierung, insbesondere in der Wirtschaft. Das rundum fruchtbare Trigon zwischen Jupiter und Pluto vom *11. Oktober* wird sich positiv auf Frühjahr und Sommer 2016 auswirken. Ein wertvolles Versprechen in diesen bewegten Zeiten, das ein zaghaftes Auftauchen einer Erneuerung ankündigt, die bereits *im März und im Juni* zu erahnen ist. Es besteht also Hoffnung, auch wenn, wie bereits oben gesagt, das *Monatsende des Oktobers* erneut eine allgemeine Verhärtung der Denkweisen und einen Mangel an Toleranz bringen wird. Dieser Aspekt Saturn/Uranus vom *22. Oktober* ist ein Widerhall seiner ersten Bildung *Anfang Mai*, der einer soziopolitischen Stabilität feindlich gegenübersteht. Der Zyklus steht in Zusammenhang mit der Entwicklung der USA, die daher eine schwierige Zeit durchleben könnten. Ende November wird sich mit dem typischen Zyklus der ehemaligen UdSSR (Saturn/Neptun), der übertrieben materialistische Tendenzen, einen allgemeinen Zynismus sowie die Gefahr von Epidemien und/oder Unfällen durch Wasser symbolisiert, zeigen, dass die Welt aus dieser langen Periode der Zivilisationskrise noch immer nicht gelernt hat. Das Jahr endet nämlich in einer Atmosphäre der Regression. Zum Glück wirkt das Trigon Jupiter/Pluto verborgen hinter den Kulissen und verspricht für 2016 den Beginn einer Erneuerung.

## 2016: Eine mögliche gesellschaftliche Wiedergeburt

Im Oktober **2015** sah die Welt zaghafte Möglichkeiten der Erneuerung und Belebung auftauchen. Wegen des äußerst turbulenten, destruktiven planetaren Kontexts der vorangegangenen Jahre ist es erforderlich, in einer neuen Gesellschaft Wiederaufbauarbeit zu leisten. Die Anzahl guter Aspekte des Jahres (elf) flirtet nun zumindest mit den spannungsgeladenen Aspekten (zehn). Man ist besser gewappnet, um für eine neue Welt zu kämpfen, die gerechter und ausgewogener wird.

Der *Januar* (bereits *um den 10.*, dann *um den 24.*) kündigt sich jedoch stürmisch und bedrohlich an: In der Luft liegt ein Ereignis in Verbindung mit unglücklichen Umständen, vielleicht in Zusammenhang mit Reisen, mit der Luftfahrt oder der Atomkraft/Erdbeben – auch ein verheerendes Attentat wäre denkbar. Das *Frühjahr* zeigt ein doppeltes Gesicht: eine Anspannung *Mitte März*, ein explosives *Monatsende im Mai*, aber auch das vielversprechenden Trigon zwischen Jupiter und Pluto, der sich zum zweiten Mal neu bildet und die positiven Folgen des vorangegangenen Herbstes bringt. Diese werden *Ende Juni* deutlich bekräftigt, wenn sich dieser Aspekt zum dritten Mal bildet. Er steht für eine allgemeine Wiedergeburt, mit soziopolitischen und wirtschaftlichen Auswirkungen, aber auch in Hinblick auf die sexuellen Sitten und die Bioethik. Nicht zu vergessen die Reformen in der Landwirtschaft und in Bezug auf die Ernährung: Mit Jupiter im Zeichen von Ceres oder Demeter (Jungfrau) scheint dies die Biolandwirtschaft zu betreffen. Dies alles sind Bereiche, die man zu optimieren, zu regulieren und zu kontrollieren versucht. So gesehen bringt die Zeit *Ende Juni* auf kollektiver Ebene einen echten Lichtblick, weil viele Bereiche unserer Zivilisation verbessert werden. Dies wird vor allem durch die guten Aspekte von Pluto möglich, einem mächtigen Element für Reformen, wenn er in Harmonie mit dem Himmel – in diesem Fall mit den Mondknoten – steht. Der *Sommeranfang 2016* scheint eine spektakuläre Währungs- und Wirtschaftsregulierung möglich zu machen, vielleicht aber auch interplanetare Reisen.

Kurz gesagt sieht man das Ende des Tunnels, vielleicht auch dank der Entdeckung neuer Energiequellen und einer gerechteren Regulierung bzw. Gesetzgebung im Währungs- und Finanzbereich.

*Zwischen Ende März und Ende Mai* geht Europa jedoch erneut durch eine kritische Phase, vielleicht wegen neuer Harmonisierungsprobleme zwischen den verschiedenen Mitgliedsländern. *Mitte Juni* taucht eine dunkle Wolke in Form einer Dissonanz Saturn/Neptun auf, die sowohl für Umweltverschmutzung verantwortlich ist als auch für mögliche Epidemien oder Katastrophen mit Bezug zum Wasser, möglich sind auch Völkerwanderungen, Demonstrationen und Skandale. Der Neumond vom *5. Juni* betrifft vor allem die veränderlichen Zeichen (**Zwillinge, Schütze, Jungfrau, Fische, die um den 5. geboren sind**). Da sich dieser Aspekt im *September (am 10.)* erneut bildet, besteht die Gefahr, dass er wieder ein ähnliches Klima herbeiführt wie bei seinem Ursprung *Ende November 2015*. Da dieser Zyklus mit der Entwicklung der ehemaligen UdSSR in Verbindung zu bringen ist und man davon ausgehen kann, dass diese Verbindung sich auch auf das heutige Russlands auswirken wird, kann man schließen, dass diese Entität durch eine Krise gehen wird. Es handelt sich allgemein um eine Phase, in der Saturn bei der Idealvorstellung oder den Kräften des Unsichtbaren die Rolle des Spielverderbers übernimmt, was sich in einer materialistischen Tendenz äußert. *Anfang Oktober* wird durch einen kritischen Aspekt für das Kollektive eher ungünstig für Reisen sein und könnte auch eine Periode widerspiegeln, in der die Gefahr von Erdrutschen oder einer anderen schweren Prüfung besteht (*um den 8. Oktober*). Zum Glück hellt sich der Himmel *Ende Oktober* erneut auf bis *Mitte November*, wenn die

Nordknoten, die in Dissonanz mit Neptun stehen, eine größere Katastrophe mit Bezug zu Wasser, eine Epidemie oder Umweltverschmutzung befürchten lassen. Derselbe Aspekt war auch bei der Katastrophe der Titanic präsent. Nach einem schwierigen *Ende* des Monats *November* auf dem Währungs- oder Energiesektor (Erdöl, Atomenergie), das Rivalitäten zwischen verschiedenen Trusts, schleppende Finanzen und Wirtschaftsprobleme birgt, gibt es ein hübsches Weihnachtsgeschenk: Am *25. Dezember* erleben wir einen konstruktiven und wirksamen Reformaspekt, der für die USA Wirkung zeigen könnte. Leider lassen am selben Tag und am Folgetag dissonante Aspekte auch Katastrophen für das Kollektiv befürchten – in Verbindung mit dem Weltraum (Flug- oder Luftfahrtunfälle?), Reisen ganz allgemein sowie mit der Börse. Das Jahr endet also nicht völlig entspannt, sondern in einem unruhigen und aufrührerischen Klima, das für Attentate ebenso förderlich ist wie für Naturkatastrophen in der Art von Erdbeben, Erdrutschen oder Orkanen. Ein bewegtes Klima, das Auswirkungen bis in den Herbst 2017 haben wird. Die Welt hat ihre Reisegeschwindigkeit offensichtlich noch nicht wiedergefunden, sondern ist zu neuen Horizonten aufgebrochen. Langsam taucht sie aus einem planetaren gesellschaftlichen Erdbeben wieder auf.

## 2012–2016: Die weltweite Zivilisationskrise

Unsere Welt verstrickt sich mehr und mehr in einem Netz aus Widersprüchen, es herrschen Verwirrung, das Absurde, Egoismus, Gewinnstreben und Machtdenken vor. Die große kosmische Reinigung, die uns bevorsteht, zielt darauf ab, mithilfe des gutmütigen Neptun die Uhr wieder richtig zu stellen und auf geopolitischer Ebene wie auch in Bezug auf Natur und Umwelt unseres schönen blauen Planeten zu retten, was zu retten ist.

Im Übrigen sind die Verfechter einer zyklischen Wiederkehr der Geschichte recht zahlreich, angefangen bei Nietzsche. Der für einen Astrologen fundamentale Begriff der Zyklen kann dieses Axiom nur bestätigen, was insbesondere der englische Historiker Arnold Toynbee (1889–1975) in seiner monumentalen zwölfbändigen Metageschichte *A study of History* illustriert hat. Innerhalb seiner allgemeinen Zivilisationstheorie entwickelt er den Gedanken eines soziohistorischen Determinismus, der in einer Pendelbewegung für einen Wechsel der Hegemonie der Zivilisationen sorgt, wobei die des Orients auf die des Okzidents folgt – und umgekehrt –, in einem stets wiederkehrenden Rhythmus von Entstehung, Wachstum, Höhepunkt und Niedergang. Eine Theorie,

die von der Geschichte der Zivilisationen bestätigt zu werden scheint. Ein anderer Historiker, der Konservator Oswald Spengler (1880–1936), dessen Einfluss auf die Intellektuellen des 20. Jahrhunderts beachtlich war, befürwortete (in *Der Untergang des Abendlandes*) die deutsche Kultur als Gesellschaftsmodell in einer antidemokratischen und antiliberalen Form. Er sah die Zukunft als allgemeine Bewegung selbstzerstörerischer Kriege Europas, was nicht sehr ermutigend ist.
Wollte man in Katastrophensymbolik verfallen, könnte man die schicksalhafte Zahl in Verbindung mit den sieben Plagen Ägyptens betonen, die die außergewöhnliche Anzahl von Dissonanzenbildungen des großen Zyklus von Pluto/Uranus betrifft. Sieben solcher Dissonanzen wird es in vier Jahren geben. Dies wirkt wie ein Insistieren auf dieser unumgänglichen (und wünschenswerten?) Wandlung der Welt. Handelt es sich womöglich um die eine große, alles verändernde Naturkatastrophe? Nichts ist ausgeschlossen. Letztlich bräuchte es hierzu gar nicht viel – eine beschleunigte Schmelze der Gletscher, die zu einer unerwarteten Klimaerwärmung führen würde, einige Vulkanausbrüche, die ihre Staubwolken in die Atmosphäre verteilen, ausreichend, um die Kommunikationswege zu lähmen und ganze Bevölkerungen zu ersticken, ein Super-Bug im Strom- und Informatiknetz, der Generatoren und Kraftwerke zum Stillstand brächte und auch dort eine weltweite Lähmung aller Aktivitäten unserer modernen Welt mit sich brächte. Ganz zu schweigen von der Gefahr durch die Atomkraft oder in Bezug auf den Weltraum. Das Ergebnis wäre eine völlig neue Situation. Müssten wir uns nicht – statt den Kopf in den Sand zu stecken –, prophylaktisch und so weit dies in unserer Macht steht, weniger verwundbar machen, indem wir in allen Bereichen Gegenmittel finden, um eine neue und bessere Welt zu errichten?

## EINE NEUE WELT WIRD EINGELÄUTET

Wir haben unsere Forschungen auf die Periode von **2012** bis **2016** beschränkt, insbesondere wegen der großen Angst vor **2012**, dieser apokalyptischen weltweiten Unruhe. Bei der Analyse haben wir diese Zivilisationskrise mit dem Zyklus Pluto/Uranus verknüpft und entdeckt, dass sich dieser auch auf die folgenden Jahre auswirkt mit einer siebten und letzten Bildung im März **2015**. Wir müssen allerdings betonen, dass sich der weitere zeitliche Einfluss dieses wichtigen Planetenzyklus mit abnehmender Tendenz mindestens noch über die vier folgenden Jahre erstrecken wird, d. h. mindestens bis **2020**. Es versteht sich von selbst, dass die Wirkung einer so mächtigen Konfiguration nicht bei ihrer letzten Bildung plötzlich endet. Die letzte Konjunktion dieses Planetenduos im Jahr **1965** (Beginn des Vietnamkriegs) hat beispielsweise die weltweiten Studentenrevolten des Mai **1968** ausgelöst – um nur diese zu nennen. Dann wird die Welt fortfahren, sich einer neuen Ausgangslage, einem neuen Paradigma anzupassen, dem Ergebnis wiederkehrender und geografisch verteilter Volksaufstände. Erinnern wir daran, dass das chinesische Ideogramm für das Wort »Krise« dasselbe ist wie für das Wort *Chance* und dass eins das andere durch die Gelegenheit zu Veränderung und Regeneration erzeugt. Anders gesagt werden diese fünf Jahre der Welt die Chancen geben, die Schussrichtung in einer materialistischen Konsumgesellschaft zu korrigieren, einer Zivilisation auf Abwegen mit einem Übermaß an Ungerechtigkeiten, Anomalien und Unausgewogenheiten. Nun darf man dabei nicht die Augen vor der Tatsache verschließen, dass dies nicht ohne Schäden vonstattengehen wird. Diese kosmischen Turbulenzen sind jedoch in gewisser Weise wünschenswert, ja unumgänglich, wenn man die Lage unserer heutigen Welt betrachtet. Sie treten schließlich nicht in einer entspannten und ausgewogenen Welt auf. Denken wir an das biblische Wort, das dazu rät, den faulenden Ast abzuhauen, damit der Stamm überleben und sich regenerieren kann. Diese Turbulenzen stören also keine heitere und gerechte Welt, sondern äußern sich wie eine Wut der Elemente, der mächtigen Energien, die sich gegen den Missbrauch unserer ins Wanken geratenen Welt richten. Hoffen wir, dass unsere führenden Politiker und jeder Einzelne von uns Verantwortungsgefühl entwickeln wird aufgrund der Einsichten, die sich von selbst aufdrängen angesichts der Widerwärtigkeiten, durch die unsere Welt wird gehen müssen. Wird am Ende eine gerechtere Welt daraus hervorgehen? Die Zukunft liegt (auch) in unseren Händen.

## Ausblick auf die Zukunft

**2017** wird ebenfalls kein ruhiges Jahr werden. Angesichts der turbulenten Opposition Jupiter/Uranus, die sich bereits Ende **2016** gebildet hat, muss die Welt sich darauf vorbereiten, mit den ersten sichtbaren Konsequenzen der revolutionären Bewegungen von Anfang **2011** zu leben, den Revolten, die sich wie ein Lauffeuer an den Ufern des Mittelmeers verbreitet haben. Welcher Art werden diese Konsequenzen sein? Das weiß derzeit niemand. Das Einzige, was man heute (Anfang 2011), abschätzen kann, ist, dass Jupiter/Uranus zugleich aufständische Bewegungen und Naturkatastrophen, mögliche Attentate oder bewaffnete Konflikte, aber auch große wissenschaftliche Erfindungen, Öffnungen und laufende Fortschritte symbolisiert. Obgleich sich die bemerkenswerte Dissonanz Pluto/Uranus, die im Zentrum all dieser Analysen

stand, langsam auflösen wird, ist wegen ihres zurückbleibenden Effekts nicht auszuschließen, dass auch **2017** noch ein Schauplatz großer Turbulenzen in der Welt sein wird. Anschließend können wir auf zwei relativ ruhige Jahre hoffen vor dem gewichtigen planetaren Zusammentreffen von **2020** mit vielfältigen Konjunktionen. Man wird insbesondere das seit **1982** (israelisch-libanesischer Krieg) erstmalig erneute Zusammentreffen von Pluto/Saturn erleben. Dies verschafft uns eine Verschnaufpause, den Blick auf den blauen Horizont der Jahre **2027** bis **2030** gerichtet, eine Periode, die von sehr ermutigenden himmlischen Vorzeichen gekennzeichnet ist.
Ist es Zufall, dass diese Periode der Vorhersage von Nostradamus entspricht, die nach 27 Jahren Krieg ein neues goldenes Zeitalter ankündigt? Hier der Vierzeiler aus der *Centurie 8,* Vers 77:

*Der Antichrist, recht bald drei vernichten,*
*der Krieg wird siebenundzwanzig Blutjahre dauern,*
*die Ketzer getötet, Gefangene ins Exil geschickt,*
*Blut, menschliche Körper, Wasser rot gefärbt, Erde voll Hagel.*

*L'antéchrist trois bien tost annichilez.*
*Vingt et sept ans durera sa guerre,*
*Les heretiques morts, captifs exilez,*
*Sang corps humain eau rougie gresler terre.*

Falls der bedeutende Seher damit auf die Kriegserklärung anspielt, die ein gewisser pan-islamistischer Orient dem Abendland am 11. September 2011 gemacht hat, geht die Rechnung gut auf: 2028 wird ein neues Zeitalter des Friedens eröffnen. Die Sterne bestätigen dies. In einem Brief an seinen Sohn Cäsar beendet derselbe Prophet seine Vorhersagen im Jahr 3797. Ein weiterer Grund zur Hoffnung?

# KAPITEL 8: HOROSKOPE FÜR EINIGE LÄNDER DIESER WELT

***

*»Die Astrologie ist die zur Erde gebrachte Astronomie, um die Angelegenheiten der Menschen zu betrachten.«*

RALPH WALDO EMERSON

## Die grossen Planetenzyklen in der kommenden Krise

In den kommenden Jahren wird die Dissonanz Pluto/Uranus eine tragende Rolle spielen. Zum ersten Mal seit den 1960er-Jahren werden diese Planeten einen dissonanten Quadrataspekt bilden und eine tief gehende Metamorphose bewirken. Diese beiden Planeten der Veränderung und der Revolte werden in mehreren Staaten zu neuen sozialen Paradigmen führen. Bemerkenswert ist die Tatsache, dass Pluto zum ersten Mal, seit er 1930 entdeckt wurde, durch den Steinbock wandert, dem Sternzeichen der politischen Strukturen schlechthin. Er ist im *Januar 2008* in dieses Zeichen eingetreten, wo er bis *Januar 2024* bleiben wird. Dabei wird er nach und nach die vitalen Punkte im Horoskop bestimmter Länder berühren, was für diese unvermeidliche und irreversible Veränderungen bedeutet. Pluto bildet außerdem seit *Sommer 2010* eine Spannung zu Uranus, dem Symbol der Revolte – und dies ist bis *2017* wirksam. Der Einfluss dieser explosiven Konstellation wird noch verstärkt – Infragestellung, Zerstörung, Wandlung, Erneuerung –, da sie sich in den Kardinalzeichen Steinbock (Pluto) und Widder (Uranus) befinden.
Man kann mit großer Sicherheit behaupten, dass in erster Linie alle Individuen und alle Länder betroffen sind, in deren Horoskopen – bei politischen Entitäten entspricht dies dem Horoskop zum Zeitpunkt ihrer Gründung – wichtige Positionen in den Kardinalzeichen Widder, Krebs, Waage, Steinbock liegen, insbesondere zwischen 0° und 25° dieser Zeichen. Sie alle werden einen Sturm der Revolte und eine tief gehende Wandlung erleben, die in vielen Fällen völlig unerwartet kommt.
**Die folgenden Länder werden von Uranus/Pluto betroffen sein (je nach Anzahl der Faktoren im Staatshoroskop):**

- *Mit sechs Faktoren:*
  - *Deutschland (Sonne 10° Waage, Venus 2° Waage, MC 11° Widder, Uranus 6° Steinbock, Neptun 12° Steinbock, Saturn 19° Steinbock);*

- *Mit jeweils fünf Faktoren:*
  - *Frankreich (Sonne 12° Waage, Venus 3° Waage, Aszendent 15° Widder, MC oder Himmelsmitte 6° Steinbock, Mondknoten 22° Waage);*
  - *USA (Sonne 13° Krebs, Venus 3° Krebs, MC 1° Waage, Jupiter als Beherrscher des Aszendenten 5° Krebs, Saturn 15° Waage);*
  - *China (Sonne 8° Waage, Uranus als Regent des Aszendenten 5° Krebs, Merkur 14° Waage, Neptun 15° und Mondknoten 16° Widder);*
- *Mit vier Faktoren:*
  - *Europäische Union (Sonne 5° Widder, Aszendent 6° Waage, MC 8° Krebs, Merkur 10° Widder);*
  - *Pakistan (Sonne 2° + Aszendent 12° Widder, MC 8° + Mars 15° Steinbock);*
  - *Israel (Neptun 10° Waage, Aszendent 23° Waage, MC 25° Krebs, Glückspunkt 3° Steinbock);*
  - *Schweiz (Mars 0° Waage, Venus 3° Waage, Uranus 21° Widder, Pluto 27° Widder); PS: Da Pluto mit dem MC (7° Jungfrau) ein Trigon bildet, dürfte das Land 2012 eine positive Umwandlung erleben.*
  - *Belgien (Pluto 8° Widder, MC/Jupiter 16° Steinbock, Neptun 20° Steinbock);*
- *Mit drei Faktoren:*
  - *Russland oder die ehemalige UdSSR (Venus 1° Steinbock, Mondknoten 2° Steinbock, Pluto 5° Krebs);*
  - *Iran (Sonne 11° Widder, Pluto 18° Waage, Glückspunkt 13° Waage);*
  - *Indien (Mars 0° Krebs, Neptun 8° Waage, Mond 21° Krebs);*
- *Mit zwei Faktoren:*
  - *England (Sonne 10° Steinbock, Lilith 9° Steinbock);*
  - *Syrien (Sonne 9° Steinbock, Aszendent 13° Waage);*
  - *Libanon (Sonne 9° Steinbock, Aszendent 13° Waage)*
  - *Australien (Sonne 9° Steinbock, Saturn 7° Steinbock);*
  - *Türkei (Aszendent 7° + Pluto 12° Krebs)*

In all diesen Länder wird die Krise je nach den jeweils betroffenen Sektoren (Häusern) und den Positionen von Pluto und Uranus im Horoskop spürbar. Und natürlich auch je nachdem, wie diese beiden Planeten in den kommenden Jahren vorrücken.

***

Die folgende Analyse übernimmt die Reihenfolge der oben aufgeführten Liste. Sie berücksichtigt, wie stark der Einfluss von Uranus/Pluto, dem wichtigen Zyklus der kommenden Jahre, sein wird.

## Deutschland

Deutschland dürfte von der allgegenwärtigen Dissonanz Pluto/Uranus stark betroffen sein, da nicht weniger als sechs Faktoren des Horoskops – erstellt für den Zeitpunkt der Wiedervereinigung – von dieser Energie und den Veränderungen beeinflusst werden. Das wiedervereinte Deutschland ist am 3. Oktober 1990 um 00:00 Uhr in Berlin »geboren«, mit der Sonne im Zeichen Waage und dem Aszendenten am Beginn des Löwen. Dialogfähigkeit, Talent für Kommunikation sowie Kultur und Kunst kennzeichnen die Waage, während der Aszendent Löwe (wie auch der MC, dem Medium Coeli, im Widder) für die Führungseignung stehen, für Chefqualitäten sowie einen gewissen Stolz, was im Ausland auch als Arroganz aufgefasst werden kann (Dissonanz mit dem Mond im 9. Haus). Jupiter geht am östlichen Horizont auf und bildet eine positive Konjunktion mit dem Aszendenten: Dies verspricht Expansion, Entfaltung und Erfolg und ist eine Garantie für Wohlstand. Weitere positive Aspekte zwischen Jupiter und dem MC sowie zwischen Jupiter und der Sonne sind ein Hinweis auf blühende Wirtschaft, natürliche Autorität und starkes Selbstvertrauen. Allerdings kann Deutschland durch seine Rolle in der neueren Geschichte noch traumatisiert sein und muss lernen, sich selbst wieder zu schätzen (Südknoten im Aszendenten). Das fast exakte harmonische Sextil Jupiter/Sonne ist ein weiterer Garant für gediegenen Wohlstand, im Übrigen auch für Selbstvertrauen. Die Sonne in Konjunktion mit Venus und Merkur symbolisiert ein weltoffenes Land, das sich für seine Verbündeten einsetzt (Trigon zwischen Sonne und Mars im 11. Haus) und zu schnellen Reaktionen und Entscheidungen fähig ist, wie sich bei den Problemen mit der Kernkraft in diesem Frühjahr 2011 nach der Katastrophe in Fukushima gezeigt hat.
Die von Saturn regierte Planetenansammlung im Steinbock ist ein Zeichen für die Disziplin und den Fleiß der Deutschen, ihren Ehrgeiz. Der Widerspruch zwischen einer ausgeprägten Reisefreudigkeit – deutsche Touristen zählen weltweit zu den zahlreichsten – und einem starken Hang nach Hobbys und Freizeit einerseits sowie dem hohen Stellenwert der Arbeit andererseits ist ebenfalls in diesem Horoskop zu sehen. Im Übrigen weist in diesem Horoskop Pluto, der in seinem Zeichen Skorpion steht, auf ein starkes Machtstreben hin sowie auf die Bereitschaft, Einwanderer und Ausländer zu integrieren. Vielleicht muss dieser As-

pekt in Verbindung mit der stillschweigenden Notwendigkeit bei der Entstehung des neuen Deutschlands gesehen werden, die Bürger des früheren Ostdeutschlands aufzunehmen?
Mit der Sonne in der Waage – wie auch im Horoskop Frankreichs – gehört Toleranz zu den Stärken, u. a. im Hinblick auf die Integration von Ausländern. Dies gilt allerdings mit einigen Restriktionen, bedingt durch die Dissonanz zwischen dem Mond im 9. Haus (Ausland) und dem Aszendenten im Löwen (das Ich des Landes).
Die Himmelsmitte im Widder, dem Zeichen der Anführer schlechthin, verstärkt wie erwähnt die Führungseigenschaften und den Ehrgeiz des Landes sowie seinen Einfluss auf seine Nachbarn und Verbündeten. Der Mond in den Fischen und die starke Venus im Horoskop spiegeln ihrerseits eine ausgeprägte Sensibilität für ökologische Themen, für die Natur und für kulturelle Fragen wider.
Der Zyklus Pluto/Uranus wirkt auf die Sonne und die Himmelsmitte (MC) – symbolisch für das Schicksal des Landes. Große Umwälzungen stehen bevor: Das Image und die Identität werden einen tief gehenden Wandlungsprozess durchmachen. Der Einfluss auf die Planeten im 6. Haus wird Veränderungen bezüglich der Arbeit und des Gesundheitswesens bringen, u. a. zum Thema Arbeitslosigkeit. Der Aszendent und Jupiter im Löwen sind positiv durch Uranus beeinflusst und man wird wirksame Gegenmittel finden, um die genannten Veränderungen mit einem Minimum an Schäden in die richtigen Bahnen zu lenken – dies gilt jedenfalls bis *Januar 2014.*

## PROGNOSEN FÜR DIE PERIODE VON OKTOBER 2011 BIS OKTOBER 2012

### *NEUE DENKWEISEN: EINE ERFOLGS- UND EXPANSIONSPHASE IM SOMMER*

Der Zeitraum von *Oktober 2011* bis *Oktober 2012* wird eine Periode großer Handlungsfreiheit für Deutschland sein, das eine vorrangige Rolle in der politischen Landschaft spielen dürfte. Jupiter steht am MC des Solarhoroskops, wodurch sich das Horoskop für den genauen Zeitpunkt des Geburtstages ergibt, das ein Jahr lang bis zum nächsten Geburtstag gilt. Deutschland wird auf dem diplomatischen Parkett wichtig sein. Häufig wird hinter den Kulissen agiert, um Dinge schnellstmöglich zu verändern (Trigon zwischen Mars und Uranus), vielleicht auch überstürzt, vor allem in der Außenpolitik, wo der Schwarze Mond – oder Lilith – auf Blockaden hinweisen könnte. Probleme bereitet womöglich die revoltierende Jugend. Die Denkweisen verändern sich tief greifend

(Pluto in Spannung zu Uranus). Seit Anfang 2011 zeigt sich ein Wandlungsprozess der Bevölkerung im Verhältnis zu den Nachbarländern, insbesondere durch die Initiative zum Atomausstieg (vgl. Pluto), die sich förderlich auf die Entscheidung anderer Regierungen wie in der Schweiz und in Italien auswirken konnte. Dies ist eine Phase der Reformen und der Erneuerung, die nach dem Transit eines bremsenden Saturns (zwischen Herbst 2010 und Sommer 2011) mehr Optionen verspricht. Dieses positive und innovative Klima zeigt sich vor allem im *März 2012*. Saturn wird aber noch *zwischen Oktober 2011 und März 2012* spürbar sein und die Stimmung drücken. Gleichzeitig zeichnet sich ein radikaler Wandel ab, der sich auf die Identität des Landes auswirkt (Uranus/Venus). Die eigentliche Veränderung beginnt jedoch im Frühjahr – durch die erste Dissonanz von Pluto mit der Sonne des neuen Deutschlands. Diese Verwandlung, die sich auch auf die Wirtschaft und die Ressourcen des Landes auswirkt, hält bis *Ende 2013* an.
Eine gute Nachricht: Im Frühjahr wird die Jugend sehr offen sein für größere Umwälzungen und Reformen, und diese positive Einstellung ist fast das ganze Jahr über wirksam – speziell im Sommer! Auch im Sport sollte sich eine Reihe von Erfolgen einstellen. Im *Juli/August 2012* könnte Uranus seinerseits die Entität und den Status quo des Landes erschüttern und eine unerwartete Wende bewirken. Ein Machtgewinn der Opposition wäre nicht ausgeschlossen. Deutschland wird auf einer sommerlichen Welle von Optimismus, Wohlbefinden und Erfolg schwimmen. Im September tauchen allerdings einige Hindernisse und Hürden auf, die gewisse Initiativen und Projekte infrage stellen könnten, und die Bevölkerung wird wieder mit der harten Realität konfrontiert.

## DIE PERIODE VON OKTOBER 2012 BIS OKTOBER 2013

### *DEUTSCHLAND AUF DER SUCHE NACH EINER NEUORIENTIERUNG*

In diesem wichtigen Wahljahr könnte die Stunde der Wahrheit schlagen: Das Land schottet sich ab, konzentriert sich vorwiegend und stärker auf die Bedürfnisse und Bestrebungen der eigenen Bevölkerung. Die Notwendigkeit einer Veränderung – wobei wieder die Arbeitslosigkeit eine Rolle zu spielen scheint – führt dazu, dass die Menschen auf die Straßen gehen: Eine Revolte liegt in der Luft (Sonne/Uranus/Pluto)! Vor allem die Jugend lässt nicht locker und erzwingt eine Reihe von Reformen – das zeigt der rückläufige Jupiter auf dem MC des Solarhoroskops. Dies ist außerdem ein Symbol für sportliche Erfolge speziell im Frühjahr 2013.

Zudem kann es in den Beziehungen zu anderen Ländern kriseln, aber auch bezüglich der Ausländer in Deutschland. Dadurch kann sich das politische und soziale Klima in diesem Jahr verschlechtern; Deutschland ist mit innenpolitischen Problemen beschäftigt und zieht sich zurück. Diese meist dramatischen Umwälzungen durch Uranus/Pluto können sich in Form von Rebellionen durch die junge Bevölkerung, einen finanziellen Crash, einen Zwischenfall oder einen Unfall in einem Atomreaktor auswirken. Dennoch sollte der Sommer überwiegend positiv verlaufen, zumindest bis zum *Frühjahr 2013*. Vielleicht ein Ausgleich zum bewegten und ziemlich unfreundlichen Herbst, möglicherweise aufgrund der Restriktionen, die eine Folge des schwierigen Saturn sind? Zwischen *Oktober 2012 und März 2013* scheint sich eine Wende im Hinblick auf die Opposition deutlicher abzuzeichnen. Der Wandlungsprozess von *Frühling 2012* geht weiter, im *Dezember/Januar* noch verstärkt, und führt schließlich zu einer völlig neuen Situation. Der dafür verantwortliche Einfluss von Uranus auf den Aszendenten Deutschlands wird im *November 2012* und dann wieder im *Frühjahr 2013* besonders aktiv sein. Man wird langfristig die Weichen stellen und Maßnahmen treffen, durch die man Probleme mit der Immigration in den Griff bekommt. Im *Mai 2013* erreicht Uranus den MC des Landes und signalisiert Veränderungen in der politischen Führung, die im *Herbst* zu erwarten sind. Zugleich könnte Jupiter die bestehende Kluft und Spaltung innerhalb der Bevölkerung vergrößern. Zwischen *Juni und September 2013* werden Reformen beschlossen, die im *Frühjahr 2014* zum Einsatz kommen.

## *DIE WAHLEN VOM 22. SEPTEMBER 2013: EINE NEUE KOALITION?*

Die Konstellation zum Zeitpunkt der Wahlen ist äußerst ambivalent. Die Wahlen finden im Anschluss an die tief greifenden und irreversiblen Veränderung statt, die im *Frühjahr 2012* begann. Sie stehen außerdem unter dem Zeichen der beginnenden Dissonanz zwischen Pluto und der Sonne Deutschlands. Das Land verändert sich grundlegend und ein neues Image kristallisiert sich heraus – begleitet von einer ansteigenden Arbeitslosigkeit ab dem *Frühjahr 2012* (Neptun/Saturn). Dieses Klima wird sich mindestens bis *Ende 2013* – vielleicht sogar bis *März 2014* – fortsetzen, u. a. bedingt durch Uranus-Störfelder. Diese Umstürze könnten jedoch – und hier zeigt sich der offenbare Widerspruch – relativ harmonisch verlaufen und sind im Endeffekt positiv für Deutschland. Pluto bildet zum Zeitpunkt der Wahlergebnisse am *22. September* um 20 Uhr in Berlin ein harmonisches Trigon zum Aszendenten und den Mondknoten im 4. Haus, dem Symbol der nationalen

Einheit. Seltsamerweise existieren die Faktoren der Veränderung neben Stabilität und Harmonie.
Interessant ist die Tatsache, dass dieses Horoskop der Wahlen nicht weniger als neun positive Aspekte mit dem Horoskop von Angela Merkel bildet! Es gibt allerdings auch einige Spannungen: Die beiden MC sind dissonant zueinander, was generell bedeutet, dass die Ziele sehr gegensätzlich sind. Die Sonne des Wahl-Horoskops ist in Spannung zum Mond in Merkels Horoskop, der besonders stark ist für eine Krebs-Geborene. Außerdem bildet Jupiter eine exakte Dissonanz zum MC von Merkel, ein weiterer Hinweis, dass die Ziele nicht die gleichen sind. Das wirkt ziemlich negativ für Merkel, obwohl es den Anschein hat, dass sie auf der richtigen Wellenlänge mit der Opposition ist, bereit zu Kompromissen. Die Kanzlerin wird nachgeben und den Wechsel akzeptieren müssen, bei dem die Jugend eine entscheidende und positive Rolle spielen dürfte. Angesichts dieser scheinbaren Widersprüche könnte der genannte Wechsel auf eine neue Identität hinweisen oder eine mögliche Koalition Rechts-Links.

## DIE PERIODE VON OKTOBER 2013 BIS OKTOBER 2014

### *MÖGLICHE PROBLEME MIT ANDEREN LÄNDERN*

Die Beziehungen zum Ausland könnten in der Periode von *Oktober 2013 bis Oktober 2014* ziemlich angespannt sein und ein Konflikt ist nicht auszuschließen. Er würde sich im Übrigen auch auf die Finanzen des Landes negativ auswirken. Das Land konzentriert sich in diesem Jahr mehr auf seine eigenen Interessen und Bedürfnisse; die Bevölkerung meldet sich zu Wort und drängt auf Veränderungen im Alltag und in den Institutionen, wie z. B. dem Gesundheitswesen. Die Arbeitslosigkeit hat Priorität. Der Aszendent des Solarhoroskops steht im 6. Haus – das das Volk repräsentiert –, und Pluto – Symbol der Metamorphose – geht am Horizont auf. Damit erhält er einen höheren Stellenwert. Die tief gehenden Umwälzungen, die seit 2012 im Gange sind, kommen nun zum Tragen, oft durch Initiativen der Bevölkerung. Dies könnte zu kritischen Situationen führen, zu einer Spaltung, einer Kluft, z. B. zwischen Älteren und der Jugend, in extremen Fällen zu einer offenen Rebellion. Allerdings bildet der MC im Skorpion (im Solarhoroskop) einen positiven Aspekt zu Pluto, und konstruktive und dauerhafte Lösungen zeichnen sich ab (Saturn/Pluto). Dies könnte vor allem das Problem der Arbeitslosigkeit betreffen, das seit dem *Frühjahr 2012* allgegenwärtig ist und Anfang des *Jahres 2014* erneut für Schlagzeilen sorgt. Im Übrigen sind die Spannungen in der Bevölkerung, die vor den Wahlen spürbar waren, zwischen *Februar und April 2014* erneut und verstärkt vorhanden. Der Zyklus Jupiter/Pluto könnte aber einen Neubeginn und einen relativen Wohlstand des Landes nach den Wahlen und dann wieder *Ende 2013/Anfang 2014* mit positiven Auswirkungen auf das *Frühjahr 2014* bedeuten. In diesem Frühjahr sind Probleme im Zusammenhang mit anderen Ländern oder ein Konflikt möglich. Neben einer Reihe von Reformen und einer größeren Solidarität in der Bevölkerung scheint im Oktober und dann wieder im Dezember sowie erneut Ende Mai eine gewisse Lebensfreude zurückzukehren (Jupiter/Mond). Die Hoffnung erwacht wieder, trotz – oder wegen? – der destabilisierenden Umwälzungen (Uranus/Sonne).

**Zusammenfassend gesagt wirkt sich der drastische Einfluss von Pluto/Uranus vor allem auf die politische Orientierung, die Identität sowie die Bevölkerung, die Funktionsfähigkeit und die Institutionen Deutschlands aus. Es ist ein Prozess der Wandlung, der sich global über die gesamte analysierte Periode bis 2017 erstreckt, bis, last but not least, Saturn betroffen sein wird. Man kann davon ausgehen, dass sich in dieser bewegten Periode großer Veränderungen die Gesellschaft grundlegend wandeln wird, dass es für Deutschland ein Vorher und ein Nachher geben wird.**

## HOROSKOP FÜR ANGELA MERKEL

Angela Merkel, die seit November 2005 deutsche Bundeskanzlerin ist, wurde am 17. Juli 1954 um 17:45 Uhr in Hamburg geboren, sie ist Krebs mit Aszendent Schütze – und hat den gleichen Sternencocktail wie Lady Di. Sie ist, anders gesagt, eine Persönlichkeit mit vielen Widersprüchen, ein lebendes Paradoxon: Reserviertheit, Introvertiertheit, Schüchternheit und ein gewisser Mangel an Selbstvertrauen, verbunden mit dem Bedürfnis, die eigene kleine Welt zu bemuttern – das ist die Seite des Krebses; Extrovertiertheit, Jovialität, großherzige Offenheit und ein Gefühl für den eigenen Wert, Freude am Reisen und am Agieren auf internationaler Ebene, Interesse für Ideen und alles Geistige, so sieht die Konnotation für den Schützen aus. Mit der Sonne in enger Konjunktion mit Uranus ist Angela Merkel dafür geschaffen, zu erneuern und Wege zu eröffnen. Der Aszendent Schütze kann diese Berufung noch unterstreichen, auch wenn dies bei ihren Gegnern den Widerstand gegen ihre Art des Regierens verstärken kann. Es scheint, als habe sie aus einem früheren Leben ein spontanes und instinktives Wissen geerbt, mit dieser Art von Opposition umzugehen. Angela Merkel hat einen direkten

Draht zu ihrem tiefsten Inneren, ihrer Intuition und Sensibilität – der Mond, Herrscher des Zeichens Krebs, bildet ein Sextil mit dem Aszendenten. Ein Mond im Wassermann – ja, wieder wie bei Lady Di – ist ein Zeichen für Altruismus und Modernität, die im Widerspruch zum konservativen und traditionsbewussten Stil des Krebses steht. Der MC in der Waage ist symbolisch für ihren Sinn für Dialog, Teilen und Frieden. Sehr intelligent, zugleich pragmatisch und intuitiv, mit einem großen Interesse für die Sichtweise anderer – einschließlich ihrer Gegner –, was ihr gute Lösungen diktiert, hat sie auch einen Sinn für das Geheime, um nicht zu sagen für Manipulation (Merkur/Pluto). Empfänglich für die Bedürfnisse der anderen, die Ziele der Bevölkerung, hat sie, dank eines positiven Neptuns in Konjunktion mit dem MC, Verständnis für sozialistische Ideen, die Gedanken des Teilens – auch auf Kosten ihrer politischen Interessen. Sie verfügt über Machtinstinkt und die Berufung, ihr Land zu verändern (vier Planeten im 8. Haus, darunter Sonne/Uranus, analog zum reformerischen Skorpion). Sie wird von einem eisernen Willen beseelt (Mars/Pluto), der die Grundlage ihrer herausragenden politischen Rolle ist (Mars regiert das 4. Haus, das Haus der Nation). Dieses Horoskop zeigt eine Person, die sich vollkommen den anderen zuwendet – dem Partner, der Öffentlichkeit, der Politik –, oft auf Kosten ihres Privatlebens. Eine relativ seltene Tatsache: Der gesamte 3. Quadrant ist leer! Der Nordknoten im 1. Haus und im Steinbock schließlich weist in diesem Leben auf die Pflicht hin, sich im und durch den Dienst an der Gesellschaft und der Politik zu entfalten. (Dieses Zeichen ist zusammen mit dem Löwen das Zeichen der Politik schlechthin.) Interessant, dass Angela Merkel einen speziellen Draht zu den USA hat und eine nützliche Rolle einnehmen kann, denn ihr Jupiter im Krebs ist in Konjunktion mit der Sonne der USA – auch wenn sie es gelegentlich versteht, diesem Land Kontra zu geben. Andererseits steht die Sonne der USA in Spannung zu Saturn, ein Symbol u. a. für das tragische Schicksal politischer Führungspersönlichkeiten in den USA. Außerdem erklärt diese Dissonanz gewisse Einschränkungen oder eine Frustration, die Angela Merkel in ihren politischen Kontakten zur USA erlebt.

### *RESONANZEN ZWISCHEN DEM HOROSKOP VON ANGELA MERKEL UND DEUTSCHLAND*

Diese Resonanzen sind zahlreich und sprechen für sich. Angefangen beim MC (Ziele, Schicksal, Berufung) von Angela Merkel, ihrem Aszendenten und dem Mond, die in Harmonie mit der Sonne Deutschlands stehen: ein Symbol des Weges, der gemeinsam zurückgelegt wird. Die Venus von Angela Merkel in Harmonie mit dem Uranus im Horoskop

Deutschlands weist auf eine natürliche Anziehung, um nicht zu sagen eine Zuneigung zwischen der Kanzlerin und der deutschen Bevölkerung hin, die ihre Ernsthaftigkeit und ihre Fähigkeit schätzt, Dinge zu verändern, aber auch ihre Kompromissbereitschaft, sich von Stimmen der Opposition überzeugen zu lassen. Eine Eigenschaft, die ihr bei den nächsten Wahlen 2013 nützlich sein wird.

## *VORHERSAGEN FÜR DIE PERIODE VON ENDE 2011 BIS 2014*

Bis zum *Sommer 2012* kommt es zu einer Stärkung von Angela Merkels Macht, aber sie muss einige Hürden überwinden. Ihre Geburtsvenus bildet seit etwa einem Jahr – und noch bis zum *Sommer 2012* – einen seltenen und starken Aspekt zu Jupiter/Pluto: Dies erklärt, dass Angela Merkel während dieser Periode mehr denn je im Rampenlicht steht, Machtkämpfe gewinnen kann, zusätzlich sehr kreativ ist und mehr Selbstvertrauen gewinnt. Sie wird weiterhin (fast) freie Hand haben, um ihre Ansichten, ihre Reformen, ihre Politik durchzusetzen. Und doch wird die deutsche Kanzlerin, obgleich sie einen direkten Draht zur Politik hat, bis zu ihrem nächsten Geburtstag 2012 kein leichtes Jahr vor sich haben: Saturn im Aszendenten (in ihrem Solarhoroskop) zeigt eine zusätzliche und belastende Verantwortung, umso mehr, als dieses Gestirn in Opposition zu Lilith (Schwarzer Mond) steht: In ihren Beziehungen – im Privaten, zur Öffentlichkeit oder zu ihren politischen Rivalen – ist Sand im Getriebe, es kommt zu Missverständnissen. Sie sollte außerdem mehr auf ihre Gesundheit achten und ihre aufreibenden beruflichen Verpflichtungen einschränken. Vor allem Kontakte zu Frauen könnten schwierig sein bei dieser Konstellation, und ihr wird nichts geschenkt (Venus des Solarhoroskops am MC und dissonant). Ihre Außenpolitik hingegen wird geschätzt – und sie kann schöne Erfolge verbuchen. Sie muss sich aber in Acht nehmen vor ihrem nächsten Umfeld und einer unterschwelligen Feindseligkeit (Sonne/Neptun). Unvorhergesehene Eklats könnten zu Veränderungen in ihrem Umkreis führen. Sie übt einen starken Einfluss auf die Medien aus, setzt ihre Gegner unter Druck und kann einen Machtkampf für sich entscheiden (Pluto/Jupiter). Ihr politisches Handeln ist inspiriert und erfolgreich und Angela Merkel ist sehr beliebt – das Volk identifiziert sich mit ihren Zielen.

## *VORHERSAGEN FÜR DIE PERIODE VON JULI 2012 BIS JULI 2014*

Der Kompromiss regiert angesichts der Untergrabung von Angela Merkels Macht und einer kritischen Phase mit dem Ausland oder bezüglich des Ausländerproblems: Dies werden die Themen dieser komplizierten Periode sein. 2012 scheint für die deutsche Kanzlerin entscheidend zu sein: Ihr Solarhoroskop überlagert sich praktisch mit ihrem Geburtshoroskop, wenn auch mit einigen Varianten. Die Opposition der Venus - die sowohl ihr Geburts-MC als auch das MC des Solars regiert - zwingt Angela Merkel, Terrain abzugeben, um Missgeschick und Gegner abzuwehren. Saturn in Konjunktion mit Neptun verleiht ihr zwar Autorität, macht den Dialog jedoch nicht einfach. Sie wird stark bekämpft (Mars/Mond), aber sie lässt nicht locker (Mars/Saturn); ihr Kampfgeist, zusammen mit ihrer natürlichen Intuition dürfte es ihr erlauben, an der Macht zu bleiben. Auch wenn die Dissonanz Sonne/Saturn/Neptun eine Reihe von Hindernissen und Hürden signalisiert, siegt das Trigon mit dem Mond des Solarhoroskops. Der Dialog mit der Opposition und den Medien geht weiter, trotz energischer Angriffe und harscher Kritik (Mars/Uranus). Angela Merkel wird einige ihrer Entscheidungen infrage stellen und muss aufgrund von Angriffen aus den eigenen Reihen (Neptun/Mondknoten) zu Kompromissen und Konzessionen bereit sein.

Das Ausland sowie das Problem der Einwanderer in Deutschland sind die Schwachstellen von Angela Merkel in diesem Zeitraum (Pluto/Mars/Uranus). Die Beziehungen zu den Nachbarländern (der Europäischen Union?) sind nicht optimal. Wirtschaft und Finanzen sowie Energiefragen bereiten Sorgen. Man macht die Kanzlerin verantwortlich für die prekäre Situation, speziell im *Sommer 2012* und dann wieder im *Februar und April 2013*. Etwas besser wird aber die Periode *Mai bis Juni*: Sie bringt gewisse Erfolge *Anfang und Ende Mai* (Jupiter/MC/Neptun). Ab dem *Sommer 2012* aber scheint Angela Merkels Macht zu bröckeln. Diese kritische Phase geht weiter bis *Ende 2013* (Pluto dissonant zum Geburts-Pluto). Die Stimmung im Lande ist mittelmäßig. Angela Merkel wird Opfer von Manipulationen und Intrigen (Neptun dissonant zum MC), kann sich aber recht gut wehren, vor allem im *Februar*, dann wieder im *Sommer 2013*. Zumindest provisorisch, denn die Periode von ihrem Geburtstag 2013 bis zum Geburtstag 2014 dürfte nicht gerade einfach werden: Man sägt weiter an ihrem Stuhl (bis *Ende 2013)*. Saturn in ihrem Solarhoroskop (gültig von 2013 bis Sommer 2014) hilft ihr, trotz aller Widerstände ihren Kurs zu halten. Und dies trotz des Wahlausgangs, der - wie man dem Horoskop des Wahlabends entnehmen kann - eine Machtteilung bringt: Dafür sprechen jedenfalls Jupiter/MC. Positiv wirkt für Angela Merkel Jupiter in ihrem Solarhoroskop 2013 (einige Wochen vor den Wahlen) und dies sollte eine Glückssträhne und Entfaltung bedeuten. Neptun sichert ihr die Unterstützung der Wähler zu.

Von *Februar bis März 2014* hat die Kanzlerin Gelegenheit, ihre Fähigkeiten als Reformerin ihres Landes unter Beweis zu stellen, und sie kann ihre Position wieder stärken. Ihr Aszendent Schütze hilft ihr, sich einer neuen politischen Situation anzupassen, die wohl eine Richtungsänderung mit sich bringen dürfte. Sie gewinnt Einfluss und Macht zurück, auch wenn hinter den Kulissen vehement gekämpft wird (Uranus/Pluto/MC). Und sie ist in der Lage, ihre großen Ziele weiterzuverfolgen (Mond/Saturn-Neptun). Obwohl die Stimmung in ihrem näheren Umfeld nicht immer harmonisch ist, kann sie Pluspunkte sammeln. Von 2013 bis 2014 kann Angela Merkel einerseits eine Brücke zur Opposition schlagen und andererseits ihre eigenen Ziele durchsetzen, durch eine geteilte und doch bekräftigte Macht (Mondknoten in Konjunktion mit dem Aszendenten und in Harmonie mit dem MC des Solarhoroskops).

### *UND WIE GEHT ES WEITER?*

Nach einem Machtverlust 2013 bis 2104 und einem neuerlichen Aufstieg ist Angela Merkels Position Anfang 2015 erneut geschwächt. Uranus/Pluto stehen dissonant zu Jupiter in Merkels Horoskop, der ihren Aszendenten (= ihr Ich) regiert, und dies signalisiert wahrscheinlich einen radikalen Wechsel. Allerdings stärkt Jupiter im Löwen in Konjunktion mit Pluto (= die Macht) die Machtposition von Angela Merkel. *Ende des Jahres 2015* steht Uranus in Opposition zum MC und signalisiert eine einschneidende Wende. 2016 scheint für Angela Merkel die Stunde der Wahrheit gekommen: Das Duo Uranus/Pluto greift ihren MC an und bringt damit ihren Status kräftig ins Wanken, was wahrscheinlich dazu führt, dass sie eine neue Richtung einschlägt oder sich zurückzieht. Das erste Halbjahr wird sehr bewegt sein.

Es sei denn, das Sextil von Jupiter (in der Jungfrau) zu ihrer Sonne im Krebs lässt dieses planetare Gewitter an Angela Merkel vorüberziehen. Die nächste große Wende könnte zum Zeitpunkt der Opposition Plutos zu ihrer Sonne kommen, nämlich 2020. Aber bis dahin könnte noch einiges passieren …

## Frankreich

Das Kosmogramm der V. Republik wird für das Datum der letzten Verfassung, den 6. Oktober 1958 um 18:21 Uhr in Paris, erstellt. Demnach ist Frankreich in der Waage »geboren« mit dem Aszendenten im Widder und drei Planeten im 6. Haus, dem Sektor der Bevölkerung – nämlich Sonne, Venus (als »Herrscher« der Waage, der Regent der Sonne) und Merkur. Nun ist das 6. Haus u. a. symbolisch für die aktive Bevölkerung, die Arbeit und das Gesundheitswesen – ein wichtiger Faktor in der französischen Gesellschaft. Dies dürfte das Interesse Frankreichs nicht nur für den gesamten Gesundheitsbereich unterstreichen (Antibabypille, Gesetz zum Schwangerschaftsabbruch, aktive Forschung in der Pharmakologie und in der Medizin), sondern auch (vgl. Waage) für den Luxushandel, für Mode, Ästhetik und Kunst. Da der Mond in seinem Zeichen, dem Krebs und im 4. Haus der Region, der Herkunft, des Kulturerbes und der Traditionen, dem der Immobilien und der Familie steht – alles Bereiche mit hohem Stellenwert im Land, auch wenn sie gelegentlich Probleme bereiten –, betont dies die Berufung des traditionsbewussten Frankreichs zum Bereich Landwirtschaft und Ernährung. Wobei diese Berufung allerdings behindert wird, denn der Mond steht in Dissonanz zum Aszendenten im Widder, als wären die französischen Bauern dazu bestimmt, weder volle Anerkennung noch die Befriedigung ihrer legitimen Forderungen zu erhalten; als wäre es ihr Los, die unverstandenen Prügelknaben der Nation oder der jeweiligen Regierungen zu sein. Leider beweisen einige kollektive Dramen dieser Zunft in der letzten Zeit diese Tatsache. Das gilt auch für den Immobilienbereich, der so gut wie ständig in Schwierigkeiten ist. Trotz der fortwährenden Krise des Erziehungssystems scheint das Frankreich der V. Republik seinem Geburtshoroskop zufolge ein eindrucksvolles Potenzial für Innovationen im Bildungsbereich sowie im Sport zu besitzen. Hier gilt dieselbe Analyse, da es sich im Horoskop um dasselbe Haus handelt.

Andererseits scheint die politische Opposition ein allgegenwärtiges Leitmotiv im Schicksal dieses Landes zu sein, unabhängig davon, welche Regierung im Amt ist. Eine amüsante Feststellung, die Bestand hat und die politische Kritik eher zu einer Frage des Prinzips, zu einer Art »Sport« als zu einer Personalfrage macht!

## 2012 UND DIE PRÄSIDENTSCHAFTSWAHLEN

Dem Solarhoroskop vom 6. Oktober 2011 mit Auswirkungen bis zum nächsten Geburtstag 2012 zufolge sollte die Opposition, in diesem Fall die Linke, wieder an die Macht kommen, trotz der heftigen Kämpfe, die sich ankündigen. Diese Rivalitäten finden nicht nur innerhalb der Partei statt – dort insbesondere mit Persönlichkeiten im Zeichen Löwe wie Martine Aubry, Marine Le Pen, François Hollande oder auch J.-L. Mélenchon –, sondern auch im konservativen Lager. Dieses wird durch den Mond symbolisiert, der an der gleichen Stelle steht wie die Sonne im Horoskop von Präsident Sarkozy.

Zur Bestätigung dieser Feststellung spielt Pluto – der Meinungsumschwung, die Veränderung – die Hauptrolle. Das Gestirn des Wandels

zieht (erstmals seit seiner Entdeckung 1930!) über das MC (= Orientierung, Berufung, Schicksal) des Horoskops der V. Republik, platziert sich aber auch auf dem Aszendenten (das Ich des Landes) seines Solarhoroskops von 2011 bis 2012 und in Dissonanz mit der Geburts-Venus in der Waage. Sie ist der Regent des Frankreich-Horoskops, die zugleich Sonne, Merkur und seine Mondknoten beherrscht (= äußerstes Schicksal der Entität), die alle in der Waage sind.
Was heißt das? Die Identität Frankreichs wird einen tief gehenden Wandlungsprozess durchmachen, und diese Metamorphose ist eng mit der Opposition verbunden. Dieser Wandel ist das Ergebnis von heftigen Auseinandersetzungen und Kämpfen. Der positive Jupiter trägt dazu bei und lenkt diese radikale Veränderung in die richtigen Bahnen. Die Rivalitäten sollten im allgemeinen Interesse des Landes in einen Konsens münden. Man wird sich auch und vor allem innerhalb der Partei nichts schenken. Die Opposition ist *zwischen April und August 2012* weiterhin chaotisch, trotz eines wahrscheinlichen Sieges der Linken – vermutlich durch Manipulationen und Intrigen bei der Besetzung der neuen Regierung.

### *ÜBERBLICK ÜBER DIE PLANETENTRANSITE DER V. REPUBLIK IM JAHR 2012*

- Eine Premiere in der Geschichte der V. Republik ist der radikale Wandel Frankreichs und seiner Regierung, der seit dem *Sommer 2011* keimt, im Dezember aktiviert wird und sich vor allem im *Sommer 2012* konkretisiert (Pluto/MC).

- Zuerst eine gute Nachricht: Saturn ist endlich weitergewandert und ab *Oktober/November 2011* sollte es wieder besser laufen, man fühlt sich erleichtert, es geht u. a. wirtschaftlich bergauf.

- Für Frankreich bestätigt sich eine Wende durch Uranus/MC, und zwar ab *April/Mai 2012* – mit einem exakten Aspekt am *7. Mai* (am 6. Mai sind Wahlen!). Diese Wende wird sich nach der Sommerpause (um den *22. September*) bestätigen. Frankreich verändert seine politische Orientierung grundlegend. Beim letzten vergleichbaren Einfluss 1991 wurde Edith Cresson als erste Frau von Staatspräsident François Mitterand zur Premierministerin ernannt.

- Ein bewegtes Klima und ein Gefühl latenter Revolte prägen das ganze Jahr, vor allem jedoch die Monate *März* und *Dezember*, ein Echo vom *Sommer 2011* (Uranus Quadrat Venus): vielleicht in Bezug zu den Verlusten an Menschenleben in Afghanistan, die schwer zuzugeben und zu rechtfertigen waren? Oder erste Anzeichen eines Unmuts in der Bevölkerung, der in den folgenden Jahren zusehends stärker wird?

- Frankreich auf der Suche nach seiner Identität (Neptun/Aszendent); es zeigen sich diffuse Unentschlossenheit der Regierenden, ein Mangel an Tatkraft, an Entschlossenheit und Scharfsinnigkeit. Ein deutlicher Einfluss seit *Frühjahr 2011*, der bis *Anfang 2013* anhält.

- Die Finanzen, die Ressourcen, die Wirtschaft und die Schuldenprobleme spitzen sich zu – die Auswirkungen sind bis *Anfang 2014* spürbar. Die Arbeitslosigkeit könnte besorgniserregend sein, insbesondere im *Frühjahr 2012*, wo man böse Überraschungen erleben könnte (Neptun/Mars/Pluto + Uranus/MC).

- Uranus verspricht als Kontrapunkt zu diesem negativen Einwirken unvorhergesehene Einnahmequellen, eine relative wirtschaftliche Besserung *Anfang des Jahres (15. Februar)*, deren Ursprünge auf die Zeit nach der *Sommerpause 2011 (29. September)* zurückgehen.

- Frankreich dürfte sich im *September (9.)/Oktober (28.)* im Sport auszeichnen. In dieser Periode dürfte auch der Bildungssektor dank seiner Innovationen Fortschritte machen (Jupiter/Uranus).

- Die beste Phase des Jahres liegt *zwischen Mitte August und Ende November*: Eine gewisse Euphorie ist spürbar, u. a. durch gute wirtschaftliche Resultate oder Reformen (vor allem im Außenhandel), das Image im Ausland ist exzellent – und damit werden die heimischen Probleme mehr oder weniger kompensiert und verdeckt. Ein Sommer und Herbst der relativen Entfaltung, eine Verschnaufpause in einem Jahr, das von Wirtschaftsproblemen und steigender Arbeitslosigkeit überschattet wird.

- Davor kündigt sich jedoch von *April bis Ende Juli* eine Periode großer Destabilisierung an; Spaltung der Bevölkerung, Gewalttätigkeiten, Ausschreitungen – in Zusammenhang mit den Wahlen, aber auch und vor allem mit der besorgniserregenden Situation des Landes, das Opfer von Restriktionen, Rezession und Arbeitslosigkeit ist. Die Jugend – und die Vorstädte? – könnte(n) ab *Mitte April* und dann wieder *Ende Juli* rebellieren, mit Folgen und einer weiteren Etappe *Anfang 2013* (Neptun/Mars + Jupiter/Uranus).

- Ein weiterer Schatten: Lilith in Konjunktion mit den Mondknoten im Horoskop Frankreichs lässt schwere Spannungen im Austausch mit nicht assimilierten oder ausländischen Elementen (Stadtrandgebiete?) befürchten, hervorgerufen durch gegenseitiges Unverständnis und misslungene Kommunikation (Merkur/Saturn).

### *DIE PRÄSIDENTSCHAFTSWAHLEN: DIE GROSSE WENDE?*

Ab *April 2012* dürfte das Klima sehr angespannt sein. Man möchte die Veränderung, aber nicht irgendeine und nicht mit irgendwem! Um den *24. April* zeigt sich die Spaltung der Franzosen besonders stark, um den *8. Mai* bricht sie offen aus (die Wahlen finden am 6. Mai statt!): Jupiter/Uranus spiegeln eine unumgängliche Veränderung in der Orientierung des Landes wider. Ähnlich wie beim Wechsel der Ära Mitterand zur Präsidentschaft von Chirac war das Halbquadrat Jupiter/Uranus wirksam, und am *6. Mai 2012* kommt es wieder zu dieser Konstellation. Die Rechte könnte zugunsten der Linken an Boden verlieren. Schon im *Frühjahr*, vor allem jedoch im *Juni/Juli 2012* kann es zu einer großen Destabilisierung kommen: Die Zahl der Unzufriedenen wächst, es kommt zu Gewalttätigkeiten und Ausschreitungen – auch innerhalb der wahrscheinlich siegreichen Opposition – *Anfang Mai* und um den *28. Juli*. Wird die Bevölkerung auf die Straße gehen? Die Parlamentswahlen (*10. und 17. Juni*) spiegeln eine Art gesellschaftliches Erdbeben wider; ein mögliches und explosives Szenario ergäbe sich, wenn sich die frustrierten Anhänger der Rechten mit den Rechtsextremen verbündeten, um im Parlament die Mehrheit zu gewinnen.

### *DIE SCHMUTZIGE AFFÄRE DOMINIQUE STRAUSS-KAHN UND MEINE WETTE FÜR DIE ZUKUNFT*

Da man zu der Stunde, wo ich diese Zeilen schreibe, nicht weiß, welche Kandidaten auf der Bildfläche auftauchen werden, erscheint es sinnlos, um nicht zu sagen unmöglich, sich in endlose Analysen unzähliger französischer Politiker zu stürzen. Aus diesem Grund habe ich mich darauf beschränkt, die Einflüsse auf das Horoskop der V. Republik zu analysieren und auch die Aussichten für Nicolas Sarkozy bei diesen Wahlen darzulegen. Im Dezember 2010 hatte ich für ein Magazin das Horoskop von Dominique Strauss-Kahn erstellt. Ich habe ihm für das Jahr 2011 – natürlich auf der Basis astrologischer/astronomischer Daten – »ein geniales und einmaliges Jahr seines Lebens« vorhergesagt. Ich habe diesem Stier/Aszendent Löwe, dem Liebhaber irdischer Nahrung, vermischt mit einer starken Komponente des Widders, die aus ihm eine

Führungspersönlichkeit macht und zu höchsten Ämtern bestimmt, ein Jahr »mit einem Machtzuwachs«, mit guten Chancen, 2012 zum Staatspräsidenten gewählt zu werden, prognostiziert – insbesondere wegen eines positiven und seltenen Pluto-Einflusses auf seine Sonne und Venus, der einmalig ist im Leben. Nach seiner Verhaftung wurde ich natürlich sehr kritisiert. Auch wenn ich mit einem minimalen Schuldeingeständnis darauf reagiert habe, was die Verwendung des übertriebenen und zu optimistischen Adjektivs »genial« betraf, habe ich auch weiterhin meine Schlussbetrachtung aufrechterhalten und bekräftigt und lediglich gefordert, man solle etwas Zeit verstreichen lassen und wenigstens das Jahresende abwarten. Erst dann, Ende 2011, sollte man urteilen, ob diese positive Wandlung für ihn Realität geworden ist. Meiner Meinung nach würde er reingewaschen, verwandelt und bestärkt aus dieser Prüfung hervorgehen, von der ich annahm – und immer noch annehme ,– dass es sich um eine Verschwörung und Manipulation gehandelt hat (die ich in meinem Überblick für den Dezember 2010 zugegeben etwas übergangen hatte). Diese Affäre von planetarem Widerhall hat, nebenbei gesagt, einmal mehr illustriert, wie unsere Gesellschaft die Astrologie sieht (und die Astrologen, deren Sprecherin ich seit drei Jahrzehnten bin, ob dies nun ein Glück oder ein Fluch ist). Hier gibt es nämlich kein Recht auf einen Irrtum, während dieses Recht jeder spekulativen, wissenschaftlichen oder parawissenschaftlichen Disziplin zuerkannt wird, wie der Wirtschaft beispielsweise oder der Medizin, die weit davon entfernt sind, exakte Wissenschaften zu sein. Dabei hat sich inzwischen erwiesen, dass ich mich nur teilweise geirrt habe – Dominique Strauss-Kahn wurde am 1. Juli unter Auflagen aus der Untersuchungshaft entlassen. Wie ich bereits in meiner Doktorarbeit im Fach Soziologie aus dem Jahr 2001 festgestellt habe (*L'homme d'aujourd'hui et les astres, fascination et rejet/ Kritische Studie zur Astrologie und ihrer Ambivalenz, Faszination/Ablehnung in den postmodernen Gesellschaften*), wird die königliche Kunst der Sterndeutung weiterhin als eine Wahrsagerei im Sinn von Hexerei betrachtet, während es sich doch um eine (die) sehr komplizierte empirische Wissenschaft der Auslegung kosmischer Zyklen handelt. Nun verfügt zwar der Astrologe über ein Glossar der Symbole, das auf der Beobachtung der Gestirne über mehrere tausend Jahre hinweg basiert, er muss jedoch, nachdem jeder Augenblick einmalig ist, die Synthese einer einzigartigen Konstellation erstellen. Darin liegt die Schwierigkeit …

Derzeit (*September 2011*) herrscht in dieser Affäre noch künstlerische Unschärfe. Der Staatsanwalt in New York hat seine Anklage zurückgezogen, das Zimmermädchen des Sofitel wurde mehrmals der Lüge überführt. Aber trotzdem scheint es sicher, dass Dominique Strauss-

Kahn nicht unbeschädigt aus dieser Geschichte hervorgehen kann, die, der Logik gehorchend, seine Karriere und seine Ehre endgültig ruinieren sollte. Das würde jedoch bedeuten, die Sterne außer Acht zu lassen, deren Wege - beinahe - unergründlich sind, auf jeden Fall alles andere als geradlinig. Ich besaß die Neugier, sein Solarhoroskop von 2012 mit dem der V. Republik (gültig vom 6. Oktober 2011 bis 6. Oktober 2013) zu vergleichen. Wie groß war meine Verblüffung, als ich eine außergewöhnliche Entsprechung zwischen diesen beiden astronomischen Figuren entdeckte! Es gibt eine erstaunliche Überlagerung zahlreicher Himmelspositionen, die kein Zufall sein und auch nicht unbeachtet bleiben kann.

Diese vielfältige Resonanz ist mit Sicherheit ein Abbild des gemeinsamen Weges, den diese beiden Entitäten im Jahr 2012 zurücklegen werden. Ich glaube, dass ich in meiner 30-jährigen Erfahrung kein vergleichbares Schulbeispiel gesehen habe. Grundsätzlich und ohne mich mit weiteren Kandidatenanalysen weiter vorzuwagen, erkläre ich meine Meinung: Wenn Dominique Strauss-Kahn beschließen sollte, sich zur Wahl aufstellen zu lassen – denn gegenüber den Sternen bleibt auch immer noch ein gewisser freier Wille bestehen –, hat er noch immer gute Chancen, zum nächsten Staatspräsidenten Frankreichs gewählt zu werden – oder zum Premierminister. Die abstrakte Disziplin der Astrologie macht diese Art von Unterschied nicht. Wird er diese Verabredung mit Frankreich schwänzen können? Hat er, menschlich gesehen, nicht auch das Recht auf eine Revanche, eine wiedergefundene Würde, sollte sich herausstellen, dass er in erster Linie Opfer und nicht Täter war, zumindest in dem Maße, das man dieser unklaren Affäre geben wollte? Aber ich verliere mich in Spekulationen. Denn wie ich damals auf meiner Internetseite annahm, ähnelte dieser Ausrutscher im Verhalten stark einer Fehlleistung: Wollte Dominique Strauss-Kahn vielleicht unbewusst dieser höchsten Last entkommen und hatte in seinem tiefsten Inneren keine Lust »hinzugehen«? Wie steht es aber mit dieser bemerkenswerten Übereinstimmung zwischen seinem Horoskop und dem seines Landes, wenn er es ablehnt, diese herausragende Rolle zu übernehmen, für die er grundsätzlich bestimmt zu sein scheint? Dann doch Premierminister?

Es sei denn – ein anderes mögliches Szenario –, er lebt diese vielversprechende Phase nur auf persönlichem Gebiet aus, durch eine in seinem Leben einmalige innere Metamorphose (vgl. Pluto). Ein Damaskuserlebnis, das zur Abgeklärtheit führt. Es würde allerdings einen solchen Mann der Tat, wie es Dominique Strauss-Kahn ist, kaum ausfüllen und, noch einmal, wie sollte man in diesem Fall die extrem deutlichen Übereinstimmungen mit dem Horoskop der V. Republik erklären? Bei einer erneuten Prüfung des astralen Kontexts zum Zeitpunkt dieser bejammernswerten Affäre findet man eine recht überraschende Konfiguration, die sich nur alle zwölf Jahre einstellt: den Übergang von Jupiter (Glück und Gesetz!) über die Mondknoten – Abbild der höchsten Bestimmung, unserer Berufung. Anders gesagt kann der Astrologe vorbringen, dass dieses schreckliche Missgeschick, mit Abstand betrachtet, die Gelegenheit gab zu einer wertvollen persönlichen Entwicklung, auch wenn der Weg dahin sehr schmerzlich war.

Bezüglich seines kommenden politischen Handelns, das in diesem Sommer als höchst unwahrscheinlich, wenn nicht sogar unmöglich zu betrachten ist (vgl. *Libération*: »Die unmögliche Rückkehr von DSK«, Donnerstag, 28. Juli 2011), unterschreibe ich auch heute noch, was ich im Dezember 2010 vorhergesagt habe: Nach einem chaotischen Beginn nach der Sommerpause (verworrene Situation mit seinen sozialistischen Kollegen), der für Dominique Strauss-Kahn Zweifel und Fragen mit sich bringt, könnte *Mitte Oktober 2011* mit der Rückkehr von Jupiter in Konjunktion mit seiner Sonne – wie am *1. Juli*, an dem der Vergewaltigungsvorwurf gegen ihn zusammenbrach – für ihn ein gutes Vorzeichen sein. In jedem Fall dürften die Früchte, die der letzte Transit von Jupiter/Pluto *Ende Februar/Anfang März 2012* verspricht, sehr schmackhaft sein. Ein Sieg im Zivilprozess? Verjährung in der Affäre Banon? Ablauf der Frist dieser schmutzigen Affäre? Hindernisse und Stimmungsumschwünge sind allerdings im *Februar/März* und bis *Mitte April 2012* möglich. Am *22. April* jedoch ist eine unvorhergesehene Wende nicht auszuschließen (Jupiter in Konjunktion zu seinem Merkur), anschließend verstärkt durch sein Solarhoroskop 2012 bis 2013, das mit seinem Geburtstag am *25. April* beginnt. Das ist genau das Datum des ersten Wahldurchgangs …

In jedem Fall und wie auch immer diese Wahlen ausgehen werden, wird Dominique Strauss-Kahn im *Juni* seine Ausgeglichenheit und sein Glück wiedergefunden haben. Bis *Dezember 2012* sitzt er psychisch und gesellschaftlich (politisch?) wieder fest im Sattel – nach einer Verschwörung, die ihn möglicherweise um die Erfüllung seines eigentlichen Schicksals gebracht hat. Punktum. Bekanntlich liebe ich die Gefahr, vor allem in Einklang mit meinem Wissen, das begrenzt ist, denn es ist menschlich, nur zu menschlich.

## DIE AUSSICHTEN FÜR DIE V. REPUBLIK ZWISCHEN 2013 UND 2016

Da man den soziopolitischen Kontext der Zukunft nicht kennt und die Astrologie keine Hellseherei ist, sondern sich damit begnügt, wahrscheinliche Klimata aufzudecken, beschränke ich mich hier auf einen kurzen Überblick über die möglichen Ereignisse und die mehr oder weniger günstigen Perioden für Frankreich in den verschiedenen Bereichen.

## *2013 BIS 2014: FRANKREICH IN DER KRISE*

Ehre, wem Ehre gebührt: Die großen Umwandlungen – die Metamorphose Frankreichs, der Mentalität der Franzosen und ihres Alltags sowie ihrer Jugend –, die bereits 2012 im Gange sind, werden im *Frühjahr 2013* spürbar, um sich *zwischen Frühjahr und Ende 2014* zu konkretisieren. Es sind beispiellose drastische Veränderungen. Es ist das erste Mal, dass Pluto in Dissonanz zur Sonne der V. Republik steht. Sie werden das Gesundheitswesen, den öffentlichen Dienst, das Unterrichtswesen etc. betreffen. Man räumt mit der Vergangenheit gründlich auf, beginnt etwas Neues. Dies sollte im ersten Halbjahr relativ schmerzlos über die Bühne gehen – dank eines positiven Jupiters –, während das zweite Halbjahr kritisch wird, da Jupiter nun ungünstig wirkt und Öl ins Feuer gießt. Es kommt zu explosiven Situationen (um den *21. August*), die Auswirkungen auf das *Frühjahr 2014* haben. Nach einer recht guten Phase, u. a. im Sport, im *April* dürfte *Ende Juli 2013* eine äußerst destabilisierende Phase folgen, wenn Uranus/Pluto wieder exakt sind. Die Auswirkungen, die wegen der Seltenheit der Konstellation schwer abzuschätzen sind, werden dann im *Frühjahr 2014* spürbar bei umgekehrten Vorzeichen: Diesmal ist Jupiter im Löwen im zweiten Halbjahr die Garantie für schöne Erfolge im Sport und im Bildungswesen, insbesondere von *September bis Oktober 2014*), während das erste Halbjahr ziemlich hektisch verläuft: Hindernisse und Restriktionen sind an der Tagesordnung.

Das Solarhoroskop für 2012 bis 2013 steht unter dem Zeichen von Schulden und Finanzproblemen und könnte Auslöser einer Rebellion und heftiger Ausschreitungen sein. Es drohen soziale Gewalt und bürgerkriegsähnliche Zustände, die man aber unter Kontrolle halten kann. Mars in Konjunktion mit dem Aszendenten steht in Opposition zu den Mondknoten, aber der MC bildet einen harmonischen Aspekt zum Glückspunkt im Wassermann. Trotzdem wird sich eine große – und im Endeffekt positive – Wende abzeichnen, denn Uranus wirkt günstig zum Mars der V. Republik. Um die Krise in den Griff zu bekommen, greift man zu drastischen Mitteln, zu spürbaren Restriktionen, die von der Bevölkerung nicht mit Begeisterung akzeptiert werden. Allerdings findet man sich weitgehend mit den Opfern, die gebracht werden müssen, ab (der Aszendent in Spannung zu Venus des Solarhoroskops). Zu

*Jahresbeginn 2013* könnten verstärkt Probleme bezüglich der Umwelt, Überschwemmungen, Unwetter etc. auftreten, oder eine Epidemie könnte problematisch für das öffentliche Gesundheitswesen sein.

**Die Hauptprobleme dieser Zeit müssen gelöst werden, speziell die Arbeitslosigkeit, die gigantischen Staatsschulden etc. Ihre Lösung bildet die Basis für eine positive Veränderung.**

## *2014: EIN FRÜHJAHR VOLLER GEFAHREN*

Der *Frühling 2014* wird für Frankreich eine explosive Phase – und im Vergleich zu diesen soziopolitischen Turbulenzen wird uns der *Mai '68* im Rückblick als eine angenehme Frühjahrsbrise erscheinen. Bürgerkriegsähnliche Zustände drohen oder ein Unfall in einem Atomreaktor, ebenso wenig auszuschließen wäre eine Riesenpanne auf dem technologischen Sektor. Man sollte jedenfalls während dieser kritischen Periode die Sicherheitsvorkehrungen verstärken. Bereits zu Jahresbeginn herrscht ein raues Klima – Explosionen, Störfälle und Atomunfälle sind nicht ausgeschlossen. Und im *April* kommt es zu einer astronomischen/astrologischen Premiere: Bisher haben weder die V. Republik noch die USA, um nur diese Entitäten zu nennen, eine ähnliche Konstellation erlebt. Sechs Planeten – die Sonne und Pluto, Uranus, Jupiter, Mars und Merkur – stehen in Dissonanz in den Horoskopen Frankreichs, der USA sowie in einigen anderen Ländern. Sie greifen die Sonne und gelegentlich auch andere Faktoren an, wie z. B. bei Frankreich den Aszendenten im Widder. Für die Weltwirtschaft könnte dies die Stunde der Wahrheit sein, für unser Banken- und Währungssystem vielleicht der Höhepunkt einer latenten Krise, die viele schon seit Sommer 2011 erwartet und befürchtet haben. Die strukturelle – und ethische – Unausgewogenheit des gesamten Systems, auf dem unsere Marktwirtschaft beruht, könnte zusammenbrechen. Wahrscheinlich ist eine weltweite und internationale Regulierung notwendig, die von mehr Gerechtigkeit und Recht und Billigkeit geprägt ist und weniger von skandalösen Gewinnen. Die Nothilfen, die Unterstützung, die nach und nach verschiedenen Ländern gewährt wird, die von ihren Schulden aufgefressen werden und am Rande des Bankrotts stehen, werden nichts weiter als Notbehelfe gewesen sein, ein provisorisches Übertünchen, das wiederum die kreditgebenden Länder in Gefahr bringt, die selbst am Rande des Abgrunds stehen und durch ein fatales Dominospiel verwundbar sind. Die Vogel-Strauß-Politik und die Flucht nach vorn von unverantwortlichen oder unfähigen Entscheidungsträgern werden ihren Preis fordern – aber nicht zwangsläufig von den Schuldigen.

In diesem Frühjahr wird eine große Portion Optimismus notwendig sein, um die Wogen zu glätten. Philosophie und Anpassungsfähigkeit sind unverzichtbare Tugenden für jeden, der unter guten Bedingungen überleben möchte in dieser Periode, in der alles möglich ist, sowohl eine Katastrophe als auch die Hoffnung auf eine echte Erneuerung unserer Gesellschaft. Im *Herbst 2014* wandert Uranus nach einer Konjunktion im Frühjahr wieder über den Aszendenten Frankreichs. Da dieses Mal Jupiter (Glück) positiv wirkt, kann man hoffen, dass nach der Sommerpause eine Periode des Aufschwungs beginnt und Wohlstand verspricht.

### *2015 BIS 2016: FRANKREICH WIEDER IM AUFWÄRTSTREND*

Mit dem Geburtstag der V. Republik im Oktober 2014 scheint sich der Wind zu drehen. Im Solarhoroskop bildet Jupiter (Symbol für Glück und Wohlstand) einen positiven Aspekt zu Mars, Symbol für Fortschritt und Power, und zu Uranus, einem Faktor für einschneidende Veränderungen. Diese Veränderungen sind vor allem im Frühjahr spürbar, gleichzeitig mit einer Konsolidierung und einer besseren Stimmung in der Bevölkerung (Saturn Trigon mit dem Mond des Landes). Dies gilt auch für den Berufsstand der Bauern, der seit Jahren in einer dauernden Krise ist. Frankreich hat seine Linie wiedergefunden, setzt sich richtige und erreichbare Ziele, ein neuer Aufschwung ist in greifbarer Nähe, u. a. durch Reformen, die in der sozioökonomischen Landschaft zu grundlegenden Veränderungen führen. Vor allem *zwischen Februar und Ende Mai 2015* spürt man eine neue Lebensfreude, es geht bergauf, z. B. im Bildungswesen, und sportliche Erfolge heben ebenfalls die Stimmung im Land. Im *Sommer 2015 – einschließlich der Zeit nach der Sommerpause* – geht es auf dem Sektor Finanzen steil nach oben, man kann die Staatsschulden etwas abbauen, die Banken geben wieder mehr Kredite.
Kurz gesagt, nach einem äußerst kritischen Jahresbeginn – Katastrophen in verschiedenen Bereichen, z. B. Kernkraft, oder Naturkatastrophen wie Unwetter, Erdbeben etc., Probleme an den Börsen – erscheint 2015 wie das Jahr einer großen, positiven Metamorphose. Die Sonne im Horoskop Frankreichs bildet einen positiven Aspekt zu Jupiter (Expansion) bis *August* und verspricht Expansion, Entfaltung und Erfolg, anschließend noch verstärkt durch Mars/Venus. Das bringt gute Kontakte zu Nachbarn, ein positives Image in Kultur, Kunst, Mode, Sport, das über die Grenzen hinausstrahlt. Zum Jahresende signalisiert Saturn eine konstruktive Phase, und man stellt langfristig die Weichen.
Diese optimistische Phase hält aber nicht lange an, denn *Ende 2015* sind mehrere Dissonanzen wirksam und eine Krise (besonders auf dem Sektor Finanzen) scheint programmiert bis zum *Sommer 2016*. Von *August*

*bis September 2016* bessert sich die Lage durch einen stabilisierenden Saturn und einen stimulierenden Mars, und der Übergang von Jupiter über die Venus Frankreichs (in der Waage) und anschließend über die Sonne beim nächsten Geburtstag im Oktober sollte auf einen Neustart hinweisen - ausgehend von anderen Grundlagen und neuen Voraussetzungen eine vielversprechende Phase der Regeneration.

## HOROSKOP FÜR NICOLAS SARKOZY

Der französische Staatspräsident, geboren am 28. Januar 1955 um 22 Uhr in Paris, ist eine komplexe Persönlichkeit mit vielfältigen und gelegentlich widersprüchlichen Facetten. Als Wassermann mit sehr ausgeprägter Widder-Konnotation (vgl. seine explosive Konjunktion in diesem kampfeslustigen Zeichen) ist er ein entschlossener Kämpfer. Mit seinem Aszendenten in der Jungfrau ist er paradoxerweise jedoch auch ein zurückhaltender, unter bestimmten Umständen geradezu schüchterner Mensch. Zugleich spontan und berechnend, kann er sich als unerwartet vorsichtig erweisen, im Gegensatz zu seiner draufgängerischen und autoritären Widder-Seite. Insgesamt ist Nicolas Sarkozy eine sonderbare Mischung aus Kühnheit und Reserviertheit. Die Himmelsmitte in den Zwillingen weist auf einen kommunikativen Menschen hin - auch wenn dies seine Achillesferse ist: Die Kommunikation ist zugleich seine Stärke und seine Schwäche. Vom Augenblick (und den Planetenaspekten!) abhängig, blüht er dabei auf oder er kapselt sich ab. Eine harmonische Venus in Konjunktion mit Lilith und Saturn symbolisiert diesen Widerspruch, der sich auch auf sein Image in der Öffentlichkeit niederschlägt. Dies ist oft von seinem Publikum abhängig, das ihn zeitweise ablehnt oder bewundert - gelegentlich auch beides gleichzeitig. Seine Konjunktion Mond/Mars im Widder macht ihn übersensibel, manchmal aufbrausend oder sogar jähzornig und provokant; seine Retourkutschen sind oft übertrieben. Seine Intelligenz ist zugleich intuitiv und analytisch, auch pragmatisch und zielgerichtet. Dieses Horoskop zeigt eine Art Widerspruch, eine Zerrissenheit, eine fortwährende Ambivalenz der ausgeübten Wirkung, was sicher nicht bequem ist: Einerseits spiegelt es durch Merkur einen gewissen Erfolg, andererseits steht dieser Planet in Opposition zum Trio Pluto/Schwarzer Mond/Saturn, was eine Art Fatalität bedeutet, bei der die geäußerten Gedanken falsch interpretiert sowie von einer schonungslosen und unnachgiebigen Opposition abgelehnt werden.

Zu seinem Gefühlsleben ist zu bemerken, dass seine Venus im Schützen seinen Geschmack für ausländische oder exotische Frauen erklärt - Carla Bruni ist hierfür ein Beispiel -, während sein Mond im Widder zeigt, dass er von starken, mutigen und unabhängigen Frauen angezogen wird. Es erstaunt nicht, dass Saturn, der beherrschende Planet von Carla Bruni (Sonne im Steinbock/Aszendent Krebs), im Widder steht. Sarkozy kann sich von seinem Umfeld manchmal unverstanden fühlen, es kommt zu Missverständnissen, er und seine Mitmenschen reden aneinander vorbei, was ihn belasten kann. Er ist für Ängste aus seiner Kindheit empfänglich, neigt manchmal zu Depressionen. Mit seiner Sonne im 5. Haus nehmen Liebe und Kinder einen wichtigen Stellenwert im Leben dieses Menschen ein, der nur in der Kreativität und Selbstbestätigung Erfüllung findet. Insgesamt ist Nicolas Sarkozy eine facettenreiche und fesselnde Persönlichkeit, trotz einer gewissen Tendenz zur »Dampfwalze« – das ist aber nur die Spitze des Eisbergs dieser unbezähmbaren Natur, sagen die Sterne.

### *2012: SARKOZY STEHT VOR HERAUSFORDERUNGEN*

Anscheinend ist der Zauber gebrochen im Dialog zwischen dem Staatschef und Frankreich – zu viele nicht gehaltene Versprechen, zu viel Ballast (vgl. beispielsweise den Skandal um die Finanzierung der Balladur-Kampagne), eine zu dirigistische Politik (z. B. die Ernennung der TV-Direktoren), seine sprachlichen Entgleisungen etc. Im Übrigen war die Kritik an ihm in letzter Zeit oft übertrieben und nicht objektiv – ein Grund dafür liegt in den schlechten Einflüssen der Planeten Pluto/Saturn/Mondknoten/Mars!

Seine Reden zeigen seit 2010 kaum noch Wirkung und werden es auch 2012 bis 2013 nicht tun, da der negative Pluto unterschwellig Umwälzungen herbeiführt und u. a. sein Verhältnis zur Bevölkerung und zu den Medien verändert. Da nützt es auch nichts, dass er seine Art zu kommunizieren grundlegend verändert hat und in letzter Zeit nüchterner und bedächtiger auftritt. Im Frühjahr 2012 zeichnet sich eine entscheidende Wende ab (Uranus/Saturn/Mondknoten). Dies bedeutet möglicherweise ein neues Image. Zwischen *Mai und September* könnten sich unerwartete Ereignisse abzeichnen, deren Folgen bis *Anfang 2015* wirksam sind.

Werden der Erfolg und die Anerkennung, die zumindest von den Sternen (Jupiter und Saturn) im *April/Mai* versprochen werden, mehr Gewicht haben als der störende Einfluss von Pluto, der mit der Vergangenheit aufräumt? Und wie wird sich Uranus auswirken, der Planet des Wassermanns, der radikale Veränderungen bringt? Denn man darf nicht vergessen, dass zwischen *April/Mai und September* für Nicolas Sarkozy auch positive Einflüsse eine mögliche Erneuerung bedeuten. Das geht so weit, dass man sogar an einen Sieg glauben könnte, denn im Horoskop Frankreichs ist nun weder der Aspekt einer Veränderung zu sehen, der am *7. Mai* (!) exakt ist, und auch kein Pluto, der den bisherigen Präsidenten stürzen könnte.

Angesichts dieses schwer zu entziffernden Rätsels – Wahlen sind für den Astrologen vermintes Gelände, denn positive Einflüsse können ein Scheitern bei der Wahl (und damit ein angenehmes Privatleben) widerspiegeln und negative Einflüsse sind ein mögliches Spiegelbild für einen Sieg, gefolgt von späteren Prüfungen und Misserfolgen – bietet die Astrologie, die sich auf Symbole stützt, eine Alternative an. Es ist nämlich auch ein anderes, deutlich weniger wahrscheinliches Szenario nicht auszuschließen: Nicolas Sarkozy könnte durch seine eigene Metamorphose auch die unumgängliche Metamorphose seines Landes verkörpern. Eine wenig wahrscheinliche und etwas an den Haaren herbeigezogene Hypothese, aber da die Wege des Herrn bekanntlich unergründlich sind …

Jedenfalls scheint es, als würde sich Nicolas Sarkozy – oder stellvertretend sein Schicksal – für fünf Jahre Pause entscheiden, um dann 2017 ein triumphales Comeback zu feiern.

Ein Trost für seine Anhänger?!

## Die Vereinigten Staaten von Amerika

Für die Erstellung des Geburtshoroskops der USA wählt man das Datum der Unabhängigkeitserklärung, den 4. Juli 1776 um 17:10 Uhr in Philadelphia. Die Sonne steht im Krebs und der Aszendenten im Schützen – es ist derselbe Sternencocktail wie bei Angela Merkel! Es zeigt sich eine relative Widersprüchlichkeit zwischen der Introvertiertheit des Krebses, dem Zeichen der Ursprünge, der Tradition, der Wurzeln, der manchmal mehr oder weniger abgekapselt ist, aber hier, mit dem Aszendenten Schütze, dem Zeichen des Weltbürgertums und der Öffnung für das Ausland schlechthin, abgeschwächt wird. Dies ist allerdings nur ein scheinbarer Gegensatz: Die USA, die leicht chauvinistisch und paternalistisch angehaucht sind, sehen sich gerne als das Symbol der Freiheit in aller Welt. In einer Art schizophrenem Paradoxon versuchen sie, ihren Panamerikanismus, ihren *way of life*, auf den sie so stolz sind, zu exportieren. Dies geschieht jedoch in einem Prozess der Selbstüberschätzung: Während nämlich ihre Himmelsmitte – die für Schicksal, Berufung steht – in der Waage liegt, dem Zeichen des Dialogs, des Friedens und der Gerechtigkeit, weist das Quadrat Jupiter/Venus auf exzessive Reaktionen hin, und Uranus in Spannung zum Deszendenten (Symbol für die Öffentlichkeit, die anderen) signalisiert einen Hang zur Dominanz und zur Revolte, eine Art Kluft in der amerikanischen Gesellschaft. Man konnte dies beim Vietnamkrieg, dann beim Konflikt mit dem Irak beobachten, die besonders in der amerikanischen Jugend auf Kritik stießen. Uranus beherrscht nämlich den Mond, d. h. das Volk, und steht in Opposition zum Aszendenten, dem Ich des Landes. Dieses Element wird noch durch Mars verstärkt, der ebenfalls in Spannung zum Aszendenten steht. Die Feinde der USA sind häufig im eigenen Land zu suchen: Die Attentate gegen amerikanische Präsidenten scheinen dies zu bestätigen. Da Mars andererseits zu Neptun – symbolisch für Komplotte, Verschwörungen – im Sektor des Auslands in Dissonanz steht – in dem zu allem Überfluss auch Lilith steht, Faktor der Fatalität! –, erfolgen Angriffe auch durch Immigranten und/oder Ausländer. Dabei denkt man an die Tragödie vom 11. September 2001, als Neptun in exakte Dissonanz mit dem Quadrat Mars/Geburts-Neptun der USA ging. Mars war zu diesem Zeitpunkt gemeinsam mit den Mondknoten – äußerstes Schicksal des Landes und kollektiver Faktor – in exakter Dissonanz mit dem MC des Landes!

Im *Herbst 2011*, dann wieder *Ende Dezember/Anfang 2013*, ist eine ähnliche und daher besorgniserregende Konstellation festzustellen. Die USA und führende Politiker scheinen in Gefahr zu sein – Sonne/Saturn sprechen dafür (Sonne = das Oberhaupt, Saturn = Prüfungen, Tod).

Pluto im 2. Haus (Finanzen) sowie die Konjunktion der Sonne im Krebs mit Jupiter, dem Planeten der Expansion und des Wohlstands, zeigen die herausragende Stellung der USA auf wirtschaftlicher Ebene. Das Land ist Sinnbild für einen hohen Lebensstandard. Diese Konjunktion spiegelt auch die materialistischen Tendenzen dieser Nation wider, die auf Gewinn und Dollargläubigkeit ausgerichtet ist, sowie ihre puritanische Mentalität. Dieselbe Sonne im Krebs ist jedoch in Dissonanz mit Saturn, Spiegelbild vieler Kämpfe und Prüfungen. Kritische Aspekte wirkten auf diesen Saturn auch beim Attentat auf das World Trade Center.

Die Stellung des Mondes im Wassermann – dem Zeichen der Modernität, Abbild eines Volkes an der Spitze des Fortschritts, das dem Rest der Welt lange als Vorbild gedient hat und noch dient – erklärt im Übrigen, warum dieses Zeichen eine große Rolle in den Horoskopen mehrerer Präsidenten gespielt hat, von Abraham Lincoln bis Ronald Reagan.

John F. Kennedy war Zwilling, genau wie George Bush senior und viele andere: Es ist das Zeichen des Deszendenten im Staatshoroskop der USA, der dem anderen entspricht, dem Partner (des Landes). Das Horoskop von John F. Kennedy zeigt die Fatalität seines Schicksals: Pluto (der Tod) im USA-Horoskop stand in exakter Opposition zu Kennedys Saturn, der sein Schicksal bestimmte. Im Übrigen stand Uranus in Konjunktion mit dem Mond der USA, und in genauer Opposition zu Lilith

(Fatalität) in seinem Geburtshoroskop, in Dissonanz zu Jupiter im 8. Haus, dem Sektor der Wandlung und des Todes.
Es ist kein Zufall, wenn die Horoskope führender Politiker mit den Horoskopen der Länder, in denen sie aktiv sind, in starker Verbindung stehen.

## *VORHERSAGEN FÜR ENDE 2011 UND 2012*

Bei der Untersuchung des USA-Horoskops zeigt sich für den *Herbst 2011* eine reale Gefahr großer sozialer Gewalt, möglicherweise eines Attentats. Bei einem Vergleich mit dem Horoskop von Barack Obama wird das Bild noch aussagekräftiger: Die Perioden von *Mitte September* bis *Ende Oktober 2011*, dann wieder *Ende Februar/Anfang März 2012* sind beunruhigend. Dieselben neuralgischen Punkte (MC und Mars/Neptun), die im September 2001 angegriffen wurden, sind erneut im Visier der Sterne, ähnlich wie Mars in Obamas Horoskop. Tatsächlich ist die gesamte Periode zwischen *September 2011 und März 2012* ziemlich bedrohlich, wobei folgende Daten hervorstechen: um den 12. September 2011, 11. bis 15. Oktober 2011, 20. Oktober 2011, 8. und 14. November 2011, 5. Dezember 2011, 10. Januar 2012, 26. bis 28. Februar 2012, 3. März 2012. Diese kritischen Konstellationen werden aber abgeschwächt: Saturn bildet ein harmonisches Trigon mit Mars, und während der MC Obamas dissonant zum negativen Quadrat Sonne/Saturn der USA steht, bildet dieser MC gleichzeitig ein schützendes Sextil zu Jupiter, dem Glücksplaneten. Dies sind wertvolle, schützende Faktoren, die annehmen lassen, dass Barack Obama eventuelle Angriffe überstehen wird!

## *ÜBERBLICK ÜBER DIE PLANETENTRANSITE FÜR DIE USA 2012 UND 2013*

- Erinnern wir an erster Stelle an den destabilisierenden Einfluss von Pluto/Uranus auf den Jupiter der USA. Dieses explosive Duo hat im Solarhoroskop der USA eine vorrangige Stellung (zur Himmelsmitte und zum Aszendenten!), aber auch im Solarhoroskop von Barack Obama, wo es – unter anderem – dissonant zu Lilith steht, was auf ein mögliches Attentat im Ausland (oder durch ausländische Täter) hindeutet. Zum Glück bildet Jupiter in dieser Konfiguration einen positiven Aspekt, insbesondere in Bezug auf den Jupiter der USA, und man kann vielleicht rechtzeitig eingreifen. Diese Schlussfolgerung scheint sich aufzudrängen, denn dieser Löwe scheint im Horoskop der Wahlen am *6. November 2012* gute Sterne zu haben!

- Ab *Mai/Juni* könnte sich für die amerikanische Bevölkerung eine Besserung, u. a. durch Reformen, abzeichnen, Fortschritte sind möglich. Diese positive Phase sollte bis zum *Frühjahr 2013* anhalten (Uranus Sextil zum Uranus des USA-Kosmogramms). Da der Mond die Sonne und alle Planeten im Krebs regiert, handelt es sich dabei um ein gewisses Gegengewicht zu den Turbulenzen von *Februar/März*.

- Die wachsende Armut und die zunehmende Arbeitslosigkeit, die bereits seit dem Herbst 2010 (Saturn/Sonne) belastend auf die Wirtschaft und die Stimmung der USA wirken, hätte das Land schon im Sommer 2011 überwinden können (Saturn ist weitergewandert), wäre da nicht der negative Einfluss von Neptun, der diese Probleme seit dem Frühjahr 2011 verstärkt. Nach einem schwierigen *Sommer 2011* könnte der *Jahresanfang 2012* seinerseits ziemlich problematisch werden, mit möglichen Auswirkungen vom vorherigen Sommer (Neptun/Saturn).

- Die Einschränkungen von *Ende 2011* sind auch im *Frühjahr 2012* spürbar, und die Bevölkerung hat den Eindruck, dass eine echte Rezession zu erwarten ist, die auch im *September 2012* bemerkbar sein wird. In dieser Periode wird die Opposition im Hinblick auf die bevorstehenden Wahlen zunehmend aggressiver.

- Nach einer weiteren schwierigen Periode im *Frühjahr 2012* (Uranus/Jupiter, Gebieter des Aszendenten) und größeren Umwälzungen sollte es *zwischen Mai und September* bergauf gehen: Reformen geben Hoffnung, eine Phase der Innovation (Uranus/Mondknoten) sollte positive Auswirkungen im *Februar/März 2013* haben.

- Und als wolle es allen Widrigkeiten trotzen, hält sich das amerikanische Volk tapfer, es zeigt sich beständig und verantwortungsbewusst (Saturn/Mond).

- Als Reaktion auf diese schwierige und kritische Phase, in der man auf der Suche nach den wahren Zielen und seiner Identität ist (Neptun/Sonne), wird die Moral der Bevölkerung durch eine Politik der Solidarität gehoben, die seit *Mitte November 2011* (Jupiter/Venus) verfolgt wird, abgelöst durch Neptun im *Frühjahr/Sommer 2012*, wobei die konstruktiven Auswirkungen im *Februar/März 2013* spürbar sind.

- Zwischen *Dezember 2012 und Februar 2013* besteht die Gefahr sozialer/politischer Gewalt (die auch im Horoskop von Barack Obama ersichtlich ist!).

## *DAS SOLARHOROSKOP FÜR DIE USA VOM 4. JULI 2012 BIS 4. JULI 2013*

Mehrere widersprüchliche Einflüsse sind spürbar: Mit dem Aszendenten in Konjunktion mit dem Aszendenten im USA-Horoskop ist dies ein Hinweis auf ein besonders bedeutendes Jahr, worauf auch die Wahlen im November hinweisen. Das vorherrschende Problem dürfte die Lage der Finanzen sein, ein explosiver Faktor, der auf die Nachbarländer überzugreifen droht und sich auf die Beziehungen zu diesen Ländern auswirken dürfte. Allerdings könnte man Lösungen finden, speziell im Juli, und dann wieder Ende des Jahres und anschließend zwischen *Februar und April 2013.*

Die Opposition wird hart gegen die Regierung vorgehen und damit sehr destabilisierend sein (Pluto in Opposition zu Sonne/Jupiter). Dies könnte sogar dazu führen, dass das Land bei den Wahlen seine politische Orientierung wechselt, angesichts der Position von Uranus im IC (Imum Coeli ist das Symbol des Territoriums, der Heimat), die dabei eine Rolle spielt, und der (exakten) Dissonanz mit Pluto, die den Kern Amerikas berührt. Weitere plausible Szenarien wären jedoch auch eine Finanzkrise neuen Ausmaßes, eine große tellurische oder nukleare Katastrophe oder ein ökologisches Problem.

Eine gute Nachricht: Dieses Solarhoroskop zeigt, dass die Bevölkerung den genannten drastischen Veränderungen zustimmt und den Eindruck hat, dass diese Neuerungen für die Zukunft der USA positiv sind. Jupiter und Venus, die beiden Glücksplaneten, bilden ein harmonisches Sextil mit Uranus, Symbol der großen Veränderungen.

## DIE WAHLEN VOM 6. NOVEMBER 2012

Eine Spaltung des Landes und seiner Wähler ist deutlich zu sehen (Quadrat Sonne/Mond), Faktor einer gewissen Zerrissenheit und eines fehlenden Konsens. Auf jeden Fall – und auch bei einer Wiederwahl von Obama – wird es zu einer völlig neuen Regierung kommen (Mars/Neptun im Solarhoroskop der USA, was man aber auch im Horoskop von Obama sieht).

## DIE HERAUSRAGENDEN PERIODEN ZWISCHEN 2013 UND 2016

**Konstruktive Phasen:**

- Ein Klima der Erneuerung und Innovation ist im *Frühjahr 2014* spürbar als Nachwirkung der Initiativen vom *Sommer 2013.*

- Im *ersten Vierteljahr 2015* bestätigt sich eine radikale Wende: vor allem im *März* gärt es (Uranus/Pluto Quadrat Sonne)! Mit dem Segen Jupiters (Expansion) im Löwen jedoch, Trigon mit dem Aszendenten der USA, die ab Herbst 2014 neue Kraft erhalten, weht ein neuer Wind. Im *April/Mai* beginnt man, die Früchte dieser Innovationen zu ernten, mit weiteren guten Resultaten nach der Sommerpause (Mars/Venus im Löwen, Trigon mit dem Aszendenten der USA). Zwischen *September und Ende 2016* dürfte das Land, nachdem Jupiter in Konjunktion zum MC der USA steht, einen guten Neustart hinlegen. Vielleicht unter anderem mit einem neuen Finanzsystem, das weltweit Schule macht? Träumen ist erlaubt. Letztlich führen all diese drastischen und tief gehenden Umwälzungen auf mehreren Gebieten hoffentlich doch zu einem guten Ende.

**Kritische Phasen:**

- Eine kritische Periode mit Gewaltakten, Ausschreitungen und sozialen Problemen ist speziell *zwischen August/September 2013 und April* oder auch im *Juni 2014* möglich (Jupiter/Mars/Uranus). Bereits *Anfang Juli* (Mars in Spannung zum MC), dann die Zeit nach der *Sommerpause 2013* mit der Rückkehr von Jupiter in Konjunktion zur Sonne des Landes – wie alle zwölf Jahre, so war es auch 2001! – in Dissonanz zu Uranus/Mars könnte eine äußerst kritische Phase werden. Man darf nicht vergessen, dass man im Horoskop der USA eine Dissonanz Sonne/Saturn findet. Dies erklärt den explosiven Charakter, wenn Jupiter diese Sonne transitiert, insbesondere noch verstärkt durch den aktuellen planetaren Kontext. Das war im September 2001 der Fall, wobei damals nur Merkur und Jupiter beteiligt waren. In diesem Fall kann man auf den konsolidierenden Effekt von Saturn zählen, der sich vor allem auf die Finanzen auswirkt (Trigon mit dem Jupiter der USA). **In jedem Fall handelt es sich um eine Periode radikaler Veränderung** (seit Ende 2012 angekündigt), **in vielen Bereichen um eine Neugestaltung des Landes, eine große Wende in der Politik durch drastische und einschneidende Maßnahmen, und vielleicht durch eine nie da gewesene Finanzkrise mit planetaren Auswirkungen.**
- *Ende 2015* steht Mars in Konjunktion mit Mars/Neptun im USA-Horoskop, was möglicherweise auf Attentate, Skandale und verschiedene Manipulationen, Epidemien, aber auch Konflikte im Ausland hinweisen könnte (ähnlich wie Vietnam, Irak, Afghanis-

tan). Aufgrund der Rückläufigkeit von Mars könnte diese Periode bis *Sommer 2016* andauern. Schwer zu sagen, ob es sich dabei um den Höhepunkt bewaffneter Ausschreitungen oder Kriegshandlungen handeln wird.

## HOROSKOP FÜR BARACK OBAMA

Barack Obama ist ein charismatischer und idealistischer Löwe mit dem Aszendenten Wassermann (geboren am 4. August 1961 um 19:24 Uhr in Honolulu). Er ist Löwe wie Mussolini, Napoleon, Fidel Castro, Habib Bourguiba oder Bill Clinton, selbstbewusst und loyal. Sein Aszendent steht im Wassermann, einem Zeichen, das für Begriffe wie Solidarität, Veränderung, ja sogar Revolution, sozialen Altruismus, Teilen und Toleranz steht: Abraham Lincoln, Beaumarchais und Boris Jelzin hatten den gleichen Aszendenten. Dieser charismatischen Persönlichkeit scheint von vornherein ein Ausnahmeschicksal bestimmt zu sein. Zusätzlich steht der MC im Skorpion, dem Zeichen großer Reformatoren (z. B. Luther), was zeigt, dass er dazu geboren ist, Dinge zu verändern (Aszendent Wassermann mit seinem Regenten Uranus, verbunden mit dem Nordknoten – das Schicksal auf Erden – im 7. Haus, dem Haus der anderen, der Öffentlichkeit). Dies passt zum typischen Löwen, der ein Erneuerer, ein ehrgeiziger und zielbewusster Idealist ist. Dieses Horoskop macht auch deutlich, dass seine Mission hier auf dieser Erde nicht frei von Risiken ist. Schließlich hat er in der Numerologie den Lebensweg 11, eine Meisterzahl, die dem Menschen ein höheres Bewusstsein verleiht und ihm damit wichtige Aufgaben und Verantwortung auf seinem Lebensweg auf Erden beschert. Ohne jeden Zweifel ist Obama, der denselben Sternencocktail aufweist wie C. G. Jung, seiner schweren Aufgabe gewachsen: die USA zu erneuern und damit in gewisser Weise auch die Welt. Denn ist die Welt nicht mehr oder weniger von der sozioökonomischen Entwicklung Nordamerikas abhängig?

### *DISSONANZEN IM HOROSKOP DER USA*

Viele Elemente des Geburtshoroskops von Barack Obama sind in exakter Resonanz mit dem Horoskop der USA – wie z. B. seine Mondknotenachse, symbolisch für sein Schicksal –, die eine genaue Konjunktion mit dem Mond (Volk) der USA bilden. Dies ist ein Zeichen, dass diese beiden Entitäten einen gemeinsamen Weg gehen müssen. Allerdings sind einige dieser kosmischen Resonanzen negativ: insbesondere die exakte Überlagerung zwischen dem Mars von Barack Obama (Symbol für Energie, Aktivität, aber auch Gewalt) und der dissonanten Konstellation Neptun/Mars/Mondknoten der USA, Symbol für Aggressivität, Attentate, Intrigen, Skandale, die das Geschick des Landes seit seiner Entstehung permanent bedrohen. Dies deutet darauf hin, dass der gemeinsame Weg von Barack Obama und den USA voller Gefahren ist. Der Wassermann Lincoln, der Zwillinge/Aszendent Wassermann Kennedy und der Steinbock Martin Luther King haben für ihre Berufung mit ihrem Leben bezahlt.

### *BARACK OBAMAS AUSSICHTEN 2011 BIS 2012*

Ähnlich wie im Horoskop der USA sind die kritischen Einflüsse auch in Obamas Horoskop spürbar. Die Periode *September/Oktober 2011* erscheint auch hier als ein Moment großer Verwundbarkeit auf allen Ebenen – vor allem *Mitte September und Mitte Oktober 2011*, aber auch *Ende Februar bis Anfang März 2012* und zwischen *Dezember 2012 und Februar 2013*. Dies ist eine destabilisierende Phase, die im *Frühjahr 2011* begonnen hat und erst im *März 2012* oder gar *Oktober 2014* endet (Uranus/Aszendent/Uranus)! Ein Attentat ist nicht auszuschließen. Gleichzeitig dürfte ein schützender Pluto auf jeden Fall bis *Ende 2012* als relativer Blitzableiter, der das Schlimmste verhütet, aktiv sein.
Zwischen seinen Geburtstagen 2011 und 2012 wird Barack Obama mehr denn je Gegenstand heftiger Angriffe seitens seiner politischen Gegner sein. Er könnte von einer schweren Prüfung stark betroffen sein, die seine nächste Umgebung oder sein Volk angeht, denn der verantwortliche Mars wirkt auch im Staatshoroskop dissonant: ein großes Problem oder ein neuerliches Desaster in Bezug auf die Umwelt. Gleichzeitig wird ihm auch eine verdiente Anerkennung zuteil, seine Projekte und Vorschläge, die zu einer relativen Stabilisierung führen, werden akzeptiert – ein willkommenes Gegengewicht zur Destabilisierung durch Uranus!
Jedenfalls hat Barack Obama, selbst wenn er von seinen Feinden bedrängt wird, einen guten Draht zum amerikanischen Volk – insbesondere zu den weiblichen Wählern, die sich im Vorfeld der Wahlen für ihn starkmachen (Venus bildet ein harmonisches Trigon zum Mond der USA im Solarhoroskop). Hinter den Kulissen gibt es Hindernisse, aber auch wirksame Unterstützung (Jupiter Sextil Sonne), möglicherweise einen geheimen Kummer (Venus Quadrat MC des Solarhoroskops). Das schöne Sextil Jupiter/Uranus – typisch für konstruktive Menschen – signalisiert eine Reihe von intelligenten Reformen und Neuerungen, und trotz starken Gegenwinds wird er seine Ziele erreichen.
Bei den Wahlen wird er alle Register ziehen müssen, wie zu erwarten, um gegen die heftige Opposition der Republikaner und speziell der rechtslastigen Tea-Party zu bestehen. Und falls er gewinnt, so wird dies

mit Brachialgewalt und trotz großer Hindernisse gelingen. Die Finanzen des Landes sind das Hauptproblem für Obama, nur wenn er Lösungen anbieten kann, wird er – wenn auch knapp – den Sieg erringen. Für eine Wiederwahl hat er gute Chancen, auch wenn man seinen endgültigen Gegner derzeit noch nicht kennt. In seinem Solarhoroskop ist Jupiter, Planet des Erfolgs und des Glücks, in Harmonie mit Uranus, dem Faktor der Destabilisierung der USA. Es ist natürlich unmöglich, sich mit Gewissheit über den Ausgang dieser Wahlen zu äußern. Bleibt zu sagen, dass das Horoskop des Löwen Barack Obama auf den ersten Blick vielversprechend erscheint. Wir können wetten, dass Barack Obama in Hinblick auf die kommenden und nach dem Muster der letzten Wahlen eine medienwirksame Maschinerie in Gang setzen wird, um diese auch zu gewinnen. Dieser »prächtige und großzügige« Löwe scheut bei der Kommunikation keine Kosten und Mühen. Vergessen wir nicht, dass sein Aszendent im Zeichen Zwillinge ist, dem Zeichen der Kommunikation schlechthin.

# DRITTER TEIL

# KAPITEL 9: DIE HOROSKOPE FÜR JEDES STERNZEICHEN FÜR 2012 BIS 2016

## Einleitung : Die Sternzeichen

»Das Rad dreht sich weiter«, hört man häufig, »man kann nicht an zwei Orten gleichzeitig sein«, »Das Unglück des einen ist das Glück des anderen«, »Das Leben besteht aus Höhen und Tiefen« oder auch »Auf Regen folgt Sonnenschein«. In den Volksweisheiten wimmelt es von solchen Redewendungen, die in gewisser Hinsicht den Wechsel der kosmischen Einflüsse widerspiegeln. Dieser zyklische Charakter unseres Lebens, unseres Schicksals ist kein Zufall, sondern entspricht den Transiten der Planeten, ihrer astronomischen Präzision. Dies gilt für alle Sterne im Sonnensystem, wobei die Perioden jedoch unterschiedlich lang sind, je nach ihrer jeweiligen Umlaufbahn. Saturn beispielsweise bleibt etwa zwei Jahre in einem Sternzeichen, Jupiter ungefähr ein Jahr, Uranus etwa sieben Jahre, Neptun rund 15 Jahre, während Pluto, der wegen seiner exzentrischen Lage eine unregelmäßige Umlaufbahn hat, durchschnittlich etwa 20 Jahre lang durch ein Sternzeichen wandert.

In den kommenden fünf Jahren (2012 bis Ende 2016) sind daher alle Sternzeichen (der Elemente Erde, Wasser, Luft und Feuer) nach und nach betroffen: In verschiedenen Bereichen und Phasen unseres Lebens werden wir von den Planeten unterstützt und begünstigt, oder – bei dissonanten Einflüssen – herausgefordert und gebremst …

Da zu bestimmten Perioden mehrere Einflüsse gleichzeitig wirken, ist dies aber selten nur positiv oder nur negativ, es kann manchmal sogar ziemlich widersprüchlich sein. Dies ergibt von Fall zu Fall und je nach dem kosmischen Zusammenhang mehr oder weniger zufriedenstellende Ergebnisse und unterschiedliche Modulationen. Mit anderen Worten: Der Stellenwert planetarer Dissonanzen ist je nach dem Sternencocktail zu jedem Zeitpunkt ein anderer.

Im Übrigen dürfen Sie bei einem *wirklich schwierigen* Jahr – hin und wieder kommt das vor – nicht vergessen, dass diese Prognosen nur *einen einzigen* Faktor Ihres Horoskops betreffen, nämlich Ihre Geburtssonne. Dieser Faktor ist zwar wesentlich, aber andere Einflüsse, z. B. auf Ihren Aszendenten, den Mond, Venus oder anderer Planeten in Ihrem Horoskop, könnten die Einflüsse auf Ihre Sonne abschwächen oder verstärken …

Bedenken Sie, dass es in Ihrem persönlichen Horoskop sicher auch in diesem Jahr Planetenstellungen mit guten Aspekten gibt. Das Gegen-

teil wäre äußerst erstaunlich! Auch in heiklen Phasen können Sie die kosmischen Energien der Planeten nutzen: mit Ausdauer und Geduld, wenn es sich um Saturn handelt, mit Optimismus und Lebensfreude, wenn Jupiter gut steht, mit Intuition bei einem positiven Neptun oder mit Ihrem innersten Instinkt bei Pluto-Transiten.
In außerordentlich schwierigen Momenten sollten Sie daran denken, dass Ihr Gleichgewicht, Ihr inneres Glück letztlich nur *von Ihnen selbst* abhängen, dass Sie zum Leben Ja sagen müssen – wie es der Philosoph Friedrich Nietzsche empfohlen hat. Lassen Sie den Frieden höherer Entitäten in sich wirken, vor allem jedoch den Geist Gottes. Wir alle haben einen Schutzengel. Sprechen Sie mit ihm, vertrauen Sie sich ihm an, vertrauen Sie sich Gott und den kosmischen Energien an und lassen Sie los. Stellen Sie den Willen weniger in den Vordergrund, seien Sie stattdessen empfänglicher für die subtilen, wohltuenden Schwingungen der Musik beispielsweise, einer Landschaft, die etwas in Ihnen zum Schwingen bringt ... oder für das Lächeln eines Kindes oder eines geliebten Menschen. Dann werden Sie bemerken, dass auch große Probleme an Schärfe und Macht verlieren. Außerdem sind schwierige Einflüsse oft auch dazu da, um uns auf die Probe zu stellen, uns zu testen, damit wir auf dem Weg der Selbsterkenntnis vorankommen, eine unserer höchsten Aufgaben im Leben.
Wenn wir Erfolg haben, wenn alles gut läuft, dann genießen wir das Leben, sind aber nicht in einer Phase, in der wir uns weiterentwickeln. Im Gegenteil. Man ruht sich auf seinen Lorbeeren aus und hält sich für »arriviert«, wird manchmal arrogant und egozentrisch, man vergisst die immanente Gerechtigkeit. Aber die Sterne wandern weiter, und auf die Flut folgt die Ebbe, auf die Aktion die Reaktion. Man kann dies als *Karma* bezeichnen, und daraus ergibt sich Folgendes: Wenn wir eine wirklich glückliche Zukunft anstreben, müssen wir heute, *hic et nunc*, gerecht sein und gut handeln. Wenn wir heute ausschließlich das akzeptieren, was für uns und die anderen gut ist, brauchen wir uns vor morgen nicht zu fürchten. Das ist der wahre Sinn der Redewendung, die im Altertum wohlbekannt war: »Die Sterne regieren das Schicksal, aber der Weise regiert seine Sterne.«
Die Moral daraus: Je weiser wir sind, je besser wir uns von negativen Gefühlen und Handlungen lösen können, wie Wut, Neid, Eifersucht, Machtwille, Gier, Rachsucht, aber positives Denken und Fühlen, wie Kreativität, Liebe, Ideale etc. fördern, desto weniger müssen wir planetare Dissonanzen fürchten. Diese sind nichts weiter als kosmische Spannungen, die unseren Geist und unsere Psyche auf die Probe stellen. Auch wenn man zwei oder drei Jahre lang durch einen dunklen Tunnel

zu gehen hat, kann und muss man davon überzeugt sein, dass wieder bessere Zeiten kommen werden, dass sich das (kosmische) Rad unaufhaltsam weiterdreht.

## WAS IST EIN GEBURTSHOROSKOP?

Ein Geburtshoroskop – oder eine Himmelskarte – ist nichts anderes als eine *Momentaufnahme des Himmels*, eine zielorientierte Fotografie des Himmelsgewölbes in einem bestimmten Augenblick und an einem bestimmten Ort, nämlich dem der Geburt. Zielorientiert deshalb, weil die Geburt je nachdem, wo auf der Welt sie stattfindet, unterschiedlich ausfällt, da der *Aszendent (AC)* die östliche Horizontachse des fraglichen Geburtshoroskops bestimmt. Die *Himmelsmitte* (Medium Coeli, MC) bildet die andere Achse in dieser Grafik: den Meridian des Geburtsortes.

## WAS IST DER ASZENDENT?

Der Aszendent, das Tierkreiszeichen, das im Moment der Geburt am Horizont aufgeht, ist eine sehr persönliche Sternsignatur. Er bestimmt in einem Horoskop den Beginn der zwölf *Häuser* – oder Felder – und gibt Auskunft über die innere Persönlichkeit, das Ich eines Menschen, seine Affektivität (seine Art zu lieben), aber auch sein Temperament und seine körperliche Konstitution (seine organischen Schwächen), bis hin zu seinem äußeren Erscheinungsbild. Jedes dieser Häuser hat eine besondere Bedeutung und symbolisiert einen Lebensbereich.

## WAS SIND DIE HÄUSER?

Ausgehend vom Aszendenten oder dem östlichen Horizont des Geburtsortes teilt man ein Horoskop in zwölf Felder – oder Häuser – ein. Jedes dieser Häuser symbolisiert verschiedene Lebensbereiche: das erste Haus – oder der Aszendent – das offenkundige und innerste Ich des Menschen, seinen Charakter, das zweite Haus entspricht dem Haben, dem Besitz, den materiellen Verdiensten; das dritte Haus seinem Umfeld – Brüdern, Schwestern, Nachbarn, das vierte Haus symbolisiert unsere Wurzeln, die Herkunft, das Elternhaus, die Kindheit, den Vater, die Erbanlagen, aber auch das Zuhause und den Immobilienbesitz, schließlich auch das Ende des Lebens. Auch die anderen acht Häuser sind jeweils einem Aspekt zugeordnet.

## DAS SONNENZEICHEN

In Zeitschriften werden Sie bei verschiedenen Horoskopen feststellen, dass die Daten für den Beginn jedes Zeichens oder der Dekaden nicht immer übereinstimmen. Auch hier in diesem Buch werden einige den Eindruck haben, dass die angegebenen Daten nicht logisch sind: Der letzte Tag eines Sternzeichens - oder einer Dekade - ist zugleich der erste Tag des/der folgenden. Das ist kein Irrtum, sondern erklärt sich aus der Tatsache, dass sich das Kalenderjahr und das Sonnenjahr nicht genau decken. So fällt in einem bestimmten Jahr der 21. Juni noch vollständig in das Sternzeichen Zwillinge, während die Sonne in einem anderen Jahr am 21. Juni bereits ins Sternzeichen Krebs eintritt. *Die Sonne tritt also nicht jedes Jahr in genau demselben Augenblick in ein bestimmtes Sternzeichen.* Wer sein Sonnenzeichen erfahren möchte, muss dies aufgrund seines Geburtsjahres und seiner Geburtsstunde in den Ephemeriden nachprüfen. Sie können dies auch auf meiner Internetseite www.eteissier.com nachlesen.

*ANMERKUNG:* Wenn Sie genau an der Grenze von zwei Sternzeichen oder Dekaden geboren sind, ist es empfehlenswert, die Prognosen für beide Sternzeichen - oder beide Dekaden - zu lesen … und dann eine Synthese zu machen!

## IST EINE KOLLEKTIVE PROGNOSE ÜBERHAUPT MÖGLICH?

Wie kann es sein, dass ein Zwölftel der Bevölkerung dasselbe Schicksal teilt, wenn man den kollektiven Horoskopen in den Zeitschriften oder diesem hier traut? Eigentlich sollte man nicht nur die Position der Sonne berücksichtigen, sondern auch die Einflüsse auf alle anderen Planeten im Horoskop, wie Mond, Merkur, Venus, Mars, Jupiter, Saturn, Uranus, Neptun und Pluto. Die Sonne ist in einem Horoskop nur EIN Faktor, wenn auch der wesentliche und vorherrschende. Die Sonne in einem Sternzeichen prägt uns besonders stark, ob wir nun Stier, Zwilling oder Löwe etc. sind, und wir haben in den meisten Fällen mit anderen Stieren, Zwillingen oder Löwen eine ganze Menge gemeinsam. Die kollektive Astrologie muss sich zwangsläufig auf die Sonne beschränken, da sie nicht mehrere Variablen gleichzeitig berücksichtigen kann.
Allerdings muss man ehrlich sein, man muss Farbe bekennen und diese kollektiven Horoskope als Annäherung sehen und darauf hinweisen, dass sie eine gute *Konfektions*arbeit sind und keine *Maß*arbeit. Eine solche Annäherung ist in den meisten Fällen gültig, aber natürlich vor

allem dann, wenn in Ihrem Sternzeichen nicht nur die Sonne, sondern noch weitere Planeten stehen, oder der Aszendent. Diese astrologischen Prognosen sollen eine Art Wegweiser für Sie sein, ein Wetterbericht, der anzeigt, ob Sie mit Gegenwind rechnen müssen oder ob die Konstellation einen wolkenlosen Himmel anzeigt …

## WIE SIND PROGNOSEN ZU RECHTFERTIGEN, DIE DAS GEBURTSJAHR NICHT BERÜCKSICHTIGEN?

Ist es denkbar, dass ein Steinbock vom 11. Januar 1979 die gleichen Einflüsse hat wie ein Steinbock, der am 11. Januar 1986 geboren ist? Die Antwort lautet: Ja, und zwar aus folgendem Grund: Bei ihrer (scheinbaren) Umrundung der Erde befindet sich die Sonne jedes Jahr, astronomisch gesprochen, am selben Tag am selben Ort des Himmels. Das heißt, dass bei jemandem, der am 11. Januar egal welchen Jahres zur Welt kam, die Sonne bei der Geburt auf 21° seines Sonnenzeichens, dem Steinbock, steht.
Betrachtet man nun eine gegebene Situation, beispielsweise den 6. Mai 2012, so steht Jupiter, Planet der Entfaltung und des Glücks, bei 21° im Stier, wie der Steinbock zum Element Erde gehörend. Da dies einen harmonischen Winkel zu 21° im Steinbock bildet, kann man davon ausgehen, dass alle, die am 11. Januar geboren wurden, auf die eine oder andere Weise davon profitieren werden. Diese Jupiter-Position ist übrigens für ALLE Steinböcke, Fische, Jungfrauen und Krebse von Bedeutung, die zwischen dem 10. und 14. geboren wurden. Sie wird nämlich ihren gemeinsamen Faktor beeinflussen, d. h. ihre Geburtssonne.
Wenn man nur einen einzigen Faktor berücksichtigt wie die Geburtssonne des Lesers und daher zwangsläufig Mond, Venus, den Aszendenten oder jedes weitere Element seines spezifischen Horoskops »vergisst«, kann es vorkommen, dass dies zu Extremfällen führt, bei denen sich die Prognosen des kollektiven Horoskops durch besondere, gegensätzliche Einflüsse praktisch neutralisieren. Dies wird aber immer die Ausnahme bleiben, die die Regel bestätigt. Das kollektive Horoskop ergibt im Regelfall mit Sicherheit eine zuverlässige Orientierung – vorausgesetzt, es ist gut gemacht!

### WAS VERSTEHT MAN UNTER EINEM PLANETENTRANSIT?

Als Planetentransit bezeichnet man den Übergang eines Planeten auf dem Tierkreis, der in Harmonie oder Dissonanz zur Sonne des Geburtshoroskops steht, wodurch gewisse Tendenzen im Geburtshoroskop reaktiviert werden, vergleichbar mit einer Speicherkarte, die auf bestimmte Daten programmiert ist.

## WAS VERSTEHT MAN UNTER EINEM PLANETENASPEKT?

Bei einem Planetenaspekt handelt es sich um bevorzugte Winkel zwischen einem Planeten und einem anderen Faktor des Horoskops – einem anderen Planeten, oder der Himmelsmitte (MC), dem Aszendenten (AC) usw. Ein Aspekt gilt als harmonisch, wenn er beispielsweise ein Sextil (60°-Winkel) oder ein Trigon (120°-Winkel) bildet oder als dissonant, wenn er ein Quadrat-(90°-Winkel) oder eine Opposition (180°-Winkel) bildet.

## DIE TENDENZEN: EIN »KOSMISCHER WINDHAUCH«

Kosmische Einflüsse kann man mit einem Wind vergleichen, der in eine bestimmte Richtung bläst. Bei positiven Phasen haben wir Rückenwind und kommen schneller voran, ohne größere Anstrengungen. Bei Gegenwind aber – wenn die Einflüsse dissonant sind –, müssen wir mehr Energie aufwenden, um unsere Ziele zu erreichen.Vielleicht hängt es auch von unserem freien Willen ab, wie wir bestimmte Hürden und Hindernissse meistern? Ein unerschöpfliches Thema, das für sich alleine ein Buch verdienen würde …

Die Astrologie sollte in erster Linie eine Hilfe sein, uns besser kennenzulernen. Wir sollten den Augenblicken der Wahrheit nicht ausweichen, diesen Begegnungen mit uns selbst, die solche »schlechten« Aspekte letztlich sind. Diese kosmischen Dissonanzen sind heilsame Katalysatoren, die es uns ermöglichen, unser wahres Ich zu erkennen. Wenn wir lernen, dies mit einer gewissen inneren Gelassenheit zu akzeptieren, und wenn wir in der Lage sind, loszulassen, werden wir anschließend zu einer neuen Erkenntnis gelangen, die uns stärker und hellsichtiger macht. Halten wir schließlich fest, dass die Astrologie unendlich wertvoll ist, da nur sie alleine uns über das Timing dieser wichtigen und oft kritischen Phasen im Leben Auskunft geben kann.

## SOLL MAN AUCH DIE PROGNOSEN FÜR DEN ASZENDENTEN LESEN?

Falls Sie Ihren Aszendenten kennen, prüfen Sie, in **welcher Dekade** er steht. Die Einflüsse der Planeten betreffen ALLE Elemente des Horoskops. Im Idealfall erstellt man eine Synthese all dieser Einflüsse. Wertvoll sind vor allem die Einflüsse auf den Aszendenten, insbesondere in Bezug auf das Gefühlsleben und die Gesundheit. Einflüsse auf Ihre Geburtssonne stehen mit Ihrer Persönlichkeit ganz allgemein, Ihrer sozialen und beruflichen Situation, Ihrer Vitalität in Zusammenhang. Wenn Sie Ihr Geburtshoroskop besitzen, mit der Position Ihres Geburtsmondes, von Venus, Mars etc. und Ihrer Himmelsmitte (Medium Coeli), können Sie ebenso ihre jeweiligen Dekaden herausfinden, wobei Sie wissen müssen, dass:

- die 1. Dekade die Zone 0° bis 9°59‘ umfasst;
- die 2. Dekade die Zone 10° bis 19°59‘ umfasst,
- die 3. Dekade die Zone 20° bis 29°59‘ umfasst.

Sobald Sie Ihre Planetenpositionen kennen (Aszendent, Medium Coeli, Mond, Merkur, Venus, Mars etc.), haben Sie ein Werkzeug in der Hand, um die Richtung zu korrigieren, die Prognosen zu erweitern und beträchtlich zu verfeinern. Ergebnis: Sie erhalten ein deutlich subtileres Prognosebild.
Dazu sollte Ihnen klar sein, dass

- der MOND die Emotivität symbolisiert, die Psyche, bei der Frau das innerste Ich, beim Mann die Frau, die Mutter ganz allgemein, und dass somit jeder Einfluss auf dieses Gestirn sich auf die eine oder andere dieser Personen oder Bereiche auswirken kann;
- VENUS für das Gefühlsleben (familiäre, freundschaftliche oder Liebesbindungen), künstlerische Talente und Tätigkeiten, die Freizeitaktivitäten, die persönliche Entfaltung steht;
- MARS der Lebensdynamik, dem Willen, den Entscheidungen und Taten, der Sexualität, den aggressiven Trieben entspricht – ein negativer Einfluss von Uranus, Saturn oder Pluto auf Ihren Geburts-Mars kann beispielsweise dafür verantwortlich sein, dass Sie einen Unfall erleiden oder aggressiv sind;
- die HIMMELSMITTE (Medium Coeli, MC) Ihre Karriere widerspiegelt, Ihr Schicksal ganz allgemein, gelegentlich auch Ihre Gesundheit.

Nun sind Sie dafür gerüstet, aus den Prognosen ein Höchstmaß an Gewinn zu ziehen und insbesondere die neutralen Einflüsse in Bezug auf Ihre Geburtssonne zu ergänzen. Im Internet unter www.eteissier.com und telefonisch unter 08 92 68 16 36 sind meine astrologischen Programme verfügbar, anhand derer Sie Ihre Planetenpositionen bestimmen können. Dort finden Sie auch eine Anleitung zur astrologischen Charakterkunde mit der Bezeichnung *Ihr persönliches Sternzeichen*,

das Ihnen eine *Astroskopie* liefert. Zudem können Sie sich in den Tageshoroskopen, aber auch in den längerfristigen Vorhersagen - sechs Monate, ein Jahr - in aller Ruhe für jeden Tag und jeden Moment Ihr ganz persönliches kosmisches Klima ansehen. Sie können den Vorhersagewert dieser Projektionen in Bezug auf vergangene Ereignisse überprüfen oder ein wichtiges Vorhaben planen: Hochzeit, Kind, Vertrag, Reise etc. Die Berechnungen decken alle Jahre bis Ende 2030 ab und natürlich das vergangene 20. Jahrhundert, was Skeptikern die Möglichkeit bietet, die »Vorhersagen der Vergangenheit« zu überprüfen. *Last but not least* ist noch das Programm **Astrocouple** zu erwähnen. Damit können Sie telefonisch oder im Internet mehr über die Affinitäten - oder theoretischen Spannungen - zwischen sich und einem anderen Menschen herausfinden. Mit **Astrocouple** lassen sich diese zwischenmenschlichen Beziehungen in drei Bereichen analysieren: in der Liebe, im Beruf, in der Familie/unter Freunden.
In den folgenden Texten werden Sie feststellen, dass ich, anders als bei meinen Wochenhoroskopen, die systematische Unterteilung in Dekaden nicht beibehalten habe. Die zusammenfassende Betrachtung eines ganzen Jahres hat mich zu einer Unterteilung in die globalen Perioden für jedes Gestirn veranlasst. Der Einfluss eines Planeten kann weniger als eine ganze Dekade oder im Gegenteil auch mehr als eine Dekade betreffen. Daher habe ich diese Methode gewählt. Es kann zu Überlagerungen/Kreuzungen zwischen den positiven Daten und den Herausforderungen geben; das bedeutet nicht, dass sich diese Einflüsse aufheben, sondern sie verbinden sich und tragen zu einer gemischten Realität bei. Beispiel: Man hat vielleicht Glück in der Liebe, erlebt jedoch gleichzeitig eine schwierige berufliche Phase ... oder umgekehrt. Da es sich hier nur um kollektive Vorhersagen handelt, hat jeder die Möglichkeit, sich seine persönlichen Vorhersagen zu holen (unter www.eteissier.com). Verzichten Sie nicht darauf! Nun wünsche ich Ihnen, dass Sie die Klippen dieser kritischen Phase für unsere Gesellschaft ohne große Schrammen und ohne Mühe umschiffen werden. Sagen Sie sich immer wieder, dass keine Situation, kein Mensch und kein Ereignis Ihnen Ihre Gelassenheit und Ihren inneren Frieden rauben können.

## Widder

### ALLGEMEINE AUSWIRKUNGEN DER DISSONANZ URANUS/PLUTO AUF IHR STERNZEICHEN ZWISCHEN 2012 UND 2016

Sie werden in erster Linie von diesem Zyklus der fraglichen Jahre betroffen sein … und darüber hinaus! Der Grund dafür ist die Umlaufbahn von Uranus, der im Sommer 2010 in Ihr Zeichen getreten ist – nach 84-jähriger Abwesenheit. Dort bleibt er bis 2019. Die **letzte Dekade** empfängt den Besuch dieses unbequemen Planeten im Sommer 2015, wie wir später sehen werden. Während er über Ihre Geburtssonne zieht und dabei nach und nach je nach seinem Fortschreiten die Widder-Geborenen betrifft, verändert Uranus die Gesamtsituation Ihres Lebens, unterbricht die Kontinuität Ihres Lebenswegs, löst ebenso Knalleffekte aus wie er unerwartete Gelegenheiten bietet, je nach astralem Kontext und auch entsprechend Ihres persönlichen Horoskops. Sie werden von starken Regungen und Impulsen in Richtung einer Veränderung, einer Emanzipation gezogen und verlieren dabei einen Teil Ihrer Hemmungen. Abhängig vom Augenblick kann dies sowohl positiv als auch negativ sein.
Uranus steht während der gesamten Periode in Dissonanz zu Pluto, der seinerseits bis 2024 wirksam ist, wenn Sie am **Ende des Zeichens** geboren sind. Auf jeden Fall wird die Dissonanz beider Planeten während der kommenden Jahre Ihre Karriere, Ihren Lebensweg, Ihr Schicksal betreffen und es dürfte zu einer irreversiblen Wandlung kommen. Diese Quadratur von Pluto ist in Ihrem Leben so gut wie einmalig, denn der hat einen Zyklus von 248 Jahren. Sein Einfluss wird also etwa alle 60 Jahre spürbar und ist damit äußerst selten.
Bilanz: Sie werden, um mit den Worten des Widders Baudelaire zu sprechen, »ins Unbekannte eintauchen, um das Neue zu finden«!

### 2012

#### *ALLGEMEINE TENDENZEN*

Das Jahr 2012 teilt sich in zwei fast identische Phasen, vor allem für die **April**-Widder: Das *erste Halbjahr* ist ohne besondere Höhen und Tiefen, im *zweiten Halbjahr* steht Ihnen der Glücksplanet Jupiter zur Seite (bis *Ende des Jahres*). Für die **erste Dekade** gilt eine schöne Phase, in deren Verlauf Venus wahre Sternstunden verspricht, unvergessliche Momente zu zweit oder im Freundeskreis. Von *April* bis *Anfang August*

sind Sie der Hahn im Korb, gewinnen Sympathien und stehen im Mittelpunkt. Dadurch vergessen Sie vorübergehend auch die kritischeren Einflüsse. *Mitte Juni* tritt Jupiter in das »befreundete« Zeichen Zwillinge und verspricht Entfaltung und Erfolg sowie interessante Angebote. Sie gewinnen neue – und oft einflussreiche – Freunde, und Ihre Projekte haben Rückenwind. Bis *Oktober* betrifft er jedoch nur die Widder, die **vor dem 8. April geboren** sind, danach wird er rückläufig und verstärkt seine Wirkung bis *Ende 2012* auf die Widder, die **Ende März geboren** sind. *2013* können alle die Früchte der Projekte ernten, die seit dem *Sommer 2011* begonnen wurden, wobei auch alle anderen Widder ein Stück vom Kuchen abbekommen.
Kommen wir zur **ersten Dekade**, die von dem Duo Pluto/Uranus gestört wird, das in den kommenden Jahren weltweit für Umwälzungen verantwortlich zeichnet. Bereits *2011* – und da vor allem im *ersten Vierteljahr*, das Sie so in Unruhe gebracht hat – dürfte Pluto, der in diesem Fall dissonant zu Jupiter stand, dafür gesorgt haben, dass Sie ziemlich erschüttert und destabilisiert wurden – manchmal durch höhere Gewalt? – und deshalb nur schwer Entscheidungen treffen konnten. Dieses Mal stößt Uranus, der Planet der Veränderung und Emanzipation, auf Pluto, Symbol der Metamorphose, und Sie müssen neue Wege gehen, was Ihrer Abenteurerseele nicht missfällt. Allerdings geschieht dies manchmal ziemlich abrupt und ohne Ihre Einwilligung! Wenn Sie **vor dem 27. März geboren** wurden, hatten Sie im *Sommer 2011* bereits einen Vorgeschmack auf das *erste Vierteljahr 2012*: Uranus bringt radikale Veränderungen, und dies führt zu einer völlig neuen Ausgangssituation. Dies betrifft auch die Widder, die **nach dem 26. März geboren** wurden. Wetten wir, lieber Widder, dass sich mithilfe von Pluto Ihr Leben und Ihre Weltanschauung bis *Ende 2012* grundlegend verändert haben werden!
Wie wird sich dies äußern? Je nach dem persönlichen Horoskop gibt es natürlich unterschiedliche Szenarien. Einzige Gewissheit: Zeitpunkt und Art der Veränderung sind unvorhersehbar! Für einige wird es sich um eine einmalige Gelegenheit handeln, die eine radikale Kehrtwende ihres Status quo mit sich bringt, zum Beispiel eine Stelle, mit der sie nicht im Traum gerechnet hätten, eine Begegnung, die wie ein Blitz einschlägt und ihr Leben verändert etc. Andere werden unerwartet Pech haben, wodurch sich ihr Leben ebenfalls verändert. Der Faktor Pluto sorgt dafür, dass dieses Phänomen irreversibel sein wird. Erinnern Sie sich, ob Sie vor 21 Jahren (eine Etappe im Zyklus von Uranus), also 1991, einen wichtigen Wendepunkt in Ihrem Leben erfahren haben und welcher Art er war? Nur wird dieses Mal, *2012*, der Einfluss von Pluto dessen Kraft noch verstärken. Dieser Pluto kann gleichbedeutend sein mit einer beruflichen Umstellung, in einigen

Fällen mit einer Entlassung aus wirtschaftlichen Gründen oder mit einem gesundheitlichen Problem. Es ist in diesem Zusammenhang ratsam, dass Sie sich gründlich untersuchen lassen. Die Dissonanz Plutos kann gelegentlich auch auf gesundheitliche Probleme hinweisen, insbesondere durch den Stress und die geheimen Qualen in Zusammenhang mit Plutos Einfluss, bei denen die Gefahr einer Somatisierung umso größer ist, je mehr man versucht, diese zu ignorieren. Besonders nützlich kann es dann sein, sich einem Therapeuten oder einer Freundin/einem Freund anzuvertrauen. *Anfang des Jahres* jedoch kann Pluto wegen des gleichzeitigen günstigen Einflusses von Jupiter für Ihre Finanzen (**erste Dekade**) eine positive berufliche Veränderung bedeuten, auch wenn diese von Stress begleitet ist.
Die in der **zweiten Dekade** geborenen Widder – vor allem *Anfang April* – genießen einen herrlichen Einfluss (Jupiter/Uranus), der insbesondere *Ende Juli* Erneuerung verspricht: Es regnet Gelegenheiten, die Geschäfte laufen wieder an! Für die **letzte Dekade** (insbesondere Widder-Geborene **nach dem 15. April**) ist der Jahresanfang eine wichtige und harmonische Phase, in der die Sorge um den anderen eine Zeit lang in den Hintergrund tritt – oder ganz allgemein der für Saturn typische Trübsinn, der seit *Oktober 2011* bei **dieser gesamten Dekade** spürbar war. Leider gewinnt diese Saturn-Phase anschließend bis *Ende Oktober* wieder die Oberhand. Dieser Einfluss betrifft ab dem *Frühjahr* die **gesamte Dekade**. Ein entscheidender Moment folgt *Mitte August*, wo Ihnen zu empfehlen ist, auf Kraftproben zu verzichten, mehr Flexibilität an den Tag zu legen und beim Sport und auch sonst weniger tollkühn zu sein: eine Verstauchung/Fraktur ist schnell passiert. Schützen Sie Ihren Kopf und achten Sie auf Ihre Nieren!
Im *Mai* allerdings mildert Venus dieses raue Klima Saturns und ist Balsam für Ihr Herz, insbesondere dank Ihrer Freunde. Dies gilt auch für *Juli*, während im *August* Mars, Ihr Geburtsgebieter, Ihnen Triebkraft und Entschlossenheit gewährt. Von *Oktobe*r bis *Mitte November* putscht Mars erneut die Energie des **gesamten Sternzeichens** auf, wie auch *Ende Dezember* (**Beginn des Zeichens**). Fügen wir noch an, dass derselbe Mars im gesamten *ersten Halbjahr* Ihre beruflichen Aktivitäten fördert und Sie dazu auffordert, auf Ihre Lebenshygiene zu achten, insbesondere durch Ausübung Ihres Lieblingssports.
Und wo bleibt die Liebe? Der Liebesgott Amor schießt im *September* seine Pfeile auf Sie ab und bringt eventuell eine Begegnung für Widder, die **vor dem 6. April geboren** sind, aber auch bereits davor, *Anfang Januar* – ein Hoch auf die Freundschaft! *Ende Februar bis Anfang März* kann er bei Widder-Geborenen der **ersten Dekade** von einem störenden Pluto begleitet werden, der in Herzensdingen eine Wand-

lung bringt! Zwischen *Anfang April* und *Anfang August* – was für ein Geschenk des Himmels! – liegt eine Periode von vier Monaten, in der Cupido zärtliche Romanzen und aufregende Begegnungen sowie neue Sympathien verspricht. Im *November* lädt Venus zu einer Liebesreise oder einer schicksalhaften Begegnung im Ausland ein.

## IHR JAHR 2012 IM ÜBERBLICK

### Kritische Perioden:

(da die Einflüsse langsamer Planeten dafür bekannt sind, sich auf die vorhergehende und auf die folgende Periode auszuwirken, auch ungefähr 14 Tage **davor** und **danach**)

- *Um den 10. Januar* (**geboren um den 19. April**): Probleme mit dem Partner?
- *Um den 8. Mai* (**geboren um den 27. März**): Achten Sie auf Ihre Finanzen!
- *Um den 17. Mai* (**geboren um den 30. März**): idem
- *Um den 24. Juni* (**geboren um den 29. März**), die erste Salve von Uranus/Pluto: Akzeptieren Sie die Veränderung!
- *Um den 21. Juli* (**geboren um den 14. April**): Ihr Partner bringt Sie durcheinander.
- *Um den 15. August* (**geboren um den 15. April**): Meiden Sie Machtkämpfe und riskante Gesten, es besteht die Gefahr von Stürzen, Verstauchungen etc.
- *Um den 19. September* (**geboren um den 28. März**), zweite Salve!
- *Um den 27. November* (**geboren um den 29. März**): Keine Machtkämpfe und Manipulationen!

### Positive Perioden:

- *Um den 18. Januar* (**geboren um den 22. März**): Eine finanzielle Überraschung?
- *Um den 5. März* (**geboren um den 31. März**): Eine Reise oder ein Auslandsgeschäft könnten zu einer Wende führen!

- *Um den 16. April* (**geboren um den 27. März**): idem!
- *Um den 6. Juni* (**geboren um den 6. April**): Eine aufregende Begegnung?
- *Um den 2. Juli* (**geboren um den 26. März**): Bewegen Sie sich, verhandeln Sie ein Auslandsgeschäft!
- *Um den 22. Juli* (**geboren um den 30. März**): Treffen Sie Verabredungen; chancenreiche Begegnungen – führen Sie Neuerungen ein!
- *Um den 17. September* (**geboren um den 18. April**): Sprechen Sie mit dem Partner über Geld.

**HIGHLIGHTS IN DER LIEBE**

- 1. Januarhälfte (**geboren nach dem 3. April**)
- 9. Februar bis 6. März
- 3. April bis 7. August (Höhepunkt um den 6. Juni für die **zweite Dekade – geboren um den 2. April**)
- 6. September bis 4. Oktober
- 29. Oktober bis 22. November
- nach dem 16. Dezember

**IHRE DYNAMISCHEN UND EFFIZIENTEN PHASEN**

- 8. Oktober bis 18. November
- 20. Januar bis 19. Februar
- 21. März bis 20. April
- 21. Mai bis 21. Juni
- 22. Juli bis 23. August
- 23. November bis 22. Dezember

**BESTE PERIODEN FÜR GESCHÄFTE/GELD/KONTAKTE/REISEN**

- 20. Januar bis 15. Februar
- 16. April bis 9. Mai
- 24. Mai bis 7. Juni
- 27. Juni bis 31. August (der Juli ist ein Traummonat!)
- 23. September bis 13. Oktober
- 25. November bis 31. Dezember

## 2013

### *ALLGEMEINE TENDENZEN*

Gleich zu Beginn zwei gute Nachrichten: Saturn ist weitergewandert und lässt Sie die nächsten sieben Jahre in Ruhe, und Jupiter sorgt im *ersten Halbjahr* für eine Erfolgsserie! Außerdem schwächt sein Einfluss die Turbulenzen von Pluto/Uranus ab. Sie sind von diesem exzellenten Einfluss speziell dann betroffen, wenn Sie **nach dem 24. März geboren** sind, und zwar ab *Jahresbeginn.* Dies kann eine Folge des *zweiten Halbjahrs 2012* sein, u. a. durch aufregende oder manchmal schicksalhafte Begegnungen, günstige Verträge oder erfolgreiche Geschäftsreisen geprägt. *2012* wirkte Jupiter sich auf die Widder aus, die **vor dem 7. April geboren** wurden, *2013* erlebt dieselbe Gruppe die Auswirkungen dieses vielversprechenden Klimas in den *ersten vier Monaten des Jahres,* während die übrigen Widder anschließend in den Genuss kommen. Fügen wir bezüglich Jupiter hinzu, dass er ab *Juli* in ein anderes Zeichen wandert (Krebs) und nicht sehr günstig wirkt, Ihnen einige Steine in den Weg legen wird, zugleich aber positiv für den Sektor Familie, Wohnung oder Vermögen sein könnte. Sein Wirken betrifft die **ersten beiden Dekaden** bis *Ende 2013.* Alle, die **vor dem 5. April geboren** sind, sollten jedoch in administrativen oder juristischen Dingen auf der Hut sein – fordern Sie den Zorn der Behörden nicht heraus! Auch Prozessen sollten Sie aus dem Weg gehen, weil da Uranus Sie zu unüberlegten und voreiligen Reaktionen verleiten könnte. Im *August* ist in dieser Hinsicht besondere Zurückhaltung angesagt.
Kommen wir zu dem wichtigsten und besonders drastischen Einfluss dieses Jahres: Es handelt sich natürlich um die Dissonanz Pluto/Uranus, die *2013* Ihren Status quo erschüttern wird, liebe Widder, die **zwischen dem 23. März und dem 4. April geboren** sind. Mit großer Wahrscheinlichkeit wird sich einiges in Ihrem Leben grundlegend verändern. *Ende 2013* wird nichts mehr so sein, wie es vorher war: berufliche Umorientierung oder Entlassung bei den einen, Auswanderung, unbezähmbarer Emanzipationswunsch und Freiheitsdrang bei den anderen, was zu einer Scheidung oder einer Art von Bruch führen kann. All dies sind kritische und störende Tendenzen, die vor allem in der *zweiten Jahreshälfte* wirksam sind, in der ein dissonanter Jupiter zusätzlich Hindernisse bedeuten kann. Der kluge Widder weiß: »Gefahr erkannt, Gefahr verbannt«, daher gilt: Sie müssen wissen, bis wohin Sie zu weit gehen können! Schlucken Sie spontane, ungezügelte und übertriebene Reaktionen hinunter. Nun heißt es, die goldene Mitte zu finden zwischen einer Anpassungsfähigkeit an große Ereignisse, auf die Sie keinen Einfluss

haben (vgl. Pluto), und kühnen Initiativen, die vor allem dann empfehlenswert sind, wenn Mars mit von der Partie ist: also im *Januar*, von *Juni bis Mitte Juli*, von *September bis Mitte Oktober*. Dabei ist festzuhalten, dass er Sie zwischen Mitte *März und 20. April*, dann wieder zwischen *Mitte Juli und Ende August* und schließlich im *Dezember* dazu bringen wird, es an Vorsicht und Besonnenheit fehlen zu lassen. In diesen Zeiten ist es ratsam, dass Sie Ihre lebhafte Reaktionsbereitschaft im Zaum halten, sonst haben Sie es bald mit den schädlichen Auswirkungen zu tun, wenn man den kosmischen Kontext betrachtet (Uranus, der Unabhängige, und Pluto, die höhere Gewalt).
Was die Liebe angeht, so sind *Anfang des Jahres* Höhepunkte möglich (vielleicht auf einer Auslandsreise), im *Februar*, *Ende März bis Mitte April* (wo eine schicksalhafte Begegnung möglich wäre, die aber in einer bestehenden Beziehung für Zündstoff sorgen könnte), von *Mai bis Anfang Juni*, *Ende Juni bis Juli* und *Oktober bis Anfang November*. *Ende August bis Anfang September* liegt ebenfalls eine Begegnung in der Luft, es sei denn, diese Konstellation verstärkt Ihren Hang zu Unabhängigkeit. Dasselbe schwierige Klima herrscht im *November und Dezember*.
Wenn Sie **Ende März geboren** sind, könnten Sie *Anfang August* Reibereien in der Familie oder im Beruf erleben oder auch einen Umzug, *Anfang November* könnte eine radikale Entscheidung zu einer einschneidenden Wende in Ihrem Leben führen, insbesondere bei den Widdern, die **um den 30. März geboren** sind. Widder, die **Ende März geboren** sind, sollten daher *um den 22. März* und um den *18. April* aufpassen, nicht zu rebellisch zu werden. Überprüfen Sie z. B. den technischen Zustand Ihres Autos, versuchen Sie, sich neuen Situationen so gut wie möglich anzupassen. Zudem könnten Widder, die **Ende März geboren sind** um den *28. März* und/oder *7. April* eine außergewöhnliche Begegnung machen. Wer **Anfang April geboren** ist, wird speziell *Ende Mai* (der Aspekt ist am *20. Mai* exakt) von der drastischen Dissonanz Uranus/Pluto betroffen sein. Sie sollten versuchen, sich so gut wie möglich mit diesen Veränderungen zu arrangieren. Schließlich gibt es noch ein weiteres planetares Rendezvous: Um den *22. Juli* – dies gilt vor allem, wenn Sie **um den 26./27. März geboren** sind – sollten Sie intensiv nachdenken, bevor Sie eine Entscheidung treffen: Diese könnte sonst aus übergroßer Hast falsch sein. Meiden Sie in dieser Zeit auch juristische Schritte, selbst wenn Mars/Jupiter Sie anstacheln!

## IHR JAHR 2013 IM ÜBERBLICK

**Zu folgenden Zeiten sind Sie im Visier der Sterne:**

- *Um den 10. Januar* (**geboren um den 30. März**): Eine vom soziopolitischen Kontext diktierte Wandlung?
- *Um den 11. Februar* (**geboren um den 27. März**): idem
- *Um den 22. März* (**geboren um den 29. März**): Draufgängerisch? Besser erst nachdenken, dann handeln!
- *Um den 18. April* (**geboren um den 19. April**): Halten Sie sich bedeckt!
- *Um den 20. Mai* (**geboren um den 1. April**), dritte Salve von Uranus/Pluto: Akzeptieren Sie die Veränderung!
- *Um den 28. Juni* (**geboren um den 21. März**): Eine Wahl oder Komplikationen sind in Sicht!
- *Um den 13. Juli* (**geboren um den 25. März**): Kontrollieren Sie Ihren Papierkram und Ihre Finanzen!
- *Um den 22. Juli* (**geboren um den 26. März**): Legen Sie sich nicht mit Behörden an! Außerordentliche Ausgaben sind in Sicht!
- *Um den 7. August* (**geboren um den 30. März**): Destabilisierung – sorgen Sie für Harmonie im Beruf/zu Hause!
- *Um den 21. August* (**geboren um den 3. April**): Es rührt sich was *at home* – Vorsicht vor dem Fiskus!
- *Um den 29. August* (**geboren um den 30. März**): Höhere Gewalt?!
- *Um den 16. September* (**geboren um den 2. April**): Das Schicksal mischt sich ein …
- *Um den 29. September* (**geboren um den 9. April**): Chaos in der Familie oder bezüglich der Wohnung …
- *Um den 1. November* (**geboren um den 30. März**), 4. Salve von Uranus/Pluto: Atmen Sie tief durch und passen Sie sich an!
- *Um den 1. Dezember* (**geboren um den 10. April**): Geben Sie nach!
- *Um den 17. Dezember* (**geboren um den 9. April**): Nachwirkungen von Ende September?!

**Positive Perioden:**

- *Um den 28. März* (**geboren um den 29. März**): Sie sind unwiderstehlich!
- *Um den 7. April* (**geboren um den 10. April**): Momente voller Leidenschaft!

**HIGHLIGHTS IN DER LIEBE**

- Anfang Januar bis 10. Januar (**3. Dekade**)
- 3. bis 27. Februar
- 23. März bis 16. April (vgl. oben)
- 10. Mai bis 4. Juni
- 27. Juni bis 23. Juli
- 17. August bis 12. September (mit Einschränkungen)
- 8. Oktober bis 6. November

**IHRE DYNAMISCHEN UND EFFIZIENTEN PHASEN**

- der ganze Januar
- Mitte März bis 20. April mit einem Wermutstropfen: Vorsicht vor Übertreibungen/Unvorsichtigkeiten!
- Juni, Mitte Juli
- 28. August bis 16. Oktober

**BESTE PERIODEN FÜR GESCHÄFTE/GELD/KONTAKTE/REISEN**

- 20. Januar bis 6. Februar
- 15. April bis 2. Mai
- 16. bis 31. Mai
- 28. Juni bis 23. Juli
- 6. bis 24. Dezember

## 2014

### *ALLGEMEINE TENDENZEN*

Fangen wir mit der »schlechten« Nachricht an: Bis *Mitte Juli* muss die **zweite Dekade** mit kosmischen Turbulenzen rechnen! Dazu zählen schwierige und kritische Situationen, Machtkämpfe (im *Januar*, dann vor allem *Ende Mai*), Spannungen im beruflichen Umfeld und in der Familie (**geboren vor dem 5. April**). Diese Periode dauert bis *Ende April* und könnte auch durch juristisch-administrative Probleme oder große finanzielle Sorgen geprägt sein, die Sie zu drastischen Entscheidungen drängen. Kurz gesagt, und dies gilt immer noch für die **zweite Dekade**, vor allem *ab März*, wenn Uranus ebenfalls wirksam ist, wird diese Zeit alles andere als erholsam sein. Der Grund dafür sind oft Konsequenzen aus dem Jahr *2013*, als Uranus im *Frühjahr* und erneut nach dem *Ende der Sommerpause* eine Wende in Ihrem Leben angekündigt hat. In diesem *Frühjahr 2014* ist also eine weitere bewegte Phase in Sicht. Und da Pluto sich einmischt, der als Störfaktor wirkt und Sie zu einer tief greifenden Metamorphose zwingt – wenn Sie in der **ersten Aprilwoche geboren** sind –, müssen Sie sehr viel Klugheit und Bedächtigkeit unter Beweis stellen, um im Gleichgewicht zu bleiben. Dieses Jahr gehört für Sie – zusammen mit *2015* – zur kritischsten Phase in der Zeitspanne von 2012 bis 2016, die wir in diesem Buch analysieren. Vermeiden Sie also überstürzte Gesten und hitzige Reaktionen (z. B. gegenüber Angehörigen oder dem Partner), insbesondere von *Anfang des Jahres bis Anfang März*. Sonst besteht die Gefahr, dass sich einer von Ihnen beiden für die Flucht oder einen Bruch entscheidet. In dieser Hinsicht könnte *Anfang Februar* entscheidend sein. Wie wir bereits erklärt haben, könnte der störende Einfluss von Pluto/Uranus zu einer irreversiblen Veränderung in Ihrem Leben führen. So sollten Sie beispielsweise juristische Schritte nur dann beschließen, wenn Jupiter in einem »befreundeten« Zeichen steht, was *Ende Juli* der Fall ist. Er bleibt anschließend bis *September 2015* positiv für Sie (**für die gesamte Dekade**) und für die **zweite Dekade** bis *Ende Juni*. Widder der **ersten Dekade** erleben ihre beste Periode im *August und September 2014*, eine Phase, in der sie ihr Glück am Schopf packen müssen!

Während Pluto *2014* nur die Widder der **ersten Aprilwoche** beeinflusst, betrifft Uranus, der unvorhergesehene und radikale Änderungen bringt, in diesem Jahr die Widder, die zwischen **27. März und 8. April** geboren sind. Diese Gruppe wird nach und nach von seinem Einfluss betroffen. Ab *August*, wenn Uranus rückläufig ist, kommen die Widder der **ersten Aprilwoche** an die Reihe. Die Veränderung, die sich seit dem Frühjahr ankündigt, nimmt deutlichere Formen an, wird aber erst im *ersten Vierteljahr 2015* konkret.

Uranus in Ihrem Sternzeichen ist ein äußerst seltenes kosmisches Phänomen, denn es ist 84 Jahre her, dass er zum letzten Mal im Widder war. Viele von Ihnen haben die verschiedenen Phasen dieses Zyklus (z. B. den Quadrataspekt alle 21 Jahre) schon erlebt. Versuchen Sie also, sich an die große Wandlung zu erinnern, die Ihr Leben um *1993* erfahren hat. Die Wende, für die Sie sich jetzt bereit machen und die bereits im letzten Jahr eingeleitet wurde (bei Widdern, die am Beginn des Z**eichens geboren** sind, sogar bereits im *Sommer*), wird vielleicht eine ähnliche Form annehmen. Allerdings wirkt diesmal auch Pluto, ein Faktor großer Transformationen, weshalb der Einschnitt größer sein wird, speziell für Widder-Geborene von **Anfang April**. Widder, die **um den 2. April geboren sind**, sollten Machtkämpfe und überstürzte Entscheidungen um den *10. November* meiden. Sie könnten gegen eine Wand laufen.

Da Mars während der *ersten sieben Monate* in Opposition in der Waage steht, sollten Sie in Ihren Beziehungen auf der Hut sein und aggressive Diskussionen oder Reaktionen besser bleiben lassen! In dieser Phase sind Übertreibung und Ungestüm schlechte Ratgeber. Andererseits wäre es nützlich, sich einem gründlichen Check-up zu unterziehen. Mars verleitet Sie oft zu voreiligen Gesten und Sie sind gefährdet, was Stürze, Brüche, Verstauchungen etc. angeht. Achten Sie auch auf Ihre Ernährung, denn Widder sind oft anfälliger für Nierenprobleme.

Die **erste Dekade** ist vorwiegend im *Januar* von diesen Veränderungen (durch Uranus) betroffen, häufig Nachwirkungen vom *Frühjahr* und *Jahresende 2013*, wo sich bereits eine wichtige Wende angedeutet haben könnte. *Ende Mai* sollten die Widder, die **Ende März geboren sind** (Ende der ersten Dekade) möglichst vorsichtig sein. Davor, *Anfang März*, könnte Jupiter bezüglich der Wohnung oder Ihrer Angehörigen gewisse Spannungen bedeuten, manchmal einen Umzug.

Für die Widder der **dritten Dekade** wirkt Jupiter ab *Anfang Juni* ungünstig. Es wäre ratsam, juristische Schritte oder finanzielle Entscheidungen wie Investitionen aufzuschieben! Oder Sie werden für Fehler von *Anfang November 2013* zur Kasse gebeten (für die um **den 10./12. April Geborenen**). Noch eine Warnung: *Ende Februar bis Anfang März* sollten Sie körperlich jedes unnötige Risiko vermeiden, aber auch hitzige Debatten, denn Ihr Partner könnte Ihnen dies übel nehmen. Das gilt bis *Ende Juli*. Es ist eine Phase, in der Sie sich nicht überschätzen sollten, vor allem körperlich. Sehr konstruktiv und erfolgreich hingegen sollte die *zweiten Oktoberhälfte* werden. Probleme mit einer Kollegin, die manchmal auf Ereignisse im *Dezember* zurückgehen könnten, sind wieder aktuell und bleiben es bis *Mitte Januar*. Versuchen Sie, die Angelegenheit in Ordnung zu bringen, damit Sie nicht bis *Anfang März* unter den Folgen zu leiden haben. Widder, die **um den 11. April geboren** sind: Sie sollten um den *11. August* auf der Hut sein, möglichst Taktgefühl und Flexibilität an den Tag zu legen, um Schwierigkeiten mit dem »schwachen Geschlecht« zu vermeiden!

## IHR JAHR 2014 IM ÜBERBLICK

### Kritische Perioden:

(da die Einflüsse langsamer Planeten dafür bekannt sind, sich auf die vorhergehende und auf die folgende Periode auszuwirken, auch ungefähr 14 Tage **davor** und **danach**)

- *Um den 31. Januar* (**geboren um den 3. April**): Sorgen Sie für ein ausgewogenes Verhältnis zwischen Familie und Karriere.
- *Um den 26./28. Februar* (**geboren um den 31. März**): Spannungen zwischen Ihrer Neigung zu Veränderung und Ihrem Zuhause – juristische und finanzielle Probleme. Sie sind möglicherweise Opfer des kollektiven stürmischen Kontexts.
- *Um den 20. April* (**geboren um den 4. April**), fünfte Salve von Uranus/Pluto: Passen Sie sich der Veränderung an, aber ohne etwas zu überstürzen!
- *Um den 12. Juni* (**geboren um den 13. April**): Krise *at home* und finanziell?!
- *Um den 10. November* (**geboren um den 2. April**): Lernen Sie, nachzugeben.
- *Um den 27. November und 3. Dezember* (**geboren um den 3. April**): Ihre Wandlung geht weiter.
- *Um den 15. Dezember* (**geboren um den 3. April**), sechste Salve von Uranus/Pluto: Seien Sie flexibel und akzeptieren Sie die Veränderungen.

### Positive Perioden:

- *Um den 18. August* (**geboren um den 28. März**): Harmonische Beziehungen, auch zum Nachwuchs!
- *Um den 25. September* (**geboren um den 6. April**): Eine aufregende Veränderung zeichnet sich ab – unbedingt am Ball bleiben!

**HIGHLIGHTS IN DER LIEBE**

- 5. März bis 5. April
- 4. bis 29. Mai (mit Einschränkungen für Widder, die Ende März/Anfang April geboren sind)

- 24. Juni bis 19. Juli
- 12. August bis 6. September
- 17. November bis 10. Dezember

**IHRE DYNAMISCHEN UND EFFIZIENTEN PHASEN**

- 13. September bis 27. Oktober
- 12. bis 31. Dezember (außer die **letzte Dekade**)

**BESTE PERIODEN FÜR GESCHÄFTE/GELD/KONTAKTE/REISEN**

- 1. bis 16. August
- 29. November bis 17. Dezember

## 2015

### *ALLGEMEINE TENDENZEN*

Jupiter, der Tradition nach der große Wohltäter, sollte die kritischen Einflüsse von Uranus und Pluto für Sie abschwächen. Dies gilt besonders, wenn Sie zur **zweiten Dekade** gehören. Die *ersten sechs Monate* des Jahres bringen Ihnen positive Nachwirkungen und gute Resultate, die auf *Herbst 2014* zurückgehen: vielleicht eine schicksalhafte Begegnung? Oder ein schönes Angebot, ein Erfolg? Diese Veränderung liegt seit dem *Frühjahr 2014* in der Luft, aller Wahrscheinlichkeit nach konnte sie sich Ihnen aber nicht zeigen, da Pluto bremsend wirkte. Der Einfluss von Jupiter ist erst seit dem *Ende der Sommerpause 2014* spürbar, und die von Uranus angekündigte Wende war noch nicht konkret. *2015* sieht das nun völlig anders aus, und Jupiter könnte vor *Ende Juni* eine echte Entfaltung bewirken. Für einige geht ein Herzenswunsch in Erfüllung: Sie sind sehr kreativ, haben Glück in der Liebe und ein gutes Verhältnis zum Nachwuchs. Dieser positive Einfluss von Jupiter kann die Umwälzungen Plutos in die richtigen Bahnen lenken. Die besten Phasen in dieser Hinsicht sind *Januar*, *März* und *Mai* sowie *Juni*, da Mars, der Planet Ihres Sternzeichens, ebenfalls günstig wirkt und diese Konstellation noch unterstützt. Der störende Einfluss von Pluto/Uranus könnte Sie allerdings zeitweise aus der Fassung bringen. Sie sind gezwungen, sich damit anzufreunden. Dies geschieht hauptsächlich im *März*, im *Juli* und zwischen *Mitte November* und *Ende Dezember*, wo Sie die Herausforderung der Sterne annehmen müssen. Es steht Ihnen

aber, wie schon gesagt, bis *Ende Juni* Jupiter zur Seite. Speziell die **zweite Dekade** kommt gut über die Runden, während die **letzte Dekade** zwischen *Anfang Juli* und *Mitte August* dem Glücksplaneten Jupiter eine Atempause verdankt.
Die **erste Dekade**, speziell die **vor dem 26. März Geborenen**, können Saturn eine Konsolidierung und Stabilisierung verdanken. Er sichert seit *Weihnachten 2014* Ihre Zukunft ab, insbesondere *Mitte März*. Er wirkt unterschwellig und begünstigt langfristige Projekte (u. a. Schreibarbeiten, Arbeiten in den Medien oder der Politik), um *Ende September* und bis zum *Jahresende* die Resultate in Form eines fertiggestellten Werks oder einer Anerkennung zu versprechen. Dieser stabilisierende Einfluss kann aber auch Nachwuchs bedeuten oder den Kauf einer Immobilie.
Widder, die am **Anfang des Zeichens** geboren sind, genießen um den *22. Februar* eine äußerst glückliche Periode in Herzensangelegenheiten: Vielleicht die berühmte Liebe auf den ersten Blick? Die **zweite Dekade** sollte etwas kürzer treten, kein unnötiges Risiko eingehen, speziell um den *11. März*. Sie neigen zu voreiligen Reaktionen und unüberlegten Entscheidungen. Mit Jupiters Hilfe könnten diese aber trotzdem etwas Gutes bringen. Eines ist gewiss: Alles geht sehr schnell. Behalten Sie die Kontrolle über die Ereignisse!
Die **letzte Dekade** wird *Mitte Juni* mit Siebenmeilenstiefeln vorankommen und alles scheint für den Widder möglich zu sein! Dies gilt auch *Mitte August*, wobei hier eher Ihre Herzensangelegenheiten betroffen sind (speziell für die um d**en 13. April Geborenen**).

## IHR JAHR 2015 IM ÜBERBLICK

### Kritische Perioden:

(da die Einflüsse langsamer Planeten dafür bekannt sind, sich auf die vorhergehende und auf die folgende Periode auszuwirken, auch ungefähr 14 Tage **davor** und **danach**)

- *Um den 15. bis 20. Januar* (**geboren um den 4. April**): Umwälzungen sind oft durch kollektive Entscheidungen bedingt.
- *Um den 11. März* (**geboren um den 5. April**): Machen Sie eine Vollbremsung!
- *Um den 17. März* (**geboren um den 5. April**), siebte und letzte Salve von Uranus/Pluto: Ihre Metamorphose bestätigt sich und wird bald abgeschlossen sein.

- *Um den 4. Mai* (**geboren um den 8. April**): Hindernisse bremsen Ihre Veränderung.
- *Um den 20. Juni* (**geboren um den 4. April**): idem
- *Um den 26. Juni* (**geboren um den 26. März**): Der kollektive Kontext wirkt bremsend.
- *Um den 4. und 13. August* (**geboren um den 3. April**): idem – Ärger durch finanzielle Komplikationen.
- *Um den 3. September* (**geboren um den 10. April**): Destabilisierung.
- *Um den 22. Oktober* (**geboren um den 8. April**): Nachwirkungen vom 4. Mai.

**Positive Perioden:**

- *Um den 22. Februar* (**geboren um den 22. April**): Amor schießt seine Pfeile ab!
- *Um den 3. März* (**geboren um den 4. April**): Veränderungen von 2014 kommen wieder zur Sprache.
- *Um den 14. Juni* (**geboren um den 13. April**): Interessante neue Kontakte, Sie können Gas geben!
- *Um den 15. August* (**geboren um den 12. April**): Die Liebe, immer wieder die Liebe!
- *Um den 30. September* (**geboren um den 22. März**): Sie festigen eine Bindung oder beenden ein Werk.

**HIGHLIGHTS IN DER LIEBE**

- 27. Januar bis 20. Februar
- 18. März bis 12. April
- 12. April bis 8. Mai
- 6. Juni bis 18. Juli
- 8. August bis 26. September (heiße Liebe)
- Anfang Oktober (**letzte Dekade**)

**IHRE DYNAMISCHEN UND EFFIZIENTEN PHASEN**

- bis 13. Januar (**letzte Dekade**)
- 20. Februar bis 1. April (mit kleinen Einschränkungen)
- 13. Mai bis 26. Juni (Kontakte, Geschäftsreisen, Verträge)
- 8. August bis 26. September (Liebe, Kreativität, Leidenschaft)

**BESTE PERIODEN FÜR GESCHÄFTE/GELD/KONTAKTE/REISEN**

- 6. Januar bis 6. März (**erste und zweite Dekade**)
- 6. bis 14. März (**dritte Dekade**)
- 1. bis 15. April
- 2. Mai bis 2. Juli (**erste und zweite Dekade**)
- 2. bis 9. Juli (**dritte Dekade**)
- 24. Juli bis 7. August
- 21. November bis 11. Dezember

## 2016

### *ALLGEMEINE TENDENZEN*

Die Widder der **ersten und zweiten Dekade** haben einige Turbulenzen und kritische Veränderungen erlebt. In diesem Jahr *2016*, mit dem unsere Analyse endet, muss die **zweite Dekade** noch einmal mit einer Reihe schwieriger Einflüsse rechnen, insbesondere die Widder, die **nach dem 4. April geboren** sind. Dies gilt in erster Linie zwischen *Jahresanfang* und bis zum *Frühjahr*. In diesem Zeitraum wandert Uranus in die **dritte Dekade** und signalisiert eine einschneidende Wende. Dieser Einfluss dauert bis *Ende des Jahres* oder sogar bis ins Jahr *2017* hinein. Ein Wohnungswechsel, ein Umzug in ein anderes Land, ein Neuanfang in einer bestehenden Bindung, ein neuer Partner oder neuer Beruf, manchmal auch ein unerwartetes gesundheitliches Problem – mit Uranus ist alles möglich und es hängt von Ihrem persönlichen Horoskop ab, auf welchem Sektor diese Wende eintreten wird. In der Periode von *Oktober bis November* sollten Sie ganz allgemein sehr vorsichtig sein und kein physisches Risiko eingehen! Geben Sie Acht im Verkehr, am Steuer, bei sportlichen Aktivitäten etc. Lassen Sie unter anderem auch den technischen Zustand Ihres Wagens überprüfen.
Zurück zur **zweiten Dekade**: Sie werden weiterhin durch den Einfluss von Pluto/Uranus kräftig erschüttert – oft eine Folge der Einflüsse von

*2015*. Dies trifft insbesondere auf die Widder zu, die **nach dem 4. April geboren** sind. Es kommt zu nicht unerheblichen Turbulenzen in Ihrem Leben. *Dieses Jahr* genießen Sie jedoch die wertvolle Hilfe eines positiven Saturn, der die Aufgabe eines Schutzschirms übernimmt, vor allem im *Frühjahr*, dann wieder im *August/September*. Er ermöglicht es Ihnen, Ihre gestärkten physischen und psychischen Ressourcen zu nutzen, die den durch Uranus verursachten Stress kompensieren. Dies verhindert jedoch nicht, dass Sie sich gegen *Ende November* (*um den 24.*) um ein Problem mit Ihrem Liebes- oder Geschäftspartner kümmern müssen, das Ihr Leben verändern könnte, vor allem, wenn Sie **um den 5. April geboren** sind. Diese Sternenkonstellation erzeugt ein Klima, das bis *August 2017* Auswirkungen haben wird. Lernen Sie, Ihre Ansprüche zurückzuschrauben und zu spüren, »bis wohin Sie gehen können«, wenn Sie auf diese Partnerschaft Wert legen. Andererseits werden die Widder der **zweiten Dekade** von Saturn ermuntert, ein schriftliches Werk, eine Arbeit im Bereich Medien oder Politik in Angriff zu nehmen, die nach dem Ende der Sommerpause Früchte tragen wird. Um den *6. Juni* erleben einige unvergessliche Stunden in der Liebe. Ihr Charme ist unwiderstehlich, man liegt Ihnen zu Füßen. Außerdem sind Sie kreativ und inspiriert. Widder, die **an der Grenze zwischen der ersten und zweiten Dekade geboren** sind – um den 30. März – verstehen es, mit energischer Hand Menschen und Dinge zu leiten, was Ihnen um den *4. August* ein Höchstmaß an Effizienz garantiert.

Die Widder der **ersten Dekade** verfügen zwischen Anfang *März* und *Ende Mai* über außergewöhnliche Energiereserven. Nutzen Sie diese auch, um ein größeres Vorhaben anzupacken, z. B. ein Buch, ein Studium usw. Die Ergebnisse werden Sie im *August und Anfang September* ernten können. Ein besonderer Hinweis für Widder, die **um den 10. April geboren sind**: Ihre Aussichten um Weihnachten sind mehrdeutig. Einerseits wird es Ihnen gelingen, Neuerungen einzuführen und ein originales Projekt einzufädeln, das bis *November 2017* Auswirkungen haben wird; andererseits wird es Ihnen viel Arbeit machen, einen anderen (den Partner?) von der Zweckmäßigkeit dieses Projekts zu überzeugen. Auch dieses Klima wird bis *Ende September 2017* anhalten. Noch ist nicht bekannt, welcher dieser beiden Einflüsse das letzte Wort haben wird. Vielleicht ist es Ihre Aufgabe, das herauszufinden?

Insgesamt wird es ein Jahr, in dessen Verlauf kaum Langeweile aufkommt! Vor allem für die **zweite Dekade** tut sich eine Menge. Gleichzeitig sind Sie durch Saturn sehr konstruktiv und haben echte Trümpfe in der Hand.

## IHR JAHR 2016 IM ÜBERBLICK

**Kritische Perioden:**

(da die Einflüsse langsamer Planeten dafür bekannt sind, sich auf die vorhergehende und auf die folgende Periode auszuwirken, auch ungefähr 14 Tage **davor** und **danach**)

- *Um den 10. und 24. Januar* (**geboren um den 6. April**): Akzeptieren Sie die höhere Gewalt!
- *Um den 19. Oktober* (**geboren um den 5. April**): Geben Sie nach – Sie werden nicht gewinnen.
- *Um den 24. November* (**geboren um den 5. April**): Die Wandlung kommt zum Abschluss – meiden Sie Prozesse und haben Sie Achtung vor dem Fiskus!
- *Um den 25. Dezember* (**geboren um den 10. April**): Passen Sie sich der Konjunktur an und vermeiden Sie Machtkämpfe

**Positive Perioden:**

- *Um den 6. Juni* (**geboren um den 6. April**): Amor schießt seine Pfeile ab … Liebe auf den ersten Blick?
- *Um den 24. August* (**geboren um den 30. März**): Energie und Entschlossenheit – im Sport sind Sie kaum zu schlagen!
- *Um den 31. Oktober* (**geboren um den 1. April**): Im Teamwork läuft es besser!
- *Um den 10. November* (**geboren um den 5. April**): Reisen oder ein Auslandsgeschäft (oder im Bereich Verlag, Werbung, Medien) können zu einer Wende führen – in die richtige Richtung.
- *Um den 2. Dezember* (**geboren um den 10. April**): Die Veränderung nimmt die Form eines langfristigen Vorhabens an.

**HIGHLIGHTS IN DER LIEBE**

- 1. bis 2. Januar (eine Romanze im Ausland oder auf einer Reise?)
- 19. Februar bis 13. März
- im April – ab dem 5. – werden Beziehungen tiefer und fester
- 26. Mai bis 18. Juni (eine Begegnung in Sicht?)
- 13. Juli bis 6. August (Sternstunden!)
- Anfang September bis 24. September (man ist für Sie tätig)
- 19. Oktober bis 12. November (Eros erwartet Sie im Ausland)
- 7. Dezember bis Ende Dezember (aus Freundschaft kann Liebe werden!)

**IHRE DYNAMISCHEN UND EFFIZIENTEN PHASEN**

- 7. März bis 27. Mai (mit Auswirkungen im Sommer)
- 9. November bis 19. Dezember: Starten Sie ein Projekt!

**BESTE EPRIODEN FÜR GESCHÄFTE/GELD/KONTAKTE/REISEN**

- 14. Februar bis 6. März
- 23. März bis 6. April
- 13. bis 29. Juni
- 15. bis 31. Juli
- 13. November bis 3. Dezember

## Stier

### ALLGEMEINE AUSWIRKUNGEN DER DISSONANZ URANUS/PLUTO AUF IHR STERNZEICHEN ZWISCHEN 2012 UND 2016

Pluto ist der am weitesten entfernte und mächtigste Planet unseres Sonnensystems – und das, obgleich er kürzlich und willkürlich von einigen Astronomen wegen seiner Kleinheit zu einem Zwergplaneten heruntergestuft wurde. Aber ist die Kraft eines Elements wirklich von seiner Größe abhängig? Viren und die Atomkraft beweisen das Gegenteil! Kurzum, Pluto steht Ihnen zur Seite. Er bildet über den gesamten Fünfjahreszeitraum und noch darüber hinaus ein schönes, regenerierendes Trigon mit Ihrer Geburtssonne. In den Bereichen, die geeignet sind, Ihr Leben von Grund auf zu verändern, wirkt er vor allem anregend auf Ihre Aktivitäten in Bezug zum Ausland, auf große Reisen, Unternehmungen in den Gebie-

ten Medien, Politik, eine neue Ausbildung oder auch auf Verlagsprojekte. Die Wandlungen werden Ihrem gesellschaftlich-beruflichen Weg ein neues Tempo verleihen. 2017 wird Ihre Situation nicht mehr dieselbe sein wie heute. Dieses mächtige Gestirn kümmert sich auch um Ihre Psyche. Ihr Wertesystem wird sich tief greifend und vollständig verändern. Abgesehen davon wird sich die Dissonanz, die Pluto am Himmel mit Uranus bildet, auf Ihr Sternzeichen auswirken. Dies geschieht in Form von unvorhergesehenen Eklats, die sich Ihnen in den Weg stellen und Ihre Initiativen zu bestimmten Zeiten bei entsprechender Konstellation mit weiteren dissonanten Aspekten bremsen könnten. Damit Sie sich vor dieser Art von unangenehmen Überraschungen schützen können, wird Ihnen empfohlen, beispielsweise mögliche Probleme auf einer Reise oder bei Vertragsverhandlungen mit dem Ausland oder den Zuständigen der Medienorgane, falls Sie ein Projekt in diesem Bereich verfolgen, durch vorausschauende Vorsicht im Vorfeld zu umgehen, immer natürlich soweit dies möglich ist. Diese Dissonanz kann auch eine negative Auswirkung auf die Moral und die Stimmung des Stiers haben, der zu Pessimismus oder gar zu Depressionen neigt. Da Sie nun vorgewarnt sind, sollten Sie zum passenden Zeitpunkt durch positives Denken und eine Relativierung der Dinge reagieren.
Wenn umgekehrt Pluto am Himmel positive Aspekte bildet, schwimmen Sie auf den Wogen des Erfolgs!

Michael 2017 wird die Situation nicht mehr die selbe sein

## 2012

### *ALLGEMEINE TENDENZEN*

Lieber Stier, in dieser Periode zwischen 2012 und 2016 zählen Sie zu den Gewinnern des Tierkreises. Sie profitieren von dem mächtigen und zugleich äußerst seltenen Aspekt Plutos, der sich als mehr oder weniger zerstörerisch erweisen kann, wenn er dissonant ist. Wenn Sie zu den **ersten beiden Dekaden** gehören, erfahren Sie in dieser Fünfjahresperiode seine wertvolle Unterstützung besonders stark. Obwohl der plutonische Einfluss für Sie in den kommenden Jahren günstig ist (Stiere der **ersten** und **zweiten Dekade**), im Jahr *2012* speziell für die **erste Dekade**, müssen wir auch Abstriche machen bezüglich der Himmelsdissonanz von Uranus mit Pluto. Dies kann eine leicht negative Auswirkung beispielsweise hinsichtlich Ihrer Reisen, eventueller gesundheitlicher Probleme im Ausland oder möglicher Spannungen zwischen dem Personal, mit Ihren Untergebenen haben, vor allem bei einer Firma mit Sitz im Ausland. Eine andere Möglichkeit: eine Veränderung der Weltanschauung, die mit einem plötzlichen Überdruss des Alltagstrotts im Beruf einhergehen könnte. Vergessen wir jedoch nicht den dominierenden – sehr positiven und regenerierenden – Einfluss von Pluto auf Sie als Stier. Diese verschiedenen Szenarien sind übrigens für alle kommenden Jahre der hier analysierten Periode gültig.

Im Jahr *2012* ist es, nach *2010* und *2011*, die **erste Dekade**, die von der Freigebigkeit Plutos profitiert. Dies betrifft vor allem den Stier, der **nach dem 25. April geboren** ist. Pluto übt seinen regenerierenden Einfluss vorzugsweise auf Ihre Lebenskraft aus, aber auch auf Ihre Auslandsgeschäfte, Ihre Publikations- oder Medienprojekte oder politischen Aktivitäten. Und natürlich auf Ihre Weltanschauung, Ihre Bildung und Ihre philosophischen Kenntnisse – dies sind alles Bereiche, die geschützt, angeregt und potenziert werden. Fügt man diesem, in einem Menschenleben einmaligen Einfluss noch den von Jupiter hinzu, der uns nach dem *Sommer 2011* im gesamten *ersten Halbjahr* erneut besucht (**alle Dekaden**), können Sie beurteilen, was für ein bemerkenswertes Glück Ihnen zuteilwird. Man könnte tatsächlich sagen: »Dem Stier ist nichts unmöglich.« Dies gilt sogar für die **letzte Dekade**, die ihrerseits von *Anfang Mai bis Mitte Juni* von Jupiter verwöhnt wird. Ein blitzartiger Durchgang, den Sie nutzen sollten, wobei Mars Ihnen hilft.

Wegen Plutos Einfluss gebührt *2012* daher vor allem der **ersten Dekade** die Siegespalme des kosmischen Glücks. Dieses erreicht seinen Höhepunkt bis *Mitte März*, wobei Jupiter zwischen diesem Zeitpunkt und *Ende April* weiterzieht in die **zweite Dekade**, um nun den Stieren **dieser Dekade** bis *Mitte Juni* Glück zu bringen. Fügt man zu diesem hübschen Bild noch das Sextil von Neptun hinzu, das sich im *Februar* in den Reigen einfügt, könnte man der **ersten Dekade** kaum ein vielversprechenderes Jahr wünschen, auch wenn Neptun in diesem Fall nur die **vor dem 25. April Geborenen** betrifft. Dieser Einfluss wirkt sich vor allem auf Ihre Freundschaften aus, zu deren Idealisierung Sie neigen werden, denen Sie aber auch bezaubernde Stunden verdanken, ohne die mögliche Unterstützung oder freundschaftliche Intervention zu vergessen. Wenn Sie **um den 20./21. April geboren** sind, haben Sie ab *Frühjahr 2011* bereits Erfahrungen mit diesem Einfluss machen können, der eine unschätzbare Gelassenheit verschafft. Neben ausgezeichneten freundschaftlichen Beziehungen, lieber Stier, könnten Sie gar mit einem künstlerischen Projekt rechnen, das ihnen einen schönen Bekanntheitsgrad verschaffen könnte. Da Ihnen das Paar Jupiter/Pluto bereits seit vergangenem Sommer gewogen war, kann man wetten, dass Sie, wenn Sie in die **erste Dekade** gehören, bereits ein größeres Projekt in die Wege geleitet haben. Sie sollten auch wissen, dass Sie bei diesem relativ seltenen Durchgang Jupiters durch Ihr Haus, der nur alle zwölf Jahre auftritt, mit Plutos Unterstützung die Möglichkeit haben, im Leben noch einmal bei null anzufangen, falls dies Ihr heimlicher Wunsch ist. Zögern Sie nicht, es ist eine einmalige Chance, starten Sie durch, wagen Sie es! Erwähnen wir jedoch auch den Wermutstropfen für die **erste Dekade**, die *das ganze Jahr* über am meisten von Pluto und bis *Frühjahr* auch von Jupiter/Mars verwöhnt wird. *Anfang Oktober bis Ende des Jahres* taucht durch die Opposition von Saturn ein Moment der Introvertiertheit auf, in dem das Erreichte infrage gestellt wird, es ein Problem in der Paarbeziehung oder allgemein mit jemand anderem oder auch gesundheitliche Probleme geben kann. Allerdings kann man grundsätzlich davon ausgehen, dass Sie wegen des starken und schützenden Einflusses von Pluto unter Saturn nicht übermäßig werden leiden müssen. Ihre geistige Haltung, die Plutos Unterstützung erfährt, ist hierbei sehr wertvoll und sollte von Ihnen durch positives Denken gefördert werden. Die beste Zeit zu wirksamem Handeln liegt für den Stier der **ersten Dekade** zwischen *10. März und 20. Mai*, wenn Mars ihn unterstützt und die Wirkungen seines Tuns verstärkt. Dabei spielt es keine Rolle, ob Jupiter bereits in die **letzte Dekade** gegangen ist oder nicht. Stiere dieser Dekade können zwischen dem *11. Mai* und dem *10. Juni* sowie speziell um den *13. Mai* mit einer spektakulären Glückssträhne rechnen. Dieselbe Dekade wird das Jahr aber bereits unter der Ägide eines elektrisierenden Mars begonnen haben, der ihr Wirken zwischen *Anfang Januar* und *Mitte Februar* stark angeregt haben wird, sodass es ratsam ist, ein kreatives Werk zu beginnen oder sich in eine neue Sportart zu stürzen. Zwischen dem *15. Juni* und *Anfang Juli* können die Stiere dieser Dekade dann die Früchte ihrer Bemühungen ernten.

## IHR JAHR 2012 IM ÜBERBLICK

### Kritische Perioden:

(da die Einflüsse langsamer Planeten dafür bekannt sind, sich auf die vorhergehende und auf die folgende Periode auszuwirken, auch ungefähr 14 Tage **davor** und **danach**)

- *Um den 8. Mai* (**geboren um den 11. Mai**): Vermeiden Sie Selbstüberschätzung und falsche Versprechungen!
- *Um den 17. Mai* (**geboren um den 14. Mai**): Der erste Eindruck kann täuschen – halten Sie die Augen offen!
- *Um den 15. Oktober* (**geboren um den 22. April**): Der andere macht Ihr Leben kompliziert!

**Positive Perioden:**

- *Um den 18. Januar* (**geboren um den 22. April**): Man hilft Ihnen hinter den Kulissen ...
- *Um den 5. und 13. März* (**geboren um den 30. April**): Die Konjunktur ist für Sie und Ihre Finanzen tätig. (Geldanlagen?)
- *Um den 11. Oktober* (**geboren um den 21. April**): Konstruktive Auswirkungen von 2011 – gesegnet sind Verbindungen, Geschäftspartnerschaften, Heiraten!
- *Um den 27. November* (**geboren um den 29. April**): Was für eine Kraft und für ein Einfluss!
- *Um den 27. Dezember* (**geboren um den 30. April**): Es leben Geschäftsverbindungen, besonders mit einem älteren Partner! Die Vorhersagen vom Ende der Welt betreffen Sie nicht!

**HIGHLIGHTS IN DER LIEBE**

- Mitte Januar bis 10. Februar
- 6. März bis 3. April
- 7. August bis 9. September
- 4. bis 29. Oktober

**IHRE DYNAMISCHEN UND EFFIZIENTEN PHASEN**

- Anfang Januar bis 4. Juli (für alle **drei Dekaden**)
- 18. November bis 26. Dezember

**BESTE RERIODEN FÜR GESCHÄFTE/GELD/KONTAKTE/REISEN**

- 9. bis 27. Januar
- 15. Februar bis 3. März
- 25. März bis 17. April
- 10. bis 25. Mai (!)
- 2. bis 17. September
- 18. September bis 11. Dezember

## 2013

### *ALLGEMEINE TENDENZEN*

Wenn Sie in die **ersten beiden Dekaden** gehören, wird Jupiter, der Planet, der Ihnen Glück, Expansion und Lebensoptimismus bringt, ab *Juli* erneut Ihr Verbündeter nach einer Periode, in der er Sie die Wohltaten von *2012* (bis *Ende Juni*) hat einfahren lassen. Obgleich er nun in Opposition mit Pluto steht, was gelegentlich, insbesondere im *September/Oktober*, in Ihrem Umfeld für Beziehungsprobleme sorgen kann, werden Sie von dieser kosmischen Situation profitieren. Im Jahr 2013 schützt Pluto mit seinen kräftigen regenerierenden Strahlen die Stiere, die **zwischen dem 27. April und dem 3. Mai geboren** sind. Seine Wirkung wird linear zu der des Jahres *2012* sein, also dieselben Bereiche ankurbeln: Reisen, Publikationen, Politik, neue Ausbildung, Werbung … Wenn Sie **vor dem 27. April geboren** sind, bringt Ihnen Neptun Gelassenheit und Offenheit für das Unsichtbare – was Ihnen als pragmatischem Stier eher fremd sein wird. Wetten wir, dass sich vor *Ende des Jahres* Ihre Weltanschauung geändert haben wird und Sie Ihren legendären Skeptizismus infrage stellen werden? Der Einfluss Saturns, der Sie zu mehr Nachdenklichkeit und einem gewissen Rückzug veranlassen wird, ist hierbei vielleicht dienlich. Er betrifft Sie *Anfang des Jahres bis Ende März*, wenn Sie **zwischen dem 27. April und dem 2. Mai geboren** sind, und lässt vor allem im *Sommer* das schlechte Beziehungsklima von *Ende 2012* beim Stier wieder aufleben, der **vor dem 27. April geboren** ist. Die **zweite Dekade** erlebt die Auswirkung dieser Opposition Saturns ab *Oktober bis Ende des Jahres.* **Die letzte Dekade** wird erst *2014* davon betroffen sein. Unter dem Einfluss Saturns, der einige Probleme der Vergangenheit zurückbringt, die nun erledigt werden müssen, und der verlangt, dass das Leben wieder in Ordnung gebracht wird, kann Ihre Vitalität etwas geschwächt werden. Auch hier dient Pluto als Gegenmittel, erst recht, wenn Sie **vor dem 3. Mai geboren** sind. Falls bei Ihnen das Herz oder das Verdauungssystem anfällig sind oder Sie Augenprobleme haben, sollten Sie im *Januar*, im *Mai* und im *September* besonders auf der Hut sein und zu einer Kontrolluntersuchung gehen.

Neptun schützt *das ganze Jahr hindurch* Ihre Freundschaften und groß angelegten Projekte (insbesondere künstlerischer Art), wenn Sie **vor dem 27. April geboren** sind. Auch *2013*, wie schon *2012*, steht Ihnen vor allem im *zweiten Halbjahr* die Möglichkeit offen, die Gründung einer Firma im Ausland oder ein politisches Programm in Angriff zu nehmen oder Ihre Memoiren zu schreiben. Jupiter begünstigt ab *Juli* Ihre Begegnungen und flüstert Ihnen glänzende Ideen ein. Der *Sommer*, insbesondere der *August*, wird in dieser Hinsicht besonders fruchtbar: Verpassen Sie den Zug nicht! Schon vorher können Sie bezüglich Ihrer Projekte auf einen wirksamen Mars setzen, und zwar im *Februar/Anfang März*, im *Mai* (mit Abstrichen) und im *August* sowie im *November*, Monate, in denen Sie überaus kreativ sind.

### IHR JAHR 2013 IM ÜBERBLICK

**Kritische Perioden:**
(da die Einflüsse langsamer Planeten dafür bekannt sind, sich auf die vorhergehende und auf die folgende Periode auszuwirken, auch ungefähr 14 Tage **davor** und **danach**)

- Um den 10. Januar (**geboren um den 14. Mai**): Sie unterliegen dem Effekt einer negativen Konjunktur.
- Um den 11. Februar (**geboren um den 27. April**): idem
- Um den 20. Mai (**geboren um den 27. April**): Der andere macht Ihr Leben kompliziert …
- Um den 28. Juni (**geboren um den 5. Mai**): Effekt einer negativen kollektiven Konjunktur …

**Positive Perioden:**

- *Um den 4. Februar* (**geboren um den 23. April**): Die Projekte machen Riesenfortschritte – Freunde unterstützen Sie.
- *Um den 8. März* (**geboren um den 1. Mai**): Eine Partnerschaft mit dem Ausland oder bei einer Publikation, in der Politik oder Bildung?
- *Um den 11. Juni* (**geboren um den 26. April**): Eine Heirat, eine Geschäftspartnerschaft, eine langfristige Partnerschaft sind willkommen.
- *Um den 18. und 22. Juli* (**geboren um den 26. April**): Ein gesegneter Augenblick für (glückliche) Begegnungen, (ehrgeizige und künstlerische) Projekte, Partnerschaften (mit einem älteren Partner)! Also los!
- *Um den 16. August* (**geboren um den 1. Mai**): Das Glück putscht Ihre Begegnungen/Verträge auf – die Konjunktur dient Ihnen!
- *Um den 6. September* (**geboren um den 30. April**): idem
- *Um den 21. September* (**geboren um den 30. April**): Konstruktive Auswirkungen von Ende 2012?
- *Um den 13. Dezember* (**geboren um den 8. Mai**): Unterschreiben Sie mit geschlossenen Augen einen Vertrag!

**HIGHLIGHTS IN DER LIEBE**

- 10. Januar bis 3. Februar
- 27. Februar bis 23. März
- 16. April bis 10. Mai (heiße Liebe!)
- 4. bis 27. Juni (schicksalhafte Begegnung?)
- 23. Juli bis 17. August (idem)
- 6. November bis Ende Dezember

**IHRE DYNAMISCHEN UND EFFIZIENTEN PHASEN**

- 2. Februar bis 13. März
- 20. April bis Ende Mai (mit einem Abstrich: Hüten Sie sich vor Stürzen!)
- 14. Juli bis 28. August
- 16. Oktober bis 7. Dezember

**BESTE PERIODEN FÜR GESCHÄFTE/GELD/KONTAKTE/REISEN**

- 6. Februar bis 22. März
- 2. bis 16. Mai
- 1. Juni bis 8. August
- 24. August bis 9. September
- 1. bis 21. November (erste Dekade!)
- 22. November bis 5. Dezember
- 24. bis 31. Dezember

## 2014

### *ALLGEMEINE TENDENZEN*

Schließen Sie eine Geschäftspartnerschaft! Dieser Rat gilt vor allem für die **zweite Dekade** und da wieder besonders für den *Mai*, der bekanntlich der Wonnemonat ist. Mit Saturn in Opposition kann es sein, dass der/die glückliche Auserwählte älter ist als Sie, vielleicht klüger und erfahrener. Da Jupiter 2014 über den glücklichen Begegnungen wacht – für die **zweite Dekade** bis *Ende Mai*, als Auswirkung des *zweiten Halbjahres 2013* –, kann man wetten, dass Sie *Ende April/Anfang Mai*, wenn Venus sich einmischt, eine prägende und entscheidende Begegnung haben werden, falls Sie die Gelegenheit Anfang des Jahres verpasst haben! Dabei kann es sich auch um eine Freundschaft handeln, die in zärtlichere Gefühle umschlägt.

Allgemein zwingt die Opposition Saturns, die sich dieses Jahr auf den Stier auswirkt, der **nach dem 5. Mai geboren** ist, Ordnung ins Leben zu bringen. Wird eine Art Bilanz der Vergangenheit gezogen, entsteht vielleicht der Wunsch nach einer Heirat oder Geschäftspartnerschaft. Pluto versorgt den Stier von **Anfang Mai** das ganze Jahr über mit seiner regenerierenden Energie. Wenn Sie **vor dem 5. Mai geboren** sind, treiben Sie noch immer auf der Welle des Erfolgs in den verschiedenen Bereichen, die bereits für die vorangegangenen Jahre genannt wurden: Auslandsgeschäfte, Publikationen, Medienprojekte, Politik oder Werbung. Es liegt an Ihnen, eine neue Sprache zu lernen oder fremde Länder zu erkunden! Besonders wertvoll ist dieser Einfluss für alle Berufe, die mit dem Schreiben zu tun haben, für Anwälte, Vortragsreisende, Verleger oder Journalisten beispielsweise. Neptun hat inzwischen seinen Weg fortgesetzt und schützt *2014* den Stier, der **zwischen dem 22. und dem 29. April geboren** ist. Freundschaftliche Protektion, auch größere künstlerische oder humanitäre Projekte sowie ökologische Projekte – Ihr Lieblingsthema – sind bevorzugt. Im *Frühjahr* unterstützt Jupiter Sie bei deren Realisierung. Kehren wir jedoch zu Saturn zurück, der Sie im *August* und *Dezember* zu Vorsicht hinsichtlich Ihrer Schwachpunkte aufruft: Augen, Herz, Verdauungssystem und Beine. Meiden Sie nach Möglichkeit Stürze und gehen Sie zum Zahnarzt: Ihre Zähne sind im Visier! Als Reaktion auf die Rückläufigkeit von Mars, der in Ihrem Haus der Gesundheit steht, sollten Sie bis *Ende Juli* für eine gute Lebenshygiene sorgen. Treffen Sie eine Entscheidung, die Ihrer Gesundheit förderlich ist, hören Sie beispielsweise mit dem Rauchen auf oder halten Sie Diät: Das ist eine Mahnung für den naschhaften Stier! Nach dem *Jahresende 2013* macht Cupido am *Jahresanfang 2014* dem Stier der **ersten Maiwoche** schöne Augen, und zwar bis *Anfang März.* Mithilfe des glücklichen Planeten Jupiter und des erneuernden Planeten Pluto haben Sie beste Chancen auf eine prägende Begegnung, vielleicht auf einer Reise. Oder Sie söhnen sich mit jemandem aus, mit dem Sie zerstritten waren. Genießen und nutzen Sie diese Sternenkonstellation! Ein Rat **an alle**: Profitieren Sie vom *ersten Halbjahr*, in dem Jupiter Sie milde und beschützend betrachtet und Ihren Lebensoptimismus und Ihre Unternehmungen fördert. Anschließend wechselt er nämlich die Seiten bis *Ende des Jahres*, insbesondere was die **erste und zweite Dekade** betrifft. Vor allem im *August* und im *Dezember* könnte er Sorgen in Bezug auf Ihre Wohnung, Ihre Familie oder Ihr Vermögen mit sich bringen – hüten Sie sich vor dem Fiskus! Verwalten Sie Ihr Budget umsichtig, denn dieser Einfluss wird auch *2015* trotz aller Bemühungen nicht nachlassen und die eventuellen Nachwirkungen eines Prozesses oder eines finanziellen Problems mit sich bringen, insbesondere für die **zweite Dekade**.

## IHR JAHR 2014 IM ÜBERBLICK

**Kritische Perioden:**
(da die Einflüsse langsamer Planeten dafür bekannt sind, sich auf die vorhergehende und auf die folgende Periode auszuwirken, auch ungefähr 14 Tage **davor** und **danach**)

- *Um den 18. August* (**geboren um den 28. April**): Außergewöhnliche Ausgaben, übermäßige Naschsucht, Vergnügungssucht, Freuden, mit familiären Komplikationen gewürzt.
- *Um den 2. August* (**geboren um den 6. Mai**)*:* Beugen Sie sich der höheren Gewalt.
- *Um den 25. August* (**geboren um den 7. Mai**): Geben Sie nach – und hüten Sie sich vor Stürzen/Verletzungen/Frakturen!
- *Um den 27. November und 3. Dezember* (**geboren um den 17. Mai**): Der andere ist eine Quelle von Problemen (unerwarteter Sinneswandel?).

**Positive Perioden:**

- *Um den 31. Januar und 20. April:* (**geboren um den 2. Mai**): Ziehen Sie aus den Spannungen in der Umgebung Nutzen!
- *Um den 24. Mai* (**geboren um den 9. Mai**): Lohnende Rückkehr von Mitte Dezember 2013 – genießen!
- *Um den 10. November* (**geboren um den 1. Mai**): Nichts widersetzt sich Ihnen! Erfolge im Ausland, bei Publikationen, in den Medien oder in der Politik …

**HIGHLIGHTS IN DER LIEBE**

- 1. Januar bis 5. März
- 5. April bis 4. Mai
- 29. Mai bis 24. Juni
- 19. Juli bis 12. August
- 6. September bis 1. Oktober
- 23. Oktober bis 17. November
- 10. Dezember bis Ende des Jahres

**IHRE DYNAMISCHEN UND EFFIZIENTEN PHASEN**

- Die Periode Jupiters im Allgemeinen (bis Mitte Juli)
- 23. Oktober bis 4. Dezember

**BESTE PERIODEN FÜR GESCHÄFTE/GELD/KONTAKTE/REISEN**

- 1. bis 11. Januar
- 1. bis 13. Februar (**erste Dekade**)
- 18. März bis 7. April
- 24. April bis 8. Mai
- 30. Mai bis 17. Juni
- 14. bis 31. Juli
- 9. bis 28. November

## 2015

### *ALLGEMEINE TENDENZEN*

Lieber Stier der **letzten Dekade**, Sie haben bereits *2014* die Opposition Saturns erlebt, die vielleicht Ihre Gesundheit oder Ihr Beziehungsleben geschwächt hat. Dies könnte sich durch eine Entfremdung in der Paarbeziehung oder in Beziehungen allgemein sowie eine etwas pessimistische Weltsicht geäußert haben. Seine störende Wirkung wurde bis zum *Sommer* von dem schönen Aspekt Jupiters überdeckt, ab *Mitte Juli* wird das belastende Klima Saturns in Ihrem Alltag jedoch präsenter gewesen sein.

*2015* erscheint Saturn im *Sommer* wieder, ab *Mitte Juni* – aber nur, wenn Sie **nach dem 15. Mai geboren** sind. Er bringt vor allem im *August* und *bis 20. September* Komplikationen mit sich. Angesichts der gleichzeitigen Dissonanz von Jupiter seit *Mitte Juni*, dem Gestirn, das seit *Dezember 2014* zurückgekehrt ist und von *Ende Juni bis Mitte August* alle möglichen finanziellen oder juristisch-administrativen Sorgen für Sie im Gepäck hat, können wir wetten, dass die in der **letzten Dekade Geborenen** im *Sommer 2015* nichts zu lachen haben werden. Dies umso mehr, als Venus sich einmischt und den ganzen *Sommer* über bis *Anfang Oktober* für schwierige Entscheidungen auf Gefühlsebene sorgt. Kurz, der Himmel macht Ihnen in diesem *Sommer* zu schaffen, lieber Stier, erst recht, wenn Sie zur **letzten Dekade** gehören, da dann Saturn ab *Mitte Juni* mit von der Partie ist. Die Dissonanz Jupiters betrifft, aber nicht nur die **letzte Dekade**; seit *Jahresanfang* und bis *Ende Juni* wirkt sie sich auch auf die **zweite Dekade** aus. Ihre Wirkung wird übrigens besonders im *April* spürbar, wenn Sie nicht mehr wissen, wo Ihnen der Kopf steht. Ein Problem innerhalb der Familie oder mit der Wohnung könnte Sie dann beschäftigen. Zum Glück schwenkt Jupiter ab *Mitte August* um und kommt Ihnen entgegen, nun verwöhnt er Sie bis *Ende des Jahres* in Herzensangelegenheiten. Und selbst wenn das Paar Venus/Mars Ihnen im *August/September* Steine in den Weg legt, wird seine schützende Wirkung, ein Abbild der Expansion und Lebensfreude, Ihren Weg auszeichnen. Der große Wohltäter der Antike schützt bis *Ende des Jahres* (vor allem auch im *Oktober/Anfang November*) Ihre Kreativität, Ihre Herzensbindungen (vor allem mit Ihren Kindern), Ihre amourösen Begegnungen sowie eventuelle Spekulationen. Der richtige Augenblick, um Lotto zu spielen oder ins Casino zu gehen!

Pluto, der mächtigste Planet des Tierkreises, bleibt auch weiterhin Ihr Verbündeter. Dieses Jahr gilt das speziell für den Stier der **ersten Maiwoche**. Wie in den vorangegangenen Jahren begünstigt er Ihre Auslandsgeschäfte, großen Reisen, eine eventuelle Auswanderung oder ein langwieriges Werk oder eine Ausbildung. Er sorgt dafür, dass Sie Tempo machen im Leben, indem er Ihr Vermögen vergrößert, materielles oder finanzielles eingeschlossen. Neptun eröffnet Ihnen die Welt des Unsichtbaren und der subtilen Energien, indem er Sie empfänglicher macht für andere und für ökologische Anliegen und indem er größere künstlerische oder humanitäre Projekte anregt. Freundschaften werden dafür sorgen, dass Sie bereichernde Stunden erleben, lieber Stier der **ersten Dekade, geboren nach dem 24. April**.

In Bezug auf die Dissonanz Jupiters, die sich für die **zweite und letzte Dekade** über die *ersten sieben Monate* erstrecken wird, ist noch hinzuzufügen, dass sie Wucherungen wie Zysten, Warzen und Ähnliches ebenso verstärkt wie Übergewicht, dem der Stier als Freund des Genusses ausgesetzt ist. Die Perioden, in denen die Dissonanz Jupiters besonders spürbar ist und Ihnen daher eine ärztliche Untersuchung zu empfehlen ist (trotz des Schutzes, den Pluto den **Anfang Mai Geborenen** gewährt), liegen in der *ersten Januarhälfte*, im *April*, zwischen dem *6. Juni* und dem *8. Oktober* und spezieller noch zwischen dem *8. August* und dem *26. September*, wenn Mars in das Duo Jupiter/Venus mit seiner Dissonanz einstimmt.

2015 wird demnach ein Jahr, in dem Sie auf der Hut bleiben sollten, vor allem bis zum *Sommer* bzw. bis *Ende September*. Verlieren Sie jedoch das Ziel nicht aus den Augen, nämlich die Ankunft des aufregenden und Wohlstand verheißenden Jupiters *Mitte August*.

## IHR JAHR 2015 IM ÜBERBLICK

**Kritische Perioden:**
(da die Einflüsse langsamer Planeten dafür bekannt sind, sich auf die vorhergehende und auf die folgende Periode auszuwirken, auch ungefähr 14 Tage **davor** und **danach**)

- *Um den 20. Juni* (**geboren um den 19. Mai**): Dämmen Sie Ärger/ Hindernisse seitens des Partners ein – hüten Sie sich vor den Nachwirkungen von Mitte August!
- *Um den 26. Juni* (**geboren um den 10. Mai**): Ausgaben oder juristisch-administrative Probleme in Zusammenhang mit dem sozipolitischen Kontext drohen.
- *Um den 3./4./18. August* (**geboren um den 18. Mai**): vgl. 20. Juni!
- *Um den 15. August* (**geboren um den 12. Mai**): Meiden Sie Übertreibungen jeglicher Art – Ihre Figur und Ihr Geldbeutel freuen sich darüber!

**Positive Perioden:**

- *Um den 20. Januar* (**geboren um den 26. April**): Freunde, die Sie unterstützen, umfangreiche Projekte, die Fortschritte machen …
- *Um den 17. August* (**geboren um den 22. April**): Angekurbelte Kreativität …
- *Um den 17. September* (**geboren um den 29. April**): Sie gehen gestärkt aus den Spannungen zwischen Freunden und Angehörigen hervor: Spielen Sie den Schiedsrichter!
- *Um den 11. und 17. Oktober* (**geboren um den 3. Mai**): Stürzen Sie sich in ein literarisches Werk oder ein Medienprojekt – es könnte Ihr Leben verändern!

**HIGHLIGHTS IN DER LIEBE**

- 27. Januar bis 20. Februar
- 18. März bis 12. April (mit einem Abstrich)
- 8. Mai bis 6. Juni
- 8. Oktober bis 11. November
- 5. bis 31. Dezember

**IHRE DYNAMISCHEN UND EFFIZIENTEN PHASEN**

- 13. Januar bis 20. Februar
- 25. Juni bis 8. August
- 26. September bis 13. November

**BESTE PERIODEN FÜR GESCHÄFTE/GELD/KONTAKTE/REISEN**

- 15. April bis 2. Mai
- 9. bis 23. Juli
- 8. bis 28. August
- 3. bis 20. November
- 11. bis 31. Dezember

## 2016

### *ALLGEMEINE TENDENZEN*

*2016* kehrt Pluto wieder zurück, um zu Ihrem größten Vergnügen die Bereiche Auslandsgeschäfte, Projekte in Verbindung mit dem Schreiben oder Politik auf den neuesten Stand zu bringen. Dies betrifft besonders den Stier, der **um den 5. Mai geboren** ist und die Früchte dieses herrlichen plutonischen Einflusses im *kommenden Herbst* wird ernten können. Der Planet setzt seine Bahn fort und bringt *Ende des Jahres* dem Stier, der **vor dem 9. Mai geboren** ist, seine Wohltaten.

Was wir für *2012* und als allgemeinen Dämpfer für den äußerst beruhigenden Einfluss Plutos auf Ihr Leben in den kommenden Jahren angekündigt hatten, gilt auch zu Beginn *2016*. Es geht um Vorbehalte bezüglich der Beziehung zu Ihren Arbeitskollegen oder Untergebenen, erst recht, wenn diese im Ausland arbeiten, bezüglich eventueller Spannungen in Ihrer beruflichen Tätigkeit oder möglicher gesundheitlicher Probleme (auf einer Reise?), nicht zu vergessen das Risiko einer gewissen Distanzierung von Ihrer Arbeit, die Sie nicht mehr befriedigt. Wetten wir jedoch, dass sich diese Vorbehalte im *Frühjahr* unter dem Einfluss von Jupiter, der Ihre Lebensfreude, Ihre Kreativität und Ihre Liebe sowie Ihr Spielglück anregen wird, in Luft auflösen werden. Die Rückkehr Jupiters *Anfang des Jahres* betrifft übrigens den **Beginn der letzten Dekade**, speziell den Stier, der **vor dem 14. Mai geboren** ist. Sie werden für baldigen Nachwuchs sorgen oder ein literarisches oder sonstiges Werk in Angriff nehmen, das Ihnen am Herzen liegt und dessen erfreuliche Ergebnisse im *August/September* zu erwarten sind.

*2016* schützt Neptun mit seinen subtilen Strahlen Ihre freundschaftlichen Beziehungen, lieber Stier, der Sie **zwischen dem 25. April und dem 4. Mai geboren** sind. Sie neigen dazu – wie in den Vorjahren die Stiere, die kurz vor Ihnen Geburtstag haben –, Ihre Freundschaften zu idealisieren, durch die Sie eine große Bereicherung erfahren. Neptun entwickelt Empathie und damit die Offenheit für den anderen, was häufig Anlass dazu gibt, sich für ein humanitäres Projekt zu engagieren. Das wird *2016* vielleicht auf die Stiere zutreffen, die **vor dem 4. Mai geboren** sind. Sie sind für dieses Klima der Offenheit besonders empfänglich, das für andere wiederum mit schönen Möglichkeiten auf künstlerischem Gebiet verbunden sein kann. Neptun erhellt nämlich auch Ihre Projekte, die umso mehr dem Zeitgeist entsprechen, als sie von einer großen geistigen Offenheit und Großzügigkeit geprägt sind.
Die Opposition von Mars, der Ihr Sternzeichen zwischen dem *4. Januar* und dem *7. März* berührt, um im *Juni/Juli* wieder die **letzte Dekade** zu stören, ruft Sie zu Vorsicht auf, sowohl körperlich als auch auf Beziehungsebene – besonders, wenn Sie zur **letzten Dekade** gehören. Achten Sie daher auf Ihre Schwachpunkte: Augen, Hals, Beine, Verdauungssystem, und denken Sie am Steuer an die Worte Sartres: »Die Hölle sind die anderen!«

## IHR JAHR 2016 IM ÜBERBLICK

**Kritische Perioden**:
(da die Einflüsse langsamer Planeten dafür bekannt sind, sich auf die vorhergehende und auf die folgende Periode auszuwirken, auch ungefähr 14 Tage **davor** und **danach**)

*Selten genug und daher besonders zu schätzen: KEIN EINZIGER STARKER PLANETENASPEKT GREIFT SIE DIESES JAHR AN!*

**Positive Perioden:**

- *Um den 23. und 29. Januar* (**geboren um den 13. Mai**): Glück in Verbindung mit der kollektiven Konjunktur!
- *Um den 16. März, 9., 12., 20. und 26. Juni* (**geboren um den 7. Mai**): In Verbindung mit dem Klima vom 11. Oktober 2015 – Ende Juni geht eine überaus fruchtbare Angelegenheit zu Ende.
- *Um den 19. Oktober* (**geboren um den 5. Mai**): Sie haben einen teuflischen Einfluss auf Dinge und Menschen – vor allem in der Politik und im Ausland.

- *Um den 31. Oktober* (**geboren um den 1. Mai**): Äußerst kreative Arbeit …
- *Um den 10. November* (**geboren um den 5. Mai**): Das Ausland (oder eine Publikation, die Politik) ist eine Quelle des Gewinns – Provisionen, Dividenden, Erbschaft.
- *Um den 17. November* (**geboren um den 30. April**): Setzen Sie auf ein umfangreiches und ehrgeiziges Projekt!

**HIGHLIGHTS IN DER LIEBE**

- 24. Januar bis 19. Februar (Romanze auf einer Reise?)
- 13. März bis 5. April (günstig für Liebesfreundschaften!)
- 1. bis 26. Mai (Rendezvous mit dem Glück!)
- 18. Juni bis 13. Juli (eine Begegnung in Aussicht?)
- 6. bis 30. August (Freude durch die Kinder, Glück im Spiel)
- 12. November bis 7. Dezember (Begegnung auf einer Reise?)

**IHRE DYNAMISCHEN UND EFFIZIENTEN PHASEN**

- 1. Oktober bis 9. November
- 12. bis Ende Dezember

**BESTE PERIODEN FÜR GESCHÄFTE/GELD/KONTAKTE/REISEN**

- 9. Januar bis 13. Februar
- 6. bis 22. März
- 5. April bis 13. Juni (!)
- 1. bis 15. Juli
- 1. August bis 13. Oktober
- 3. bis 31. Dezember

## Zwillinge

### ALLGEMEINE AUSWIRKUNGEN DER DISSONANZ URANUS/PLUTO AUF IHR STERNZEICHEN ZWISCHEN 2012 UND 2016*

Die Zwillinge schneiden im Großen und Ganzen gut ab. Sie gehören in diesem Fünfjahreszyklus zu den Privilegierten. Weder Pluto noch Uranus betreffen die wichtigen Sektoren in Ihrem Horoskop, sondern lediglich die im astrologischen Jargon als Zwischenhäuser bezeichneten Felder. Mit anderen Worten: Die große Dissonanz Uranus/Pluto, die in den kommenden Jahren allgegenwärtig ist, dürfte auf Ihre Zukunft keinen ausgeprägten Einfluss haben. Sie beeinflusst bereits seit *Sommer 2010* die Zwillinge vom Beginn des Sternzeichens und betrifft die Häuser der Freundschaften bzw. Projekte (Uranus) sowie das 8. Haus, das Krisen, Verwandlungen, indirekte Gewinne im Sinn von Provisionen, Dividenden, Renten oder Erbschaften oder auch die Sexualität (Pluto) regiert. Pluto kann einen Wandlungsprozess symbolisieren, der u. a. Ihre Methoden und Prinzipien betreffen kann, aber auch die Ressourcen in Verbindung mit dem privaten oder beruflichen Partner. Alle diese Bereiche werden Gegenstand tief greifender Umwälzungen sein. Es könnten latente Spannungen auftreten und bei bestimmten Konstellationen eventuell auch Probleme in diesen Bereichen. Einige Beispiele: Sorgen durch oder um Freunde, einschließlich möglicher Todesfälle, finanzielle Probleme, unglückliche Investitionen, Projekte, die durch kollektive Ereignisse abgeblasen werden, oder auch ein Zerwürfnis mit einem Freund/einer Freundin wegen einer Liebesbeziehung. Angesichts der reichhaltigen astrologischen Symbolik gibt es eine Fülle möglicher Szenarien. Da Sie aber Uranus als Verbündeten haben, wird er in diesen Jahren Ihre Projekte sowie Ihre freundschaftlichen Beziehungen ankurbeln sowie positive Interventionen zu Ihren Gunsten fördern. Kurz: Eine abwechslungsreiche Periode, ganz im Zeichen vielversprechender Veränderungen, erwartet Sie!

Allerdings darf man nicht vergessen, dass es sich hier um reine Sternzeichen-Horoskope handelt und nicht um Vorhersagen zu Ihrem persönlichen Horoskop. Die Position Ihres Aszendenten, der Mond, Ihre Himmelsmitte oder anderer Geburtsfaktoren in Ihrem Horoskop könnten von der genannten Dissonanz berührt werden. Aber dazu kann Ihnen nur eine persönliche Analyse mehr sagen. Ich wünsche Ihnen jedenfalls optimale Sterne!

* Da Venus der Planet ist, der Ihr Sternzeichen regiert, kann sich ihr Einfluss bei Ihnen sowohl auf den Gefühlsbereich als auch die beruflichen Chancen auswirken.

## 2012

### *ALLGEMEINE TENDENZEN*

Am *12. Juni* kehrt Jupiter nach etwa zwölfjähriger Abwesenheit in Ihr Zeichen zurück, lieber Zwilling. Der große Wohltäter und traditionelle Glücksplanet verspricht einen guten Start in diesen neuen Zyklus. Dies gilt speziell für die Zwillinge, die **vor dem 8. Juni geboren** sind. Im *Herbst* können Sie Jupiter mehr Optimismus und Selbstvertrauen, Erfolg und Entfaltung verdanken. Wenn Sie trotz der schwierigen allgemeinen Lage z. B. eine eigene Firma gründen möchten oder ein größeres Vorhaben planen, so wäre es der ideale Zeitpunkt für die **erste Dekade**. Die **vor dem 8. Juni geborenen** Zwillinge können sich einen alten Wunschtraum erfüllen. Was auch immer Sie unternehmen, die Früchte werden Sie *2014* ernten. Warum nennen wir speziell die **erste Dekade**? Ganz einfach, weil Sie dort auch in den Genuss des seltenen Sextils von Uranus kommen, der Innovationen fördert und gute Gelegenheiten schafft, insbesondere im Tandem mit Jupiter. Wenn Sie **Ende Mai geboren** sind, wird Uranus im *Juli* besonders anregend sein, wobei sein Einfluss ab *Januar* nach und nach alle Zwillinge der **ersten Dekade** betrifft. Da dieser Planet anschließend im *Sommer* rückläufig wird, bringt er *Ende des Jahres* den Zwillingen, die **um den 25./26. Mai geboren** sind, die Ergebnisse der Aktionen und Entscheidungen vom *Jahresanfang*. Ein Vorbehalt aber, wenn Sie zu Beginn der **ersten Dekade** Geburtstag haben: Die **vor dem 25. Mai Geborenen** bekommen den Einfluss von Neptun zu spüren, der ihr Urteilsvermögen trüben kann. Sie sind zu gutgläubig, manchmal leichtsinnig und könnten Opfer eines Vertrauensmissbrauchs werden. Halten Sie also die Augen offen und lesen Sie z. B. auch das Kleingedruckte, bevor Sie einen Vertrag unterschreiben! Die **am 25. Mai geborenen** Zwillinge sind im *Mai/Juni* davon betroffen, mit Folgen bis *2013*. Die Dissonanzen Neptuns bewirken oft ein Sich-gehen-Lassen, einen Mangel an Motivation oder eine Identitätskrise, manchmal auch depressive Phasen. Hinsichtlich Ihrer Gesundheit sind Sie anfälliger für bakterielle oder virale Ansteckungen, Anämie oder Probleme mit dem Kreislauf.

Die **erste Dekade** kann dem positiven Sextil von Uranus auch originelle und mutige Ideen und Projekte verdanken, die insbesondere im *Sommer*, dann wieder im *Herbst* die größten Chancen haben und vielleicht Ihr Leben radikal verändern. Sie gewinnen neue Sympathien, neue Freunde, oft auf äußerst unerwartete Weise. Zwillinge, die **vor dem 26. Mai geboren** wurden, sollten im Übrigen wegen des bereits erwähnten schwierigen Neptuns vorsichtig sein, speziell im *Juni* sowie *Anfang Oktober*.

Die **dritte Dekade,** vor allem die **nach dem 13. Juni Geborenen**, können dem positiven Saturn eine Anerkennung verdanken, ihre Zukunft absichern, oft als Folge von *2011*. Denkbare Szenarien unter der Ägide Saturns sind der Kauf einer Immobilie oder Nachwuchs in der Familie und/oder die Realisierung eines großen Vorhabens. Wenn uns Saturn gewogen ist, verspricht er häufig eine Belohnung. Der *Monatsanfang Januar* wird für die Zwillinge, die **nach dem 16. Juni geboren** sind, besonders vielversprechend sein – einige wird er geradezu mit Ruhm überschütten! Allerdings bekommen sie auch die Dissonanz von Mars zu spüren, die bis *Anfang Juli* stören wird. Spannungen im Familienkreis, Hindernisse in Ihrer Karriere, manchmal auch eine Panne in den eigenen vier Wänden (Vorsicht im Umgang mit Strom oder Feuer!), aber auch gesundheitliche Probleme (Entzündungen, Infektionen etc.) sind mögliche Folgen eines dissonanten Mars.
Am *Jahresanfang* ist die **dritte Dekade** davon betroffen, im *Frühjahr* hauptsächlich die **zweite Dekade** und im *Mai* die **erste Dekade**. Nach der Rückläufigkeit von Mars sind im *Juni* insbesondere die **zweite** und die **letzte Dekade** betroffen. Ja, lieber Zwilling, Gefahr erkannt, Gefahr gebannt!
*Anfang Juni* verdient einen Vermerk wegen eines besonderen Venustransits. Venus befindet sich auf einer Linie mit der Sonne und Erde (vgl. Kapitel 7). Diese Konstellation, die in einem Abstand von acht Jahren zweimal in jedem Jahrhundert stattfindet, bildet sich nun erneut nach dem Juni 2004.
Diese außergewöhnliche Ausrichtung vom *6. Juni 2012* wird besonders für die Zwillinge der **zweiten Dekade** spürbar, und zwar in ihrem Gefühlsleben: Eine infrage gestellte Verbindung? Eine schicksalhafte Begegnung? Eine lang erwartete Versöhnung? Das persönliche Horoskop kann für eine genauere Prognose zusätzliche Orientierungshilfe geben. Ein guter Grund, *Anfang Juni* im Kalender rot anzustreichen!

## IHR JAHR 2012 IM ÜBERBLICK

### Kritische Perioden:

(da die Einflüsse langsamer Planeten dafür bekannt sind, sich auf die vorhergehende und auf die folgende Periode auszuwirken, auch ungefähr 14 Tage **davor** und **danach**)

- *Um den 10. Januar* (**geboren um den 5. Juni**): Sie leiden unter der kollektiven Konjunktur.

- *Um den 6. Juni* (**geboren um den 6. Juni**): Eine außergewöhnliche Phase – s. oben
- *Um den 25. Juni* (**geboren um den 24. Mai**): Leichtgläubigkeit? Illusionen? Anfällig für Viren?
- *Um den 2. Juli* (**geboren um den 25. Mai**): Sie sind von der kollektiven Konjunktur betroffen.
- *Um den 21. Juli* (**geboren um den 30. Mai**): Seien Sie realistisch – gehen Sie nicht zu weit!
- *Um den 4. August* (**geboren um den 23. Mai**): vgl. 25. Juni und 2. Juli
- *Um den 15. Oktober* (**geboren um den 7. Juni**): Mehr Diplomatie (Kollegen, Mitarbeiter)?
- *Um den 21. September* (**geboren um den 22. Mai**): Vorsicht, Falle!
- *Um den 11. Dezember* (**geboren um den 1. Juni**): Sie überschätzen Ihre Möglichkeiten!

**Positive Perioden:**

- *Um den 5. März* (**geboren um den 30. Mai**): Investitionen und finanzielle Ergebnisse einer produktiven Partnerschaft?
- *Um den 16. April* (**geboren um den 27. Mai**): Erfolgreiche Projekte…
- *Um den 22. Juli* (**geboren um den 30. Mai**): Starten Sie ein ehrgeiziges Projekt! Ihre Freunde werden Sie unterstützen.
- *Um den 1. August* (**geboren um den 16. Juni**): Erfolge im Sport, gesteigerte Kreativität, zusätzliche Energieschübe.
- *Um den 17. September* (**geboren um den 19. Juni**): Arbeiten Sie im Team! Langfristige Vorhaben versprechen Erfolg!

**HIGHLIGHTS IN DER LIEBE**

- Anfang bis 15. Januar (eine Liebe im Ausland?)
- 9. Februar bis 6. März (aus Freundschaft kann Liebe werden)
- 3. April bis 7. August (Sie sind unwiderstehlich: im Mai die zwischen **10. und 15. Geborenen)** – Mitte Juli die **zweite Dekade** – Ende Juli/Anfang August die **dritte Dekade**)

- 6. September bis 4. Oktober (Romanzen und Begegnungen)
- 29. Oktober bis 22. November (Sinnlichkeit und Leidenschaft)
- um den 6. Juni (**zweite Dekade**)

**IHRE DYNAMISCHEN UND EFFIZIENTEN PHASEN**

- 4. Juli bis 24. August
- 26. bis Ende Dezember
- um den 15. August (**letzte Dekade**)

**BESTE PERIODEN FÜR GESCHÄFTE/GELD/KONTAKTE/REISEN**

- 3. bis 24. März (**erste Dekade**)
- 25. Mai bis 8. Juni
- 27. Juni bis 21. August (**erste Dekade**)
- 21. August bis 2. September (**zweite und dritte Dekade**)
- 17. September bis 6. Oktober (!)
- 30. Oktober bis 14. November (**erste Dekade**)

## 2013

### *ALLGEMEINE TENDENZEN*

Jupiter ist nach zwölf Jahren seit *Mitte 2012* wieder in Ihrem Zeichen, wo er bis *Ende Juni* 2013 bleibt. Am besten schneiden die **nach dem 25. Geborenen** ab, denn die Einflüsse sind für die **erste Dekade** widersprüchlich: Die **nach dem 25. Mai Geborenen** haben exzellente Karten, während den **vor dem 25. Mai Geborenen** durch die Dissonanz von Neptun der Durchblick fehlt. Sie müssen mit Komplikationen rechnen (Verleumdungen, Intrigen, Verluste usw.). Oder Sie sind weniger motiviert und neigen manchmal zu depressiven Phasen. Außerdem sollten Sie auf Ihre Gesundheit achten, z. B. auf Ihre Ernährung. Sie sind manchmal anfälliger für Viren, Infektionen, schwer diagnostizierbare Krankheiten. Zum Glück haben Sie aber während bestimmter Perioden Mars auf Ihrer Seite: In der *zweiten Märzhälfte* sowie *Anfang September* und im *Dezember* sind Sie energiegeladen und dynamisch.
Wesentlich besser läuft es für die Zwillinge, die **nach dem 25. Mai geboren** sind: Uranus bringt eine sehr positive und meist unerwartete Wende, u. a. ein originelles und mutiges Projekt, eine unerwartete Begegnung usw. Dieser Einfluss betrifft Sie dieses Jahr, wenn Sie **vor dem**

**4. Juni geboren** sind. Er verspricht ab *Ende des Jahres*, dann *2014*, dass dieses Projekt konkret wird. Uranus beabsichtigt zudem, Ihre freundschaftlichen Beziehungen zu fördern: Es wird zu ungewöhnlichen Begegnungen kommen, die Ihre Projekte begünstigen. Allerdings bewirkt der dissonante Pluto speziell für die **zwischen dem 1. und dem 4. Juni Geborenen** vom *Frühjahr* bis zum *Herbst* Probleme mit Freunden. Ein weiteres denkbares Szenario dieser Dissonanz könnte Ihre Investitionen betreffen, bei denen Sie äußerst vorsichtig sein sollten, insbesondere im *April*, im *August* und im *November/Dezember*. Während all dieser Monate drängt Pluto Sie, Ihren Status quo zu verändern, Ihre Arbeitsmethoden und -prinzipien zu modifizieren und über die Vergänglichkeit des Menschen nachzudenken. Da Pluto andererseits gleichbedeutend ist mit Reichtum, könnte manchen von Ihnen, die **zwischen Ende Mai und dem 4. Juni geboren** sind, eine Erbschaft zuteilwerden. Der beste Zeitpunkt dafür wären die *ersten sechs Monate des Jahres*, wenn Ihnen Jupiter zur Seite steht. Jupiter könnte Sie, nebenbei bemerkt, dazu bringen, etwas zu unternehmen, eine eigene Firma zu gründen, vor allem jedoch zu ernten, was Sie *2012* gesät haben. Heirat oder Nachwuchs nicht ausgeschlossen! Die fruchtbarsten Perioden sind die, in denen Mars den Einfluss von Jupiter verstärkt, nämlich *Januar, Ende März und April* und – für die **dritte Dekade** – der *Juni*. Wenn jedoch Jupiter im *Juli* in den Krebs weiterwandert, sollten Sie sich auf Ihren Lorbeeren ausruhen und von den Verbesserungen und Bereicherungen der jüngsten Vergangenheit profitieren.

Saturn schließlich, der Ihr 6. Haus durchquert, rät Ihnen, sich mehr um Ihre Gesundheit, um Ihre Lebenshygiene zu kümmern, und zwar *das ganze Jahr* über, besonders, wenn Sie in den **ersten beiden Dekaden** (**vor dem 12. Juni**) geboren sind. Er regt Sie auch dazu an, Ihre beruflichen Beziehungen zu pflegen, sie zu festigen und zu vertiefen, um Ihre berufliche Zukunft zu konsolidieren.

Ein besonderer Hinweis noch für die **vor dem 25. Mai Geborenen**: Hüten Sie sich *Anfang Februar* vor Intrigen und Klatsch im Beruf, seien Sie nicht leichtgläubig. Verluste (z. B. durch Diebstahl) sind ebenfalls möglich – oder virale Erkrankungen. *Ende März* ist speziell für Zwillinge, die **Ende Mai geboren** sind, eine ausgezeichnete Periode! Um den *22. März* werden Sie äußerst produktiv arbeiten und ein größeres Projekt macht Riesenfortschritte. Um den *28. März* könnten Sie eine Sternstunde in der Liebe erleben, oder aus einer Freundschaft wird eine tiefere Bindung. Es könnte auch Erfolg mit einem künstlerischen Projekt bedeuten. Dasselbe gilt *um den 7. April* für das **Ende der zweiten Dekade (zwischen dem 7. und 10. Juni Geborene)**. Für die **dritte De-**

**kade**, vor allem die **nach dem 17. Juni Geborenen,** wäre Mitte *April* ideal, um ein neues Projekt (z. B. im Sport?) zu starten oder um eine eigene Firma zu gründen!

## IHR JAHR 2013 IM ÜBERBLICK

### Kritische Perioden:

(da die Einflüsse langsamer Planeten dafür bekannt sind, sich auf die vorhergehende und auf die folgende Periode auszuwirken, auch ungefähr 14 Tage **davor** und **danach**)

- *Um den 4. Februar* (**geboren um den 23. Mai**): Sie könnten in eine Falle tappen. Diebstähle? Viren?
- *Um den 20. Mai* (**geboren um den 12. Juni**): Verzögerungen?
- *Um den 29. September und 17. Dezember* (**geboren um den 24. Mai**): Vorsicht in finanziellen Dingen! Lassen Sie sich nicht vom äußeren Anschein blenden!

### Positive Perioden:

- *Um den 22. und 28. März* (**geboren um den 29. Mai**): Superform! Alte Freunde melden sich, aus Freundschaft könnte Liebe werden!
- *Um den 7. April* (**geboren um den 10. Juni**): Leidenschaftliche Momente? Erfolg mit einem künstlerischen Projekt?
- *Um den 18. April* (**geboren um den 19. Juni**): Ihre Projekte machen Riesenfortschritte!

**HIGHLIGHTS IN DER LIEBE**

- 3. bis 27. Februar (Amor im Ausland?)
- 23. März bis 16. April (Aus Freundschaft wird Liebe?)
- 15. Mai bis 4. Juni (wahre Sternstunden!)
- 27. Juni bis 23. Juli (unvergessliche Begegnungen)
- 17. August bis 12. September (ungetrübte Liebe, aber mit Einschränkungen für die **erste Dekade**)

**IHRE DYNAMISCHEN UND EFFIZIENTEN PHASEN**

- 1. Januar bis 2. Februar (es lebe der Sport!)
- 13. März bis 20. April (Rückenwind für Ihre Projekte!)
- 1. Juni bis 14. Juli (Sie können Berge versetzen! Einschränkungen aber für die, die **zu Beginn des Zeichens geboren** sind)
- 28. August bis 16. Oktober (wertvolle Kontakte, erfolgreiche (Geschäfts)-Reisen!) das wäre dann in Griechenland ?
- 7. bis 31. Dezember (es lebe der Sport!)

**BESTE PERIODEN FÜR GESCHÄFTE/GELD/KONTAKTE/REISEN**

- 20. Januar bis 6. Februar
- 15. April bis 2. Mai
- 16. bis 31. Mai
- 9. bis 24. August → ev. Auto ?
- 10. bis 29. September
- 6. bis 12. Dezember (**erste Dekade**)
- 13. bis 24. Dezember (**zweite und dritte Dekade**)

## 2014

### *ALLGEMEINE TENDENZEN*

Uranus bringt positive Veränderungen, vor allem, wenn Sie **zwischen dem 27. Mai und dem 5. Juni geboren** sind. Bei der gegenwärtigen kritischen internationalen Lage haben Sie das Glück auf Ihrer Seite, lieber Zwilling. Pluto kann Wandlungen in Ihren Arbeitsmethoden und -bedingungen oder bei Ihren Investitionen signalisieren und, in einigen Fällen (abhängig von Ihrem persönlichen Geburtshoroskop) gesundheitliche Schwierigkeiten und/oder Probleme mit Freunden mit sich bringen. Pluto trifft speziell die Zwillinge der **ersten Juniwoche**. Trotz allem gehören Sie in diesem Jahr *2014* zu den Favoriten der Sterne, insbesondere, wenn Sie **zwischen dem 1. und dem 18. Juni geboren** sind. Bis zum *Sommer* werden Ihre Energie und Ihre Kreativität nämlich von Mars verstärkt, ab *Mitte Juli* bringt Ihnen dann Jupiter eine wahre Erfolgssträhne in Form von glücklichen Begegnungen sowie tollen Ideen und Projekten, die Ihren Lebensweg verändern könnten. Gute Gründe zur Hoffnung also in diesem Jahr, trotz einer sehr unruhigen Weltkonjunktur. In Bezug auf

Mars ist noch anzumerken, dass er Ihre sportlichen und sonstigen Freizeitaktivitäten, Ihr kulturelles Leben sowie den Austausch mit lieben Menschen fördern wird, vor allem *im ersten Halbjahr* (bis *Ende Juli*). In erster Linie sind die **zweite und dritte Dekade** von diesem dynamischen Mars-Einfluss betroffen, während die **erste Dekade** im *Januar* zu Glanzleistungen angespornt wird. Bringen Sie also am *Jahresanfang* ein Projekt auf den Weg, denn Sie können davon ausgehen, dass es im *Frühjahr* ausgezeichnete Ergebnisse erzielen wird, vor allem, wenn Sie **nach dem 28. Mai geboren** sind. Bei der **dritten Dekade** wird Mars die Unternehmungen ab der *dritten Januarwoche* ankurbeln, und zwar insbesondere bei den Zwillingen, die **zwischen dem 10. und dem 18. Juni geboren** sind, wobei das Ergebnis im *Juli* zu erwarten ist.
Wie für die vorangegangenen Jahre gilt: Hüten Sie sich vor dem störenden Einfluss von Neptun, der Ihr Urteilsvermögen beeinträchtigt, Ihnen ein X für ein U vormacht und manchmal auch Ihr Immunsystem schwächt. Dies ist der Fall, wenn Sie **zwischen dem 24. und dem 29. Mai geboren** sind: Ihnen ist anzuraten, sich gründlich untersuchen zu lassen, um eventuelle Mangelerscheinungen oder andere Probleme möglichst früh zu erkennen (Hyperventilationssyndrom, Allergien etc.). *Ende September* sollten Sie sich ganz besonders vor den Herbstnebeln in Acht nehmen, um eine böse Bronchitis oder eine andere Lungenerkrankung zu vermeiden. Ergänzen wir noch, dass Jupiter es Ihnen, wenn Sie in der **zweiten Hälfte – nach dem 6. Juni – geboren** sind, ermöglichen wird, die Früchte zu ernten, die Sie *2013* gesät haben. Saturn lenkt das *ganze Jahr 2014 hindurch* die Aufmerksamkeit dieser Zwillinge auf eine eventuelle Schwächung ihrer Gesundheit. Ein besonderer Hinweis für die Zwillinge der **zweiten Dekade**: Um den *25. September* sollten Sie unternehmerisch tätig werden, die kosmischen Energien nutzen (vor allem, wenn Sie **um den 7. Juni geboren** sind). Wer wagt, gewinnt, heißt es, und in diesem Fall wird es sich auszahlen – im *kommenden Frühjahr!*

**IHR JAHR 2014 IM ÜBERBLICK**

**Kritische Perioden:**

(da die Einflüsse langsamer Planeten dafür bekannt sind, sich auf die vorhergehende und auf die folgende Periode auszuwirken, auch ungefähr 14 Tage **davor** und **danach**)

- *Was für ein Glück! Praktisch keine schwierigen Aspekte!*

**Positive Perioden:**

- *Um den 18. August* (**geboren um den 28. Mai**): Schicksalhafte Begegnungen? Heiße Flirts?
- *Um den 25. September* (**geboren um den 6. Juni**): Glückliche Begegnungen? Erfolg mit originalen Projekten?

**HIGHLIGHTS IN DER LIEBE**

- 5. März bis 5. April (zärtliche Begegnung auf einer Reise?)
- 4. bis 29. Mai (Aus Freundschaft wird Liebe?)
- 26. Juni bis 19. Juli (Sie sind einfach unwiderstehlich!)
- 12. August bis 6. September (aufregende Begegnungen, unvergessliche Romanzen)
- 1. bis 23. Oktober (leidenschaftliche Liebe)

**IHRE DYNAMISCHEN UND EFFIZIENTEN PHASEN**

- 1. Januar bis 26. Juli (vgl. Einzelheiten oben)
- 4. bis Ende Dezember (**erste und zweite Dekade**)

**BESTE PERIODEN FÜR GESCHÄFTE/GELD/KONTAKTE/REISEN**

- 12. bis 31. Januar
- 14. Februar bis 17. März (**dritte Dekade**)
- 8. bis 24. April
- 8. bis 29. Mai
- 18. Juni bis 13. Juli (**dritte Dekade**)
- 1. bis 16. August
- 3. bis 28. September
- 11. Oktober bis 8. November (**zweite und dritte Dekade**)
- 29. November bis 17. Dezember

## 2015

### *ALLGEMEINE TENDENZEN*

Die gewichtige Dissonanz zwischen Pluto und Uranus kann starke Spannungen symbolisieren, beispielsweise durch finanzielle Investitionen oder bezüglich Ihrer freundschaftlichen Beziehungen. Manchmal führt sie zu einer echten Krise oder sogar zu einem Bruch. Vor allem, wenn Sie in der **ersten Juniwoche geboren** sind, sollten Sie versuchen, Freundschaft und Finanzen auseinanderzuhalten. Dies könnte ansonsten unangenehme Folgen haben, insbesondere im *Februar* und/oder *Mai/Juni* und mehr noch im *Herbst*.

Wenn Sie andererseits zur **ersten Dekade** gehören, sollten Sie bei eventuellen Abmachungen oder Partnerschaften auf der Hut sein: Unterschreiben Sie keine Vereinbarung, ohne den Rat eines Fachmanns Ihres Vertrauens eingeholt zu haben, denn man könnte Ihnen etwas vormachen. Zu Ihrem großen Schaden werden Sie erst im *Herbst* bemerken, dass Sie hintergangen wurden. Außerdem sollten Sie auch in Bezug auf Ihre Lebenshygiene vorsichtig sein – überschätzen Sie Ihre Kräfte nicht. Dies ist speziell im *ersten Halbjahr* und dann wieder *ab September der Fall*. Ihre Abwehrkräfte sind in dieser Periode nämlich geschwächt: Praktizieren Sie Entspannungs- und Atemübungen, Yoga oder Sophrologie, um Ihre Batterien wiederaufzuladen! Neptun kann eine Identitätskrise symbolisieren, Sie demotivieren oder gar mehr oder weniger deprimieren. Oder Sie werden Opfer eines Täuschungsmanövers, einer Intrige, und müssen Verluste verbuchen. Sorgen Sie lieber rechtzeitig vor, damit Ihnen dies nicht passiert!

Die **zweite Dekade** hat wieder Jupiter auf ihrer Seite, der Optimismus und Selbstvertrauen verleiht und oft eine echte Glückssträhne bedeutet. Es könnten auch exzellente Resultate und Nachwirkungen aus dem *zweiten Halbjahr 2014 auftreten*. Bis zum *Sommer* bringt Jupiter Ihnen Gewinn und Erfolg. Zusätzlich zu Jupiter hat die **zweite Dekade** auch Uranus zur Seite, und zwischen *Anfang des Jahres* und *Juli* gibt er Ihren Initiativen und Unternehmungen einen kräftigen Schub. Uranus bringt positive Veränderungen in Ihr gesellschaftliches Leben und in Ihre Freundschaften. Zwischen *August* und *Dezember* erleben Sie davon bereits die zweite Etappe, vor allem, wenn Sie **zwischen dem 5. und dem 11. Juni geboren** sind. Sie werden es allerdings auch mit einigen administrativen Komplikationen zu tun haben. Denn ab Mitte August wechselt Jupiter das Lager und bringt Unordnung in Ihr Leben: Das bedeutet Übertreibungen, Komplikationen und weitere Hindernisse, wenn er gleichzeitig mit Saturn ein feindliches Duo bildet. Vor allem für die **erste und zweite Dekade** besteht daher die Gefahr, dass es *ab Herbst* etwas weniger gut läuft als erhofft. Lassen Sie sich aber von Saturn nicht bremsen, selbst wenn die durch seinen Einfluss verursachten Verzögerungen vor allem im *Oktober* ärgerlich sein können. Bis *Jahresende* könnte Jupiter auf eventuelle administrative, steuerliche oder juristische Komplikationen hinweisen oder auf Probleme mit dem Chef.

Vermeiden Sie – sofern möglich – Konflikte mit der Obrigkeit oder dem Gesetz, sonst könnten Sie *2016* unangenehme Nachwirkungen erleben und zur Kasse gebeten werden. Auch wenn der Zwilling gern ein wenig (nach)lässig ist, sollten Sie Ordnung in Ihren Papierkram bringen und sich nicht mit dem Fiskus anlegen, um dem dissonanten Jupiter den Wind aus den Segeln zu nehmen.
Im Gegensatz dazu zeichnet sich eine überaus glückliche Begegnung ab, speziell für Zwillinge, die **Anfang Juni geboren** sind, die Venus und Jupiter in den *letzten zehn Apriltagen* eine Sternstunde verdanken können. Venus verspricht zudem den Zwillingen, die **nach dem 15. Juni geboren** sind, eine schicksalhafte Begegnung *Anfang August*. Dies ist sicher eine Periode, die Sie im Kalender rot anstreichen können und deren glückliche Nachwirkungen Sie *Ende September* erleben werden. Wir wünschen Ihnen alles erdenklich Gute für 2015!

## IHR JAHR 2015 IM ÜBERBLICK

### Kritische Perioden:

(da die Einflüsse langsamer Planeten dafür bekannt sind, sich auf die vorhergehende und auf die folgende Periode auszuwirken, auch ungefähr 14 Tage **davor** und **danach**)

- *Um den 20. Januar* (**geboren um den 27. Mai**): Hüten Sie sich vor Intrigen und Klatsch … sowie vor ansteckenden Viren!
- *Um den 4. Mai* (**geboren um den 24. Mai**): Probleme mit dem Partner (beruflich oder privat)?
- *Um den 3. September* (**geboren um den 26. Mai**): Familiäre Probleme? Panne in der Wohnung?
- *Um den 17. September* (**geboren um den 29. Mai**): Bringen Sie Karriere und Privatleben unter einen Hut!
- *Um den 17. Oktober* (**geboren um den 5. Juni**): Nichts überstürzen! Unerwartete Ausgaben (Wohnung)?
- *Um den 22. Oktober* (**geboren um den 24. Mai**): Konsequenzen von Anfang Mai!
- *Um den 26. November* (**geboren um den 28. Mai**): Krise in Partnerschaften (beruflich oder privat)!

ANMERKUNG: Widersprüchliche Einflüsse, abhängig von Ihrem persönlichen Horoskop, für *Mitte Juni* (für die **um den 14. Geborenen**): Dank einer überbordenden Energie machen Sie spektakuläre Fortschritte … oder Sie werden im Gegenteil mit Hindernissen konfrontiert und müssen kämpfen. Auch gesundheitliche Probleme sind möglich. Im Zweifelsfall ist Vorsicht angesagt!

**Positive Perioden:**

- *Um den 20. Januar* (**geboren um den 3. Juni**): Freunde setzen sich für Sie ein!
- *Um den 22. Februar* (**geboren um den 22. Mai**): Aus einer Freundschaft könnte sich eine leidenschaftliche Beziehung entwickeln!
- *Um den 3. März* (**geboren um den 5. Juni**): Sie ernten die Früchte von 2014, Begegnungen haben Konsequenzen.
- *Um den 11. März* (**geboren um den 5. Juni**): vgl. 22. Februar
- *Um den 14. Juni* (**geboren um den 14. Juni**): vgl. Anmerkung oben
- *Um den 22. Juni* (**geboren um den 10. Juni**): idem
- *Um den 15. August* (**geboren um den 13. Juni**): Konsequenzen einer zärtlichen Begegnung? Heiße Flirts, Romanzen?
- *Um den 17. August* (**geboren um den 22. Mai**): Harmonie zwischen Zuhause/Kindern/Liebe.
- *Um den 30. September* (**geboren um den 22. Mai**): Günstig für Heirat oder berufliche Partnerschaft?

**HIGHLIGHTS IN DER LIEBE**

- Anfang bis 27. Januar (eine Reisebekanntschaft?)
- 20. Februar bis 18. März (aus Freundschaft wird Liebe?)
- 12. April bis 8. Mai (Sie sind unwiderstehlich!)
- 6. Juni bis 8. Oktober (romantische Begegnungen, zärtliche Romanzen)
- 8. November bis 5. Dezember (*Carpe diem*! Genieße den Augenblick!)

**IHRE DYNAMISCHEN UND EFFIZIENTEN PHASEN**

- erste Januarhälfte (ein Auslandsprojekt?)
- 20. Februar bis 1. April (neue Projekte?)
- Einschränkungen für die Zwillinge, die **Ende Mai geboren** sind
- 8. August bis 26. Dezember (exzellent für Reisen, Kontakte)
- 13. November bis Ende Dezember (Sport, schöpferische Tätigkeit, Spekulationen)

**BESTE PERIODEN FÜR GESCHÄFTE/GELD/KONTAKTE/REISEN**

- 6. Januar bis 6. März (**erste und zweite Dekade**)
- 6. bis 14. März (**dritte Dekade**)
- 1. bis 14. April
- 2. Mai bis 8. Juli
- 24. Juli bis 7. August
- 28. August bis 26. Oktober (**erste und zweite Dekade**)
- 27. Oktober bis 3. November (**dritte Dekade**)
- 21. November bis 3. Dezember (**erste und zweite Dekade**)
- 4. bis 11. Dezember (**dritte Dekade**)

## 2016

### *ALLGEMEINE TENDENZEN*

Es gibt eine gute und eine schlechte Nachricht: Beginnen wir mit der schlechten. Jupiter, der den Zwillingen seit *2015* Steine in den Weg legt, wirkt noch bis *Anfang September* ungünstig. Vor allem, wenn Sie **vor dem 9. Juni geboren** sind, sollten Sie zwischen *März* und *August* auf der Hut sein. Im *Frühjahr* wird die **zweite Dekade** mit diesem störenden Einfluss konfrontiert und gleichzeitig steht Saturn in Opposition wie schon Ende letzten Jahres. Die Beziehungen zum Partner, beruflich oder privat, sowie ganz allgemein zu anderen oder zur Öffentlichkeit sind nicht einfach. Man zieht Bilanz. Die Stimmung im Familienkreis ist wegen der erwähnten Dissonanz von Jupiter angespannt, es kommt zu Komplikationen, manchmal sogar zu juristischen Schritten und finanziellen Problemen. Sie werden Ihre natürliche Anpassungsfähigkeit und Ihr Talent zum Relativieren unter Beweis stellen müssen … Wie schon zuvor werden sich Freunde für Sie einsetzen und ihre Hilfe anbieten. Im *März* könnte deren Intervention nützlich für Ihre Projekte sein. Allerdings sollten Sie aufpassen, denn es könnte vielleicht ein schwarzes Schaf unter den Freunden sein: Seit *2012* (bei der **ersten Dekade**) und seit *2014* (bei der **zweiten Dekade**) kann Pluto nämlich unterschwellig negativ auf Ihre Freundschaften wirken. Es sei denn, diese Konstellation ist symbolisch für Probleme Ihrer Freunde (vielleicht eine Krankheit?). Vorsicht sollte *2016* überhaupt das Losungswort sein für Zwillinge, insbesondere wenn sie **zwischen dem 26. Mai und dem 6. Juni geboren** sind. Der Grund ist die Dissonanz Neptuns, die störend für Ihre Karriere sein könnte (u. a. durch Intrigen und Klatsch, Manipulationen usw.). Sie sollten auf der Hut sein, um eventuellen Manipulationen oder Intrigen den Wind aus den Segeln zu nehmen. Ganz allgemein äußert sich diese Dissonanz dadurch, dass Sie nicht den richtigen Durchblick haben und weniger motiviert sind. Wenn Sie zur **ersten Dekade** gehören, ist dies bis *Mitte März* der Fall, wobei sich *Ende des Jahres* die Nachwirkungen eventueller Enttäuschungen vom Jahresanfang zeigen (vor allem, wenn Sie **zwischen dem 28. Mai und dem 2. Juni geboren** sind). Hinsichtlich Ihrer Gesundheit sollten Sie sich prophylaktisch untersuchen lassen, erst recht, wenn Sie die typischen, durch Neptun hervorgerufenen Symptome bei sich feststellen wie Anämie, Appetitlosigkeit oder Gleichgewichtsstörungen. Genau wie der plutonische Einfluss bleiben auch die Manifestationen Neptuns jedoch häufig sehr subtil. Sie sind aber dennoch nicht zu vernachlässigen. Viruserkrankungen und andere, schwer diagnostizierbare Krankheiten sind ebenfalls typisch für Neptun.

Saturn, der *2016* wie bereits erwähnt bremsend wirkt und oft mit Restriktionen verbunden ist, zwingt Sie dazu, den Dingen auf den Grund zu gehen. Dies gilt in erster Linie für Zwillinge der **zweiten Dekade**. Reagieren Sie daher, lieber Zwilling! Ihr natürlicher Optimismus und die Unterstützung durch Ihre Freunde werden Ihnen helfen, diese Hürden zu meistern.

Der Einfluss Jupiters, der juristisch-administrative oder auch steuerliche Komplikationen und in jedem Fall große Ausgaben mit sich bringt, betrifft ebenfalls bis *Mitte Juli* die **zweite Dekade**, anschließend, bis *Anfang September*, die **dritte Dekade**. Wenn Jupiter am *Jahresanfang* zurückkehrt, beeinträchtigt er die Zwillinge vom **Anfang der letzten Dekade (vor dem 15. Juni geboren**). Sie sollten in juristischen und administrativen Dingen auf der Hut sein (bis *Ende Februar!*), sonst werden Sie *Ende August/Anfang September* zur Kasse gebeten, wenn Jupiter wieder an die gleiche Stelle im Tierkreis zurückkehrt!

Nun die gute Nachricht. Am *10. September* tritt Jupiter in ein »befreundetes« Zeichen, bringt Glück und Optimismus, neue Kraft und gute Laune in Ihr Leben. Dies ist der Fall bis *26. Oktober* für die **erste Dekade**, anschließend, bis *22. Dezember*, für die **zweite Dekade**. Ab Ende

Dezember verspricht Jupiter Entfaltung und Erfolg für die **dritte Dekade**, wobei diese auch *2017* noch von der Freigebigkeit dieses großen Wohltäters der Antike profitieren wird.

Wie wird ab dem *Herbst 2016* der Einfluss Jupiters im Einzelnen aussehen? Er steigert Ihre Kreativität, bringt manchmal Glück im Spiel, und Sie genießen das Leben in vollen Zügen, nach dem Motto *carpe diem*. Sie haben ein glückliches Händchen in Gelddingen (z. B. durch Börsenspekulationen, gewinnbringende Investitionen). Ein störender Mars im *Oktober* sollte Sie jedoch warnen, auf diesem Gebiet kein zu großes Risiko einzugehen. Am *11. November* aber wirkt Mars positiv, insbesondere auf Ihre Auslandsgeschäfte. Hierzu ist eine Anmerkung nötig: Man muss wissen, dass Mars wegen seiner scheinbaren Rückläufigkeit zwischen dem *7. März* und dem *27. September* und wegen seiner Dissonanz, die Aggressivität, Rivalität und Hindernisse hervorruft, bis *27. Mai* Zwillingen der **ersten Dekade** im Weg stehen wird. Zwillinge dieser Dekade werden ab *19. April* eine zweite problematische Etappe erleben (Liebes- oder Geschäftspartner?), die sich ab *Anfang März* abzeichnet. Erst im *August* endet für diese **erste Dekade** die schwierige Zeit. Dabei können verschiedene Hindernisse auftreten, u. a. auch ein gesundheitliches Problem, eine Erkrankung/Entzündung oder ein Unfall. Bei typischen Zwillingen sind Hände, Arme, Oberschenkel und Hüften oft empfindliche Zonen.

Die **anderen Dekaden** werden erst im *September* betroffen sein. Wenn Sie zur **zweiten Dekade** gehören, nehmen Sie sich vor allem vor eventuellen Stürzen zu *Beginn des Herbstes* in Acht. Auch ein Besuch beim Zahnarzt wäre angebracht. Vermeiden Sie in dieser Zeit aber vor allem Kraftproben, die zu Ihrem Nachteil ausgehen würden. Erst im *November/Dezember* wirkt Mars wieder positiv.

## IHR JAHR 2016 IM ÜBERBLICK

**Kritische Perioden:**

(da die Einflüsse langsamer Planeten dafür bekannt sind, sich auf die vorhergehende und auf die folgende Periode auszuwirken, auch ungefähr 14 Tage **davor** und **danach**)

- *Um den 23. und 29. Januar* (**geboren um den 13. Juni**): Vorsicht in finanziellen Dingen!
- *Um den 23. und 26. März* (**geboren zwischen dem 3. und dem 7. Juni**): Bumerang von 2015 – außergewöhnliche Ausgaben und/

oder Probleme mit Wohnung/Familie? Destabilisierung der Familie oder Ehekrise … Auswirkungen *um den 26. Mai*.

- *Um den 18. Juni* (**geboren am 1./2. Juni**) und Einfluss auf den *10. September*: Unklares Klima im Job und in den Beziehungen (Paar- oder Geschäftspartner) – hüten Sie sich vor Manipulationen und Intrigen!
- *Um den 20. Juni* (**geboren um den 6. Juni**): vgl. das Klima Ende Januar
- *Um den 24. August* (**geboren um den 31. Mai**): Geben Sie nach, meiden Sie Machtkämpfe und seien Sie aufmerksam im Straßenverkehr. Vorsicht vor Stürzen!
- *Um den 17. November* (**geboren um den 30. Mai**): Sie sind von der kollektiven Konjunktur abhängig …
- *Um den 25. Dezember* (**geboren um den 26. Mai**): idem. Die Konjunktur destabilisiert Sie.

**Positive Perioden:**

- *Um den 6. Juni* (**geboren um den 6. Juni**): Sie sind unwiderstehlich!
- *Um den 31. Oktober* (**geboren um den 1. Juni**): Harmonie in der Familie und mit dem Partner – Sie sind kreativ…
- *Um den 10. November* (**geboren um den 6. Juni**): Sprechen Sie mit Ihrem Partner über Finanzen!
- *Um den 25. Dezember* (**geboren um den 10. Juni**): Günstig für Partnerschaften (Heirat? Geschäftsverbindung?) und für ehrgeizige und innovative Projekte.

**HIGHLIGHTS IN DER LIEBE**

- 19. Februar bis 13. März (Liebe auf einer Reise?)
- 5. bis 30. April (Liebesfreundschaften?)
- 26. Mai bis 18. Juni (mehrere Eisen im Feuer?)
- 17. Juli bis 6. August (zärtliche Begegnung, aber auch Exzesse)
- 1. bis 24. September (leidenschaftliche Begegnungen?)
- 19. Oktober bis 12. November (idem, vor allem für die **zweite Dekade**)
- 7. bis 31. Dezember (heiße Flirts? Liebe auf den ersten Blick? Ausland? Vor allem für die **zweite Dekade**)

**IHRE DYNAMISCHEN UND EFFIZIENTEN PHASEN**

- 9. November bis 19. Dezember (Medien, Politik, Publikationen, Ausland, Reisen)

**BESTE PERIODEN FÜR GESCHÄFTE/GELD/KONTAKTE/REISEN**

- 8. bis 24. Oktober
- 13. November bis 3. Dezember

## Krebs

### ALLGEMEINE AUSWIRKUNGEN DER DISSONANZ URANUS/PLUTO AUF IHR STERNZEICHEN ZWISCHEN 2012 UND 2016

Krebs-Geborene sind von diesem seltenen Planetenzyklus besonders stark betroffen. Wer zum Beginn des Zeichens geboren ist, spürt dies bereits seit Sommer 2010 und erlebt einen tief gehenden Wandlungsprozess. Pluto kommt im Lauf eines Menschenlebens nie mehrfach in eine identische Position, denn er braucht 248 Jahre, um einmal den Tierkreis zu durchlaufen. Bestenfalls kann er sich mit einem oder zwei Sextilen (60°-Winkel) bemerkbar machen, die etwa 40 Jahre voneinander getrennt sind, aber nur mit einer einzigen Quadratur, also dem Viertel seines Weges, was etwa alle 62 Jahre möglich ist. So erklärt sich die Bedeutung dieses äußerst seltenen Aspekts – und damit auch sein Einfluss, der gleichbedeutend ist mit Metamorphose, Kehrtwenden, aber auch mit Erneuerung und Bereicherung. Pluto symbolisiert für viele Krebse, die **Ende Juni und Anfang Juli geboren** sind, große Umwälzungen, z. B. in Ihren Paarbeziehungen oder mit Geschäftspartnern, auch ganz allgemein in Ihren Beziehungen zu anderen und zur Öffentlichkeit. In dieser Periode einer soziopolitischen und Zivilisationskrise betrifft dies die Krebs-Geborenen zwischen **dem 27. Juni und dem 10. Juli**, je nach Fortschreiten des Planeten auf dem Tierkreis. Ihre Beziehungen ändern sich grundlegend, Ihr Image ebenfalls. Sie werden anders wahrgenommen, was wiederum Ihre Selbstwahrnehmung beeinflusst. Sie verändern Ihr Aussehen, Ihre Haltung, Ihr Verhalten, und wenn der Partner Sie nicht wiedererkennt und in eine ganz andere Richtung geht, kann dies zu Trennung und Scheidung führen. Es besteht die Gefahr, dass Pluto langsam, aber sicher die Grundlage von bereits labilen und wackligen Paarbeziehungen untergräbt.

Uranus, der zweite Planet dieser gewichtigen und seltenen Konfiguration, ist ebenfalls ein Symbol für Veränderung, er steht jedoch eher für unerwartete, unvorhergesehene Wandlungen. Sie kommen manchmal wie ein Blitz aus heiterem Himmel. Das kann Ihre Karriere und allgemeiner Ihr Schicksal betreffen. Uranus kann drastische Ereignisse auslösen – die gelegentlich langfristig gesehen positiv für Ihre Zukunft sind. Mein Rat: Passen Sie sich diesen Veränderungen an und sagen Sie sich, dass letztlich alles gut ist, wie es kommt. Wie nach dem Gesetz des Tao: Schwimmen Sie mit dem kosmischen Strom. Viel Glück!

## 2012

### *ALLGEMEINE TENDENZEN*

Sagen wir es unverblümt: Im Jahr *2012* ist die **erste Dekade** am stärksten betroffen von der heftigen Dissonanz Uranus/Pluto, die uns in diesen Jahren beschäftigen wird. Wie auch *2013* spüren dies vor allem die Krebse, die **Ende Juni geboren** sind. Sie müssen mit Turbulenzen rechnen. Wenn Sie **vor dem 28. Juni geboren** sind, haben Sie bereits Bekanntschaft mit dem gewichtigen Einfluss von Pluto gemacht. Er dürfte sich auf Ihre Paarbeziehung, auf Ihre Geschäftsbeziehungen oder allgemeiner auf Ihre Beziehungen zu anderen ausgewirkt haben. Ihre Weltanschauung wird sich dadurch verändert haben, auch wenn Ihnen das vielleicht noch nicht bewusst geworden ist.

*2012* wird Pluto in ähnlicher Weise die Krebse beeinflussen, die **zwischen dem 27. Juni und dem 2. Juli geboren** sind. Plutos Wirkung wird von Uranus verstärkt, der ebenfalls Ihren Status quo erschüttert. Und dieses Mal hat Uranus quasi die gesamte **erste Dekade** im Visier. Ähnlich wie vor 21 Jahren (Frequenz der Dissonanzen von Uranus) könnte es zu großen Veränderungen in Ihrem Beruf und Ihrem Schicksal allgemein kommen. Uranus schlägt meist unerwartet und plötzlich zu. Das kann sich manchmal in einem Bedürfnis nach Unabhängigkeit äußern, man will sich seiner Ketten entledigen, seine Bahn ändern. Ein Bedürfnis nach Befreiung und Emanzipation …

Abgesehen davon stehen Ihnen Jupiter (bis *Juni)* und anschließend Saturn (ab *Anfang Oktober)* zur Seite und schwächen diesen schwierigen Einfluss ab, sie sind eine Art Puffer gegenüber diesem Tsunami. Durch Jupiter haben Sie die Chance, im *ersten Halbjahr* ein neues Projekt zu beginnen, ganz im Sinne Ihres starken Bedürfnisses nach mehr Freiheit, das Uranus ausgelöst hat. Hören Sie auf Ihre innere Stimme und Ihren Instinkt, vergessen Sie Ihre Befürchtungen, die für viele Krebs-Geborene typisch sind. Ihr Freundeskreis ist bereit, Sie zu unterstützen, denn günstige Jupiter-Aspekte sind oft symbolisch für einflussreiche Freunde, die sehr nützlich sein können. Häufig wird es sich übrigens bei der **ersten Dekade** um Auswirkungen eines gleichartigen Einflusses von *Juni 2011* handeln.

Die **erste Dekade** kann ab *Anfang Oktober* durch den positiven Aspekt bis zum *Jahresende* mit einer Konsolidierung rechnen: vielleicht Nachwuchs für *Sommer 2013*? Oder Sie bauen Ihr Traumhaus?

Bemerkenswert für die **erste Dekade** ist zudem ein harmonischer Aspekt um den *13. März.* Jupiter/Pluto betrifft insbesondere die Krebse von **Ende Juni:** Er bewirkt ein euphorisches und regenerierendes Klima, günstig für eine Heirat oder geschäftliche Partnerschaften sowie Projekte jeglicher Art. Er stärkt außerdem Ihr Selbstvertrauen. Sie ernten die Früchte vom *Sommer 2011.*

Zu Jahresende, um den *27. Dezember*, hilft der positive Zyklus Saturn Sextil Pluto den Krebsen (**geboren Ende Juni und Anfang Juli**) und Ihre Lage stabilisiert sich. Sie sichern Ihre Zukunft ab, was am Ende dieses bewegten Jahres sehr nützlich ist – vor allem in Hinblick auf die Vorhersagen der Maya!

Allerdings ist speziell im *Sommer* die Dissonanz Pluto/Uranus wirksam, die vor allem die **zwischen dem 27. und 30. Juni Geborenen** betrifft. Sie kann sich durch Destabilisierung Ihrer Paarbeziehungen oder ganz allgemein auf Ihr Schicksal auswirken.

Zum Glück steht den Krebsen vom Beginn des Zeichens auch Neptun zur Seite: Die **vor dem 26. Juni Geborenen** werden in diesem Jahr davon begünstigt und dürften eine große innere Bereicherung erleben. Neptun eröffnet Ihnen neue, unsichtbare und subtile Realitäten, wie z. B. Kunst, Philosophie, Spiritualität, oder weckt Interessen für den humanitären Bereich. Er lädt auch zu inspirierenden Reisen ein. Seine Strahlen haben ab *Anfang Februar* allerdings nur auf die **ganz zu Anfang geborenen Krebse** Auswirkungen, um anschließend *im Sommer* den Horizont der **Krebsgeborenen vom 25. Juni** zu erweitern. Dieser Einfluss hält bis *Ende 2012/Anfang 2013* an. Vielleicht ist dies die Gelegenheit, ein künstlerisches Projekt zu beginn, Ihre Talente weiterzuentwickeln? Oder Sie beschäftigen sich mit neuen Disziplinen, z. B. Yoga, Tai-Chi usw.? Einige schließen sich politischen Gruppen an oder setzen sich verstärkt für die Umwelt ein. Gesichert ist, dass dieser Einfluss gleichbedeutend sein wird mit einer Bewusstseinserweiterung, vielleicht einer Öffnung für Spiritualität oder religiöse Themen.

Saturn bildet ein harmonisches Trigon zu Neptun, und dies unterstützt Sie bei Projekten mit dem Ausland, intellektuellen oder künstlerischen Kreationen. Sie sind produktiv und inspiriert.

Die **zweite Dekade** ist von diesen Zyklen in diesem Jahr weniger betroffen, und in den meisten Fällen dürfte es bei ihnen beim Status quo bleiben. Allerdings könnten Ihre Projekte in den Monaten *Februar, März, Mai und Juni* gut vorankommen, und oft gehen die Wurzeln Ihrer Initiativen auf *Herbst 2011* zurück.

Für die **dritte Dekade** sind die Aussichten weniger begeisternd, da der Einfluss Saturns einige Restriktionen und Verzögerungen signalisieren kann. Die Krebse vom **Ende der Dekade (nach dem 13. Juni geboren**) sind ab Januar gebremst und bis *Oktober* mit familiären oder Wohnproblemen konfrontiert. Allerdings nimmt Sie, wie bereits gesagt, im *Mai/Juni* Jupiter unter seine Fittiche und neutralisiert den schwierigen Saturn. Er bringt Glück und steigert Ihre Effizienz bei Ihren Unternehmungen. Falls Sie zu diesen Krebs-Geborenen gehören, sollten Sie nicht vergessen, Ihre Gesundheit im Auge zu behalten, vor allem Ihre Schwachpunkte wie Bronchien, Magen und Nieren, denn Saturn schwächt die Abwehrkräfte. Nehmen Sie vorbeugend Nahrungsergänzungsmittel, Mineralstoffe und Vitamine. Meiden Sie eine missmutige Umgebung, pflegen Sie positive Gedanken und treiben Sie Sport!

Gehen Sie *Ende November* Machtkämpfen oder heftigen Diskussionen mit Ihrem Partner (beruflich oder privat) aus dem Weg, denn Sie würden wahrscheinlich den Kürzeren ziehen. Vermeiden Sie jedes unnötige physische Risiko! Es ist nicht der ideale Zeitpunkt, um an einem Auto- oder Motorradrennen teilzunehmen oder um den ersten Sprung mit dem Fallschirm zu wagen (um den *27. November*)! Dies ist vor allem für die **Ende Juni Geborenen** gültig.

Für die **dritte Dekade** gelten die gleichen Ratschläge: Lassen Sie sich speziell *Mitte August* nicht zu leichtsinnigen Gesten verleiten – speziell, wenn Sie um **den 16. Juli geboren** sind.

## IHR JAHR 2012 IM ÜBERBLICK

**Kritische Perioden:**

(da die Einflüsse langsamer Planeten dafür bekannt sind, sich auf die vorhergehende und auf die folgende Periode auszuwirken, auch ungefähr 14 Tage **davor** und **danach**)

- *Um den 10. Januar* (**geboren um den 19. Juli**)
- *Um den 8. Mai* (**geboren um den 28. Juni**)
- *Um den 17. Mai* (**geboren um den 30. Juni**)

- *Um den 24. Juni* (**geboren um den 30. Juni**)
- *Um den 19. September* (**geboren um den 28. Juni**)

**Positive Perioden:**

- *Um den 18. Januar* (**geboren um den 22. Juni**)
- *Um den 5. März* (**geboren Ende Juni**)
- *Um den 13. März* (**geboren Ende Juni**)
- *Um den 17. September* (**geboren um den 19. Juni**)
- *Um den 11. Oktober* (**für die Krebse – vor dem 23. Juni geboren**)
- *Um den 27. Dezember* (**geboren Ende Juni**)

**HIGHLIGHTS IN DER LIEBE**

- Mitte Januar bis 10. Februar (aufregende Begegnungen, Eskapaden zu zweit!)
- 6. März bis 3. April (aus einer Freundschaft könnten zärtlichere Gefühle entstehen)
- erste Augusthälfte (für den **Beginn der ersten Dekade**)
- 4. bis 29. Oktober (aufregende Begegnungen?)
- 22. November bis 16. Dezember (Liebe auf den ersten Blick!)

**IHRE DYNAMISCHEN UND EFFIZIENTEN PHASEN**

- vom Jahresbeginn bis 4. Juli (**zweite Dekade**)
- von Anfang Januar bis Mitte Februar (**dritte Dekade** mit Resultaten Mitte Juni/Anfang Juli)
- Mitte Februar bis Mitte März (**zweite Dekade** mit Resultaten zwischen 20. Mai und Mitte Juni)
- Mitte März bis Mitte April (**erste Dekade,** Resultate zwischen Mitte April und 20. Mai)
- 24. August bis 8. Oktober (exzellent für Sport, heiße Flirts!)
- 18. November bis 26. Dezember (Einschränkungen auf dem Gefühlssektor)

**BESTE PERIODEN FÜR GESCHÄFTE/GELD/KONTAKTE/REISEN**

- 9. bis 28. Januar
- 15. Februar bis 3. März
- 24. März bis 16. April (**dritte Dekade**)
- 10. bis 24. Mai (!)
- 8. bis 26. Juni
- 2. bis 17. September
- 6. bis 29. Oktober
- 15. November bis 11. Dezember (**dritte Dekade**)

## 2013

### *ALLGEMEINE TENDENZEN*

Nach dem *Sommer 2012*, der für die Krebse von **Ende Juni** bereits tief greifende Verwandlungen angekündigt hat, wird es *2013* konkret! Tatsächlich betrifft Pluto – der Faktor irreversibler Umwälzungen – dieses Jahr die Krebse, die **zwischen dem 28. Juni und dem 3. Juli geboren** sind. Zusätzlich bringt Uranus Überraschungen und verstärkt den Einfluss Plutos. Im Gegensatz dazu schweben die Krebse, – die vor **dem 25. Juni geboren sind** – in höheren Sphären, werden einerseits von Uranus/Pluto verschont und erleben andererseits den seltenen Einfluss von Neptun, der ihren Horizont erweitert und innere Bereicherung bedeutet.

Für die Krebs-Geborenen, die sich im Kreuzfeuer von Pluto und Uranus befinden, ist die besonders kritische Phase im *Juli und Anfang August* zu erwarten, wenn Jupiter ebenfalls in ihr Zeichen zurückkehrt. Der Einfluss von Jupiter, der in der Regel gute Neuigkeiten und eine Glückssträhne ankündet, wird in diesem Fall abgeschwächt durch die vereinte Wirkung von Uranus/Pluto und könnte sogar negativ sein. Dies gilt vor allem, wenn Mars zwischen dem *23. Juli und dem 28. August* zusätzlich dissonant ist. Sie lassen sich zu unüberlegten Entscheidungen verleiten, agieren leichtsinnig und könnten einige Fehler machen.

Sind Sie hingegen **vor dem 26. Juni geboren**, könnten Sie im *Juli* einen schönen Treffer landen und Neptun wahre Sternstunden verdanken. Sie gewinnen wieder an Selbstvertrauen, nichts kann Sie aufhal-

ten. Dies gilt auch für die Krebse der **zweiten Dekade**, die zwischen *Oktober* und dem *Jahresende* voll ins Schwarze treffen, wenn Mars ihre Initiativen unterstützt. Vergessen wir in diesem recht komplexen Bild nicht (die Planeteneinflüsse überschneiden sich und eine Synthese ist nicht immer einfach) den positiven Einfluss von Saturn, der seit *Jahresbeginn* Ihre Beziehungen festigt und Ihre Lage stabilisiert (Nachwuchs? Erwerb einer Immobilie?). Saturn wirkt bis zum *Frühjahr* günstig auf die Krebse vom Beginn der **zweiten Dekade** und auf die der **erste Dekade** bis *Anfang Oktober*. Dieser Einfluss kann sich in neuen Aufgaben, dem Beginn eines größeren Vorhabens sowie einer Anerkennung etc. manifestieren.
Aber zurück zum wichtigsten Zyklus dieser Jahre, der Dissonanz zwischen Uranus und Pluto: *2013* sind vor allem die **vor dem 4. Juli Geborenen** an der Reihe. Angesichts der Destabilisierung, die symbolisch für dieses explosive Duo ist, müssen Sie große Anpassungsfähigkeit und viel Gelassenheit unter Beweis stellen. Passen Sie sich der neuen Lage an und versuchen Sie, die Dinge positiv zu sehen! Bedenken Sie, dass wir in der Regel durch Krisen stärker werden und manchmal über uns selbst hinauswachsen. Mit der Hilfe des konstruktiven und stabilisierenden Planeten Saturn stehen zudem die Chancen gut, dass Sie Ihre Zukunft langfristig absichern können. Pluto ist nicht nur ein Symbol für Zerstörung, sondern auch für eine Renaissance. Sie werden auf dieser unruhigen See das Steuerruder halten können. Das wünschen wir Ihnen.

## EINIGE MARKANTE ASPEKTE DES JAHRES 2013:

Die **erste Dekade** hat um den *11. Juni* gute Karten für Kontakte (Auslandsgeschäfte), kreative Arbeiten oder Projekte in den Medien, der Politik oder der Werbung. In einigen Fällen kündigt sich Nachwuchs an. Zwischen dem *15. und 20. Juli* (eine der besten Phasen des Jahres!) können Sie einige Treffer landen! Dieser neue Zyklus eignet sich exzellent für die Gründung der eigenen Firma – mit oder ohne Verbindung ins Ausland. Damit geht ein Traum in Erfüllung. Verpassen Sie die Gelegenheit nicht! Ein Highlight für die **erste Dekade** – und besonders für die **um den 26. Geborenen.**
Um den *20. September* stellen **Ende Juni Geborene** dank eines sehr konstruktiven Aspekts für die Paar- oder Geschäftsbeziehungen die Uhren neu und gehen andere Wege. Dies ist ein wertvoller Aspekt, oft eine Konsequenz vom *Dezember 2012*.
Um den *21. August* bieten sich tolle Chancen. Nur die **Anfang Juli Geborenen** stoßen auf Hindernisse und müssen improvisieren.

## IHR JAHR 2013 IM ÜBERBLICK

### Kritische Perioden:

(da die Einflüsse langsamer Planeten dafür bekannt sind, sich auf die vorhergehende und auf die folgende Periode auszuwirken, auch ungefähr 14 Tage **davor** und **danach**)

- *Um den 10. Januar* (**Ende Juni Geborene**)
- *Um den 11. Februar* (**geboren um den 27. Juni**)
- *Um den 20. Mai* (**geboren Anfang Juli**): Großer Umbruch!
- *Um den 28. Juni* (**geboren gleich zu Beginn, vor dem 23. Juni**)
- *Um den 7. August* (**geboren Ende Juni**): Destabilisierung?
- *Um den 21. August* (**geboren Anfang Juli, um den 4. Juli**)
- *Um den 29. August* (**geboren Ende Juni**)
- *Um den 29. September* (**geboren um den 10. Juli**)
- *Um den 1. November* (**geboren Ende Juni**)
- *Um den 17. Dezember* (**geboren um den 10. Juli**)

### Positive Perioden:

- *Um den 8. März* (**geboren Anfang Juli**): Sie ernten die Früchte des vergangenen Sommers.
- *Um den 22. Juni* (**geboren um den 6. Juli**)
- *Zwischen 17. und 19. Juli* (**geboren um den 26. Juni**)
- *Um den 16. August* (**geboren Anfang Juli**)
- *Um den 6. September* (**geboren Ende Juni**)
- *Um den 17. September* (**idem**)

- *Um den 21. September* (**idem**)
- *Um den 13. Dezember* (**geboren um den 10. Juli**)

**HIGHLIGHTS IN DER LIEBE**

- 10. Januar bis 20. Februar (alles läuft nach Wunsch, aber es gibt hitzige Diskussionen!)
- 27. Februar bis 23. März (Begegnungen im Ausland?)
- 16. April bis 10. Mai (aus Freundschaft können zärtlichere Gefühle werden)
- 4. bis 27. Juni (Ihr Charme bezaubert, aber Ende Juni Beziehungsblockaden)
- 23. Juli bis 17. August (zärtliche Romanzen, harmonische Beziehungen)
- 12. September bis 8. Oktober (eine Bindung wird tiefer und fester – **erste Dekade**)
- 6. November bis Ende des Jahres (für die **beiden ersten Dekaden**: Alles läuft gut für Sie, aber wer hat die Hosen an?)

**IHRE DYNAMISCHEN UND EFFIZIENTEN PHASEN**

- 2. Februar bis 13. März (Schreibarbeiten, Reisen, Geschäfte mit dem Ausland)
- 9. April bis Ende Mai (starten Sie ein Projekt und treffen Sie Freunde wieder)
- 14. Juli bis 28. August (vermeiden Sie riskante Aktionen! Für die **vor dem 5. Juli Geborenen**: Vorsicht vor Unfällen!)
- 16. Oktober bis 7. Dezember (günstig für Kontakte, Verträge und Geschäftsreisen!)

**BESTE PERIODEN GESCHÄFTE/GELD/KONTAKTE/REISEN**

- 6. Februar bis 6. April (**erste und zweite Dekade**)
- 7. bis 15. April (**dritte Dekade**)
- 2. bis 16. Mai
- 8. Juni bis 7. August (**zweite und dritte Dekade**)
- 24. August bis 9. September
- 1. Oktober bis 28. November (**erste und zweite Dekade**)
- 28. November bis 6. Dezember (**dritte Dekade**)

# 2014

## *ALLGEMEINE TENDENZEN*

Am Ende des Jahres wird nichts mehr so sein, wie es einmal war. Dies gilt besonders für die Krebse, die zwischen **Ende Juni und dem 9. Juli** geboren sind. Als typischer Krebs, der mit der Vergangenheit verbunden ist, wird es Ihnen schwerfallen, sich den neuen Umständen anzupassen. Ihre Paar- oder Geschäftsbeziehung wird sich verändern, was einen großen Wendepunkt in Ihrem Leben darstellt. In diesem Sinn kann die Veränderung auch mit einer beruflichen Umschulung in Zusammenhang stehen, die sich wiederum auf Ihre Paar- oder Geschäftsbeziehung auswirkt. Jupiter verspricht den Krebsen **der ersten Juliwoche** gute Resultate von Projekten des Jahres *2013* und glättet die hohen Wogen. Dies ist vor allem vor *Mitte Juli* der Fall, und damit ist er auch in Ihrem Solarhoroskop präsent. Ein gutes Omen, denn die Konstellation zum genauen Zeitpunkt Ihres Geburtstags hat Auswirkungen auf das kommende Jahr, bis zu Ihrem nächsten Geburtstag. Ein Pluspunkt also, was Ihre Aussichten für die Zeitspanne von *Juli 2014 bis Juli 2015* betrifft!
Jupiter stärkt das Selbstvertrauen der **Juli-Krebse**, gleichzeitig aber auch ihren Widerspruchsgeist, was die Dinge nicht immer erleichtert. Es besteht die Gefahr, dass es zwischen Ihnen und Ihrer Umgebung zu Machtkämpfen kommt, insbesondere, wenn Sie in den ersten Julitagen (**vor dem 6. Juli**) geboren sind. In diesem Fall prägt Pluto nämlich Ihre Beziehungen zu anderen im Allgemeinen und die Paar- oder Geschäftsbeziehung im Speziellen, was das bestehende Gleichgewicht kräftig ins Wanken bringt. In gewisser Weise ist dies ein kleiner Beziehungstsunami.
Was darf die **erste Dekade** erwarten? Wenn Sie **zwischen dem 23. und dem 29. Juni geboren** sind, gehören Sie, liebe Krebse, zu den großen Favoriten! Neptun inspiriert Sie, bringt wertvolle Intuition, manchmal fast einen sechsten Sinn. Sein Einfluss wiederholt sich nur etwa alle 28 Jahre und dürfte vorwiegend Ihr Seelenleben berühren. Sie entdecken neue Horizonte, andere Interessen, und einige kommen in ihrer Suche nach dem Gral einen Schritt weiter. Oder stellen Sie sich metaphysische oder religiöse Fragen? Neptun begleitet außerdem recht häufig eine größere Empfänglichkeit für Kunst und Ästhetik, für neue Disziplinen. Rechnen Sie mit einem erweiterten Horizont, einer angeregten Empfindsamkeit, die Ihnen die Welt in einem anderen Licht zeigen wird, auch in Hinblick auf Ihre Beziehungen. Als Planet des Imaginären und der Empathie weckt er häufig Interessen für humanitäre Projekte. Auch das Ausland, große Reisen, umfangreiche Auslands-, Medien- oder Verlagsprojekte werden durch den Einfluss Neptuns begünstigt. Und es gibt eine weitere gute Nachricht, die die in der **zweiten Hälfte des**

**Zeichens Geborenen** betrifft, also die **nach dem 6. Juli Geborenen**: Sie sind die Gewinner des Jahres *2014*, da Sie von den destabilisierenden Einflüssen von Uranus/Pluto verschont bleiben (diese haben nur Auswirkungen auf die, die in der **ersten Hälfte des Zeiches geboren sind**).
Zudem profitieren sie von dem konstruktiven und stabilisierenden Saturn. Dieser Planet, der sich in erster Lienie auf Ihre Kreativität auswirkt, aber auch auf Gefühlsbindungen, bewirkt, dass sich alle diese Bereiche während des ganzen Jahres festigen. Dies spüren die **vor dem 8. Juli Geborenen** in den *ersten sieben Monaten*, während die **Geburtstage nach dem 8. Juli** ab *August* am Drücker sind.
Ein Wermutstropfen: Ein störender Mars könnte *bis Ende Juli* vor allem die **Juli**-Krebse zu voreiligen Schritten verleiten. Die Atmosphäre im Familienkreis ist angespannt: *Im Januar und Februar* bei den Krebsen von **Anfang Juli** und *zwischen März und Mai* bei Krebsen vom **Ende des Zeichens.** Es ist also eine bewegte Phase, in der Sie sich als eher gemäßigter Krebs wie unter *speed* fühlen werden angesichts des explosiven Einflusses von Mars und Jupiter. Versuchen Sie, Ihre Impulse zu kontrollieren, vor allem im *Januar* und im *Mai.* Der dissonante Einfluss von Uranus könnte schließlich die Bombe zum Explodieren bringen, besonders um den *10. November* herum – speziell für die Krebse von **Anfang Juli**. Gehen Sie Machtkämpfen aus dem Weg und vermeiden Sie riskante Manöver im Straßenverkehr!

## IHR JAHR 2014 IM ÜBERBLICK:

### Kritische Perioden

(da die Einflüsse langsamer Planeten dafür bekannt sind, sich auf die vorhergehende und auf die folgende Periode auszuwirken, auch ungefähr 14 Tage **davor** und **danach**)

- *Um den 31. Januar* (**geboren Anfang Juli**)
- *Um den 26. Februar* (**idem**)
- *Um den 28. Februar* (**geboren um den 20. Juli**)
- *Um den 20. April* (idem **vor allem geboren um den 5. Juli**)
- *Um den 12. Juni* (**geboren um den 14. Juli**)
- *Um den 27. Juni* (**geboren um den 17. Juli**)
- *Um den 10. November* (**geboren um den 3. Juli**)

- *Um den 27. November* (**geboren um den 4. Juli**)
- *Um den 3. Dezember* (idem)
- *Um den 15. Dezember* (**geboren um den 5. Juli**)

**Positive Perioden:**

- *Um den 24. Mai* (**geboren um den 10. Juli**)
- *Um den 25. August* (**geboren um den 9. Juli**)

**HIGHLIGHTS IN DER LIEBE**

- Anfang Januar und Ende Februar (**letzte Dekade**)
- 5. April bis 4. Mai
- Im April (Cupido ist Ihr Reisebegleiter)
- 29. Mai bis 24. Juni (Freundschaften nehmen eine zärtlichere Färbung an)
- 19. Juli bis 12. August (leidenschaftliche Stunden für Anfang Juli Krebse)
- 6. September bis 1. Oktober (Begegnungen/Romanzen)
- 23. Oktober bis 17. November (stürmische Liebe)
- 10. Dezember bis Jahresende (Konsolidierung für die **letzte Dekade**, ideale Liebe für den **Beginn des Zeichens**, Wende in Beziehungen für die **Anfang Juli Geborenen**)

**IHRE DYNAMISCHEN UND EFFIZIENTEN PHASEN**

- 27. Juli bis 13. September – für die vorangehende Periode siehe oben (Sport, Freizeit, heiße Liebe)
- 27. Oktober bis 4. Dezember (Sie sind ja kaum noch zu bremsen, mäßigen Sie sich!)

**BESTE PERIODEN FÜR GESCHÄFTE/GELD/KONTAKTE/REISEN**

- 1. bis 14. Februar (**erste Dekade**)
- 18. März bis 8. April
- 24. April bis 7. Mai
- 30. Mai bis 17. Juni (**Anfang erste Dekade**)
- 16. August bis 3. September
- 28. September bis 10. Oktober (**Anfang erste Dekade**)
- 9. bis 28. November

## 2015

### *ALLGEMEINE TENDENZEN*

Jupiter tritt am *12. August* erneut in ein Freundschaftszeichen und wirkt bis *Ende 2015* positiv. Er bringt glückliche Phasen für Ihre Beziehungen, Kontakte, Reisen und Verträge. Er stärkt Ihre Psyche, Ihr Selbstvertrauen, Sie sehen die Dinge optimistisch und können sich gut entfalten, was für den introvertierten und häufig zu selbstkritischen Krebs kein Luxus ist. Die am stärksten betroffene Zone des Tierkreises ist *2015* die **zweite Dekade**, speziell die Krebse, die **zwischen dem 3. und 14. Juli geboren** sind. In diesem Fall bringt Uranus eine Serie von Überraschungen, die Ihren Alltag verändern: z. B. eine berufliche Veränderung, eine Umschulung, ein neuer Boss usw. Die Beziehungen zum privaten oder beruflichen Partner sind aufgrund von Plutos Einfluss in einem tief gehenden Wandlungsprozess. Sind Sie **zwischen dem 3. und dem 7. Juli geboren**, so könnten sich Ihre Beziehungen grundlegend verändern. Wahrscheinlich wird sich jedoch Ihre gesamte Weltanschauung durch die Ereignisse wandeln, so wie dies in den letzten Jahren bei Ihrem Sternzeichen für die **vor dem 3. Juli Geborenen** der Fall war. Manchmal spüren Sie aber auch die Folgen eines gesundheitlichen Problems oder von Ereignissen, auf die Sie keinen Einfluss haben – typisch für Pluto, den Planeten des Kollektiven. In diesen Jahren gesellschaftlicher Wirren werden Sie wahrscheinlich, wie viele andere Menschen auf diesem Planeten, die gesellschaftlichen Turbulenzen mehr oder weniger stark zu spüren bekommen.
Eine Ausnahme bilden die Krebse, die zwischen **dem 25. Juni und dem 2. Juli geboren** sind. Neptun verspricht das ganze Jahr über innere Bereicherung, er erweitert Ihren Horizont. Gleichzeitig genießen Sie auch einfache Dinge: den Duft einer Blume, die Harmonien einer Sinfonie oder das Lächeln eines Kindes. Man muss wissen, dass Neptun der Planet der Poesie, aber auch des Mystizismus, der Religion, der Musik und des humanitären Bereichs ist, zu dem viele von Ihnen sich in diesem Jahr *2015* hingezogen fühlen, wenn Sie **in dieser Zeitspanne (zwischen dem 28. Juni und dem 2. Juli) geboren** sind.
Saturn wandert durch den Sektor der Gesundheit, und Sie sollten besonders gut auf Ihre Lebenshygiene achten. Dies gilt bis *Mitte Juni*. Achten Sie auf gesündere Ernährung, regelmäßige Bewegung usw. Sie könnten ansonsten ab *Ende September* mit chronischen Beschwerden konfrontiert werden, zumindest die **erste Dekade**, die ihre schlechten Gewohnheiten ändern sollte: Achten Sie z. B. darauf, in Ruhe und zu geregelten Zeiten zu essen, um möglichen Problemen vorzubeugen, denn der Magen ist einer der Schwachpunkte des Krebses.

Jupiter steht den **Juli**-Krebsen zur Seite und verspricht schöne Gewinne. Sie ernten die Früchte von *2014*, Ihre Finanzen bessern sich und ein beruflicher Treffer bringt Pluspunkte. Eine besonders ergiebige Phase ist um den *22. Juni* zu erwarten, und vor allem die **um den 12. Juli Geborenen** landen einen Volltreffer (eigenes Unternehmen? Hochzeit? Ein Baby?). Projekte oder Begegnungen zwischen August und Dezember 2015 können *2016 schöne* Resultate bringen, in erster Linie dann, wenn Sie **nach dem 4. Juli geboren** sind. Zwischen dem *12. August* und dem *Jahresende* verdoppelt er Ihre Lebensfreude und in einigen Fällen kommt es zu schicksalhaften Begegnungen oder großen persönlichen Entscheidungen.

**IHR JAHR 2015 IM ÜBERBLICK:**

**Kritische Perioden**:

(da die Einflüsse langsamer Planeten dafür bekannt sind, sich auf die vorhergehende und auf die folgende Periode auszuwirken, auch ungefähr 14 Tage **davor** und **danach**)

- *In den ersten Januartagen, bis 8.* (**geboren um den 22./23. Juni**)
- *Zwischen 13. und 21. Januar* **(geboren um den 4./5. Juli)**
- *Um den 22. Februar* **(geboren um den 23. Juni)**
- *Um den 11. März* **(geboren um den 7. Juli)**
- *Um den 17. März* **(geboren um den 7. Juli)**
- *Um den 4. Mai* **(geboren um den 10. Juli)**
- *Um den 20. Juni* **(geboren um den 6. Juli)**
- *Um den 26. Juni* **(geboren um den 27. Juni)**
- *Um den 4. August* **(geboren um den 5. Juli)**
- *Um den 3. September* **(geboren um den 11. Juli)**
- *Um den 22. Oktober* **(geboren um den 10. Juli)**

**Positive Perioden:**

- *Um den 20. Januar* **(geboren um den 27. Juni)**
- *Um den 17. August* **(geboren gleich zu Beginn, um den 23. Juni)**
- *Zwischen 10. und 18. Oktober* **(geboren um den 5. Juli)**

**HIGHLIGHTS IN DER LIEBE**

- 13. Januar bis 30. Februar (Liebe auf einer Reise?)
- 18. März bis 11. April (Liebesfreundschaften)
- 8. Mai bis 5. Juni (abgesehen von der **zweiten Dekade**)
- 8. Oktober bis 9. November (schicksalhafte Begegnungen?)
- 5. Dezember bis Ende des Jahres (ungetrübte Liebe, optimales Verhältnis zu den Kindern)

**IHRE DYNAMISCHEN UND EFFIZIENTEN PHASEN**

- 13. Januar bis 20. Februar (günstig für Studien, Reisen, Auslandsgeschäfte)
- 1. April bis 13. Mai (erfolgreiche neue Projekte!)
- 25. Juni bis 8. August (vermeiden Sie jedes physische Risiko!)
- 26. September bis 13. November (günstig für Reisen)

**BESTE PERIODEN FÜR GESCHÄFTE/GELD/KONTAKTE/REISEN**

- - 14. bis 31. März
- - 15. April bis 2. Mai
- - 9. bis 23. Juli
- - 8. bis 27. August
- - 3. bis 21. November
- - 11. bis 31. Dezember (**erste und dritte Dekade**)

## 2016

### *ALLGEMEINE TENDENZEN*

Zuerst die gute Nachricht: Jupiter, der Glücksplanet, wirkt in diesem Jahr besonders auf die Krebse positiv, die **nach dem 4. Juli geboren** sind. Es gibt jedoch Einschränkungen für die **zwischen dem 6. und dem 19. Juli Geborenen,** die im Laufe des Jahres eine Krise in ihren

Beziehungen erleben und mit einer Wende konfrontiert werden. Setzen Sie auf Kontakte, Begegnungen und (Geschäfts-)Reisen, alles Bereiche unter dem Schutz von Jupiter, dem großen Wohltäter der Tradition. Jupiter ist – zum Glück – bereit, die Wogen im Alltag zu glätten, wenn Sie **nach dem 4. Juli geboren** sind. Er ist ein guter Fallschirm oder Joker, um mit Ihren Problemen fertigzuwerden und dem destabilisierenden Einfluss gegenzusteuern. Jupiter steht ab *Anfang des Jahres* auf Ihrer Seite, was sich u. a. positiv auf Ihre Beziehungen auswirkt, wie etwa wie in den *letzten Monaten 2015*. Bis *August* betrifft er, während er rückläufig wird, nach und nach die Krebse, die **zwischen dem 5. und dem 15. Juli geboren** sind. Zwischen *Jahresanfang und Mai* hat er nacheinander die Krebse **der letzten Dekade** im Visier, und *bis Mai* allmählich die **zwischen 5. und 15. Juli geborenen**. Um den *10. Mai* wird er wieder direktläufig und bringt den genannten Krebsen die Früchte ihrer Kontakte, Ideen, Verträge oder Reisen der *ersten Monate* und von *Ende 2015*. Die **nach dem 16. Juli geborenen Krebse** könnten Jupiter im *August und Anfang September* eine Glücksserie verdanken (Gewinn? Gründung der eigenen Firma? Beförderung? Oder privat eine Heirat, eine Verlobung?). Wie bereits erwähnt, hat die berühmte Dissonanz Pluto/Uranus, die *seit 2011* wirksam ist und sich auf dem Tierkreis fortbewegt hat, dieses Jahr vor allem auf die Krebse Auswirkungen, die **zwischen dem 6. und dem 19. Juli geboren** sind: In diesem Fall könnte sich Ihr Leben bis *Ende 2016* grundlegend verändern, z. B. in Ihren Paarbeziehungen oder geschäftlichen Partnerschaften. Der Umbruch kann auch eine andere Form annehmen, beispielsweise ein gesundheitliches Problem. Pluto ist mit Metamorphose, Zerstörung und auch mit dem Unsichtbaren verbunden. Es wäre nützlich, sich regelmäßig einem Check-up zu unterziehen. Sind Sie **zwischen dem 6. und dem 10. Juli geboren**, wirken Pluto und Uranus gleichzeitig, zwei signifikante Faktoren für Umwälzungen. Uranus allein beeinflusst speziell die Krebse, die **zwischen 6. und 19. Juli geboren** sind, und bringt eine ähnliche Veränderung wie die, die Sie *vor 21 Jahren* erleben konnten. Der Zyklus von Uranus beträgt 84 Jahre und es handelt sich um eine Quadratur, also ein Viertel von diesem Zyklus. Diese Veränderung könnte u. a. einen Umzug, eine berufliche Veränderung oder auch eine Trennung bedeuten.

Zu Jupiter, dem Glücksbringer des Tierkreises, der Ihnen bis Anfang September zur Seite steht, möchten wir noch anfügen, dass er dann durch Ihr 4. Haus wandert und entweder außergewöhnliche Ausgaben, vielleicht in Zusammenhang mit einer familiären Veränderung, mit sich bringen wird, eine gute Nachricht also für den Hausstand, die aber nicht frei von Komplikationen ist. Dieser Einfluss betrifft die Krebse, die **vor dem 15. Juli geboren** sind, die Auswirkungen sind für *2017* zu erwarten.

Noch eine gute Nachricht: Der positive Neptuneinfluss, der häufig ein Interesse für spirituelle, künstlerische oder humanitäre Themen bedeutet und Ihren Horizont erweitert, nimmt die **zwischen dem 28. Juni und dem 6. Juli Geborenen** unter seine Fittiche. Wenn Sie schon immer davon geträumt haben, Ihre Memoiren zu schreiben, ist der Zeitpunkt jetzt gekommen! Außerdem ist diese Zeit günstig für Projekte im Verlagswesen, in der Werbung oder in der Politik.
Es gibt allerdings Einschränkungen: Saturn zwingt Sie zu mehr Disziplin und einer besseren Lebenshygiene (u. a. in Ihrer Ernährung). Sie haben das Bedürfnis, Ordnung in Ihr Leben zu bringen, sich mehr um Ihre Gesundheit zu kümmern. Krebse haben häufig ein anfälliges Verdauungssystem und leiden unter Magenbeschwerden oder psychosomatischen Beschwerden. Essen Sie daher in aller Ruhe und ernähren Sie sich gesund und ausgewogen!
In diesem Jahr ist die Konstellation günstig für Ihre Vitalität, aber auch in den Bereichen, die mit Kindern, Liebe und Kreativität zusammenhängen. Alles, was Sie zwischen *Anfang Januar* und *Anfang März* anpacken – dies gilt für das **gesamte Sternzeichen** –, wird im *Sommer (Juni/ Juli)* günstige und sehr konkrete Auswirkungen haben.

**IHR JAHR 2016 IM ÜBERBLICK:**

**Kritische Perioden:**

(da die Einflüsse langsamer Planeten dafür bekannt sind, sich auf die vorhergehende und auf die folgende Periode auszuwirken, auch ungefähr 14 Tage **davor** und **danach**)

- *19. Oktober* **(geboren um den 7. Juli)**
- *24. November* **(geboren um den 7. Juli)**
- *25./26. Dezember* **(geboren um den 12. Juli)**

**Positive Perioden:**

- *22. bis 30. Januar* **(geboren um den 15. Juli)**
- *16. März* **(geboren um den 9. Juli)**
- *Zwischen dem 8. bis 15. Juni* **(geboren um den 8. Juli)**
- *20. Juni* **(geboren um den 7. Juli)**
- *26. Juni* **(geboren um den 8. Juli)**

**HIGHLIGHTS IN DER LIEBE**

- 24. Januar bis 20. Februar (**zweite und dritte Dekade**)
- 13. März bis 5. April (Romanze auf einer Reise?)
- 1. bis 26. Mai (Liebesfreundschaften!)
- 6. bis 31. August (romantische Begegnungen?)
- 24. September bis 19. Oktober (leidenschaftliche Momente)
- 12. November bis 7. Dezember (**Ende Juni Geborene**)

**IHRE DYNAMISCHEN UND EFFIZIENTEN PHASEN**

- 4. Januar bis 7. März
- 28. Mai bis 1. August (**nach dem 12. Juli Geborene**)
- zwischen 19. Dezember und Jahresende (**erste Dekade**)

**BESTE PERIODEN FÜR GESCHÄFTE/GELD/KONTAKTE/REISEN**

- bis 23. März (!)
- April bis 12. Juni
- Juni bis 14. Juli
- Juli bis 7. Oktober
- 25. Oktober bis 12. November (**erste und dritte Dekade**)

## Löwe

### ALLGEMEINE AUSWIRKUNGEN DER DISSONANZ URANUS/PLUTO AUF IHR STERNZEICHEN ZWISCHEN 2012 UND 2016

Reiben Sie sich die Hände – oder die Pfoten –, lieber Löwe! In dieser für die Welt als kritisch angekündigten Phase sind Sie nicht speziell im Visier – es sei denn, Ihr persönlicher Himmel sagt etwas anderes. Das würde bedeuten, dass ein wichtiger Faktor Ihres Himmels in einem oder mehreren Kardinalszeichen wie Widder, Waage, Krebs oder Steinbock steht. Insgesamt verfügen Sie in den kommenden Jahren über einen bemerkenswerten Vorteil: Diese bemerkenswerte Dissonanz berührt auf kollektiver Ebene nämlich kein Lebenshaus Ihres Himmels, sondern nur Zwischenhäuser. Uranus dürfte Ihre Auslandsgeschäfte, Ihre Initiativen im Medien- oder Verlagsbereich oder Ihre politischen Projekte sowie neue Ausbildungen weiterhin ankurbeln. Zugleich wird er Sie auch dazu anregen, Reisen zu unternehmen, die zu spannenden Entdeckungsreisen werden. Dies alles jedoch mit einer Einschränkung: Uranus wird nämlich hinterhältig durch Plutos Einfluss durchkreuzt, der sich auf Ihren Austausch im Beruf oder Alltag (mit Kollegen, Untergebenen, Hausangestellten) sowie auf Ihre Gesundheit auswirkt. Was heißt das? Je nach dem aktuellen Planetenkontext ist Ihnen allgemein anzuraten, im Ausland kein gesundheitliches Risiko einzugehen, in einem exotischen Land beispielsweise gut auf Ihre Ernährung zu achten und ein Auge auf Ihre Mitarbeiter zu haben, die sich an einem anderen Standort oder im Ausland befinden. Die genannte Dissonanz kann sich auch in einer veränderten Einstellung gegenüber dem täglichen Einerlei äußern. Das Haus der Entfernung und des Auslands hat nämlich auch Auswirkungen auf die Psyche. Dies soll jedoch nicht dazu führen, dass Sie den Wald vor lauter Bäumen nicht mehr sehen: Freuen Sie sich darüber, lieber Löwe, dass Sie von dem direkten Kreuzfeuer einer harten Konjunktur verschont bleiben.

## 2012

### *DAS ALLGEMEINE KLIMA*

Sie sind von den Göttern gesegnet, lieber Löwe. Während der gesamten Periode von *2012 bis 2016*, deren Vorspiel auf kollektiver Ebene bereits *2011* begonnen hat mit allen möglichen Turbulenzen und Katastrophen wie Natur- oder Atomkatastrophen, genießen Sie das Glück, dem Ungemach mehr oder weniger zu entrinnen. Der Grund dafür ist, dass die starken Dissonanzen dieser Periode, die für alle gesellschaftlichen Störungen verantwortlich sind, Sie nicht oder nur indirekt berühren. Mit anderen Worten: Sie bekommen nicht deren volle Wucht zu spüren. Besser noch, diese dienen Ihnen sogar häufig als Trittbrett, wegen des schönen Aspekts, den Uranus bildet. Uranus ist ein Bestandteil der erwähnten himmlischen Dissonanz, der für Sie tätig ist, denn wenn er im Widder steht, kurbelt er Ihre ehrgeizigen Pläne an und bereichert Ihren Lebensweg. Uranus beabsichtigt, insbesondere beim Löwen der **ersten Dekade**, Ihr geografisches wie auch intellektuelles Wissen zu erweitern. So steht Ihnen die Entdeckung neuer Horizonte und neuer Länder sowie bisher unerforschter geistiger Bereiche offen! Falls Sie davon träumen, eine Rundfunk- oder TV-Sendung oder ein politisches Programm zu initiieren oder ein Werk zu veröffentlichen, ist nun der richtige Moment gekommen! Starten Sie nach Möglichkeit vor *Mitte Juli*, um die Früchte ab *Dezember* und dann im gesamten Jahr *2013* ernten zu können.
Da dieser Planet am Himmel von Pluto angegriffen wird (das ist die berühmte Dissonanz, die sich kollektiv so destabilisierend auswirkt), wer-

den die Dinge manchmal nicht so schnell vorangehen, wie Sie sich das wünschen. Es könnte vor allem Blockaden aufgrund Ihrer Alltagsorganisation geben, die nicht so ganz mit Ihrem Ehrgeiz Schritt hält. In dieser Hinsicht sollten Sie diszipliniert bleiben und den Blick immer fest auf das Ziel gerichtet halten. Der erwähnte Dämpfer kann sich auch auf andere Art auswirken, nämlich durch ein gesundheitliches Problem, das auf einer Reise auftreten könnte. Es liegt daher an Ihnen, im Ausland gut auf Ihren Lebensstil zu achten. Gerade Ihre Auslandsgeschäfte, die von Uranus begünstigt werden, könnten zu gewissen Zeiten gebremst werden, vor allem *Ende Juni* (wenn Sie **Ende Juli geboren** sind) oder auch um den *20. September* (auch hier wieder, wenn Sie **Ende Juli geboren** sind). *Anfang Mai* könnten Sie auch unter Übertreibungen oder Verzettelung bei Ihren Aktivitäten in den oben genannten Bereichen leiden (Medien, Publikationen, Auslandsgeschäfte, Reisen). Es besteht die Gefahr, dass Jupiter zwischen *Jahresanfang* und *Mitte Juni* in Ihrem Alltag für Chaos sorgt, indem er Sie vor Wahlen stellt, die von den eigentlichen Zielen ablenken. Dies könnte beispielsweise um den *8. Mai* und um *Mitte Mai* der Fall sein, während es Ihnen *Anfang Juli* sehr gut gelingen wird, diese Hindernisse im Keim zu ersticken.
Jupiter beschließt, Ihnen ab *Mitte Juni* und bis *Ende des Jahres* sein freundliches Gesicht zu zeigen, insbesondere, wenn Sie in der **ersten Hälfte des Zeichens geboren** sind, also **vor dem 9. August**. Er wird dann Ihr Verbündeter und rät Ihnen, vor dem *5. Oktober* ein Ihnen wichtiges Projekt auf die Beine zu stellen, damit die Dinge anschließend bestmöglich ablaufen. Sind Sie **zwischen dem 1. und dem 9. August geboren**, werden Sie bereits im *Herbst* erste Neuigkeiten über die Entwicklung dieses Projekts erfahren und im weiteren Verlauf bis *Ende des Jahres.* Dann können Sie sich darauf vorbereiten, die Früchte Ihrer Initiativen/Projekte *2013* zu ernten.
Saturn wird die Beziehungen zu Ihrer Umgebung konsolidieren, wird Sie wählerischer in Ihrem Umgang machen, was vor allem für die **letzte Dekade** zutrifft. Er bringt nämlich das Klima von *Ende 2011* zurück, das sich – immer noch für die **letzte Dekade** – bis *Ende Juni* erneut zeigen wird, um zwischen *Ende Juni* und *Anfang Oktober* für konkrete Ergebnisse zu sorgen. Wenn Sie beispielsweise ein langwieriges Werk in Angriff genommen haben, ist nun der Zeitpunkt der Fertigstellung gekommen. Es könnte auch sein, dass Sie *Ende 2011* ein Kind gezeugt haben, das zwischen *Juni* und *September* 2012 das Licht der Welt erblickt. Einige Löwen werden unter Saturns Einfluss einen aus den Augen verlorenen Menschen wiederfinden, der aus der Vergangenheit auftaucht. Andere werden ihr Traumhaus bauen.

Insgesamt wird 2012 ein Jahr, das sich absolut sehen lassen kann, wobei sich das *zweite Halbjahr* noch vielversprechender ankündigt. Projekte, die Sie, wenn Sie ein **Ende Juli geborener** Löwe sind, im *Sommer* in die Wege leiten, werden ebenfalls von Uranus angekurbelt, der Ihnen einen fantastischen Anstoß gibt, zusammen mit der Aussicht auf einen echten Aufschwung und eine positive Veränderung Ihres Status quo. Hinzuweisen ist noch auf den Einfluss von Mars, der zwischen *Jahresanfang* und *Anfang Juli* durch das Haus Ihrer Finanzen wandert, vor allem, wenn Sie **zwischen dem 24. Juli und dem 15. August geboren** sind. Dies bedeutet, dass dieser Bereich während der gesamten *Periode* bei den genannten Löwe-Geborenen äußerst aktiv sein wird – vielleicht in Form höherer Ausgaben als gewöhnlich, die sich bereits *Ende 2011* gezeigt haben könnten (bei Löwen der **ersten beiden Dekaden**). *Ende Januar* bis *Mitte April* erhalten Sie Neuigkeiten (erst die **letzte Dekade**, dann die **zweite** und schließlich die **dritte Dekade**). Während dieser Periode wird Ihnen empfohlen, sich genauer mit dem Finanzbereich zu befassen, der sich in erster Linie *Ende März/Anfang April*, dann wieder im *Mai* äußerst einträglich erweisen könnte, da sich Ihre beruflichen Aktivitäten als besonders rentabel herausstellen.

## IHR JAHR 2012 IM ÜBERBLICK:

### Kritische Perioden:

(da die Einflüsse langsamer Planeten dafür bekannt sind, sich auf die vorhergehende und auf die folgende Periode auszuwirken, auch ungefähr 14 Tage **davor** und **danach**)

- *Um den 8. Mai* **(geboren um den 13. August)**
- *Um den 17. Mai* **(geboren um den 16. August)**
- *Um den 15. Oktober* **(geboren zu Beginn des Zeichens, um den 23. Juli)**

### Positive Perioden:

- *Um den 16. April* **(geboren um den 28. Juli)**
- *Um den 6. Juni* **(geboren um den 8. August)**
- *Um den 22. Juli* **(geboren Ende Juli)**
- *Um den 15. August* **(geboren um den 16. August)**

**HIGHLIGHTS IN DER LIEBE**

- erste Januarhälfte (eine Herzenswahl für zu Beginn **des Zeichens Geborene**?)
- zwischen 9. Februar und 6. März (eine Reisebekanntschaft für zu **Beginn des Zeichens Geborene**?)
- *3. April bis 7. August* (eine gesegnete Zeit für Liebesfreundschaften, vor allem für den Löwen, der **vor dem 17. August geboren** ist, in der Sie zwischen Mitte Mai und Anfang August eine Bindung festigen könnten; Ende Juni/Juli ist günstig für eine Liebe auf den ersten Blick oder eine freundschaftliche Begegnung, die sich zu einer Romanze entwickeln könnte)
- 6. bis 24. Oktober (Sie strahlen im Freundeskreis)
- 29. Oktober bis 22. November (ungetrübte Begegnungen und Liebe)
- 16. Dezember bis Jahresende (Verführung gesichert – und Liebe auf den ersten Blick? – vor allem für die **erste Dekade**)

**IHRE DYNAMISCHEN UND EFFIZIENTEN PHASEN**

- 4. Juli bis 24. August (Vitalität und Beziehungsleben werden angekurbelt)
- 8. Oktober bis 18. November (günstig für Sport und kühne Investitionen, insbesondere im Oktober – **erste Dekade**)

**BESTE PERIODEN FÜR GESCHÄFTE/GELD/KONTAKTE/REISEN**

- 1. bis 8. Januar (**dritte Dekade**)
- 3. bis 23. März (**erste Dekade**)
- 17. April bis 4. Mai (**erste und zweite Dekade**)
- 25. Mai bis 7. Juni
- 27. Juni bis 2. September
- 17. September bis 5. Oktober
- 30. Oktober bis 14. November (**erste Dekade**)
- 12. bis 31. Dezember

## 2013

### *DAS ALLGEMEINE KLIMA*

Lieber Löwe, der Sie vor **dem 5. August geboren** sind, Sie werden dem Lockruf der Ferne nicht widerstehen können. Uranus eröffnet Ihnen

neue Horizonte! Mithilfe Jupiters, der nach dem *Jahresende 2012* im *ersten Halbjahr 2013* an Ihrer Seite sein wird, stehen Projekte im Vordergrund, vor allem in Verbindung zum Ausland oder mit einer Publikation, den Medien, der Politik oder der Werbung. Auch eine neue Ausbildung könnte Sie reizen. Gehören Sie zur **ersten Dekade**, beginnen Sie damit *vor Mai*, dann können Sie die Vorteile ab *Oktober* und bis *2014* nutzen. Ihre geistige Neugier wird keine Grenzen kennen und Sie werden sich von den ungewöhnlichsten Bereichen angezogen fühlen – von der Spitzentechnologie genauso wie von der Raumfahrt oder der Astrologie, alles Bereiche in Resonanz mit Uranus. Da sich Uranus jedoch am Himmel in Dissonanz mit Pluto befindet (der in Ihrem Haus der Gesundheit und beruflichen Beschäftigungen steht), wird Ihnen empfohlen, im Ausland streng auf Ihre Lebenshygiene zu achten.
Wenn Sie **zwischen dem 27. Juli und dem 5. August geboren** sind, sind Sie *2013* der glückliche Nutznießer seines anregenden und erneuernden Einflusses. Löwen, die **vor dieser Zeit geboren** sind, haben die positiven Veränderungen durch Uranus bereits *2011/2012* erlebt. Da der Löwe im Allgemeinen Interesse für Innovation zeigt, ähnlich wie sein Komparse, der Widder, werden Sie, wenn Sie **vor dem 5. August geboren** sind, durch diese anregenden Energien elektrisiert. Dies wird während der *ersten sieben Monate der Fall sein. Mitte Juli* bringt nämlich Uranus, der bis *Jahresende* zurückkehrt, den **Anfang August geborene Löwen** das erfreuliche Echo auf ihre Initiativen im *ersten Halbjahr*, deren Wohltaten sie *nach dem 18. Dezember* bis *Ende März 2014* genießen können. Aufregende Neuigkeiten also. In diesem erfreulichen Bild darf man jedoch den mehr oder weniger hemmenden Einfluss von Saturn nicht unterschlagen, der den Bereich der Familie berührt.
Wenn Ihr Geburtstag in der **ersten Dekade** liegt, wissen Sie bereits, worum es geht, denn Sie haben seit *Oktober 2012* mit den möglichen Verzögerungen oder sonstigen Problemen Bekanntschaft gemacht, die hauptsächlich Ihren Wohnort oder auch Ihr Vermögen betroffen haben. Saturn, der Meister der Erfahrung im Tierkreis, der uns zwingt, uns unserer Verantwortung zu stellen und Unerledigtes aufzuarbeiten, wirkt sich bis *Ende Februar* auf den Löwen aus, der **vor dem 4. August geboren** ist. Machen Sie gute Miene zum bösen Spiel und denken Sie positiv, behalten Sie in der Familie die gute Laune. Dieser Planet, der zwischen *März* und *Juli 2013* das gelegentlich belastende Klima zurückbringt, das in der Periode von *Oktober 2012* bis *Ende Februar 2013* vorherrschte, ermöglicht es Ihnen, vor *Anfang Oktober* dieses Jahres (**erste Dekade**) bzw. bis *Ende des Jahres* (**zweite Dekade**) Ordnung in Ihr Leben zu bringen. Die **dritte Dekade** ist erst *2014* an der Reihe. Der Einfluss Saturns

drängt uns in letzter Instanz dazu, in einem Klima höchster Verinnerlichung in unserem Leben aufzuräumen. Dies mag in Ihrem Fall paradox erscheinen, lieber Löwe, da Sie gleichzeitig durch das Paar Jupiter/ Uranus Impulse zur Öffnung empfangen und günstige Gelegenheiten präsentiert bekommen wie oben beschrieben. Sagen wir also, dass der Einfluss Saturns den Löwe-Geborenen der genannten Perioden einen Dämpfer versetzt.

**IHR JAHR 2013 IM ÜBERBLICK:**

**Kritische Perioden:**

(da die Einflüsse langsamer Planeten dafür bekannt sind, sich auf die vorhergehende und auf die folgende Periode auszuwirken, auch ungefähr 14 Tage **davor** und **danach**)

- *Zwischen 7. und 18. Mai* (**geboren um den 14. August**): Hüten Sie sich vor Prozessen, dem Fiskus und der Obrigkeit!
- *Um den 15. Oktober* (**geboren gleich zu Beginn – um den 24. Juli**): idem
- *Um den 4. September* (**geboren um den 22. Juli**): Sie leiden unter einer schwierigen kollektiven Situation.
- *Um den 13. November – totale Sonnenfinsternis* (**geboren um den 15. August**): Bedeckt halten!

**Positive Perioden:**

- *Um den 16. März* (**geboren gleich zu Anfang August**): Die Betonung liegt auf einem glücklichen Beziehungsleben.
- *Um den 16. April* (**geboren um den 28. Juli**): Erneuerung ist angesagt!
- *Um den 6. Juni:* ein künstlerisches Projekt oder die Freundschaft zu einer Frau wird wieder weitergeführt.
- *Um den 2. Juli:* Sie profitieren vom kollektiven Klima.
- *Um den 22. Juli* (**geboren Ende Juli/Anfang August**): Eine Periode reinen Glücks.

- *Um den 17. September* **(geboren um den 20. August)**: Finden Sie Lösungen!

**HIGHLIGHTS IN DER LIEBE**

- 1. bis 10. Januar (**erste Dekade**: Liebe auf den ersten Blick im Ausland?)
- 23. März bis 16. April (exzellent für Liebe!)
- 10. Mai bis 6. Juni (Liebesfreundschaften)
- 27. Juni bis 23. Juli (mit einem Wermutstropfen – Sie betören, aber...)
- 17. August bis 12. September (zärtlicher Austausch)
- 8. Oktober bis 6. November (Cupido ist Ihr Reisebegleiter)

**IHRE DYNAMISCHEN UND EFFIZIENTEN PHASEN**

- 13. März bis 20. April (Aktivitäten/Erfolge im Ausland)
- 1. Juni bis 14. Juli (leiten Sie ein kühnes Projekt in die Wege)
- 28. August bis 16. Oktober (Sie rasen ja – mäßigen Sie Ihr Ungestüm!)
- 7. Dezember bis Ende des Jahres (**erste Dekade**: ein Hoch auf Geschäftsreisen!)

**BESTE PERIODEN FÜR GESCHÄFTE/GELD/KONTAKTE/REISEN**

- 15. April bis 2. Mai
- 16. bis 31. Mai
- 14. bis 24. August (**zweite und dritte Dekade**)
- 10. bis 29. September
- 6. bis 24. Dezember

## 2014

### *DAS ALLGEMEINE KLIMA*

Obwohl Sie die großen Turbulenzen des Jahres nicht in voller Wucht abbekommen, wird 2014 kein siegreiches Jahr. Denn selbst wenn bestimmte Planeten wie Uranus und seit diesem *Sommer* Jupiter – um nur die langsamen Planeten zu nennen – Ihnen milde gestimmt sind, erhält ihre Wirkung einen Dämpfer angesichts der Dissonanzen am Himmel. Sagen wir es also deutlich: Diese Dissonanzen berühren den Löwen zwar nur indirekt, die günstigen Wirkungen der harmonischen Einflüsse bleiben dennoch begrenzt. Schauen wir uns das im Detail an: Uranus schützt weiterhin Ihr

Zeichen, hat sich inzwischen jedoch weiterbewegt und hilft dieses Jahr den Löwen **der ersten Augustwoche**. Diese erleben auf mentaler Ebene Anregungen und werden von neuen Ideen erfüllt, die sie gerne in die Tat umsetzen möchten. Leider lässt diese Konkretisierung gelegentlich zu wünschen übrig. Für den Löwen, der **vor dem 5. August geboren** ist, sind immerhin bis *Weihnachten,* und für den Löwen, der **zwischen dem 4. und 7. August geboren** ist, für *2015* interessante Auswirkungen zu erwarten. **Später geborene** Löwen werden erst in der Folge an der Reihe sein. Beschließen wir nichtsdestotrotz, das Glas des Lebens als halb voll zu betrachten: Wetten wir, dass, wenn *Mitte Juli* Jupiter nach zwölfjähriger Abwesenheit wieder zu Besuch kommt, Sie eine gewisse Erneuerung erwartet. Dies geht auf den Glücksfaktor zurück, der bis *Ende des Jahres* vor allem beim Löwen, der **vor dem 15. August geboren** ist, größer geworden ist. Nicht nur diese Gruppe wird wegen der Rückläufigkeit Jupiters die fruchtbaren Ergebnisse der Gelegenheiten von *2014* bis *Sommer 2015* einfahren, sondern auch die **August**-Löwen ganz allgemein. Das ist eine sehr gute Nachricht, auch wenn zwischen *Juli* und *Dezember* die **nach dem 7. August geborenen** Löwen mit Hindernissen und Verzögerungen zu rechnen haben, die Saturn ihnen auferlegt. Bereits *2013* haben die Löwen, die **zwischen dem 26. Juli und dem 13. August geboren** sind, mit dem Klima der Hindernisse, Introvertiertheit und Bilanz Bekanntschaft geschlossen, die Saturn zu eigen ist. Dieses Klima setzt sich *2014* fort: Zwischen *Januar* und *Anfang März* sehen sich die Löwen, die **zwischen dem 12. und dem 15. August geboren** sind, von diesem restriktiven Klima betroffen, das in diesem Fall Auswirkungen auf die familiäre Atmosphäre haben könnte, wenn es nicht auf ein Problem in Bezug auf die Wohnung oder das Vermögen hinweist. Zwischen *Anfang März* und *Ende Juli* bringt Saturn diese Probleme den Löwen der **zweiten Augustwoche**, während die in der **zweiten Hälfte des Zeichens Geborenen** im *zweiten Halbjahr 2014* damit zu kämpfen haben. Die in dieser Hinsicht schwierigen Perioden liegen im *August/Anfang September* und im *Dezember*: Es sind Zeiten, in denen Sie Zugeständnisse machen müssen, um sich nicht über Gebühr zu stressen. *Ende August/Anfang September* sowie *Ende Oktober* bis *Mitte November* heißt es erneut, gute Miene zum bösen Spiel zu machen, denn die Atmosphäre innerhalb der Familie oder der Liebesbeziehung ist getrübt. Der *Mai*, der schöne Überraschungen in Herzensangelegenheiten bringt, dient dafür als Ausgleich, wie auch die Monate *Juli, Oktober* und *Ende November/Anfang Dezember.*

Zurück zu Uranus, von dessen elektrisierenden Energien Sie profitieren, lieber Löwe der **zweiten Augustwoche**. In diesen Genuss kommt man nur etwa alle 14 Jahre. In diesem Fall wird er Sie hoch und weit treiben, insbesondere im *zweiten Halbjahr,* und das trotz der Bremswirkung durch Saturn. Dieser Uranus fördert die Innovation – ein beliebter Bereich Ihres Zeichens –, geografische wie intellektuelle Entdeckungen und kurbelt Auslandsgeschäfte an. So stehen Ihnen eine neue Ausbildung, das Erlernen einer Fremdsprache, die Entdeckung ferner Länder oder ein neues politisches Programm, eine neue Rundfunk- oder TV-Sendung oder die Veröffentlichung eines Werks ins Haus. Mars, der zwischen *Januar* und *Ende Juli* im Haus der Beziehungen steht, wird Ihnen dabei helfen, neue Kontakte zu knüpfen, wodurch die Realisierung eines kühnen Projekts näherrückt – dies vor allem, wenn Sie ein **August**-Löwe sind. Zwischen *Mai* und *Ende Juli* ist dieser Planet am wirksamsten und bringt die Früchte der *ersten beiden Monate des Jahres.* Insgesamt wird 2014 für Sie ein recht interessantes Jahr, wenn man den allgemeinen Kontext dieses bewegten Jahrgangs bedenkt!

## IHR JAHR 2014 IM ÜBERBLICK:

### Kritische Perioden:

(da die Einflüsse langsamer Planeten dafür bekannt sind, sich auf die vorhergehende und auf die folgende Periode auszuwirken, auch ungefähr 14 Tage **davor** und **danach**)

- *Um den 2. August* (**geboren um den 8. August**): Frustration in Sicht?
- *Um den 25. August* (**geboren um den 10. August**): Meiden Sie Kraftproben und hüten Sie sich vor Stürzen):

### Positive Perioden:

- *Um den 11. August* (**geboren um den 13. August**): Liebe und Anerkennung warten auf Sie

**HIGHLIGHTS IN DER LIEBE**

- 5. März bis 5. April (eine Begegnung liegt in der Luft, die von Saturn gebremst zu werden droht)
- 4. bis 29. Mai (Liebe auf den ersten Blick im Ausland?)
- 24. Juni bis 19. Juli (ein Hoch auf die Liebesfreundschaften!)
- 12. August bis 6. September (eine gewichtige Begegnung, aber mit Hindernissen, **geboren um den 8. August)**

- 1. bis 23. Oktober (Romanze in Sicht?)
- 17. November bis 10. Dezember (Amour fou – sie wird jedoch gebremst bei Löwen, die **um den 10. August geboren** sind)

**IHRE DYNAMISCHEN UND EFFIZIENTEN PHASEN**

- Anfang Januar bis Ende Juli (Kontakte und Geschäftsreisen werden angekurbelt, aber... s. oben)
- 13. September bis 27. Oktober (es lebe der Sport)

**BESTE PERIODEN FÜR GESCHÄFTE/GELD/KONTAKTE/REISEN**

- 8. bis 24. April
- 8. bis 29. Mai
- 18. Juni bis 13. Juli (**dritte Dekade**)
- 1. bis 7. August (**erste Dekade**)
- 3. bis 28. September
- 11. Oktober bis 8. November (**zweite und dritte Dekade**)
- 29. November bis 17. Dezember

## 2015

### *DAS ALLGEMEINE KLIMA*

*2015* hat mit dem vorhergehenden, durch Saturns Behinderungen mehr oder weniger schwierigen Jahr nichts zu tun. Dieser hemmende und restriktive Planet kommt nur zu einem kurzen Aufenthalt zurück und betrifft dabei den **Schwanz des Löwen**, also **die nach dem 19. August geborenen** Löwen. Dies ist vor allem zwischen *Mitte Juni* und *Mitte September der Fall.* Dabei handelt es sich um unangenehme Auswirkungen von *Ende 2014.* Ein Problem innerhalb der Familie oder mit der Wohnung kann erneut auftauchen oder es geht um Ihre Gesundheit, lieber Löwe, oder die eines Angehörigen.
Das war die schlechte Nachricht, denn abgesehen von diesem negativen Einfluss gibt es nur Gutes zu berichten! Beginnen wir mit den glücklichen Auswirkungen Jupiters, alias das Glück, die Expansion und der Lebensoptimismus. Zwischen *Januar* und *Anfang April* kurbelt dieser großmütige Planet, der nach zwölfjähriger Abwesenheit in Ihr Zeichen zurückkehrt, Ihre Unternehmungen wie auch glückliche Gelegenheiten ganz allgemein an, wenn Sie **zwischen dem 3. und dem 15. August ge-**

**boren** sind. Zwischen *Anfang April* und *Mitte August* sehen sich **dieselben Löwe-Geborenen** sowie die **Ende des Zeichens geborenen Löwen** durch die Wohltaten Jupiters beschenkt: Bei einigen wird es sich um die Geburt eines Kindes handeln, bei anderen um die Gründung einer Firma, die auch im Ausland sein könnte, wenn Sie **zwischen dem 4. und dem 12. August eboren** sind. Sie genießen das ganze Jahr über den belebenden Einfluss von Uranus, der Ihre Unternehmungen im Ausland sowie große Auslandsreisen oder Ihre intellektuellen Aktivitäten/ Initiativen aufputscht: Eine neue Ausbildung, eine Reihe von Vorträgen, (bestandene!) Prüfungen, die Herausgabe einer Zeitung oder eine Rundfunk- oder TV-Sendung, den Sieg in einem Prozess …

Saturn hat inzwischen die Seiten gewechselt, vom Feind zum Freund, insbesondere für die **erste Dekade**. Sie können sich nun über diesen Planeteneinfluss freuen, der Ihnen bis *Mitte Juni* eine Stabilisierung Ihrer Situation auf dem Silbertablett serviert. Saturn ist nun für Sie tätig und sorgt für eine gesellschaftliche Anerkennung, deren wertvolle Effekte Sie zwischen *Mitte September* und *Ende des Jahres* erleben – immer noch für die **erste Dekade** gesprochen. Die anderen Löwen sind erst *2016* an der Reihe. Sie erleben ein konstruktives Klima und erhalten Lob für Ihre Anstrengungen. Unter diesem Aspekt entscheidet man sich häufig für ein Kind. Da Saturn sich um die **erste Dekade** kümmert und Jupiter die Fortsetzung des Zeichens übernimmt, scheint Ihre Nachkommenschaft gesichert! Dieser schöne Einfluss Saturns kann übrigens auch ein langwieriges Werk begleiten, das *vor März* auf die Beine gestellt werden sollte, damit Sie vor Beginn des *letzten Vierteljahrs* das Wörtchen »Ende« daruntersetzen können. 2015 sollten Sie sich im Kalender also rot anstreichen. Dies gilt für **das gesamte Zeichen**, auch wenn das Klima für die **August**-Löwen noch günstiger ist.

Ein besonderer Hinweis: *2015* erhalten Ihre Liebesbeziehungen und Ihre Bindungen generell eine besonders glückliche Färbung, denn Venus durchquert ausnahmsweise Ihr Zeichen über eine Zeitspanne von mehr als vier Monaten – ein schönes Geschenk! Venus tritt am *5. Juni* in Ihr Zeichen und mit Ausnahme einer kleinen Unterbrechung *Ende Juli*, wenn sie durch den Anfang der Jungfrau zieht, sorgt sie für entspannten Austausch und preist Ihr Charisma während dieser Monate bis *8. Oktober*. In diesem Fall wird vor allem die **zweite Hälfte des Zeichens** am meisten verwöhnt, zwischen *7. September* und *8. Oktober* erleben dann die Löwen, die **nach dem 6. August geboren** sind, das Ergebnis einer Begegnung, die wahrscheinlich im *Juni/Juli* stattgefunden hat. Die **erste Hälfte des Zeichens** erlebt ihre »blaue Periode« im *Juni*, auch hier häufig ein Anlass für einen zweiten Frühling oder mitreißende Begegnungen.

## IHR JAHR 2015 IM ÜBERBLICK:

### Kritische Perioden:

(da die Einflüsse langsamer Planeten dafür bekannt sind, sich auf die vorhergehende und auf die folgende Periode auszuwirken, auch ungefähr 14 Tage **davor** und **danach**)

- *Um den 20. Juni* (**geboren um den 22. Juli**): Sorgen innerhalb der Familie oder um die Gesundheit.
- *Um den 26. Juni* (**geboren um den 12. August**): Sie werden von einem kollektiven Problem betroffen.
- *Um den 3. August* (**geboren um den 20. August**): Sorgen innerhalb der Familie oder um die Gesundheit.
- *Um den 13. August*: idem

### Positive Perioden:

- *Um den 22. Februar* (**geboren um den 23./24. Juli**): Amour fou!
- *Um den 3. März* (**geboren um den 6. August**): Ein Hoch auf Reisen, Auslandsgeschäfte!
- *Um den 11. März* (**geboren um den 7. August**): Der Löwen kennt das Wort »unmöglich« nicht!
- *Um den 14. Juni* (**geboren um den 15. August**): So viel Effizienz! Ein Projekt macht Riesenfortschritte.
- *Um den 22. Juni* (**geboren um den 12. August**): Sorgen Sie für Innovation!
- *Um den 15. August* (**geboren um den 14. August**): Cupido klopft an.
- *Um den 17. August* (**geboren um den 23. Juli**): Sie profitieren von einem kollektiven Glücksfall.
- *Um den 30. September* (**geboren um den 23./24. Juli**): idem

**HIGHLIGHTS IN DER LIEBE**

- der ganze Januar (der andere schlägt Sie in seinen Bann oder umgekehrt!)
- 21. Februar bis 18. März (ein Hoch auf die kleinen Fluchten zu zweit)
- 11. April bis 8. Mai (eine Liebesfreundschaft zeichnet sich ab)
- 5. Juni bis 8. Oktober (s. oben, das Leben und die Liebe gehören Ihnen!)
- 9. November bis 5. Dezember (ausgezeichneter Austausch mit der Umgebung und/oder eine ernsthafte Begegnung mit einer verwandten Seele?)

**IHRE DYNAMISCHEN UND EFFIZIENTEN PHASEN**

- 20. Februar bis 1. April (Tempo, nichts hält Sie auf und das Ausland reicht Ihnen die Hand!)
- 13. Mai bis 26. Juni (starten Sie ein neues, ehrgeiziges und originales Projekt!)
- 8. bis 26. September (führen Sie Neuerungen ein, vor allem, wenn Sie **zwischen dem 10. und 12. August geboren** sind, ein Hoch auf Auslandsgeschäfte!)
- zwischen 13. November und Jahresende (Beziehungen im Vordergrund!)

**BESTE PERIODEN FÜR GESCHÄFTE/GELD/KONTAKTE/REISEN**

- 1. bis 14. April
- 2. Mai bis 2. Juli (**erste und zweite Dekade**)
- 3. bis 9. Juli (**dritte Dekade**)
- 24. Juli bis 8. August
- 28. August bis 27. Oktober (**erste und zweite Dekade**)
- 27. Oktober bis 3. November (**dritte Dekade**)
- 21. November bis 10. Dezember

## 2016

### *DAS ALLGEMEINE KLIMA*

Löwe der **ersten Dekade**, Sie haben *2015* bereits das konsolidierende und wertvolle Klima Saturns kennengelernt. Manchem von Ihnen wird er es ermöglicht haben, für Nachwuchs zu sorgen oder sich an ein kreatives Werk zu wagen. *2016* setzt Saturn seinen Weg fort und ist bereit, dieselbe wertvolle Wirkung auf die **zweite Dekade** auszuüben, und zwar mit folgenden Abwandlungen: Zwischen *Januar* und *Ende März* werden Sie, wenn Sie **zwischen dem 1. und dem 9. August geboren** sind, ein neues Werk beginnen, ob nun ein Buch oder ein Drehbuch, oder Sie werden für Nachwuchs sorgen. Zwischen *August* und *Dezember* erleben Sie, je nach Ihrem Geburtsdatum innerhalb dieser Spanne, die Fälligkeit und das Ergebnis dieses konstruktiven Klimas von Saturn. Anzumerken ist, dass die Löwen der **dritten Dekade** die Wirkungen des stabilisierenden Saturns *2017* erleben dürfen. Während Saturn sich im Sinn einer Konkretisierung, einer Stärkung des Status quo auswirkt, was in den meisten Fällen zugleich mit gesellschaftlicher Anerkennung durch eine eventuelle Auszeichnung oder Promotion verbunden ist, macht Uranus Sie seinerseits offen für das Neue, das Unvorhergesehene. Dies gilt vor allem für die Löwen, die **zwischen dem 7. und dem 17. August geboren** sind. Liegt Ihr Geburtstag **in dieser Zeitspanne**, lieber Löwe, erweitern Sie Ihren geografischen oder intellektuellen Horizont durch ein neues Buchprojekt, eine Rundfunk- oder TV-Sendung oder eine Ausbildung, vielleicht aber auch durch eine bereichernde Reise, und zwar insbesondere zwischen *Januar* und *Ende Juli*, während Uranus, der am *28. Juli* rückläufig wird, insbesondere den Löwen, die **zwischen dem 10. und 17. August geboren** sind, das Klima und die Offenheit des Frühjahrs zurückbringt. Die konkreten Auswirkungen dieses innovativen Klimas spüren die genannten Löwen ebenso wie die **später geborenen** Löwen erst *2017.*

Die Kombination von Saturn, dem Planeten der Dauerhaftigkeit, und Uranus, dem Planeten des Unvorhergesehenen und des erweiterten Horizonts, wird für viele von Ihnen bedeuten, dass Sie das Bestehende überarbeiten und umwandeln. Wenn Sie beispielsweise bisher mit der Hand geschrieben haben, wenden Sie sich nun dem Computer zu, der übrigens durch Uranus symbolisiert wird. Dieses Gestirn, das Symbol der Kommunikation schlechthin, wird Sie nebenbei gesagt dahin führen, Ihr Wissen sowohl auf rationaler wie auf mentaler Ebene zu erweitern: Nicht wenige von Ihnen werden sich für eine neue Ausbildung oder unbekannte Wissensgebiete interessieren oder ungewöhnliche Begegnungen im Ausland haben, da Uranus bei Ihnen im 9. Haus der Reisen steht.

Am *10. September* erreicht Jupiter die Waage, die bei Ihnen für das Beziehungsleben steht. Ihnen bieten sich damit alle Möglichkeiten des Austausches, der Kontakte und Ortsveränderungen. Jupiter wird die Wirkung von Uranus noch verstärken, um für nützliche und angenehme Begegnungen zu sorgen. Ihre Anziehungskraft wird wirksamer sein denn je, und wenn Venus sich noch mit einmischt, was *Ende Oktober*

und *Mitte November* oder im *Dezember* der Fall sein wird, wird Ihr Charme unwiderstehlich sein!
Jupiter übt diesen Einfluss also zwischen dem *10. September* und dem *Jahresende* aus, allerdings nur auf die **ersten beiden Dekaden**. *2017* ist dann die **letzte Dekade** an der Reihe. Die **zweite Dekade** wird *Ende 2016* besonders verwöhnt, und das bereits seit *Oktober*, denn sie genießt zugleich den Einfluss von Uranus (Offenheit, Innovationen), Saturn (Stabilisierung, Anerkennung) und Jupiter (Gelegenheiten, Glück, Lebensoptimismus). Wenn, wie bereits erwähnt, auch Venus in dieses Planetenkonzert einstimmt, können wir wetten, dass Sie einen einmaligen Sprung nach vorn machen werden, der Ihren Lebensweg prägen wird, lieber Löwe! Ein derartiges kosmisches Zusammentreffen ist nämlich sehr selten. Wir wünschen Ihnen alles Gute!

## IHR JAHR 2016 IM ÜBERBLICK:

### Kritische Perioden:

(da die Einflüsse langsamer Planeten dafür bekannt sind, sich auf die vorhergehende und auf die folgende Periode auszuwirken, auch ungefähr 14 Tage **davor** und **danach**)

- *Um den 6. Juni* (**geboren um den 8. August**): Willkommen, Cupido!
- *Um den 24. August* (**geboren um den 2. August**): Diese Effizienz!
- *Um den 31. Oktober* (**geboren um den 3. August**): Sie profitieren von einem günstigen kollektiven Klima.
- *Um den 10. November* (**geboren um den 7. August**): Ihre Kreativität nimmt konkrete Formen an.
- *Um den 25. Dezember* (**geboren um den 12. August**): Willkommen, Erneuerung!

**HIGHLIGHTS IN DER LIEBE**

- 1. bis 24. Januar (Liebe auf den ersten Blick – im Ausland?)
- 19. Februar bis 13. März (man ist für Sie tätig: eine Verbindung wird dauerhaft verankert und wird mit neuem Leben erfüllt)
- 5. bis 30. April (es lebe die exotische Liebe!)
- 26. Mai bis 18. Juni (eine Liebesfreundschaft?)
- 13. Juli bis 6. August (Sie strahlen aus allen Knopflöchern)
- 1. bis 24. September (eine Romanze in Sicht?)
- 18. Oktober bis 12. November (immer wiede Amour fou)
- 7. bis Ende Dezember (niemand kann Ihnen widerstehen!)

**IHRE DYNAMISCHEN UND EFFIZIENTEN PHASEN**

- 7. März bis 27. Mai (teuflische Energie, Sie sind doch nicht auf der Flucht!)
- 1. bis 27. September (die Früchte der vorherigen Periode)

**BESTE PERIODEN FÜR GESCHÄFTE/GELD/AUSTAUSCH/REISEN**

- 23. März bis 6. April
- 13. bis 30. Juni
- 14. bis 30. Juli
- 8. bis 25. Oktober
- 13. November bis 3. Dezember (!)

## Jungfrau

### ALLGEMEINE AUSWIRKUNGEN DER DISSONANZ URANUS/PLUTO AUF IHR STERNZEICHEN ZWISCHEN 2012 UND 2016

Sie sind eher zu beneiden als zu bedauern. Der Grund: Pluto, der große Verwandler, legt sich für Sie ins Zeug! Wenn Sie eine Jungfrau der ersten Stunde sind, regt er Ihre Kreativität wic in den letzten Jahren weiterhin an. In dieser ernsten Phase tief greifender gesellschaftlicher Veränderung auf Weltebene bietet er den **zwischen dem 29. August und dem 10. September** geborenen Jungfrauen großartige Unterstützung. Da er sehr langsam ist, müssen sich die Jungfrauen, die später Geburtstag haben gedulden! Jupiter hilft Ihnen, wieder zu sich zu kommen, vielleicht durch die Begegnung mit einer verwandten Seele oder die Geburt eines Kindes, vielleicht segnet er auch Ihre Spekulationen … Aber Vorsicht! Hier greift nämlich die Dissonanz von Uranus ein, der im Haus der indirekten Gewinne steht – wie Anlagen, Dividenden, Provisionen, Erbschaften etc. –, aber auch der Krisen und der Sexualität. Es könnten Spannungen zwischen diesen Bereichen auftreten mit verschiedenen Szenarien wie einer Disharmonie mit dem geliebten Menschen, bei der die Sexualität oder räumliche Entfernung eine Rolle spielen könnte, oder auch eine Krise mit einem Angehörigen oder einem Kind. Wie gesagt könnte es sich auch um unglückliche Spekulationen handeln oder um eine Vergnügungsreise, die sich ins Gegenteil verkehrt. Das von Pluto durchquerte Haus ist auch das Haus der Freizeitvergnügungen. Je nach dem aktuellen planetaren Kontext gibt es angesichts der reichen Symbolik des astrologischen Glossars viele denkbare Szenarien … Behalten Sie einfach im Gedächtnis, dass Sie mit dem Schutz Plutos, dem mächtigsten Gestirn unseres Sonnensystems, der für Tempo in Ihrem Leben sorgt, gut gewappnet sind!

## 2012

### *ALLGEMEINE TENDENZEN*

Sie haben 2012 auf kollektiver Ebene keinen Grund zu klagen. Vor allem dann, wenn Sie zur **ersten Dekade** gehören, sind Sie von den Göttern gesegnet. Zwischen *Anfang des Jahres* und *Mitte Juni* genießen Sie den beneidenswerten und bereichernden Einfluss Jupiters, der Ihnen auf physischer, geografischer und mentaler Ebene neue Horizonte eröffnet. Dies geschieht durch intellektuelle Entdeckungen, die eine Quelle der Befriedigung sind. Unter dem Einfluss Jupiters haben Sie mehr denn je Fernweh, exotische und große Reisen ängstigen Sie nicht. Einige von Ihnen werden das *erste Halbjahr* auch dazu nutzen, ein politisches Programm oder eine Vortragsreihe zu starten oder eine Prüfung abzulegen. Dabei ist festzuhalten, dass auch Prozesse unter der Gunst des Himmels stehen. Jupiter räumt der **ersten Dekade** ab *Anfang des Jahres* bis *Mitte März* einen Ehrenplatz ein, schützt die **zweite Dekade** zwischen *Mitte März* und *Anfang April*, während die **dritte Dekade** zwischen *Anfang Mai* und *12. Juni* an die Reihe kommt.

Pluto ist in diesem Jahr *2012* bereit, das ganze Jahr hindurch Ihre Kreativität anzukurbeln, wenn Sie **zwischen dem 30. August und dem 2. September geboren** sind. Die Jungfrau, die **vor dem 30. August geboren** ist, hat bereits in den Vorjahren mit dem zugleich sehr regenerierenden und äußerst seltenen Aspekt von Pluto Bekanntschaft geschlossen. Für diese Jungfrauen wird häufig eine neue Etappe ihres Lebens angebrochen sein, bei dieser Gelegenheit werden sie auch an Tempo zugelegt haben. *2012* sind die betroffenen Jungfrauen daher aufgerufen, ein Projekt auf die Beine zu stellen, das ihnen am Herzen liegt – und zwar vor dem *10. April.* Bis *20. September* wird es dazu Neuigkeiten geben, das Ergebnis ist für den *Herbst* und bis *Jahresende* zu erwarten. Ein perfekter Zeitpunkt, um sich an ein umfangreiches, kreatives Werk zu begeben, das durchaus auch die Gestalt eines Kindes annehmen kann … Vergessen wir andererseits nicht den ebenfalls seltenen Einfluss von Neptun, der bereits seit *2011* die Jungfrau beschäftigt, die **gleich zu Anfang des Zeichens geboren** ist. Er wird *2012* die Psyche und das Beziehungsleben der Jungfrau betreffen, die **vor dem 28. August geboren** ist. Das Klima lässt sich nur schwer definieren, da die Opposition von Neptun – denn darum handelt es sich – vielfältige Formen annehmen kann, die sowohl bereichernd als auch angenehm sind. Sie kann die Form einer außergewöhnlichen Empfänglichkeit für subtile und unsichtbare Energien annehmen, manchmal aber auch Quelle von fehlerhafter Beurteilung, schwerwiegenden Missverständnissen bis hin zu Vertrauensmissbrauch und Intrigen sein, abhängig vom jeweiligen kosmischen Klima, das bis *Ende März* in jedem Fall absolut harmonisch ist. Wetten wir also, dass sich im *ersten Vierteljahr dieses Jahres* die positiven Aspekte dieses Einflusses von Neptun entwickeln werden! In den restlichen Monaten des Jahres wird dies anders aussehen, insbesondere im *April,* dann im *Juni* oder auch in der *ersten Oktoberhälfte* oder *Mitte Dezember*, wenn der planetare Kontext Sie weiteren »Missetaten« Neptuns aussetzt, einschließlich, auf organischer Ebene, einer Neigung zu Schwindel, Anämie oder Infektionen. *Anfang April* und *Mitte Dezember* herrscht ein unklares Klima in Herzensangelegenheiten, wobei Sie riskieren, der Dumme zu sein – in der Paarbeziehung oder der Geschäftspartnerschaft? Halten Sie die Augen offen!

Kommen wir zurück auf die schönen Aspekte von Jupiter und Pluto, die – insbesondere der **ersten Dekade** – in den *ersten Monaten des Jahres* einen mit Rosen bestreuten Weg sichern. Sollten Sie für die kommenden Präsidentschaftswahlen über ein neues politisches Programm verfügen, liebe Jungfrau, ist die Phase zwischen *Januar* und *Mitte April* gut geeignet, damit an die Öffentlichkeit zu gehen. Dabei ist festzuhalten, dass Sie zwischen *Anfang Januar* und *Ende Februar* die bestmöglichen Einflüsse genießen, denn Jupiter tritt ab *Mitte März* in die **zweite Dekade**. Schließen wir jedoch die anderen Jungfrau-Geborenen von diesem vielversprechenden Einfluss nicht aus, umso mehr, als Mars ihnen zu Hilfe kommt, vor allem denen, die **vor dem 7. September geboren** sind. Zwischen *Anfang des Jahres* und *Mitte April* erleben sie ein sehr belebendes martialisches

Klima, das Sie bereits seit *10. November 2011* antreibt – dies betrifft insbesondere die **ersten beiden Dekaden** der Jungfrau. Das Ergebnis dieses Klimas und der entsprechenden Initiativen ist für *Anfang Juli* zu erwarten. Hinzuweisen ist noch darauf, dass die gemeinsame Wirkung von Mars und Pluto im *April* für die **erste Dekade** äußerst stark sein wird und Sie weit voranbringen könnte. Dieses Klima verlängert in gewisser Weise die glückliche Periode vom *Jahresanfang*, immer noch für die **erste Dekade** gesprochen, unter dem Einfluss von Jupiter/Pluto, wobei die **zweite Dekade** *Anfang des Jahres* und bis *Mitte März* ebenfalls starke Unterstützung durch Mars erhält. Zusammenfassend lässt sich sagen, dass zwischen *Jahresanfang* und *Mitte März* sowohl die **erste** als auch die **zweite Dekade** Grund zum Feiern haben, denn sie werden durch die kosmischen Einflüsse, ob nun von Jupiter, Pluto oder Mars, kräftig gepusht.

Die Kombination von Jupiter und Mars betrifft ihrerseits im *Mai* die **letzte Dekade**, wenn für diese Jungfrauen alles schnell und gut abläuft. Diese Phase sollte genutzt werden, um ein Projekt zu starten oder Initiativen zu ergreifen.

Am *12. Juni* wechselt Jupiter allerdings die Seite und bringt der Jungfrau, die **vor dem 10. September geboren** ist, eine hübsche Dosis an Entscheidungen, die zu treffen sind, sowie juristisch-administrative Komplikationen – und zwar bis *Ende des Jahres*. Wenn Sie in diesen Bereich Ihres Sternzeichens gehören und obwohl dies eigentlich keine Schwäche der sorgfältigen Jungfrau ist, sollten Sie bis *5. Oktober* Ihren Papierkram nicht vernachlässigen und für die absolut pünktliche Bezahlung steuerlicher Verpflichtungen sorgen, denn man wird Ihnen nichts schenken. Sie könnten sonst in den *letzten drei Monaten* eventuelle Nachlässigkeiten auszubaden haben, wenn Sie **Anfang September geboren** sind. Falls Sie am **Anfang** des Zeichens **vor dem 28. August geboren** sind, ist die Periode *Juni/Juli* in dieser Hinsicht besonders kritisch, wenn Neptun und Venus in dieses dissonante Konzert mit einstimmen und ein Klima von Chaos und Missverständnissen einleiten. Dann könnten Sie sich mit einer Situation konfrontiert sehen, in der Sie eine Wahl treffen müssen, deren nähere Umstände und Ergebnisse sich Ihnen entziehen. Es könnte ein Zusammenhang mit einem kollektiven problematischen Klima bestehen.

Auf jeden Fall ist es empfehlenswert, zwischen *Anfang April* und *Anfang August* Rücksicht auf weibliche Empfindlichkeiten in Ihrem Umfeld zu nehmen. Insbesondere im *Juni/Juli* könnten Sie ernsthafte Streitigkeiten mit einer Person des sogenannten schwachen Geschlechts im Zusammenhang mit Ihrer beruflichen Tätigkeit bekommen. Bei anderen handelt es sich um eine Phase starker gefühlsmäßiger Destabilisierung: Die

Jungfrau bekommt Lust, auf zwei Hochzeiten gleichzeitig zu tanzen … Wie auch immer sich diese Dissonanz Venus/Jupiter äußert, dieses Klima wird sich auf den *Dezember* auswirken, insbesondere, wenn Sie **vor dem 10. September geboren** sind. Beachten Sie auch, dass Sie zwischen dem *8. Oktober und 18. November*, wenn zugleich Jupiter und Mars Ihrem Haus böse gesinnt sind, mehr Mühe und Findigkeit werden aufbringen müssen, um den Komplikationen Jupiters auf finanziellem oder juristisch-administrativem Gebiet entgegenzutreten. Diese Phase wird Sie auch ganz allgemein zu Mäßigung und Vorsicht in Ihrem Lebensstil aufrufen, beispielsweise indem Sie unnötige Risiken meiden und sich nicht kopfüber in gewagte Situationen stürzen.

**IHR JAHR 2012 IM ÜBERBLICK:**

**Kritische Perioden:**

(da die Einflüsse langsamer Planeten dafür bekannt sind, sich auf die vorhergehende und auf die folgende Periode auszuwirken, auch ungefähr 14 Tage **davor** und **danach**):

- *Um den 10. Januar* (**geboren um den 6. September**): Sie sind von einem negativen kollektiven Klima betroffen.
- *Um den 6. Juni* (**geboren um den 8. September**): Eine Gefühlsentscheidung?
- *Um den 25. Juni* (**geboren um den 26. August**): Hüten Sie sich vor dem Chaos!
- *Um den 2. Juli* (**geboren um den 5. September**): Sie erleiden die Unannehmlichkeiten eines kollektiven Klimas
- *Um den 21. Juli* (**geboren um den 1. September**): Destabilisierendes Klima.
- *Um den 4. August* (**geboren um den 25. August**): Ein kollektives Klima beeinträchtigt Sie.
- *Um den 21. September* (**geboren um den 24. August**): Hüten Sie sich vor Verwirrung!
- *Um den 15. Oktober* (**geboren um den 9. September**): Dasselbe Klima – Konsequenz? – um den 21. Juli?

- *Um den 11. Dezember* (**geboren um den 3. September**): Dämmen Sie Übertreibungen ein!

**Positive Perioden:**

- *Um den 18. Januar* (**geboren um den 24. August**): Starten Sie, sorgen Sie für Innovation!
- *Zwischen 5. und 13. März* (**geboren um den 2. September**): Phönix aus der Asche.
- *Um den 11. Oktober* (**geboren um den 23. August**): Stellen Sie mit jemandem etwas auf die Beine!
- *Um den 27. November* (**geboren um den 31. August**): Sie sind ja wie eine Planierraupe!
- *Um den 27. Dezember* (**geboren um den 2. September**): Pluto spielt die Rolle eines Schutzschirms.

**HIGHLIGHTS IN DER LIEBE**

– Mitte Januar bis 9. Februar (eine ideale Begegnung?)
– 6. März bis 3. April (eine zärtliche Begegnung auf einer Reise?)
– 7. August bis 6. September (söhnen Sie sich mit einer Freundin/einem Freund aus, die/den Sie aus den Augen verloren haben!)
– 4. bis 29. Oktober (Sie verführen auf Teufel komm raus!)
– 22. November bis 16. Dezember (liebevoller Austausch in Sicht)

**IHRE DYNAMISCHEN UND EFFIZIENTEN PHASEN**

– Anfang des Jahres bis Anfang Juli (**geboren vor dem 16. September**, siehe oben) (halten Sie Ihre Impulsivität unter Kontrolle!
– 24. August bis 28. Oktober (fruchtbares Beziehungsleben, vor allem für die **erste Dekade**)
– 18. November bis 26. Dezember (es lebe der Sport ... und die Liebesspiele!)

**BESTE PERIODEN FÜR GESCHÄFTE/GELD/KONTAKTE/REISEN**

- 9. bis 28. Januar
- 10. Mai bis 24. Mai
- 8. bis 26. Juni
- 1. bis 7. September (**erste Dekade**)
- 6. bis 13. Oktober (**erste Dekade**)
- 15. November bis 11. Dezember (**dritte Dekade**)

## 2013

### *ALLGEMEINE TENDENZEN*

Das Spiel der kosmischen Uhr weist Analogien zu einer Babuschka-Puppe auf, wobei Pluto die Hauptrolle spielt und ganz außen thront. Nichts Endgültiges oder Wichtiges geschieht ohne seine Zustimmung. Ihm sind alle großen Verwandlungen zu verdanken, sowohl die positiven, die uns Starthilfe geben, als auch die schweren Prüfungen bei einem radikalen Wandel unseres Weges. Wenn man unter einem harmonischen Einfluss von Pluto steht, ihn in gewisser Weise in der Tasche hat, so verfügt man über einen fantastischen, allmächtigen Joker. Er ist der am weitesten entfernte Planet unseres Sonnensystems, sein Umlauf dauert 248 Jahre, und wenn er uns freundlich gesinnt ist, dann für lange.

Freuen Sie sich also, liebe Jungfrau, die Sie über Plutos Gunst verfügen, seit dieses Gestirn in ein Freundschaftszeichen, den Steinbock, getreten ist, nämlich seit *2008*. Seither hat er bei seinem sehr langsamen Vorrücken als Startrampe gedient, und zwar bis *Anfang 2011* für die **erste Hälfte der ersten Dekade**. *2011* bemüht er sich um die Jungfrau, die **zwischen dem 27. und dem 31. August geboren** ist, während Pluto es *2012* der Jungfrau, die **zwischen dem 31. August und dem 2. September geboren** ist, erlaubt, in ihrem Leben an Macht zu gewinnen und einen Gang höher zu schalten.

*2013* sind nun Sie an der Reihe, Jungfrau, die **zwischen dem 1. und dem 4. September geboren** ist, von der wertvollen Unterstützung des großen Verwandlers Pluto zu profitieren. Er ist vor allem ein Verwandler der Psyche, die sich um einen bisher unbekannten Zugang zu ihren innersten Ressourcen bereichert sieht, wodurch sich Ihnen auch unvermutete Talente eröffnen. Wenn Sie **in dieser Periode geboren** sind, liebe Jungfrau, wird Ihre Kreativität beträchtlich zunehmen. Die meisten von Ihnen werden nicht widerstehen können, sich in ein ehrgeiziges

Werk zu stürzen. Da Ihnen zusätzlich auch Saturn *das ganze Jahr hindurch* zu Hilfe kommt und Sie zu langfristigen Unternehmungen ermutigt, kann man daraus schließen, dass, falls Sie immer schon davon geträumt haben, Ihre Memoiren zu schreiben oder ein Kind zu zeugen, nun der ideale Moment dafür gekommen ist. Bei anderen Jungfrauen **derselben Spanne im Tierkreis** handelt es sich um die Begegnung mit einer verwandten Seele, was vorzugsweise im *Januar*, *März*, *April/Mai* und *Juni* stattfinden könnte, mit noch mehr Erfolgsaussichten allerdings, sobald Jupiter seine glücklichen Einflüsse denen von Pluto/Saturn hinzufügt, nämlich im *August*, *September* oder *November/Dezember.* 2013 verspricht fantastisch zu werden! Wetten wir, dass Sie das *zweite Halbjahr* bevorzugen werden, wenn Jupiter Ihr Verbündeter ist, der Ihre freundschaftlichen Beziehungen (und die Interventionen einflussreicher Freunde) oder auch Ihre verschiedenen Projekte ankurbelt? Dies betrifft, nebenbei gesagt, *2013* nur Jungfrauen, die in den **ersten beiden Dekaden geboren** sind – und zwar zwischen *Ende Juni* und dem *8. November* –, während das *Jahresende* für das **Ende der zweiten Dekade** die Gelegenheiten vom Oktober bringt. **Die übrigen Jungfrauen** ernten die Früchte Jupiters *2014.*

Kommen wir auf das *erste Halbjahr* zurück, das für die **August**-Jungfrau durch die Folgen finanzieller Komplikationen oder anderer Sorgen von *Ende 2012* etwas getrübt ist. Dieses Klima wirkt sich bis *Ende März* aus. Da Jupiter anschließend in die **zweite Dekade** zieht, bekommt die **dritte Dekade** die Dissonanz Jupiters erst *Mitte Mai* zu spüren. Wenn Sie in die **erste Dekade** gehören, sollten Sie sich um eine eiserne Organisation und tadellose Ordnung Ihrer Angelegenheiten bemühen, denn Neptun wird die Gesamtlage noch verkomplizieren, insbesondere *Anfang März* und *Mitte Mai* sowie im *Juni.* Dies gilt vor allem für die Jungfrau, die **vor dem 29. August geboren** ist. Vermeiden Sie daher Fehler … und ungedeckte Bankkonten, Schulden sowie übertriebene Verbindlichkeiten! Da Neptuns Dissonanzen Pleiten, Intrigen und unklare Situationen zur Folge haben, ist zu hoffen, dass Pluto in diesem Fall als Schutzschirm wirkt. Dies ist jedoch nicht gesichert, denn er schützt nur die Jungfrau, die **Anfang September geboren** ist, während Neptun dieses Jahr die Jungfrau stört, die **vor dem 29. August geboren** ist.

Zum Glück spielt Saturn seinerseits diese Rolle eines Schutzschirms, indem er Ihnen Stabilität und Sicherheit bringt, wenn Sie **zwischen dem 1. und dem 13. September geboren** sind. Sie bringen Ordnung in Ihr Umfeld und befreien sich von Beziehungen, die hinfällig geworden sind, oder Sie nehmen eine Neuorganisation Ihres Alltagstrotts vor. Bei genauerer Betrachtung bringt Saturn der Jungfrau, die **zwischen dem**

**26. August und dem 1. September geboren** ist, zwischen *Januar* und *Anfang Juli* die wertvollen Nachwirkungen eines Klimas von *2012*, das ab *10. Juli* bis zum *Ende des Jahres* die Konkretisierung der Aktionen verspricht, die von der Jungfrau der **ersten Dekaden** unternommen wurden. Häufig wird es sich in diesem rundum fruchtbaren Jahr dabei um die Ankunft eines Babys handeln.
Um auf die zyklisch verlaufende störende oder erleuchtende Wirkung von Neptun zurückzukommen, ist noch anzufügen, dass dieser Planet anfälliger macht für Viruserkrankungen und Anämie sowie für mysteriöse, schwer diagnostizierbare Erkrankungen. Dies tritt vor allem *Anfang Februar*, *Anfang Juni* und *Mitte Oktober* ein. Hingegen wirken, vor allem im *Sommer*, die Ratschläge einer aufgeschlossenen Umgebung als Gegengift.

**IHR JAHR 2013 IM ÜBERBLICK:**

**Kritische Perioden**:

(da die Einflüsse langsamer Planeten dafür bekannt sind, sich auf die vorhergehende und auf die folgende Periode auszuwirken, auch ungefähr 14 Tage **davor** und **danach**)

- *Um den 4. Februar* (**geboren um den 25. August**): Vorsicht vor Angriffen, Täuschungen und Viren!
- *Um den 20. Mai* (**geboren um den 14. September**): Destabilisierende Phase.
- *Um den 29. September* (**geboren um den 26. August**): Risiko von Unruhe/Prozess in der Paar- oder Geschäftsbeziehung.
- *Um den 17. Dezember* (**geboren um den 26. August**): Nachwirkungen des Klimas vom *29. September*.

**Positive Perioden:**

- *Um den 8. März* (**geboren um den 4. September**): Sie bauen auf Fels.
- *Um den 11. Juni* (**geboren um den 28. August**): Sie konsolidieren eine Beziehung.
- *Um den 17./18. Juli* (**geboren um den 28. August**): Sie bauen … eine Paarbeziehung auf? Eine Geschäftsverbindung?

- *Um den 19. Juli* (**geboren um den 28. August**): Zweite konstruktive Etappe in Bezug auf das Klima vom 11. Juni.
- *Um den 22. Juli* (**geboren um den 29. August**): Ein Glückstreffer!?
- *Um den 16. August* (**geboren um den 4. September**): Sie profitieren von einer kollektiven Konjunktur.
- *Um den 6. September* (**geboren um den 2. September**): idem
- *Um den 17. September:* idem
- *Um den 21. September* (**geboren um den 1. September**): Sie erleben die positiven Auswirkungen vom 8. März.
- *Um den 13. Dezember* (**geboren um den 11. September**): Glückliche und konstruktive Periode.

**HIGHLIGHTS IN DER LIEBE**

- 10. Januar bis 3. Februar (ein Werk wird auf den Weg gebracht oder ein Kind wird gezeugt, Begegnung mit einer verwandten Seele, vor allem für die **erste Dekade**)
- 27. Februar bis 23. März (Sie tanzen auf mehreren Hochzeiten)
- 10. Mai bis 4. Juni (idem, vor allem für die Jungfrau der **zweiten Hälfte, nach dem 6. geboren**)
- 4. bis 27. Juni (Een künstlerisches Projekt oder eine Liebesfreundschaft?
- 23. Juli bis 17. August (Verführung garantiert!)
- 12. September bis 8. Oktober (Begegnungen und zärtliche Romanzen)
- 6. November bis Jahresende (Sie schweben auf Wolken, Cupido umgibt Sie mit einem Nimbus der Verführung)

**IHRE DYNAMISCHEN UND EFFIZIENTEN PHASEN**

- 20. April bis Ende Mai (reisen Sie, starten Sie eine neue Sendung oder geben Sie einem Werk den letzten Schliff)
- 14. Juli bis 28. August (ein Hoch auf aktive Freizeit in guter Gesellschaft)
- 16. Oktober bis 7. Dezember (zu viel Energie? Wirksamkeit 100%! Behalten Sie die Kontrolle)

**BESTE PERIODEN FÜR GESCHÄFTE/GELD/KONTAKTE/REISEN**

- 7. bis 20. Januar (**zweite und dritte Dekade**)
- 2. bis 16. Mai
- 1. Juni bis 8. August
- 24. August bis 9. September
- 30. September bis 28. November (**erste und zweite Dekade**)
- 28. November bis 5. Dezember (**dritte Dekade**)
- 24. bis 31. Dezember (**erste Dekade**)

## 2014

### *ALLGEMEINE TENDENZEN*

In diesem turbulenten *Jahr*, vielleicht dem unruhigsten dieser Krisenperiode, zählen Sie zu den Bevorzugten des Tierkreises, liebe Jungfrau. Sie genießen nämlich nicht nur weiterhin die Hilfe Plutos, des »umhüllenden« Planeten unseres Sonnensystems, sondern haben zudem Jupiter, den großen Wohltäter der Antike, bis *Mitte Juli* an Ihrer Seite. Er erhöht Ihren Glücksfaktor. Im Übrigen trifft Sie auch nicht die volle Wucht der negativen Rückläufigkeit von Mars, auch wenn diese zur Vorsicht gemahnt, insbesondere in Bezug auf eventuelle Ausgaben, die Ihr Budget belasten könnten. Mars betrifft *2014* nur die **September**-Jungfrau (die **August**-Jungfrau stand *2013* bereits unter seinem Einfluss) – und zwar in erster Linie zwischen *Anfang Januar* und *Ende Februar*. Anschließend bringt der rückläufige Mars **denselben Jungfrauen** die Auswirkung der ersten beiden Monate – und zwar bis *Ende Juli*. Es liegt also an Ihnen, Ihre Finanzen untadelig zu verwalten und sich als weise Jungfrau zu erweisen. Gehen wir nun genauer auf die wirklich vorherrschenden Einflüsse von *2014* ein. Die Jungfrau, die **zwischen dem 25. und dem 31. August geboren** ist, wird einer Phase des Zweifels und der Unsicherheit, wahrscheinlich einer Identitätssuche die Stirn bieten müssen. Salopp gesagt werden Sie im Dunkeln tappen, Ihre Orientierung und Ihre Motivation verlieren. Der andere kann für diesen Zustand die direkte oder indirekte Ursache sein. Die Beziehungen zu anderen werden bei diesen Jungfrauen *das ganze Jahr über* unter einem Dunstschleier liegen, der den Kern von Beziehungen verbirgt, gleichzeitig aber auch dazu verleitet, sich in Illusionen zu wiegen und alles wie durch eine verzerrende Brille zu betrachten. Anders gesagt neigt die sonst so scharfsinnige und beobachtende Jungfrau dazu, ihre Objektivität zu verlieren, vor allem in bestimmten Perioden wie beispielsweise im *April*, *Ende Juni/Anfang Juli*, *Mitte September*, *Ende November/Anfang Dezember* (Herzensangelegenheiten). Hinsichtlich des Soziallebens und der Geschäfte ist *Ende September* Aufmerksamkeit geboten. Die **August**-Jungfrau lässt sich in dieser Zeit ein X für ein U vormachen oder schießt am Ziel vorbei. Zudem ist sie nicht vor Täuschung, Vertrauensmissbrauch oder Intrigen und im schlimmsten Fall einer Pleite sicher. Diese Opposition Neptuns – denn darum handelt es sich – hat hingegen gelegentlich auch gute Seiten, wie *Anfang Juni*, *Ende Juli*, *Ende Oktober* oder *Mitte Dezember*, wenn der Planet sein positives Gesicht zeigt. Dann stärkt er Ihre Intuition und optimiert Ihren Austausch mit anderen. In diesen Zeiten haben Sie so etwas wie einen siebten Sinn, der Sie hinter die Fassade blicken und beinah ideale Beziehungen knüpfen lässt, die auf gegenseitigem Einvernehmen beruhen. *Ende Juli/Anfang August* und *Ende Oktober/Anfang November* hilft Ihnen diese Intuition bei Ihren Entscheidungen und Initiativen. Sie wissen instinktiv, welche Richtung Sie Ihren Angelegenheiten geben müssen. Im Allgemeinen jedoch verlangt die Opposition Neptuns, vor allem dann, wenn sie am Himmel dissonant ist, Vorsicht, etwa in Bezug auf eine schwer zu diagnostizierende Krankheit oder in Zusammenhang mit einem Mangel an weißen Blutkörperchen, der das Immunsystem schwächen könnte. Ein guter Grund, sich einmal gründlich untersuchen zu lassen. Dies gilt immer noch für die Jungfrau, die **zwischen dem 25. und dem 31. August geboren** ist.

Kommen wir nun zur **zweiten Dekade**. Die Jungfrau, die **zwischen 3. und 7. September geboren** ist, genießt einen starken Schutz durch den Einfluss Plutos, der praktisch einmalig im Leben ist. Dieser Einfluss, der in den Vorjahren die **zuvor geborene** Jungfrau unterstützt hat, kurbelt Ihre Kreativität an und ermöglicht es Ihren Talenten, sich voll zu entfalten. Eine feierliche und fruchtbare Gelegenheit, sich selbst zu begegnen, die man nicht versäumen sollte. Fragen Sie sich, in welchen Bereichen Sie sich schon immer gerne ausgedrückt hätten, und stürzen Sie sich vor *Mitte April* in ein entsprechendes Projekt, dessen Auswirkungen Sie bis *Jahresende* sehen werden. Da Pluto von dem günstigen Einfluss Jupiters sekundiert wird – und zwar bei diesen Jungfrauen insbesondere zwischen *Anfang Februar* und *Ende April* – , wird ihnen noch mehr Glück zuteil: Der Jungfrau ist nichts unmöglich! Jupiter wird ab *Jahresbeginn* der Jungfrau, die **vor dem 9. September geboren** ist, die Projekte und Gelegenheiten von *2013* wiederbringen. Wenn Sie **nach dem 8. September geboren** sind, wird ein stabilisierender Saturn *das ganze Jahr hindurch* dabei helfen, ein schriftstellerisches Projekt oder eine langfristige Umorganisation Ihrer Umgebung in die Tat umzusetzen. Einige werden ihr Traumhaus bauen oder eine Vergrößerung der Familie planen. Wenn Sie **um den 10. September geboren** sind, erleben Sie die lohnenden Nachwirkungen von *Ende 2013* gegen *Ende Juli*: eine Promotion, gesellschaftliche Anerkennung oder eine andere Auszeichnung erwartet Sie. Die **letzte Dekade** kommt im *Herbst* an die Reihe.

**IHR JAHR 2014 IM ÜBERBLICK:**

**Kritische Perioden:**

(da die Einflüsse langsamer Planeten dafür bekannt sind, sich auf die vorhergehende und auf die folgende Periode auszuwirken, auch ungefähr 14 Tage **davor** und **danach**)

- Von den kollektiven dissonanten Aspekten werden Sie dieses Jahr verschont!

**Positive Perioden:**

- Um den 24. Mai (**geboren um den 11. September**): Überaus konstruktive Lebensphase als Echo auf Mitte Dezember 2013!
- Um den 11. August (**geboren um den 14. September**): Die Liebe, immer wieder die Liebe!
- Um den 25. August (**geboren um den 10. September**): Sie bringen Ordnung in Ihr Umfeld.
- Um den 10. November (**geboren um den 4. September**): Was für eine Effizienz! Was für ein Durchsetzungsvermögen!

## HIGHLIGHTS IN DER LIEBE

- Anfang Januar bis 5. März, insbesondere für die Jungfrau, die **nach dem 5. September geboren** ist (Nachwirkungen einer zärtlichen Begegnung von Ende 2013)
- 5. April bis 4. Mai (**erste Dekade**: Hüten Sie sich vor Trugbildern, **zweite Dekade**: Versöhnung in Sicht?)
- 29. Mai bis 24. Juni (Liebe reimt sich auf Reise)
- 19. Juli bis 12. August (es lebe die Liebesfreundschaft!)
- 6. September bis 1. Oktober (Sie strahlen aus allen Knopflöchern, aber Vorsicht vor Illusionen in der **ersten Dekade**)
- 23. Oktober bis 17. November (eine zärtliche Romanze, ideal für die **erste Dekade**, leidenschaftlich für die von **Anfang September geborenen** Jungfrau, die in der **dritten Dekade Geborenen** verankern eine Bindung dauerhaft)
- 10. Dezember bis Jahresende (Amour fou für die Jungfrau, die **um den 6. September geboren** ist!)

## IHRE DYNAMISCHEN UND EFFIZIENTEN PHASEN

- Wir haben über den Einfluss von Mars zwischen Anfang Januar und 26. Juli gesprochen, s. dort.
- 26. Juli bis 13. September (Sie leiten Ihre Welt im Eiltempo)
- 27. Oktober bis 4. Dezember (angekurbelte Kreativität: es lebe der Sport!)

## BESTE PERIODEN FÜR GESCHÄFTE/GELD/KONTAKTE/REISEN

- 1. bis 12. Januar (**zweite und dritte Dekade**)
- 1. März bis 8. April (neue Kontakte, Reisen, Gewinne!)
- 24. April bis 8. Mai
- 30. Mai bis 18. Juni (**erste Dekade**)
- 14. bis 31. Juli
- 16. August bis 3. September
- 9. bis 28. November
- 18. bis 31. Dezember

## 2015

### *ALLGEMEINE TENDENZEN*

Ab Ihrem Geburtstag, liebe **September**-Jungfrau, geht es kräftig los. Warum? Jupiter, der Wohltäter der Antike, dessen Zyklus rund zwölf Jahre beträgt, ist zum größten Vergnügen der meisten von Ihnen zurückgekehrt. Hierzu folgende Details: Jupiter, der größte Planet unseres Sonnensystems, übt eine verstärkende und erweiternde Wirkung auf bestehende Situationen aus, vor allem auf die Harmonien oder Dissonanzen im Geburtshoroskop. Während nun Jupiter ganz allgemein eine günstige Wirkung besitzt, ist diese umso wirksamer, je mehr harmonische Aspekte die Geburtssonne, über die der Transit Jupiters erfolgt, bei der Geburt erhalten hat. Jupiters Wirkung breitet sich also aus, indem er das positive Wirkungsvermögen der Geburtssonne verstärkt. Aber auch bei einer dissonanten Geburtssonne greift er entsprechend um sich: Dies erklärt die Ausnahmen, die diesen in der Regel als positiv geltenden Einfluss begleiten können. Man kann diese Wirkung Jupiters mit der eines Impfstoffs vergleichen, der in den meisten Fällen eine positive Wirkung hat, aber auch Ausnahmen kennt …

Jupiter tritt am *12. August* in Ihr Sternzeichen ein, wo er bis *Ende September 2016* bleibt. Grundsätzlich ist dies also eine gute Nachricht. Mit Ausnahme, sagen wir dies gleich, für die **erste Dekade** und genauer für die Jungfrau, die **zwischen 27. und 31. August geboren** ist und die, jedenfalls im *September*, zugleich von dem Jupitertransit und der Opposition Neptuns betroffen ist. Was heißt das? Dies kann bereits bestehende Unklarheiten in den Beziehungen verstärken, der andere entspricht nicht oder nur schlecht Ihrem Ausdrucks-/Expansionsbedürfnis, diesem neuen Selbstvertrauen, das Jupiter Ihnen gebracht hat. In dieser Periode können Missverständnisse oder Entfremdung in einer Paarbeziehung oder mit dem Geschäftspartner zunehmen. Dieses Klima droht sich übrigens bei der Jungfrau der **ersten Dekade** aufgrund von Saturn bis *Endes des Jahres* auszudehnen. Als Nachhall des ersten Halbjahrs – zumindest bei denen, die **vor dem 28. August geboren** sind – bringt Saturn Eintönigkeit an den häuslichen Herd, eine fast bleierne Atmosphäre (Blei ist das Metall Saturns), wahrscheinlich aufgrund eines familiären Problems. Manche müssen sich zu Hause um einen alten Menschen kümmern, haben Sorgen wegen der Wohnung oder auch Geldprobleme. Diese Jungfrau-Geborenen können sich wenigstens damit trösten, dass dies nur eine vorübergehende schlechte Phase ist, denn Saturn zieht *2016* in die **zweite Dekade**.

Zurück zum Jupitertransit, der gleichbedeutend mit schönen Gelegenheiten und großem Lebensoptimismus ist. Wenn Sie **nach dem 5. Sep-**

**tember geboren** sind, sollten Sie sehr aufmerksam alle Gelegenheiten registrieren, die sich bis Ende des Jahres bieten – vor allem, wenn Sie **vor dem 17. September geboren** sind. Diese haben gute Aussichten, *2016* zu Ihrem größten Vergnügen erneut aufzutauchen. Bei der **zweiten Dekade** und insbesondere den Jungfrauen, die **zwischen dem 5. und dem 9. geboren** sind und dieses Jahr von Pluto verwöhnt werden, wetten wir, dass Sie mit der Hilfe Jupiters, der Ihnen im *September/Oktober* zur Seite steht, beste Aussichten haben, ein völlig neuer Mensch zu werden. Bei Bedarf können Sie noch einmal bei null anfangen, liebe Jungfrau. Dies ist eine gesegnete, außergewöhnliche Periode, in der es nur an Ihnen liegt, die Quintessenz daraus zu ziehen, wobei festzuhalten ist, dass Sie, wenn Sie **nach dem 5. September geboren** sind, wie bereits erwähnt *2016* die glücklichen Nachwirkungen erleben. Eine echte positive Verwandlung ist in Sicht, wahrscheinlich einmalig in Ihrem Leben. Diese Gelegenheit sollten Sie nutzen! Pluto lässt uns aus Schutt und Asche wiederauferstehen. Er ermöglicht uns, unsere Bestrebungen und verborgenen Talente zu entdecken, verschafft uns Zugang zur Quintessenz unserer geheimen Ressourcen, ermöglicht uns eine Regeneration – und zwar in allen Bereichen. Wenn Pluto, wie dies bei Ihnen der Fall ist, liebe Jungfrau, das Haus der Kreativität berührt, egal in welche Richtung diese gehen wird (Kunstwerk oder Baby), wird der plutonische Einfluss der Wiedergeburt darin verherrlicht. Wer Ohren hat zu hören, der höre! Die **letzte Dekade** allerdings wird *2015* nicht in Feierlaune kommen, vor allem nicht die Jungfrau, die **zwischen dem 27. August und dem 3. September geboren** ist und von Neptun beeinflusst ist. Dieser Abschnitt des Tierkreises wird es nämlich mit einem etwas schwierigen Duo zu tun haben, der doppelten Dissonanz von Neptun und Saturn. Saturn überschattet dabei *2015* übrigens die **gesamte Dekade**. Wie für das *Ende des Jahres* erwähnt, könnte Saturn bereits zwischen *Anfang Januar* und *Mitte Juni* – zumindest der Jungfrau, die **vor dem 27. August geboren** ist – ein familiäres Problem oder gesundheitliche Sorgen bescheren. Von *Mitte September* bis *Ende des Jahres* (**gesamte Dekade**) bringt Saturn die häufig wenig erfreulichen Ergebnisse des *ersten Halbjahrs*. In dieser Hinsicht werden die Zeit *nach der Sommerpause im September*, dann der *Oktober* nicht einfach sein, nachdem Mars und Venus sich dem erwähnten Planetenduo anschließen. Stress und Frustration können die Auswirkungen sein, denn andere erfüllen nicht unbedingt Ihre Erwartungen. Wappnen Sie sich daher mit Mut, im *Dezember* glättet Venus die Wogen. Dann sind Sie von der Zuneigung Ihrer Lieben umgeben und von einem wohlwollenden Umfeld. Vor der Zeit nach der Sommerpause sind der *Februar*, die *zweite Aprilhälfte* und *Mitte Mai*

ebenfalls keine Perioden, in denen es sich sonderlich bequem leben lässt: Missverständnisse, Manipulationen und weitere schädliche Verhaltensweisen prägen das Beziehungsleben. Hinsichtlich Ihrer Gesundheit diktiert Ihnen der Himmel, wachsam zu sein und eine Somatisierung Ihrer Ängste, Fragen und Zweifel zu vermeiden. Beim Auftreten mysteriöser Symptome sollten Sie nicht zögern, einen Arzt aufzusuchen, wobei die subtilen Energien Neptuns Sie vielleicht veranlassen sollten, einen Arzt für Naturheilkunde oder Homöopathie zu bevorzugen.
Eine Bemerkung zu der Jungfrau, die **nach dem 20. August geboren** ist: Zwischen *Mitte Juni* und *Mitte September* profitiert sie von der Rückkehr eines wohlwollenden Saturns – konstruktiv und lohnend –, der ihr die hoch geschätzten Nachwirkungen von *Ende 2014* bringt, vielleicht in Form einer Geburt oder der Vollendung eines langwierigen Werks.

**IHR JAHR 2015 IM ÜBERBLICK:**

**Kritische Perioden:**

(da die Einflüsse langsamer Planeten dafür bekannt sind, sich auf die vorhergehende und auf die folgende Periode auszuwirken, auch ungefähr 14 Tage **davor** und **danach**)

- *Um den 20. Januar* (**geboren um den 29. August**): hüten Sie sich vor Fehlschüssen und Viren!
- *Um den 4. Mai* (**geboren um den 26. August**): Hindernisse in Sicht!
- *Um den 14. Juni* (**geboren um den 16. September**): halten Sie sich zurück!
- *Um den 17. Oktober* (**geboren um den 8. September**): fahren Sie Ihr Tempo herunter!
- *Um den 22. Oktober* (**geboren um den 26. August**): Hindernisse in Sicht – Nachwirkung von Anfang Mai?
- *Um den 26. November* (**geboren um den 30. August**): Klären Sie eine Beziehung, halten Sie den Kontakt!

**Positive Perioden:**

- *Um den 17. August* (**geboren um den 25. August**): Sie profitieren von einem kollektiven Kontext.

- *Um den 15. Oktober* **(geboren um den 6. September)**: alle Hoffnungen sind erlaubt, legen Sie los!

**HIGHLIGHTS IN DER LIEBE**

- 27. Januar bis 20. Februar (**erste Dekade**: hüten Sie sich vor einer Milchmädchenrechnung; **zweite Dekade**: fruchtbare Begegnungen*)*
- 18. März bis 12. April (ein Hoch auf die exotische Liebe!)
- 8. Mai bis 6. Juni (eine Liebesfreundschaft in Sicht?)
- 8. Oktober bis 8. November (**erste Dekade**: fahren Sie Ihre Antennen aus, aber entmutigen Sie nicht! Jungfrauen, die **Anfang September geboren sind**: das Leben gehört Ihnen!
- 5. Dezember bis Jahresende (eine leidenschaftliche Begegnung in Sicht?)

**IHRE DYNAMISCHEN UND EFFIZIENTEN PHASEN**

- 1. April bis 13. Mai (es leben die Reisen und die Auslandsgeschäfte!)
- 25. Juni bis 8. August (starten Sie ein Projekt und reaktivieren Sie alte Freundschaften!)
- 26. September bis 13. November (**erste Dekade**: meiden Sie Kraftproben; **zweite Dekade**: gesagt, getan!)

**BESTE PERIODEN FÜR GESCHÄFTE/GELD/KONTAKTE/REISEN**

- 15. April bis 2. Mai
- 9. bis 24. Juli
- 8. bis 28. August
- 3. bis 21 November (Gewinne und Erfolge, vor allem für die **zweite Dekade!**)
- 10. bis 31. Dezember

## 2016

### *ALLGEMEINE TENDENZEN*

Bis nach dem *Ende der Sommerpause* 2016 kehrt Jupiter, alias das Glück, vom *Ende 2015* zurück. Dies gilt vor allem für die Jungfrau, die **zwischen dem 5. und dem 16. September geboren** ist. Bis *Ende Juli* konkretisiert er Ihr Sehnen und Ihre Ziele, trotz der Abstriche, zu denen Saturn bei der **zweiten Dekade** Anlass gibt. Übrigens ist die Sternenkonstellation

*2016* ziemlich komplex, insbesondere für die Jungfrau der genannten Dekade. Die positive Seite: das Trigon Jupiter/Pluto, das zwischen *März* und *Anfang Juli* – vor allem im *Juni* – zu großen Hoffnungen auf eine Art Wiedergeburt berechtigt. Andererseits könnte ein familiäres oder Wohnproblem den guten Lauf der Dinge insbesondere im *Frühjahr*, dann erneut im *Herbst* beeinträchtigen, wenn Sie die Nachwirkungen des vorherigen Klimas erleben. Aber wie schon Guillaume d'Orange sagte: »Auch ohne Hoffnung kann man etwas in Angriff nehmen und auch ohne Erfolg durchhalten!« Dank des schützenden Einflusses von Jupiter, der Ihr Selbstvertrauen stärkt, können Sie also aktiv werden, Initiativen ergreifen und Risiken eingehen. Wer nicht wagt, der nicht gewinnt! Auf jeden Fall haben Sie Pluto als »Stoßstange« und als Garant für eine positive Verwandlung an Ihrer Seite. Er wird Ihre Kreativität dieses Jahr kräftig ankurbeln, wenn Sie **zwischen dem 7. und dem 10. September geboren** sind. Wenn Sie **um den 7. September geboren** sind, können Sie seine guten Dienste im *September/Oktober* feststellen, wenn eine Initiative vom *Januar* in die Tat umgesetzt wird (ein Buch? Ein Kind?).

Bei Neptun, der sich weiterhin in Opposition zu Ihrer Sonne befindet, handelt es sich um einen sehr langsamen Planeten, der innerhalb eines Jahres kaum im Tierkreis weiterrückt. *2016* beeinflusst er die Jungfrau, die **zwischen dem 29. August und dem 5. September geboren** ist, wobei er ihr Jahr abwechselnd mit beiden Seiten seines Januskopfes prägt. Eine Seite begünstigt die idealen Beziehungen zum anderen, in erster Linie *Ende Januar, Ende März, Anfang Mai, Ende Juni, Ende September* und *Ende November*. Die andere Seite gestaltet diese gern kompliziert, indem sie einen Schleier darüber wirft, der Missverständnisse fördert – *Anfang Januar, Ende Mai/Anfang Juni, Mitte August* oder *Ende Oktober/ Anfang November.* Hinsichtlich Ihrer Gesundheit sollten Sie auf eine schnellere Ermüdung, den Hang zu Schwindel oder Anämie, das Risiko schwer diagnostizierbarer Krankheiten oder eine Anfälligkeit für Viren achten. Dies ist vor allem im *April*, dann im *August* sowie *Mitte Dezember* der Fall.

Wenn Jupiter, der nach zwölfjähriger Abwesenheit Ihr Sternzeichen besucht, Sie Richtung Waage verlässt, nämlich am *10. September*, können Sie sich bis *Ende des Jahres* auf Ihren Lorbeeren ausruhen und die Früchte ernten, die Sie seit *November 2015* gesät haben. Mit der Einschränkung, die der missmutige Saturn verursacht, der ab *September* die Jungfrau der **zweiten Dekade** beeinflusst und ein familiäres oder Wohnproblem mitbringt. Dieses kann aber *Ende des Jahres* eine Lösung finden. Hinsichtlich der spannenden Verheißungen einer Erneuerung

durch das Duo Jupiter/Pluto, die Ihnen bis *Sommer 2016* auf einem Silbertablett serviert werden, ist zu sagen, dass Saturns »Dämpfer« in Form eventueller familiärer oder Wohnprobleme Ihre Erwartungen etwas zu enttäuschen droht, etwa im *März/April*. Da Sie jedoch Pluto als Joker haben, der vor allem ab dem *Sommer* bei der Jungfrau, die **nach dem 8. September geboren** ist, aktiv sein wird, dürfte der konstruktive und vielversprechende Aspekt dieses Einflusses überwiegen. Die Lektion dieser etwas komplexen Konstellation lautet, dass Sie sich bei möglichen familiären Sorgen zusammennehmen sollten, damit diese nicht auf Ihre beruflichen Ziele übergreifen und Ihnen nicht zu sehr im Kopf herumgehen. Bei der Jungfrau, die **Anfang September geboren** ist, ist als Wermutstropfen die Periode nach dem *Ende der Sommerpause* hinzuzufügen, die sich in der Familie und/oder der Paarbeziehung negativ auswirken könnte.
Eine Bemerkung drängt sich auf: Sie haben vor allem in der **letzten Dekade** das Glück, als wirksame Unterstützung über den Einfluss von Mars zu verfügen, der sich schrittweise von *Anfang des Jahres* bis *Anfang März* auf das **gesamte Sternzeichen** auswirkt und *Ende Mai* und *Ende Juli* zurückkommt. Er bringt der Jungfrau, die **nach dem 14. September geboren** ist, die Ergebnisse einer Initiative, eines Vertrages oder einer Begegnung von *Februar/Anfang März*. Und dann komme, was da wolle!

**IHR JAHR 2016 IM ÜBERBLICK:**

**Kritische Perioden:**

(da die Einflüsse langsamer Planeten dafür bekannt sind, sich auf die vorhergehende und auf die folgende Periode auszuwirken, auch ungefähr 14 Tage **davor** und **danach**)

- *Um den 23. März* **(geboren um den 9. September)**: Meiden Sie Selbstüberschätzung!

- *Um den 26. Mai* **(geboren um den 7. September)**: Der Schein kann trügen!

- *Um den 18. Juni* **(geboren um den 5. September)**: Chaos in der Familie oder bei einer Immobilienangelegenheit.

- *Um den 10. September* **(geboren um den 2. September)**: Echo vom 18. Juni.

- *Um den 8. Oktober* (**geboren um den 4. September**): Sie leiden unter einem negativen kollektiven Kontext.
- *Um den 17. November* (**geboren um den 2. September**): idem
- *Um den 25. Dezember* (**geboren um den 28. August**): idem

**Positive Perioden:**

- *Zwischen 22. und 30. Januar* (**geboren um den 15. September**): Sie profitieren von einer positiven Konjunktur.
- *Um den 16. März* (**geboren um den 10. September**): Packen Sie die Gelegenheit beim Schopf!
- *Um den 9. Juni* (**geboren um den 9. September**): Sie profitieren von einem günstigen kollektiven Kontext.
- *Um den 12. Juni*: idem
- *Um den 14. Juni: idem*
- *Um den 20. Juni* (**geboren um den 8. September**): *idem*
- *Um den 26. Juni* (**geboren um den 9. September**): Sie erreichen ein spektakuläres Tempo!
- *Um den 10. Oktober* (**geboren um den 8. September**): Nutzen Sie Ihre Kreativität!
- *Um den 31. Oktober* (**geboren um den 3. September**): Mit den Finanzen geht es aufwärts.

**HIGHLIGHTS IN DER LIEBE**

- 24. Januar bis 19. Februar (**erste Dekade, nach dem 27. Januar geboren:** ideale Beziehungen; **zweite Dekade**: fachen Sie das Feuer neu an; **letzte Dekade**: Sie leben ganz nach dem Motto *carpe diem*)
- 13. März bis 5. April (überlassen Sie dem anderen die Initiative!)
- 1. bis 26. Mai (eine schicksalhafte Begegnung auf der Reise für die **zweite Dekade**?)
- 18. Juni bis 13. Juli (es lebe die Freundschaft … die im Begriff ist, sich in eine Amour fou zu verwandeln?)

- 6. bis 31. August (Sie sitzen am Steuer ... und verführen – vor allem **dritte Dekade**!)
- 24. September bis 19. Oktober (eine leidenschaftliche Begegnung ist in Sicht, vor allem für die **erste** und **zweite Dekade**)
- 12. November bis 7. Dezember (**erste** Dekade: eine ideale Liebe, **zweite Dekade**: heiße Leidenschaft?)

**IHRE DYNAMISCHEN UND EFFIZIENTEN PHASEN**

- 4. Januar bis 7. März (**für alle**), dann 27. Mai bis Anfang August (**letzte Dekade**)
- 27. September bis 9. November (Ihre Kreativität ist grenzenlos, vor allem **erste** und **zweite Dekade**: treiben Sie zur Entspannung Sport!)
- 19. bis 31. Dezember (überlassen Sie dem anderen die Initiative – ohne dass Sie sich angreifen lassen! – **erste Dekade**)

**BESTE PERIODEN FÜR GESCHÄFTE/GELD/KONTAKTE/REISEN**

- 1. Januar bis 14. Februar (**zweite und dritte Dekade**)
- 6. bis 12. April (**erste Dekade**)
- 12. April bis 13. Juni (**zweite** und **dritte Dekade**: ausgezeichnet für neue Projekte, Investitionen, Reisen, Studien etc.!)
- 30. Juni bis 15. Juli
- 30. Juli bis 7. August (**erste Dekade**)
- 7. August bis 8. Oktober (**zweite und dritte Dekade**)
- 25. Oktober bis 13. November
- 3. bis 31. Dezember (**erste und zweite Dekade**)

## Waage

### ALLGEMEINE AUSWIRKUNGEN DER DISSONANZ URANUS/PLUTO AUF IHR STERNZEICHEN ZWISCHEN 2012 UND 2016

Wenn Sie eine **September**-Waage sind, haben Sie bereits in den letzten Jahren vor allem mit der Dissonanz von Pluto Bekanntschaft gemacht. Diese hat *2008* damit begonnen, den Kurs, die Karriere, das Leben – und die Psyche – der ganz frühen Waage-Geborenen zu verändern, später dann auch mit der Opposition von Uranus, der die Grundfesten

Ihrer Liebesbeziehung oder einer geschäftlichen Partnerschaft seit dem *Sommer 2010* erschüttert. *2012* sind es daher dieselben Bereiche wie in den kommenden und den vorangegangenen Jahren, die eine Destabilisierung erfahren können. Mit dem Fortschreiten der beiden Gestirne sind bis zum *Jahr 2017* allmählich die **vor dem 17. Oktober geborenen** Waagen betroffen. Die **zwischenzeitlich Geborenen** sind je nach dem Fortschreiten dieses lebhaften Planetenduos an der Reihe. Ihr persönliches Erleben, liebe Waage-Geborene, steht daher in enger Verbindung mit kollektiven Ereignissen. Die Dissonanz Pluto/Uranus spiegelt während all dieser Jahre die Gesellschaftskrise wider, in die unsere Welt stürzt. Halten Sie sich an Ihre Philosophie und bleiben Sie entspannt, egal, was passiert. Kurz: Machen Sie sich die Veränderungen zu eigen! Viel Glück.

## 2012

### *ALLGEMEINE TENDENZEN*

2012 werden Uranus/Pluto weiterhin die zuvor erwähnten Bereiche Ihres Lebens beeinflussen. Pluto ist dabei für den familiären Bereich zuständig, für Ihr Vermögen und Ihren Wohnort. All diese Elemente sind Gegenstand einer tief greifenden Umwälzung, wenn Sie **zwischen dem 29. September und dem 3. Oktober geboren** wurden. Im Visier von Uranus befinden sich die Waagen, die **zwischen dem 23. September und dem 3. Oktober geboren** sind. Sie bekommen seine Turbulenzen zu spüren, die sich vorzugsweise auf Ihr Beziehungsleben auswirken, auf Verträge, Partnerschaften und Ihre Paarbeziehung. Auch diese Bereiche werden von drastischen Veränderungen aufgewühlt, was für manche **Waage** eine Trennung oder Scheidung mit sich bringt. Unter diesem Einfluss von Uranus wird der andere einer akuten Unabhängigkeitskrise ausgesetzt sein, die keinerlei Druck und Verpflichtung mehr erträgt. Aber beruhigen Sie sich, diese Grundeinflüsse sind nicht das ganze Jahr über vorhanden, sie werden nur spürbar, wenn der planetare Kontext sie anregt. Dies ist vor allem im *Juli* der Fall, dann wieder *Ende November* und *Anfang Dezember*, wenn Mars, der Unbequeme, sich einmischt. Dafür räumt Venus im *April*, dann wieder *Ende Juni/Anfang Juli* viele Schwierigkeiten aus dem Weg und glättet in der Paarbeziehung oder in der Beziehung zu einem Geschäftspartner die Wogen. Berücksichtigen Sie dies, wenn Sie mit dem Partner, ob privat oder beruflich, einen gemeinsamen Nenner finden möchten. Dagegen wird der andere in der *ersten Augusthälfte* und davor *im Februar* nicht sehr umgänglich sein. Sie werden dann viel Fingerspitzengefühl in Ihren Beziehungen brauchen. Dieser *Februar* neigt nämlich dazu, sich als explosiv zu erweisen. Aber kommen wir zu der guten Nachricht des Jahres, zur Ankunft von Jupiter am *12. Juni*, der bis *Jahresende* bei Ihren Beziehungsproblemen als Vermittler dienen wird. Bezüglich Geschäften im Ausland oder Verträgen mit einem Verlag oder einer Rundfunk- oder TV-Sendung, im politischen Bereich oder bei einer Weiterbildung bietet Jupiter sich vor dem *Monat August*, dann wieder ab *November* dafür an, Ihnen den Weg zu ebnen und gleichzeitig auch bei Eskapaden in der Ferne Schutz zu bieten, denn er lädt zum Reisen ein. Jupiter wird seine Wohltaten aber nicht nur auf die Waage-Geborenen beschränken, die von Uranus/Pluto angegriffen werden. Von *Anfang August* bis *November* verwöhnt dieser Planet, der in der Antike als der Wohltäter schlechthin galt, als Faktor des Glücks, der Expansion und des Lebensoptimismus, auch Sie, liebe Waage-Geborene **vor dem 10. Oktober**. Wenn Sie zu diesem Abschnitt des Tierkreises gehören und **um den 10. Oktober geboren** sind, beobachten Sie das Klima von *Anfang Oktober* gut, denn es wird beneidenswerte Auswirkungen auf den *Mai 2013* haben.

Wenn Sie **nach dem 13. Oktober geboren** sind, sehen Sie im Lauf des ersten Halbjahrs das Klima des letzten Vierteljahrs 2011 zurückkehren. Die deutlichste Wirkung wird *Anfang Oktober* spürbar. Je nach Ihrem Geburtshoroskop wird Saturn entweder gleichbedeutend mit einer schwierigen Bilanz, mit Prüfungen, vielleicht einer Trennung oder Krankheit sein. Er wird für ein restriktives Klima oder, wenn Ihre Geburtssonne sehr harmonisch war, für soziale Anerkennung und Bestätigung stehen, was eine größere Gratifikation, eine Beförderung oder Auszeichnung bedeuten kann. Saturn kann aber durch einen Zuwachs an Verantwortung in sehr sympathischer Form auch die Ankunft eines Babys in einer Familie anzeigen. Das wird zweifellos bei einigen Waage-Geborenen der **letzten Dekade** zutreffen.

### IHR JAHR 2012 IM ÜBERBLICK:

#### Kritische Perioden:

(da die Einflüsse langsamer Planeten dafür bekannt sind, sich auf die vorhergehende und auf die folgende Periode auszuwirken, auch ungefähr 14 Tage **davor** und **danach**)

- *Um den 10. Januar* (**geboren um den 21. September**): Sie unterliegen einem negativen kollektiven Klima!

- *Um den 8. Mai* **(geboren um den 30. September)**: Gehen Sie einer Überschätzung aus dem Weg und bleiben Sie entspannt!
- *Um den 17. Mai* **(geboren um den 2. Oktober)**: Komplikationen in der Familie oder bezüglich des Vermögens oder Wohnorts.
- *Um den 24. Oktober* **(geboren um den 1. Oktober)**: Das große Tohuwabohu *zu Hause* oder mit dem anderen!
- *Um den 21. Juli* **(geboren um den 16. Oktober)**: Komplikationen als Auswirkung von Ende 2011?
- *Um den 15. August* **(geboren um den 17. Oktober)**: Vorsicht vor Stürzen und machen Sie Zugeständnisse!
- *Um den 19. September* **(geboren um den 30. September)**: Das Klima ist ein Nachhall vom 24. Juni!
- *Um den 27. November* **(geboren um den 1. Oktober)**: Gehen Sie einem Machtkampf in der Familie aus dem Weg!

**Positive Perioden:**

- *Um den 18. Januar* **(geboren um den 24. September)**: Reden Sie mit dem Geschäftspartner oder Ehepartner über Geld.
- *Um den 13. März* **(geboren um den 2. Oktober)**: Günstig für Immobiliengeschäfte und Erbschaften.
- *Um den 16. April* **(geboren um den 28. September)**: Sie profitieren von einer kollektiven Konjunktur
- *Um den 6. Juni* **(geboren um den 8. Oktober)**: Die Liebe, immer wieder die Liebe!
- *Um den 22. Juli* **(geboren um den 1. Oktober)**: Ausgezeichneter Zeitpunkt, um sich geschäftlich mit jemandem zusammenzutun oder in den Hafen der Ehe einzulaufen!
- *Um den 17. September* **(geboren um den 20. Oktober)**: Profitieren Sie von einer kollektiven Situation!
- *Um den 27. Dezember* **(geboren um den 2. Oktober)**: Der Immobiliensektor erweist sich als profitabel.

**HIGHLIGHTS IN DER LIEBE**

- erste Januarhälfte (Waagegeborene **nach dem 6.**)
- Anfang März (**letzte Dekade**: Sie festigen eine Bindung)
- dem 3. April bis dem 7. August, insbesondere für Waagen, die wir **vor dem 18. geboren sind** (es lebe die exotische Liebe)
- dem 6. September bis dem 4. Oktober (Freundschaft steht hoch im Kurs)
- dem 29. Oktober bis dem 22. November (für die **Oktober**-Waage)
- 16. Dezember bis Jahresende (günstiges Beziehungsklima für alle, die in den **ersten beiden Dekaden** geboren sind)

**IHRE DYNAMISCHEN UND EFFIZIENTEN PHASEN**

- dem 4. Juli bis 24. August (für die **Oktober**-Waagen und weniger deutlich für die **erste Dekade**)
- 8. Oktober bis 18. November (Mars wirkt sich anregend auf Ortswechsel und Verträge aus)

**BESTE PERIODEN FÜR GESCHÄFTE/GELD/KONTAKTE/REISEN**

- 1. bis 9. Januar (**dritte Dekade**)
- 28. Januar bis 14. Februar
- 25. Mai bis 8. Juni
- 26. Juni bis 21. August (Waagen, die **vor dem 7. Oktober geboren** sind)
- 21. August bis 3. September (**zweite und dritte Dekade**)
- 17. September bis 6. Oktober
- 30. Oktober bis 15. November (**erste Dekade**)
- 11. bis 31. Dezember

## 2013

### *ALLGEMEINE TENDENZEN*

*2012* haben die Waage-Geborenen vom **29. September bis 3. Oktober** – oder, wenn man das Tohuwabohu von Uranus betrachtet, alle **September**-Waagen – die bemerkenswerte Dissonanz Pluto/Uranus mit voller Wucht zu spüren bekommen. 2013 sind die beiden Planeten etwas vorgerückt, weshalb sich die Waagen vom **26. September bis 6. Oktober** auf die tief greifenden und unvorhergesehenen Veränderungen dieses destabilisierenden Duos einstellen müssen. Wie *2012* sind auch dieses Jahr die gleichen Bereiche von dieser Dissonanz betroffen, nämlich die Familie oder der Wohnort oder auch das Vermögen (durch den Einfluss von Pluto), die Paarbeziehung oder die berufliche Partnerschaft und allgemein die Beziehungen, was den Einfluss von Uranus angeht. Dieser kann zudem Ihr öffentliches, politisches oder soziales Leben, den Austausch mit der Außenwelt berühren – und dann von Fall zu Fall entweder ankurbeln oder stören. *2013* beabsichtigt Pluto, Ihren Status quo irreversibel umzustoßen, wenn Sie eine Waage sind, die **zwischen dem 2. und 6. Oktober geboren** ist: Da kann ein bedeutendes familiäres Ereignis oder ein Umzug in Sicht sein. Währenddessen kümmert sich Uranus um das Schicksal der Waagen, die **zwischen dem 26. September und dem 5. Oktober geboren** sind, indem er ihr Beziehungsleben auf den Kopf stellt. Wetten wir, dass viele von Ihnen, die in dieser Zeit geboren wurden, für eine Trennung oder Scheidung optieren werden, die häufig eine grundlegende Veränderung des Lebens und der gesellschaftlichen Stellung mit sich bringt? Das wird sich rückblickend so darstellen, dass Sie später von einem *vor* und einem *nach 2013* sprechen. Da Uranus, alias der Blitz, in das Haus des anderen zieht (im Gegensatz zum Ich), also das Haus der Außenwelt, wird allen, die **in dieser Zeitspanne geboren** sind, empfohlen, doppelt vorsichtig zu sein, vor allem im Straßenverkehr. Sartres Ausspruch »Die Hölle sind die anderen« könnte sich zu bestimmten kritischen Momenten des Jahres bewahrheiten, beispielsweise *Ende März/Anfang April* oder *Ende Juli/Anfang August* oder auch im *Dezember*. Dies sind Zeitspannen des Jahres, in denen es für Sie empfehlenswert ist, Meinungsverschiedenheiten und Prozessen aus dem Weg zu gehen. Wenn Sie **im Oktober geboren** sind, kehrt Jupiter, der Überbringer guter Nachrichten, des reinen Glücks und des Lebensoptimismus zurück, um Ihren Alltag aufzumöbeln. Er bringt günstige Gelegenheiten mit sich. Dies gilt *ab Anfang des Jahres*, wo Sie die köstlichen Auswirkungen vom *Sommer 2012* erleben werden, wenn Sie **Ende September/Anfang Oktober geboren** sind. Werden Sie das Wort »Ende« unter einen Film, ein Buch, eine Rundfunk- oder TV-Sendung oder eine Ausbildung setzen können? Werden Sie eine Rundreise vollenden, auf der Sie Ihren Horizont erweitern konnten? Auf jeden Fall wird dieser günstige Einfluss in der **ersten Dekade** im *ersten Vierteljahr 2013* sowie im *April* für die **zweite Dekade** die Verheißungen aus der Zeit *nach der Sommerpause 2012* zurückbringen – mit schönen Erfolgsaussichten. Auch Veränderungen des Lebensstils stehen auf dem Programm. Die **dritte Dekade** ist *Mitte Mai* an der Reihe, der Einfluss reicht bis *Ende Juni*. Eine besonders bereichernde Phase in Herzensangelegenheiten wartet, nebenbei gesagt,

*Ende Mai.* Eine Reisebekanntschaft oder eine Begegnung im Ausland fiele durchaus in die Zuständigkeit des hübschen Duos Venus/Jupiter … Auf Regen folgt Sonnenschein und umgekehrt: Ab *Ende Juni* wechselt Jupiter die Seiten und stichelt ein wenig bei den **ersten beiden Dekaden**, indem er sie vor schwierige Entscheidungen stellt, mit Streitigkeiten mit ihrem Vorgesetzten konfrontiert oder in eine unangenehme juristisch-administrative Situation bringt. Die Auswirkungen werden *2014* spürbar. Dies gilt nur für Waage-Geborene **nach dem 12. Oktober**. Hinzuzufügen ist, dass das Paar Jupiter/Uranus Ihnen dieses Jahr äußerst gewogen ist und einen positiven Kontrapunkt zu den Umwälzungen durch Pluto darstellt. Partnerschaften mit dem Ausland sind stark begünstigt, vor allem bei Waagen, die in der **ersten Oktoberwoche geboren** sind.
Insgesamt wird dies, relativ gesehen, nicht das schwerste Jahr, liebe Waage-Geborene, abgesehen von einigen Perioden, in denen das Paar Pluto/Uranus denen zu schaffen macht, die **zwischen dem 26. September und dem 6. Oktober geboren** sind.

## IHR JAHR 2013 IM ÜBERBLICK

**Kritische Perioden:**
(da die Einflüsse langsamer Planeten dafür bekannt sind, sich auf die vorhergehende und auf die folgende Periode auszuwirken, auch ungefähr 14 Tage **davor** und **danach**)

- *Um den 10. Januar* (**geboren um den 3. Oktober**): Sie leiden unter einer kollektiven Situation.
- *Um den 11. Februar* (**geboren um den 29. September**): idem
- *Um den 22. März* (**geboren um den 2. Oktober**): Immer schön entspannt und zusammen bleiben!
- *Um den 28. März* (**geboren um den 2. Oktober**): Eine Begegnung? Man macht sich für Sie stark … oder enttäuscht Sie!
- *Um den 7. April* (**geboren um den 13. Oktober**): idem! Leidenschaft liegt in der Luft … oder Aggressivität!
- *Um den 18. April* (**geboren um den 21. September**): Halten Sie sich lieber bedeckt! Vorsicht vor Unfällen und Brüchen.
- *Um den 20. Mai* (**geboren um den 4. Oktober**): Der große Umbruch!

- *Um den 28. Juni* (**geboren um den 23. September**): Überwachen Sie Ihre Geldanlagen, Vorsicht vor dem Fiskus und vor Prozessen!
- *Um den 13. Juli* (**geboren um den 26. September**): Überwachen Sie Ihre Finanzen und gehen Sie Auseinandersetzungen mit Ihren Vorgesetzten aus dem Weg.
- *Um den 22. Juli* (**geboren um den 28. September**): Halten Sie sich an Gesetze und Vorschriften; gehen Sie Streitigkeiten mit Ihren Vorgesetzten aus dem Weg.
- *Um den 7. August* (**geboren um den 3. Oktober**): Destabilisierung liegt in der Luft!
- *Um den 21. August* (**geboren um den 5. Oktober**): idem
- *Um den 29. August* (**geboren um den 3. Oktober**): Eine Veränderung in der Familie oder Wohnortprobleme nehmen Gestalt an.
- *Um den 16. September* (**geboren um den 4. Oktober**): Sehen Sie in Bezug auf andere das Unvorhergesehene voraus!
- *Um den 29. September* (**geboren um den 11. Oktober**): Nieder mit Viren, Prozessen, dem Fiskus und … einer Flaute!
- *Um den 1. November* (**geboren um den 3. Oktober**): Klima der Destabilisierung als Nachhall vom Frühjahr: Arrangieren Sie sich damit!
- *Um den 1. Dezember* (**geboren um den 12. Oktober**): Gehen Sie Finanzfragen und dem Fiskus aus dem Weg und meiden Sie Selbstüberschätzung!
- *Um den 17. Dezember* (**geboren um den 11. Oktober**): Ein Nachhall des 29. September?

**HIGHLIGHTS IN DER LIEBE**

- 1. bis 10. Januar (gehen Sie aus, suchen Sie die Kommunikation, lassen Sie Ihre Verführungskünste spielen!)
- 3. bis 27. Februar (Rendezvous mit Cupido. Ist für die **erste Dekade** eine Begegnung in Sicht?)
- 23. März bis 16. April (mit einem Wermutstropfen, Verführung für die einen, Rückzug für die anderen, je nach dem Geburtshimmel)

- 10. Mai bis 4. Juni (Cupido erwartet Sie unter neuen Himmeln)
- 27. Juni bis 23. Juli (eine amouröse Freundschaft ist in Sicht, besonders für alle, die in der **ersten Oktoberwoche** geboren sind)
- 17. August bis 12. September (mit einem Wermutstropfen, vgl. April!)
- 8. Oktober bis 6. November (Ihre Umgebung findet Sie charmant, nutzen Sie dies nicht aus!)

**IHRE DYNAMISCHEN UND EFFIZIENTEN PHASEN**

- 1. Januar bis 2. Februar (**in der ersten Dekade Geborene** sind unschlagbar!)
- 1. Juni bis 14. Juli (setzen Sie Ihre Energien im Ausland oder für Studien und geistige Arbeit ein – Vorträge, Weiterbildung, Examen – oder machen Sie sich aus dem Staub!)
- 28. August bis 16. Oktober (ein Hoch auf Gruppenaktivitäten, Zusammenschlüsse, Projekte mit Freunden ... und die Feste!)
- 7. Dezember bis Jahresende (ein Wermutstropfen für die **erste Dekade**: Meiden Sie Selbstüberschätzung!)

**BESTE PERIODEN FÜR GESCHÄFTE/GELD/KONTAKTE/REISEN**

- 19. Januar bis 6. Februar
- 9. Mai bis 4. Juni
- 5. bis 12. Dezember (**erste Dekade**)

## 2014

### *ALLGEMEINE TENDENZEN*

Das Unheil bringende Planetenduo Pluto/Uranus ist seit *2013* vorangekommen und beabsichtigt in diesem Jahr, die Grundlagen Ihres Alltagslebens sowie Ihre Weltanschauung zu untergraben. Dies gilt für Waage-Geborene der **ersten zehn Oktobertage**. Uranus bringt Ihre Beziehung zu anderen in Aufruhr, insbesondere im Austausch mit dem Geschäfts- oder Liebespartner. Häufig werden Sie mit einer rebellischen Haltung, auf jeden Fall mit Widerspruch seitens anderer konfrontiert, was ohne diesen Einfluss von Uranus unverständlich wäre. Sie haben übrigens auch selbst Lust, rebellisch zu werden, und es mangelt Ihnen vollkommen an Geduld, auch an Diplomatie – sonst eine Ihrer wichtigsten Eigenschaften.

Für sich allein betrachtet, wird Pluto in diesem Jahr *2014* den Status quo derselben Waage-Geborenen destabilisieren, genauer jedoch der Waagen, die **zwischen dem 3. und dem 7. Oktober geboren** sind. Schwerwiegende Veränderungen treten ein, die Ihren Familienstand oder Ihren Wohnort betreffen. Ein Umzug, vielleicht sogar eine Auswanderung ist in Sicht. Da Mars *nach dem Jahresende 2013* Öl ins Feuer gießt, in erster Linie für alle, die **Anfang Oktober** geboren sind (vor allem *Anfang des Jahres* und *Ende Mai/Anfang Juni*), könnten Sie mit unumgänglichen Situationen konfrontiert werden, die Sie managen oder eher akzeptieren müssen. Ihr Einfluss auf die Dinge ist nur begrenzt oder im Einzelfall auch gar nicht vorhanden. Die einzige Lösung besteht dann darin, sich zu sagen, dass alles, was uns widerfährt, gut ist, und dass man zum Leben Ja sagen muss. Versuchen Sie, der Ungeduld oder auch Kühnheit zu widerstehen, die Mars Ihnen in den *ersten sieben Monaten* einflüstern will – dies betrifft alle **Oktober**-Waagen. Betrachten Sie Entscheidungen mit Abstand, bremsen Sie Ihre Impulsivität. Dies wird nicht einfach sein, wenn Jupiter Sie zu Übereifer, Lässigkeit und Selbstüberschätzung verleitet und Uranus Ihnen Lust darauf macht, die Flinte ins Korn zu werfen. Dies könnte angesichts schwieriger Entscheidungen oder angesichts von Problemen mit Ihren Vorgesetzten der Fall sein, vor allem, wenn Sie in der **zweiten Dekade** geboren sind, und insbesondere bis *Ende Mai*. Da eine erfahrene Waage alles zweifach aufwiegt, sollten Sie sich Zeit zum Überlegen nehmen oder einen Freund um Rat fragen, bevor Sie radikal durchgreifen. Da Mars seit dem *letzten Dezember* Ihr Zeichen durchquert, könnten Sie auch Grund zu gesundheitlichen Sorgen bekommen, von einer Entzündung/Infektion bis zu einem ernsteren Problem, das die Nieren oder die Geschlechtsorgane betreffen könnte (Ihre Schwachpunkte, gemeinsam mit den Lendenwirbeln). Seien Sie maßvoll in Ihren Bewegungen, um Lendenwirbel- oder sonstige Wirbelprobleme zu vermeiden.

*Mitte Juli* haben Sie die Durststrecke hinter sich – wobei das relativ ist, denn latent wird die Dissonanz Uranus/Pluto für die Waagen fortbestehen, die in den **ersten zehn Oktobertagen geboren** sind. Jupiter zeigt Ihnen nun sein freundliches Gesicht, er steht segnend über Ihren Projekten und Freundschaften. Einflussreiche Freunde helfen Ihnen, insbesondere wenn Sie **vor dem 15. Oktober geboren** sind. Dies gilt noch bis *Jahresende* – wobei Jupiters Fortschreiten sich nach und nach auf die **erste, zweite und den Beginn der letzten Dekade** auswirkt. Nun können Sie einen tiefen Seufzer der Erleichterung ausstoßen und wieder Selbstvertrauen fassen, bereit, den Stier bei den Hörnern zu packen. Dies trifft vor allem zu, wenn Mars, der ebenfalls in ein Freundschaftszeichen weitergezogen ist, Ihnen zu einem beträchtlichen Fang verhilft. Das tritt zwischen *Mitte September* und *Ende Oktober* sowie im *Dezember ein*.

*Last but not least* wollen wir den Einfluss von Venus erwähnen, die sich *Ende 2013* auf alle Waage-Geborenen ausgewirkt hat und nun zwischen *Anfang Januar* und *Anfang März* erneut die **Oktober**-Waagen beeinflusst. Ein Problem mit einer Frau innerhalb der Familie kann eine Auswirkung (gewesen) sein, aber auch, je nach Ihrem Geburtshimmel, ganz im Gegenteil eine familiäre Atmosphäre, die Sie besonders zu schätzen lernen werden.

Vorsehen sollten sich alle aus der **zweiten Dekade** vor dem Neumond am *30. März*! Gelassenheit, Überlegung und Mäßigung sind angebracht.

## IHR JAHR 2014 IM ÜBERBLICK

**Kritische Perioden:**

(da die Einflüsse langsamer Planeten dafür bekannt sind, sich auf die vorhergehende und auf die folgende Periode auszuwirken, auch ungefähr 14 Tage **davor** und **danach**)

- *Um den 31. Januar* (**geboren um den 5. Oktober**): Eine Wahl bezüglich Familie oder Karriere?
- *Um den 26. Februar* (**geboren um den 4. Oktober**): Hüten Sie sich vor dem Finanzamt, einem Prozess und Zusammenstößen mit einer Behörde oder vor Unstimmigkeiten in Ihrer Paarbeziehung oder mit Ihrem Geschäftspartner.
- *Um den 20. April* (**geboren um den 7. Oktober**): Sie sind auf bewegter See unterwegs, lassen Sie das Steuerruder nicht los!
- *Um den 21. April* (**geboren um den 7. Oktober**): Akzeptieren Sie einen Umbruch!
- *Um den 12. Juni* (**geboren um den 16. Oktober**): Gehen Sie finanziellen oder administrativen Problemen und möglichen Intrigen aus dem Weg!
- *Um den 11. August* (**geboren um den 14. Oktober**): Für die einen gibt es familiäre Probleme, für andere Chancen auf dem Immobiliensektor.

- *Um den 10. November* (**geboren um den 4. Oktober**): Vorsicht, gehen Sie Machtspielen aus dem Weg!
- *Um den 27. November* (**geboren um den 6. Oktober**): Unumgängliche Verzögerungen und Hemmnisse.
- *Um den 3. Dezember* (**geboren um den 6. Oktober**): Unvorhergesehene Hindernisse tauchen auf.
- *Um den 15 Dezember* (**geboren um den 6 Oktober**): Das Klima vom 21. April kehrt zurück: die große Wende?

**Positive Perioden**

- *Um den 25. September* (**geboren um den 9. Oktober**): Starten Sie ein ehrgeiziges Projekt, die Auswirkungen werden 2015 sichtbar.

**HIGHLIGHTS IN DER LIEBE**

- 1. Januar bis 5. März (mehrdeutiger Einfluss, siehe oben)
- 5. März bis 5. April (wählen Sie als Motto carpe diem)
- 4. bis 29. Mai (mit einem Wermutstropfen. Man schätzt Sie ... oder man lehnt Sie ab, je nach Ihrem Geburtshimmel)
- 24. Juni bis 19. Juli (Cupido macht Ihnen auf einer Reise oder im Ausland schöne Augen)
- 12. August bis 6. September (erneuern Sie die Beziehungen zu Ihren Freundinnen! Eine amouröse Freundschaft?)
- 1. bis 23. Oktober (in Gesellschaft tut Ihr Charme seine Wirkung, zu Hause und in der Paarbeziehung könnte es jedoch zu Spannungen kommen)
- 17. November bis 10. Dezember (ausgezeichneter Austausch mit der Umgebung – Sie verstehen es zu bezaubern!)

**IHRE DYNAMISCHEN UND EFFIZIENTEN PHASEN**

- 13. September bis 27. Oktober (in den ersten sieben Monaten – siehe oben – wirkt der Einfluss von Mars, der häufig die Lunte ans Pulverfass legt)
- 4. Dezember bis Jahresende (**geboren vor dem 15. Oktober**: die Bindungen mit den Nächsten verstärken sich, schöne Kreativitätsphase)

**BESTE PERIODEN FÜR GESCHÄFTE/GELD/KONTAKTE/REISEN**

- 11. bis 18. Januar (**erste Dekade**)
- 7. bis 29. Mai (aber keine Übertreibungen, halten Sie Ihre Groschen zusammen!)
- 1. bis 16. August
- 3. bis 28. September
- 10. Oktober bis 9. November (**zweite und dritte Dekade**)
- 29. November bis 17. Dezember

## 2015

### *ALLGEMEINE TENDENZEN*

Wie bereits in den kollektiven Vorhersagen beschrieben, wird im *Jahr 2015* die Welt in ihren Grundfesten erschüttert. Das alte Gesellschaftsmodell ist überholt, nun wird reiner Tisch gemacht, es gibt einen Neubeginn. Dies läuft natürlich nicht ohne Begleiteffekte ab, denen die Waage-Geborenen der **zweiten Dekade** besonders ausgesetzt sind. Uranus (der Blitz, das Unvorhergesehene, die Befreiung aus Zwängen, gewichtige Veränderungen) stört alle, die **zwischen dem 4. und 14. Oktober geboren** sind. Währenddessen macht Pluto sich bereit, bei den Waage-Geboren des **5. bis 8. Oktober** den Status quo zu untergraben – und zwar *das ganze Jahr über*, auf jeden Fall *bis nach der Sommerpause 2015*. Wenn Sie in dieser Zeitspanne geboren wurden, sehen Sie sich veranlasst, das Erreichte infrage zu stellen, ob bei materiellem Besitz, in der Familie, im Beruf oder einem sonstigen Bereich. Daraus wird sich eine neue Weltanschauung ergeben. Bei einigen wird die familiäre Situation umgekrempelt, sei es durch Trennung oder einen Todesfall, während Pluto bei anderen im Sinn eines Wohnortwechsels, ja sogar einer Auswanderung oder auch einer Veränderung der Vermögenssituation wirken wird.

In diesem destabilisierenden Klima verfügen Sie über einen wirksamen Joker in Form des – glücklichen – Einflusses von Jupiter, den die im **Oktober Geborenen** zwischen *Jahresbeginn* und *Mitte August* spüren. Dieser großmütige Planet kehrt wie *2014* zurück und wirkt sich bis *April* auf die Waagen aus, die **vor dem 15. Oktober** geboren sind. Anschließend wird er rückläufig und beeinflusst dann die Waagen, die **um den 6. Oktober** geboren sind. Die Rückläufigkeit dauert bis zum *8. April*, danach wird Jupiter wieder direktläufig und ist bereit, die Früchte

der Projekte zu ernten, die im *Herbst 2014* in die Wege geleitet wurden. Schlussfolgerung: Die **zwischen dem 5. und 15. Oktober Waage-Geborenen** werden bis zum *Sommer* am meisten von diesen Nachwirkungen profitieren, die **anderen Waage-Geborenen** kommen anschließend bis *Mitte August* an die Reihe. Der Jupiter-Effekt wird bei ihnen weniger ausgeprägt sein. Zu unterstreichen ist, dass die Periode *Mai/Juni* für die **zweite Dekade** äußerst fruchtbar sein wird. Während des *Frühjahrs* haben Sie daher Gelegenheit, die Umwälzungen von Uranus in eine gute Richtung zu lenken, häufig durch den günstigen Einfluss eines Freundes. Ihnen ist anzuraten, die Gelegenheiten zu einer Erneuerung durch das Duo Jupiter/Uranus voll auszuschöpfen, etwa in einer Geschäfts- oder Liebesbeziehung, und zwar, wie gesagt, insbesondere im *Frühjahr*. In Herzensangelegenheiten fügt die *zweite Aprilhälfte* diesen Möglichkeiten noch die Verheißungen von Cupido hinzu. Dies bedeutet für manche Waage eine unvorhergesehene und genussreiche Begegnung mit einer verwandten Seele, was übrigens das von Pluto widergespiegelte familiäre Erdbeben nach sich ziehen könnte!
Ein weiterer bemerkenswerter Planeteneinfluss ist der von Saturn, der *2015* nur die Waage der **ersten Dekade** betrifft. Bis *Mitte Juni* kommen nur die **vor dem 29. September Geborenen** in den Genuss der stabilisierenden Wirkung von Saturn, der von *Mitte September* bis zum *Jahresende* spürbar ist – wobei die Periode *November/Dezember* spezieller diejenigen Waagen betrifft, die **zwischen dem 27. September und dem 3. Oktober geboren** sind. Abgesehen von einem dringlich empfundenen Bedarf, Stabilität und Ordnung in Ihr Leben zu bringen und ihm einen solideren Rahmen zu geben, bringt Saturn einigen Waage-Geborenen der **ersten Dekade** in diesem Jahr *2015* Nachwuchs. Andere bauen sich ihr Traumhaus. Alle räumen jedoch in ihrem Adressbuch gründlich auf – in dem neuen Bedürfnis nach mehr Qualität statt Quantität.
Eine angenehme Feststellung für Sie, liebe Waage, in diesem Jahr *2015*: Venus glättet die Wogen in Ihrem Alltag und Ihrem Beziehungsleben während einer außergewöhnlich langen Periode, nämlich zwischen *5. Juni* und *8. Oktober*, also vier Monate lang! Sie wirkt insbesondere im Haus der Freundschaft, wo sie zwischen *Anfang Juni* und *Mitte Juli* für eine Zunahme der Einladungen, Empfänge und Feste sorgt (nach *Mitte Juli* gilt das für **alle Waage-Geborenen**). Eine ausgezeichnete Nachricht für die gesellige, geradezu weltmännische Waage … Denen, die in der **zweiten Hälfte** geboren sind, bringt sie das Ergebnis eines künstlerischen Projekts, das im *August/September* entstanden ist, oder begünstigt ein charmantes, freundschaftliches Wiedersehen nach einer Begegnung im *Sommer*. Das ist wirklich eine gute Nachricht, vor al-

lem, wenn man noch den Einfluss von Jupiter im *Juli* hinzurechnet, der den von Cupido ergänzt. Dies wird also eine hervorragende Periode, insbesondere für die Waagen, die **zwischen dem 8. und dem 14. Oktober geboren** sind. Ein delikater und geschätzter Kontrapunkt für einige Waagen, die von Uranus mehr oder weniger schlecht behandelt wurden!

## IHR JAHR 2015 IM ÜBERBLICK

**Kritische Perioden:**
(da die Einflüsse langsamer Planeten dafür bekannt sind, sich auf die vorhergehende und auf die folgende Periode auszuwirken, auch ungefähr 14 Tage **davor** und **danach**)

- *Um den 15. Januar* (**geboren um den 7. Oktober**): Sie laufen Gefahr, unter einem kollektiven Ereignis zu leiden.
- *Um den 20. Januar* (**geboren um den 6. Oktober**): Dasselbe Klima.
- *Um den 22. Januar* (**geboren um den 24/25. September**): In der Paarbeziehung fliegen die Fetzen.
- *Um den 11. März* (**geboren um den 9. Oktober**): Sachte, sachte und Vorsicht im Straßenverkehr!
- *Um den 17. März* (**geboren um den 9. Oktober**): Die Fortsetzung des großen Tohuwabohu, das im *letzten Jahr* eingeleitet/gestreift wurde.
- *Um den 4. Mai* (**geboren um den 11. Oktober**): Unvorhergesehene Hindernisse tauchen auf.
- *Um den 20. Juni* (**geboren um den 8. Oktober**): Beugen Sie sich der höheren Gewalt.
- *Um den 26. Juni* (**geboren um den 29. September**): Sie werden von einer störenden Atmosphäre heimgesucht.
- *Um den 4. August* (**geboren um den 7. Oktober**): Behalten Sie Ihre Finanzen im Auge, schützen Sie Ihr Vermögen!
- *Um den 13. August* (**geboren um den 7. Oktober**): Dasselbe Klima wie um den *20. Juni*.

- *Um den 3. September* (**geboren um den 13. Oktober**): Destabilisierung in Sicht!
- *Um den 22. Oktober* (**geboren um den 11. Oktober**): Auswirkungen des störenden Klimas vom *4. Mai*.

**Positive Perioden:**

- *Um den 3. März* (**geboren um den 9. Oktober**): Frisch und fröhlich, heiraten wir oder verbünden wir uns! – eine Folge des Klimas vom *25. September 2014*?
- *Um den 14. Juni* (**geboren um den 16. Oktober**): Schutz für große Reisen und Geschäfte im Ausland.
- *Um den 22. Juni* (**geboren um den 13. Oktober**): Fortsetzung und Ende eines Klimas vom *September 2014,* das *Anfang März* wieder auftauchte: eine Ehe oder Geschäftsverbindung in Sicht?
- *Um den 15. August* (**geboren um den 15. Oktober**): Ein künstlerisches Projekt ist in Sicht, Sie brillieren in der Gesellschaft!
- *Um den 1. August* (**geboren um den 24. September**): Nutzen Sie eine günstige Konjunktur für Ihre Finanzen!
- *Um den 30. September* (**geboren um den 24. September**): Das kollektive Klima trägt zur Konsolidierung Ihrer Situation bei!

**HIGHLIGHTS IN DER LIEBE**

- im Januar (man genießt das Motto *carpe diem*)
- 21. Februar bis 18. März (die Freundschaften stehen unter einem guten Schutz, in der Familie und der Paarbeziehung brodelt es jedoch)
- 11. April bis 8. Mai (Cupido lädt zu einer Reise ein)
- 5. Juni bis 16. Juli (zu Ihrer Verfügung: Ausgehen, Einladungen unter Freunden und amouröse Freundschaften! Dieses Klima hält bis *8. Oktober* an)
- 9. November bis 5. Dezember (Sie können eine Verbindung dauerhaft verankern – **erste Dekade** –, aber Beziehungen der Waagen der **zweiten Dekade** wackeln)

**IHRE DYNAMISCHEN UND EFFIZIENTEN PHASEN**

- 1. bis 13. Januar (lassen Sie Ihrer Kreativität freien Lauf, Waage der **letzten Dekade**!)
- 20. Februar bis 1. April (mit einem Wermutstropfen: Mäßigen Sie sich, sonst wird das Klima für die Waage der **ersten Oktoberwoche** explosiv, selbst wenn die Freunde sich engagieren)
- 13. Mai bis 25. Juni (treten Sie aufs Gaspedal bei Auslandsgeschäften, es herrscht ein günstiger Einfluss für die Herausgabe eines Buchs, Werbung, große Reisen)
- 8. August bis 26. September (Mars kurbelt Ihre Projekte und freundschaftlichen Beziehungen an – er löst Jupiter ab, der innegehalten hat)
- 13. November bis Jahresende (eine konstruktive Phase für die **erste Dekade**, für die **zweite Dekade** empfiehlt sich eher etwas Unauffälligkeit!)

**BESTE PERIODEN FÜR GESCHÄFTE/GELD/KONTAKTE/REISEN**

- 6. Januar bis 6. März (**erste und zweite Dekade**)
- 6. bis 14. März (**dritte Dekade**)
- 1. Mai bis 27. Juni (**vor dem 7. Oktober Waage-Geborene**)
- 27. Juni bis 9. Juli (**nach dem 7. Oktober Waage-Geborene**)
- 23. Juli bis 8. August
- 28. August bis 27. Oktober (**erste und zweite Dekade**)
- 27. Oktober bis 3. November (**dritte Dekade**)
- 21. November bis 11. Dezember

## 2016

### *ALLGEMEINE TENDENZEN*

Im Jahr 2016, das auf kollektiver Ebene ein mögliches – wenn auch langsam auftauchendes – Ende des Tunnels anzeigt, bricht für Sie, dank der Rückkehr von Jupiter in Ihr Zeichen, im *Herbst* ein neuer Zyklus von zwölf Jahren an. Hierzu gibt es allerdings einen Wermutstropfen, denn auch wenn die Quadratur Pluto/Uranus sich nun nicht mehr genau wiederholt, ist sie doch weiterhin aktiv durch das, was allgemein als *Orbis* bezeichnet wird. Dabei handelt es sich um das Prinzip, wonach ein Himmelsaspekt sich ober- und unterhalb des exakten Aspekts bildet, wie wir im *Frühjahr 2011* gesehen haben, wo uns diese Dissonanz im Orbis

Fukushima beschert hat! Ebenso wird *2016* die genannte Dissonanz insbesondere die **zwischen dem 7. und dem 17. Oktober geborene** Waage betreffen und daher die Zone der **zweiten Dekade** weit überschreiten – nicht wegen Pluto, sondern wegen der Opposition von Uranus.
Was bedeutet das? Die Turbulenzen, Veränderungen und sonstigen Wandlungen, von denen die **vor dem 14. Oktober geborenen** Waagen erschüttert wurde, machen sich nun für die später Geborenen bemerkbar, und zwar durch Uranus in Form einer Destabilisierung insbesondere der Paarbeziehung oder einer Geschäftsbeziehung. Manchmal tauchen unwiderstehliche Emanzipationsbestrebungen auf. Wenn Sie **in diesem Abschnitt geboren** sind, werden Sie sich nicht um die Meinung anderer kümmern oder die Flinte ins Korn werfen wollen, was alle Ihre Bindungen betrifft. Diese destabilisierende Wirkung wird bei der Waage, die **zwischen dem 7. und dem 11. Oktober geboren** ist, durch den Einfluss von Pluto noch verstärkt, der dazu neigt, die Grundfesten ihres Status quo zu untergraben. Mit anderen Worten wird sich vor allem bei der Waage, die **zwischen dem 7. und dem 13. Oktober geboren** ist, die Lebenslandschaft zum *Jahresende* völlig verändern, spätestens bis zum *Herbst 2017*. Paarbeziehungen, die nicht stabil sind, können diesem planetaren Erdbeben kaum Widerstand leisten, dies gilt auch für Geschäftsverbindungen und Partnerschaften aller Art. Allerdings, liebe Waage der **zweiten Dekade**, verfügen Sie über einen Trumpf in Form eines stabilisierenden, wohlwollenden Saturn, der das gesamte Jahr *2016* durchzieht und Sie häufig daran hindern wird, zerstörerischen Impulsen nachzugeben. Dieser Joker nützt Ihnen vor allem im *Herbst*, wo er die Früchte der ersten Monate dieses Jahres bringt. Für manche Waage handelt es sich dabei um ein Baby, das sich ankündigt, ein langatmiges Werk, das beendet wird, oder eine Renovierung der Wohnung, eine neue Einrichtung. Wenn Sie zur **zweiten Dekade** gehören, haben Sie zugleich Lust und die Möglichkeit, aus Alt Neu zu machen, was ein schönes Gegengewicht zur allgemeinen Destabilisierung in Ihrem Leben bildet. Durch den Einfluss von Pluto handelt es sich häufig auch um einen Umzug in eine größere oder komfortablere Wohnung.
Die **erste Dekade** wird zwischen *Anfang März* und *Ende Mai* betroffen sein, dann wieder, mit der Ankunft Jupiters, im *September/Oktober*. Die aktive und effiziente Phase des Frühjahrs hat erfreuliche und positive Auswirkungen auf den *August*, während die Ankunft Jupiters nach dem *Ende der Sommerpause* Ihnen neues Selbstvertrauen einflößt und es Ihnen ermöglicht, auf einer Woge des Glücks zu treiben, etwa *Mitte September* und da vor allem in Herzensangelegenheiten. Die **zweite Dekade** ist zwischen *Ende Oktober* und *Jahresende* eingeladen, ein Un-

ternehmen im Angesicht Plutos zu starten, der dabei bereits die Veränderung symbolisiert, die durch dieses Projekt eingeleitet wird. Dies wird Auswirkungen auf das *Frühjahr* und den *Sommer 2017* haben.
Die Moral von der Geschichte: Machen Sie sich die Veränderung zu eigen und seien Sie davon überzeugt, dass alles, was geschieht, gut ist und Sie auf dem Weg der Selbstverwirklichung weiterbringt. Die **ersten beiden Dekaden** werden bei ihren Projekten durch den Schutzschirm Saturns unterstützt. Die **letzte Dekade** muss bis *2017* warten, um ihrerseits die Erneuerung durch Jupiter nach seiner zwölfjährigen Abwesenheit zu erfahren. Fügen wir hinzu, dass bis *2017* Jupiter eine schützende Aufgabe übernimmt, in erster Linie im *Januar/Februar*, dann wieder von *Mitte Juli* bis *Anfang Oktober*. Wetten wir, dass dieses günstige Gestirn den destabilisierenden Effekt von Pluto ein wenig abschirmen wird, eine Rolle, die Saturn für die **zweite Dekade** spielt, wie bereits erwähnt. Hierbei ist anzufügen, dass die destabilisierenden Veränderungen, die sich im *April* abzeichnen können, wenn Sie **um den 10. Oktober geboren** sind, bis *Jahresende* nachwirken werden … in Erwartung von Anfang und *Ende 2017*, wo Sie ein neues Gleichgewicht finden werden.

## IHR JAHR 2016 IM ÜBERBLICK

**Kritische Perioden:**
(da die Einflüsse langsamer Planeten dafür bekannt sind, sich auf die vorhergehende und auf die folgende Periode auszuwirken, auch ungefähr 14 Tage **davor** und **danach**)

- *Um den 19. Oktober* (**geboren um den 9. Oktober**): Meiden Sie Machtkämpfe und akzeptieren Sie eine höhere Gewalt!
- *Um den 24. November* (**geboren um den 9. Oktober**): Vorsicht vor Destabilisierung! Achten Sie auf Ihre Finanzen. Auswirkungen folgen im *August 2017*!
- *Um den 25/26. Dezember* (**geboren um den 13. Oktober**): Sie unterstehen einer kollektiven Situation, die Sie destabilisiert, eine Nachwirkung dieses Aspekts folgt für die **am 20. Oktober Geborenen** *Ende September 2017*.

**Positive Perioden:**

- *Um den 6. Juni* (**geboren um den 10. Oktober**): Eine umwerfende Liebe auf einer Reise oder im Ausland?

- *Um den 24. August* (**geboren um den 3. Oktober**): Sie wollen hoch hinaus!
- *Um den 31. Oktober* (**geboren um den 4. Oktober**): Glücklich leben lässt es sich nur im Verborgenen!
- *Um den 10. November* (**geboren um den 8. Oktober**): Verhandeln Sie über eine Immobilie oder kümmern Sie sich um eine Familienangelegenheit.
- *Um den 25. Dezember* (**geboren um den 13.Oktober**): Erneuern Sie den Rahmen Ihrer Umgebung, die Früchte ernten Sie im *November 2017*, wenn Sie **um den 18. Oktober geboren** sind.

**HIGHLIGHTS IN DER LIEBE**

- zwischen dem 1. und 24. Januar (lebhaftes gesellschaftliches Leben, zärtlicher Austausch)
- 19. Februar bis 13. März (es lebe Cupido und: *Carpe diem*)
- 5. bis Ende April (mit einem Wermutstropfen: Für die **erste Dekade** konsolidieren sich die Bindungen, für die Waage, die **zwischen dem 9. und 15. Oktober geboren** ist, destabilisieren sie sich hingegen)
- 26. Mai bis 18. Juni (ein Hoch auf die exotische Liebe!)
- 13. Juli bis 6. August (eine amouröse Freundschaft in Sicht?)
- 1. bis 24. September (heiße Liebe ... oder doch eher schwankend?)
- 19. Oktober bis 12. November (ausgezeichneter Austausch ist in Sicht: Sie brillieren in der Gesellschaft)
- 7. Dezember bis Jahresende (die Liebe steht im Mittelpunkt Ihres Lebens)

**IHRE DYNAMISCHEN UND EFFIZIENTEN PHASEN**

- 4. Januar bis 7. März (außergewöhnliche Ausgaben sind in Sicht, die für die **letzte Dekade** Auswirkungen auf die Periode von *Ende Mai* bis *Ende August* haben werden)
- 7. März bis 27. Mai (knüpfen Sie Kontakte und seien Sie initiativ, Waage der **ersten Dekade**, die Früchte ernten Sie im August)
- 1. August bis 27. September (Sie sind unermüdlich, es leben die Kontakte!)
- 9. November bis 19. Dezember (energische Aktivitäten im Familienkreis, es lebe der Sport!)

**BESTE PERIODEN FÜR GESCHÄFTE/GELD/KONTAKTE/REISEN**

- 14. Februar bis 6. März
- 13. bis 29. Juni
- 14. bis 31. Juli
- 8. bis 25. Oktober
- 12. November bis 3. Dezember (Fortschritte mit Siebenmeilenstiefeln!)

## Skorpion

### ALLGEMEINE AUSWIRKUNGEN DER DISSONANZ URANUS/PLUTO AUF IHR STERNZEICHEN ZWISCHEN 2012 UND 2016

Sie zählen zu den Lieblingen des Tierkreises! Und zwar während der gesamten Periode **von 2012 bis 2016**. Die stürmische Dissonanz Pluto/Uranus, die für das bewegte Klima dieser Jahre verantwortlich ist, trifft Sie nicht mit voller Wucht. Wenn Pluto, der große Verwandler des Tierkreises und Ihr Geburtsgebieter, in Bezug auf den Himmelskontext und vor allem auf eine bestimmte Zone des Tierkreises negativ einwirkt, löst er irreversible Verwandlungen aus, die meist nicht ohne Schäden abgehen. Nun steht dieser Pluto seit *Januar 2008*, als er in den Steinbock eingetreten ist, in Harmonie zu Ihrem Zeichen. Er war für relativ sanfte Veränderungen verantwortlich, die das Denken, die Weltanschauung und die Umgebung der **Oktober**-Skorpione betroffen haben. Diese werden wahrscheinlich entscheidende Begegnungen oder prägende Einsichten erfahren haben. Dieselben Manifestationen sind zwischen 2012 und Ende 2016 für den Skorpion zu erwarten, der **zwischen dem 30. Oktober und dem 10. November geboren** ist. Diese Jahre sind entscheidend für sein Werden, in dem Maße, in dem er an Selbstbewusstsein und materiellem und/oder psychologischem oder auch spirituellem Vermögen zugelegt hat. Positiv also!
Trotzdem sind Abstriche zu machen, vor allem zu bestimmten Zeiten und bei entsprechendem Sternenkontext. Diese Abstriche erklären sich durch Spannungen von Pluto mit Uranus, der Ihr Haus der Gesundheit und Berufstätigkeit durchqueren wird – bei einigen Skorpion-Geborenen ist dies bereits der Fall. Daher sind Unklarheiten am Arbeitsplatz, mit Kollegen, Vorgesetzten, Untergebenen oder Ebenbürtigen (in der Politik) absehbar. Weitere mögliche Äußerungen der Dissonanz mit Ihrer Geburtssonne: Da Pluto Ihr Haus des bewussten Denkens durchquert, sollten Sie darauf

achten, quälende Gedanken oder fixe Ideen nicht zu somatisieren – wozu der Skorpion gern neigt! Da dieses Haus auch Begegnungen regiert, sollten Sie diese überwachen, denn sie könnten unter bestimmten Aspekten Ihrer Karriere schaden. Ein zugegeben etwas abstraktes Szenario, aber die Astrologie arbeitet mit symbolischen Begriffen und man muss versuchen, eine konkrete »Inkarnation« für sie zu finden. Vergessen wir dabei nicht, dass Sie in dieser Krisenperiode zu den glücklichen Sternzeichen gehören.

## 2012

### *ALLGEMEINE TENDENZEN*

*2012* betrifft dieser Planet, der häufig negativ wirkt, aber auch ein Faktor der Wiedergeburt ist, die Skorpione von **Anfang November**, die **zwischen dem 29. Oktober und dem 2. November geboren** sind. Wenn Sie in diesen Bereich des Tierkreises gehören, also in das **Ende der ersten Dekade**, werden Sie eine wohl einmalige Phase der Erneuerung und Regeneration erleben, wie dies bei Ihren Skorpion-Kollegen, die **vor dem 29. Oktober geboren** sind, in den zurückliegenden Jahren bereits der Fall war. Dies ist, darin werden wir uns einig sein, eine sehr gute Nachricht. Besonders wertvoll an diesem Einfluss sind die Auswirkungen auf Ihre Psyche und Ihren Geist. Sie lernen, die Dinge des Lebens mit anderen Augen zu betrachten, und bekommen das erste Mal instinktiven Kontakt zu Ihrem innersten Westen, Ihren Bestrebungen, verborgenen, vergessenen oder bisher verleugneten Talenten. Auf praktischem Gebiet haben Sie Lust, Ihre Umgebung zu verändern, den Horizont zu wechseln, umzuziehen oder einfach nur Haus oder Wohnung neu einzurichten. Auch in Ihrer direkten Umgebung ändert sich wahrscheinlich einiges zum Besseren. Ihre Beziehungen verbessern und regenerieren sich. Pluto wirkt häufig im Sinne der Regeneration einer Verbindung, einer Beziehung.
So weit zum **Ende der ersten Dekade**, deren Anfang durch ein schönes Trigon Neptuns verwöhnt wird. Dieser Planet befindet sich seit *2011* im Freundschaftszeichen Fische. Da er sich aber praktisch genauso langsam fortbewegt wie Pluto, betrifft er 2012 nur die Skorpione, die **vor dem 28. Oktober geboren** sind. Wenn Sie in diese Zone des Tierkreises gehören, genießen Sie das fast schon erleuchtende Klima, das dieser Planet einführt. Es macht Sie offen für das Unsichtbare, für altruistische, humanitäre, vor allem jedoch künstlerische Interessen. Wenn Sie **um den 23./24. Oktober geboren** sind, haben Sie mit seinen subtilen Energien zwischen *Mai* und *September 2011* bereits Bekanntschaft gemacht. *2012* fährt dieses Klima nun ab *März* fort, Ihren Horizont zu erweitern und Ihre Sensibilität und Kreativität zu vergrößern. Neptuns

Einfluss zieht bis *Juni* langsam weiter, er betrifft nur die Tierkreiszone der Skorpione **vor dem 28. Oktober**, wie oben bereits erwähnt. Dann wird Neptun *bis Oktober* rückläufig und beeinflusst in dieser Phase bis *Jahresende* erneut nur die Skorpione vom **23./24. Oktober**. Wenn Sie **um den 26. Oktober geboren** sind und im *Juni 2012* mit einem künstlerischen oder humanitären Werk beginnen, hat dieses gute Chancen, entweder im *September 2013* oder im *Januar 2014* zu erblühen – vielleicht sogar schon bei einer früheren Rückkehr des Planeten im *März 2013*. Dieses Zeitintervall könnte auch die Ankunft eines Babys in der Familie betreffen … In jedem Fall erfüllen Sie die guten Aspekte Neptuns mit verstärkter Intuition und Empathie, die kreative Inspiration erreicht einen Höhepunkt. Bemerkenswert ist zudem, dass unter seiner Ägide auch religiöse oder philosophische Übertritte stattfinden.

Erwähnen wir auch die Rückkehr und damit die Opposition von Jupiter, der *Anfang Juni 2011* aufgetaucht ist und das Beziehungsklima geprägt hat, insbesondere für die **erste Dekade**. Das kann für Sie mit der Unterzeichnung einer Geschäftspartnerschaft, eines grandiosen Vertrages und allgemeiner mit einem Neustart im Leben verbunden gewesen sein, insbesondere als **Oktober**-Skorpion, die von Plutos Unterstützung profitierten. Das Paar Jupiter/Pluto, das in den *ersten drei Monaten 2012* wieder aktiv ist, bedeutet für manchen Skorpion eine Heirat oder eine Geschäftspartnerschaft, in jedem Fall eine komplette und positive Veränderung seines Status quo. Für **einige** unter Ihnen wird Jupiter, der das Haus des Öffentlichkeitsbildes berührt, den Beginn einer gewissen Bekanntheit, einen großen Erfolg bedeutet haben. Zwischen *Mitte März* und *Ende April* betrifft Jupiter die **zweite Dekade**, wobei *Mitte März* besonders die Skorpione, die **Anfang November geboren** sind, durch dieses vielversprechende Klima berührt werden. Die **letzte Dekade** kommt zwischen *Anfang Mai* und *Mitte Juni* an die Reihe, ohne dass der Einfluss jedoch so deutlich wäre wie in der **ersten Dekade**, da Plutos Wirkung fehlt. Wenn Sie in die **letzte Dekade** oder in diesen Bereich des Tierkreises gehören, lassen Sie den Kopf nicht hängen, sondern ergreifen Sie zwischen *Anfang Mai* und dem *12. Juni* die Initiative. In dieser Zeit vervielfacht Mars nämlich den Effekt, und zwar bis *4. Juli*. Zumeist wird es sich um das Ergebnis eines Klimas von *Ende 2011* handeln, das im *Februar/März 2012* wieder auftaucht.

*Anfang Oktober* stattet Saturn Ihnen nach 30-jähriger Abwesenheit wieder einen Besuch ab. Dieser Einfluss veranlasst dazu, im Leben aufzuräumen, Überflüssiges zu eliminieren, Bilanz zu ziehen – was nicht immer ohne Schmerzen geschehen kann. Manchmal belohnt Saturn uns im Gegenteil auch für unsere Anstrengung, verschafft uns gesellschaftliche Anerkennung, kündigt eine Geburt an oder steht für den Kauf einer neuen Immobilie. Dies alles könnte *2012* Auswirkungen in Ihrem Leben haben. Dabei sollten Sie wissen, dass diese Auswirkungen, vor allem, wenn Sie **zwischen dem 26. Oktober und dem 13. November geboren** sind, für das *zweite Halbjahr 2013* zu erwarten sind. Bedeutet die sehr gute Nachricht am Anfang, die Sie in gewisser Weise von dem gesellschaftlichen Tsunami ausgenommen hat, der uns in den kommenden Jahren erwartet, dass Sie keinerlei Nebeneffekt unterworfen sein werden? Sicher nicht. Da Uranus *2012* bei Ihrem Sternzeichen das Haus Ihrer beruflichen Aktivität sowie das Ihrer Gesundheit betrifft, kann man erwarten, dass Sie, **Oktober**-Skorpione, die Nachwirkung der Dissonanz Pluto/Uranus durch schwierige Beziehungen am Arbeitsplatz zu spüren bekommen, einige auch in Bezug auf Ihre Gesundheit. Dies könnte besonders zutreffen, wenn Mars dissonant wird und die Lunte ans Pulverfass legt, das heißt *Ende August/Anfang September*.

## IHR JAHR 2012 IM ÜBERBLICK

**Kritische Perioden:**
(da die Einflüsse langsamer Planeten dafür bekannt sind, sich auf die vorhergehende und auf die folgende Periode auszuwirken, auch ungefähr 14 Tage **davor** und **danach**)

- *Um den 8. Mai* (**geboren um den 15. November**): Vorsicht vor Prozessen, dem Fiskus … und einer Scheidung!
- *Um den 17. Mai* (**geboren um den 17. November**): idem!
- *Um den 15. Oktober* (**geboren um den 24. Oktober**): Meiden Sie Selbstüberschätzung, bringen sie Ihren Papierkram in Ordnung!

**Positive Perioden:**

- *Um den 18. Januar* (**geboren um den 24. Oktober**): Es lebe die Teamarbeit!
- *Um den 5. März* (**geboren um den 2. November**): Sie profitieren von einem kollektiven Klima.
- *Um den 13. März* (**geboren um den 2. November**): Heiraten Sie oder gehen Sie eine Geschäftspartnerschaft ein!
- *Um den 17. September* (**geboren um den 21. Oktober**): Ein Schlüsselmoment Ihres Lebens.

- *Um den 11. Oktober* (**geboren um den 23. Oktober**): Beginnen Sie ein langwieriges Werk … Sie sind inspiriert!
- *Um den 27. November* (**geboren um den 1. November**): Sie haben großen Einfluss auf Dinge und Menschen.
- *Um den 27. Dezember* (**geboren um den 2. November**): Die Vorhersagen vom Ende der Welt betreffen Sie nicht!

**HIGHLIGHTS IN DER LIEBE**

- Mitte Januar bis 9. Februar (Sie befinden sich im Nirwana, besonders die **erste Dekade**)
- 6. März bis 3. April (ein bereicherndes Klima für die **erste Dekade** und den **Beginn der zweiten Dekade**)
- 7. August bis 9. September (es lebe die Liebe auf einer Reise!)
- 4. bis 29. Oktober (eine Freundschaft verwandelt sich in zärtlichere Gefühle)
- Besonderer Hinweis für die Zeit vom 3. April bis 7. August, vor allem für die **November**-Skorpione: Sie können ein heißes sexuelles Abenteuer erleben …

**IHRE DYNAMISCHEN UND EFFIZIENTEN PHASEN**

- 1. Januar bis 4. Juli (vgl. weiter oben, **geboren nach dem 25. Oktober**: Sie sehen die Ergebnisse eines Projekts von Ende 2011!)
- 24. August bis 8. Oktober (Sie platzen vor Energie, lieber Skorpion!)
- 18. November bis 26. Dezember (die **erste Dekade**, die mit ihrer Umgebung autoritär umgeht, ist wirklich unbezähmbar!)

**BESTE PERIODEN FÜR GESCHÄFTE/GELD/KONTAKTE/REISEN**

- 9. bis 28. Januar
- 14. Februar bis 3. März
- 23. März bis 17. April (**dritte Dekade**)
- 7. bis 27. Juni
- 1. bis 17. September
- 5. bis 29. Oktober
- 14. November bis 12. Dezember (**dritte Dekade**)

## 2013

### *ALLGEMEINE TENDENZEN*

Für Sie, Skorpione von Anfang November, bringt 2013 die Erfüllung Ihres Lebens! Zugegeben eine sehr feierliche und ehrgeizige Behauptung. Durch die Rückkehr Saturns seit *Herbst 2012* nach rund 30-jähriger Abwesenheit können wir jedoch wetten, dass dieser sehr seltene Einfluss für außergewöhnliche Einsichten und eine befriedigende Bilanz sorgen wird. Dies trifft auf erster Linie auf die Skorpione zu, die **zwischen dem 27. Oktober und dem 5. November geboren** sind. Dabei handelt es sich häufig um die Ankunft eines Kindes – wie bereits für 2013 angekündigt. Die Ergebnisse vom *Herbst 2012* manifestieren sich übrigens ab *Juli*, und zwar bei allen Skorpione, die **vor dem 14. November geboren** sind. Wenn Sie **zwischen dem 31. Oktober und dem 5. November geboren** sind, werden Sie nicht nur vom äußerst seltenen Einfluss Saturns profitieren, sondern zusätzlich besonders privilegiert durch Pluto sein. Die guten Aspekte dieses Planeten werden im Allgemeinen nur einmal im Leben spürbar, was bei Ihnen *2013* der Fall sein wird. Die Verheißungen der Selbstbestätigung und gesellschaftlichen Anerkennung, die mit einem positiven Saturn einhergehen, haben beste Chancen, sich für Sie zu realisieren. Schließlich kommt auch Plutos äußerst starker Einfluss hinzu. Dieser Einfluss ist umso stärker, als es sich um Ihren Geburtsgebieter handelt. Sie werden Ihren Umgang, den Kreis Ihrer Nächsten verändern, Gewohnheiten umstoßen und die Landschaft Ihrer Umgebung verändern, aber auch die Art Ihrer Beziehungen, indem Sie einen anderen Gang im Lebenstempo einlegen. Sie werden in Kontakt zu Ihrer wahren Natur, Ihren Talenten und innersten Bestrebungen treten, die bisher in Ihr Unterbewusstsein verbannt waren. Saturn hilft Ihnen, sie in die Tat umzusetzen. Ein äußerst seltenes Jahr also, kann man da nur sagen. Verstehen Sie es, die ganze Quintessenz daraus zu ziehen, denn *2014* werden Sie dieses Jahr rückblickend als das Schlüsseljahr Ihres Lebens betrachten. Der **ersten Dekade** und insbesondere den **vor dem 28. Oktober Geborenen** bietet Neptun an, die Früchte eines künstlerischen oder humanitären Werkes zu ernten, das *2012* eingeleitet wurde. Dies wird im *Sommer* 2013 geschehen, wenn Saturn vom *Herbst 2012* zurückkehrt und Neptuns subtiles und bereicherndes Klima unterstützt. Mit Neptun reifen unsere Einsichten und Wahrnehmungen, wir sind ausgerichtet auf das Unsichtbare, Unaussprechliche oder das Unfassbare. Dies wird für Sie vor allem im *Sommer* zutreffen, wenn Jupiter seine bereichernden Energien mit denen Neptuns verbindet. Für manchen von Ihnen wird dies mit einem beginnenden Bekanntheitsgrad und der

Aussicht auf echten Erfolg verbunden sein! Die *zweite Julihälfte* dürfte, immer noch für die **erste Dekade**, eine bevorzugte Phase werden, außergewöhnlich fruchtbar und bereichernd.
Wir haben von der ersten und zweiten Dekade gesprochen, die **letzte Dekade** könnte sich daher leicht frustriert fühlen. An ihrem Himmel fehlen *2013* tatsächlich die großen Planetenströmungen. Aber wie es so schön heißt: »Glücklich lebt es sich nur im Verborgenen …«, was natürlich keinesfalls bedeutet, dass Ihr Leben unbedeutend verlaufen wird. Sie werden *2013* allerdings wahrscheinlich keine drastischen Veränderungen oder fantastischen Höhenflüge erleben.
Ab *Ende Juni* bis *Ende des Jahres* kann man noch die Ankunft Jupiters an Ihrem Himmel dazurechnen, liebe Skorpione der **ersten beiden Dekaden**, der Ihre Reisen und Auslandsgeschäfte ankurbeln wird. Angesichts dieses überaus positiven Bildes fragt man sich, wo sich das bewegte kollektive Klima verbergen könnte, das die Planetenzyklen uns ankündigen. Einerseits werden Sie sich vor dem abgekarteten Spiel von Saturn und Mars im *Januar* hüten müssen, vor allem, wenn Sie **Anfang November** geboren sind, aber auch vor der Zeitspanne *Ende April/Anfang Mai* gleichen Charakters. Zwei Phasen, die Sie zu Vorsicht mahnen, insbesondere in Bezug auf mögliche Stürze und Frakturen. Unter diesem doppelten Einfluss sind auch Zahnprobleme in Sicht, ein Augenmerk liegt auch auf angespannten Beziehungen zu Ihren Mitmenschen. Allgemeiner jedoch und wie im Vorspann zur Analyse dieser fünf Jahre erwähnt, sind es immer wieder und vor allem die Beziehungen zu Ihrer Umgebung, das Beziehungsleben und Ihre berufliche Aktivität, die in gewissen Zeiten Probleme bereiten können. Dies gilt für Skorpione, die **zwischen dem 27. Oktober und dem 5. November geboren** sind, bei denen Verwicklungen oder unvorhergesehene Veränderungen im Arbeitsbereich möglich sind. Es sei denn, Ihre Gesundheit gibt Anlass zur Sorge. Im Zweifelsfall sollten Sie sich gründlich untersuchen lassen.
*Last but not least* ein augenzwinkernder Hinweis für die Skorpione der **zweiten Dekade**, auf die im *September* ein amouröses Abenteuer warten könnte.

## IHR JAHR 2013 IM ÜBERBLICK

### Kritische Perioden:

(da die Einflüsse langsamer Planeten dafür bekannt sind, sich auf die vorhergehende und auf die folgende Periode auszuwirken, auch ungefähr 14 Tage **davor** und **danach**)

- *Um den 10. Januar* (**geboren um den 17. November**): Sie leiden unter einer kollektiven Konjunktur.
- *Um den 11. Februar* (**geboren um den 14. November**): idem!
- *Um den 20. Mai* (**geboren um den 29. Oktober**): Sie stellen das Erreichte infrage!
- *Um den 28. Juni* (**geboren um den 8. November**); vgl. 10. Januar: Überwachen Sie Ihre Finanzen!

**Positive Perioden :**

- *Um den 4. Februar* (**geboren um den 25. Oktober**): Lassen Sie sich von Ihrem Instinkt leiten.
- *Um den 8. März* (**geboren um den 4. November**): Ein privilegierter Augenblick des Jahres: Anerkennung ist in Sicht!
- *Um den 11. Juni* (**geboren um den 28. Oktober**): Sie stärken eine Bindung, Sie etablieren sich dauerhaft … oder Freude durch ein Kind.
- *Um den 17./18. Juli* (**geboren um den 28. Oktober**): Ein seltener Moment: Glück im Ausland oder durch ein Werk.
- *Um den 19. Juli* (**geboren um den 28. Oktober**): Eine Auswirkung vom 11. Juni?!
- *Um den 22. Juli* (**geboren um den 29. Oktober**): Das Ausland ist Ihnen äußerst gewogen, nutzen Sie dies!
- *Um den 16. August* (**geboren um den 4. November**): Sie sind in einer Linie mit der Welt, das nützt Ihnen.
- *Um den 6. September* (**geboren um den 2. November**): Die kollektive Konjunktur ist Ihnen nützlich!
- *Um den 17. September* (**geboren um den 1. November**): idem
- *Um den 21. September*: Fortsetzung und Ende des außergewöhnlich fruchtbaren Klimas, das Anfang März begonnen hat.
- *Um den 13. Dezember* (**geboren um den 11. November**): Sie erleben die fruchtbaren Auswirkungen von Mitte Juli.

**HIGHLIGHTS IN DER LIEBE**

- 10. Januar bis 3. Februar (herzliche Begegnungen und herzlicher Austausch, Romanzen)
- 27. Februar bis 23. März (es leben die Reisen in zärtlicher Begleitung!)
- 16. April bis 10. Mai (man liebt Sie und zeigt Ihnen dies auch)
- 4. bis 27. Juni (die Liebe, immer wieder die Liebe!)
- 23. Juli bis 17. August (zärtliche Freundschaften)
- 12. September bis 8. Oktober (Cupidos Lächeln wird von Stress begleitet)
- 6. November bis Ende Dezember (achten Sie auf Ihre Begegnungen und Geschäfte, Fortsetzung folgt)

**IHRE DYNAMISCHEN UND EFFIZIENTEN PHASEN**

- 2. Februar bis 13. März (es lebe der Sport!)
- 14. Juli bis 28. August (konzentrieren Sie sich auf Reisen, Auslandsgeschäfte!)
- 16. Oktober bis 7. Dezember (machen Sie Tempo bei Ihren Projekten!)

**BESTE PERIODEN FÜR GESCHÄFTE/GELD/KONTAKTE/REISEN**

- 1. bis 20. Januar
- 5. Februar bis 6. April (**erste** und **zweite Dekade**)
- 6. bis 15. April (**dritte Dekade**)
- 1. Juni bis 9. August (Supergewinne, Erfolge!)
- 24. August bis 10. September
- 1. Oktober bis 28. November (**erste** und **zweite Dekade**)
- 28. November bis 6. Dezember (**dritte Dekade**)
- 24. bis 31. Dezember (**erste Dekade**)

## 2014

### *ALLGEMEINE TENDENZEN*

*2013* bildete Saturn in Ihrem Leben einen Meilenstein, insbesondere, wenn Sie ein Skorpion der **ersten Novembertage** sind und zusätzlich vom starken Sextil Plutos profitiert haben. Allgemeiner gesprochen hat Saturn die Skorpione betroffen, die **vor dem 13. November geboren** sind, indem er sie dazu angeregt hat, in ihrem Leben aufzuräumen, sich dauerhaft zu etablieren, häufig durch die Gründung einer Familie, die Planung von Nachwuchs.

*2014* – besonders, wenn Sie **zwischen dem 8. und dem 16. November geboren** sind –, werden Sie eine zweite, ebenso konstruktive Etappe von *Ende 2013* erleben. Die konkrete Umsetzung dessen, was Sie begonnen haben, ist für die Periode *August bis Oktober* zu erwarten, das *letzte Vierteljahr* betrifft dann eher die **letzte Dekade**.
Eine weitere, ebenfalls beneidenswerte Rückkehr ist die des großen *Wohltäters* Jupiter, der zwischen *Januar* und *Anfang März* den Skorpionen der **ersten Novemberwoche** ein Echo der Gelegenheiten (Publikation, Politik, große Reisen, Auslandsgeschäfte …) aus der Zeit *nach der Sommerpause 2013* bringt. Zwischen *6. März* und *Ende Mai* ist die **zweite Dekade** an der Reihe, in den Genuss dieser Verheißungen Jupiters zu kommen, die zwischen *Ende Oktober* und *Ende des Jahres* aufgetaucht sind. Auch hier wieder genießt die **letzte Dekade** ein ähnliches, aber weniger starkes Klima zwischen *Anfang Juni* und *Mitte Juli*: Dies ist der ideale Zeitpunkt für große Reisen oder die Unterzeichnung eines Vertrages mit dem geliebten Menschen, denn Cupido ist mit von der Partie. Ein ratsamer Augenblick auch für die Unterzeichnung einer Geschäftspartnerschaft. Die **zweite Dekade** wird von der allgemeinen Destabilisierung insbesondere im *Frühjahr* profitieren.
Neptun seinerseits setzt seine langsame Bahn in den Fischen fort, dem Freundschaftszeichen des Skorpions. Er ist ein Faktor der Bewusstseinserweiterung und der kreativen Inspiration. Für manchen Skorpion wird dies *2014* die Begegnung mit der verwandten Seele bedeuten, in erster Linie für Skorpione, die **zwischen dem 26. und dem 30. Oktober geboren** sind. *Mitte April* sowie *Anfang Juni* oder *Ende Juli/August* (im Ausland?) oder auch *Mitte September* oder *Ende Oktober* oder, l*ast but not least*, *Mitte Dezember* sind die vielversprechendsten Phasen für Herzensangelegenheiten, aber auch in Bezug auf eine mögliche Geburt oder in Verbindung mit einer besonders fruchtbaren Kreativität.
Fügen wir noch an, dass die ganzjährige Anwesenheit Saturns am Himmel der Skorpione der **zweiten Hälfte (nach dem 7. November geboren)** im Allgemeinen einen Schutz, aber auch ein stabilisierendes und konstruktives Lebenselement darstellen wird, für viele verbunden mit einer schönen gesellschaftlichen Anerkennung.
Zu erwähnen ist allerdings auch, dass Saturn mit Mars nicht sonderlich gut auskommt und in dieser Verbindung eine Verhärtung der Beziehungen sowie Machtkämpfe, Zwistigkeiten und Zerwürfnisse verursachen kann. Auch Stürze und Zahnprobleme gehören ins Repertoire dieses Duos Mars/Saturn. Fügen wir schließlich noch hinzu, dass die sehr lange Periode der Rückläufigkeit von Mars – er galt früher, vor der Entdeckung Plutos, als Ihr Geburtsgebieter – zwischen *Anfang Januar* und

*Ende Juli* für Sie mit einem Klima von Angriffen und Kritik hinter den Kulissen, mit versteckten oder offenen Hindernissen oder auch möglichen Autounfällen verbunden sein kann, vor allem, wenn Sie **Anfang November** geboren sind. Für Sie steht Mars *Anfang Januar*, im *Mai* und erneut *Anfang Juli* in Dissonanz mit Pluto, was Sie zu größter Vorsicht, zu Mäßigung und Umsicht in allen Bereichen aufruft.
Eine gute Nachricht gibt es für die Skorpione, die **nach dem 5. November geboren** sind: Venus von *2013* kehrt zurück und bringt *Anfang Januar* und *Anfang März* die köstlichen Auswirkungen einer schönen Begegnung mit, die für viele von Ihnen der Beginn einer zärtlichen Romanze sein dürfte. Fortsetzung folgt!

## IHR JAHR 2014 IM ÜBERBLICK

**Kritische Perioden:**
(da die Einflüsse langsamer Planeten dafür bekannt sind, sich auf die vorhergehende und auf die folgende Periode auszuwirken, auch ungefähr 14 Tage **davor** und **danach**)

- *Um den 25. August* (**geboren um den 10. November**): Vorsicht vor Kraftproben … und Stürzen!
- *Um den 27. November* (**geboren um den 20. November**): Machen Sie sich die Veränderung zu eigen!
- *Um den 3. Dezember* (**geboren um den 10. November**): idem – Bleiben Sie gelassen!

**Positive Perioden:**

- *Um den 31. Januar* (**geboren um den 5. November**): Sie ziehen sich geschickt aus der kosmischen Affäre.
- *Um den 24. Mai* (**geboren um den 12. November**): Bevorzugen Sie das Ausland und Reisen! Dritte und letzte Etappe eines Klimas von *Mitte Juli 2013*.
- *Um den 11. August* (**geboren um den 14. November**): Eine prägende Begegnung in Sicht?
- *Um den 10. November* (**geboren um den 4. November**): Für den Skorpion ist nichts unmöglich.

**HIGHLIGHTS IN DER LIEBE**

- 1. Januar bis 5. März (für Skorpione, die **nach dem 5. November geboren** sind: vgl. oben)
- 5. April bis 4. Mai (insbesondere die **erste** und die **zweite Dekade** schweben im siebten Himmel)
- 29. Mai bis 24. Juni (die **dritte Dekade** wird sehr verwöhnt; Cupido erwartet Sie auf einer Reise)
- 19. Juli bis 1. August (ein Hoch auf die exotische Liebe!)
- 6. September bis 1. Oktober (**geboren um den 15. November**, *Ende September* etablieren Sie sich dauerhaft)
- 23. Oktober bis 17. November (man fällt Ihrer Anziehungskraft zum Opfer und die **zweite Dekade** tanzt auf zwei Hochzeiten gleichzeitig?!)
- 10. bis 31. Dezember (**geboren vor dem 18. November**, die Umgebung ist Balsam für die Seele der **zweiten Dekade**)

**IHRE DYNAMISCHEN UND EFFIZIENTEN PHASEN**

- 26. Juli bis 13. September (mit einem Abstrich: Hüten Sie sich vor Verzettelung!)
- 27. Oktober bis 4. Dezember (Sie sind autoritär und handeln übereilt!)

**BESTE PERIODEN FÜR GESCHÄFTE/GELD/KONTAKTE/REISEN**

- 1. bis 12. Januar (**zweite** und **dritte Dekade**)
- 17. März bis 7. April
- 30. Mai bis 18. Juni (**erste Dekade**)
- 13. Juli bis 1. August
- 15. August bis 3. September
- 8. bis 28. November
- 17. bis 31. Dezember (**erste** und **zweite Dekade**)

## 2015

### *ALLGEMEINE TENDENZEN*

2015, mitten in den tief greifenden gesellschaftlichen Umgestaltungen, befinden Sie sich weiterhin nicht im Auge des Zyklons, lieber Skorpion, worüber Sie sich nur freuen können. Die allgegenwärtige Dissonanz am Himmel zwischen Pluto und Uranus, die für diese Turbulenzen und allgemeinen Veränderungen in der Welt verantwortlich ist, berührt Sie natürlich indirekt in Ihrer Weltanschauung. Wie im Vorspann zur Analyse Ihres Sternzeichens erwähnt, beeinflusst Pluto Ihr Haus des bewussten Denkens. Dieses wird von Uranus erschüttert, was sich auch auf Ihre Beziehungen zu Ihrer beruflichen Umgebung auswirken könnte, zu deren Überarbeitung Sie sich aufgerufen fühlen könnten. Wie angegeben, kann diese Dissonanz auch Einfluss auf Ihre Gesundheit haben, da Uranus in diesem Haus steht. Allgemein werden Sie sich veranlasst sehen, Ihr Wertesystem in Übereinstimmung mit dem Zeitgeist zu überdenken, was vor allem bei den Skorpionen der **zweiten Dekade** spürbar sein wird, insbesondere bei denen, die nach **dem 4. November geboren** sind. Diese Skorpione werden vorrangig in Bezug auf ihre berufliche Aktivität und/oder ihre Gesundheit betroffen sein, während die Skorpione, die **vor dem 9. November geboren** sind, überwiegend durch den sehr positiven Einfluss Plutos berührt werden. Was heißt das? Pluto, der Ihr Denksystem bereichert und vertieft, verwandelt Ihre Beziehung zur Welt und spezieller zu Ihrer Umgebung. Sie werden Ihre Art des Seins völlig verändern, was sich auf Ihre Wahrnehmung genauso auswirken wird wie auf die Weise, in der Sie wahrgenommen werden. Auf der Beziehungsebene kann Pluto Sie bereichern, er wird Ihnen hinsichtlich Ihrer gesellschaftlich-beruflichen Situation zu Riesenfortschritten verhelfen. Prägende Begegnungen werden in dieser Hinsicht entscheidend für Sie sein. Dies ist vor allem nach dem Ende der Sommerpause der Fall, wenn Jupiter Pluto unterstützt. Genauer gesagt zwischen *Anfang Oktober* und *Anfang Dezember*, einer Periode, die Sie aufmerksam beachten sollten, um die Quintessenz daraus zu ziehen. Zwischen *Ende Februar* und *Ende Juli* kommenden Jahres erleben Sie nämlich die ergiebigen Auswirkungen – dies betrifft immer noch die **zweite Dekade**. Derselbe Jupiter, der *Mitte August* in das Freundschaftszeichen Jungfrau tritt, um dort bis *Ende 2015* zu bleiben, betrifft nach und nach die Skorpione, die **vor dem 17. November geboren** sind. Der Anfang der **dritten Dekade** wird durch die Rückkehr Jupiters *2016* ebenfalls verwöhnt – und zwar besonders im *Sommer*. Durch die **erste Dekade** zieht Jupiter nur zwischen *Ende August* und *Ende September*. Ein erlesener Zeitpunkt für Ihre Kreativität, lieber

Skorpion, die nun in ein interessantes und fruchtbares Projekt einfließen könnte. Bevor Jupiter, alias das Glück und die Expansion, jedoch in das Sternzeichen Jungfrau kommt, fegt er durch das Haus Ihrer beruflichen Erfolge, liebe **November**-Skorpione, als Auswirkung seines ersten Durchgangs seit *Sommer 2014*. Hierzu ist sein mehrdeutiger Einfluss auf die genannten Skorpione zu bemerken. In Verbindung mit Uranus am Himmel konnte er für den **Anfang der zweiten Dekade** seit dem *Ende der Sommerpause 2014* bereits unvorhergesehene, fast schicksalhafte Gelegenheiten eröffnen, was diese vor unbequeme Entscheidungen stellte. Dieser Einfluss wird sich im *Frühjahr* und *Sommer* bei den Nativen der **zweiten Dekade** wiederholen. Die **letzte Dekade** wird erst ab *Mitte Juni* bis *Mitte August* betroffen sein, wobei der Einfluss Jupiters auch hier zu einem schwer lösbaren Dilemma führt – umso mehr, als dieses einen echten Wendepunkt im Leben bedeutet. Dies gilt in erster Linie für Sie, lieber Skorpion, der **nach dem 15. November geboren** ist. Die Rückkehr Saturns, in diesem Fall für die **genannten Skorpione** zwischen *Mitte Juni* und *Mitte September*, wird die Vollendung einer entscheidenden Phase mit sich bringen, die *Ende 2014* begonnen hat. Ein radikaler Wendepunkt Ihres Lebens, lieber Skorpion, denn es handelt sich um die Rückkehr Saturns nach 30 Jahren. Diese Rückkehr bringt gelegentlich eine bemerkenswerte Belohnung, gelegentlich aber auch schmerzliche Erfahrungen oder sogar Trennungen mit sich. Der Einfluss Jupiters könnte *2015* auch die Auswirkung einer gerichtlichen Klage oder eines bedeutenden finanziellen Problems aus dem Jahr *2014* sein.

Vergessen wir die **erste Dekade** nicht, insbesondere die Skorpione, die **zwischen dem 27. und dem 31. Oktober geboren** sind und *2015* von Neptun verwöhnt werden. Anders gesagt können diese Skorpione damit rechnen, plötzlich über eine Art siebten Sinn zu verfügen, der ihre Kreativität steigert. Wenn Sie **um den 28. Oktober geboren** sind, ist es nicht ausgeschlossen, dass, etwa im *März*, ein geliebter Mensch Sie zwingt, tief in die Tasche zu greifen. Es könnte sich auch um Spielschulden oder Ausgaben für das Studium eines Kindes handeln.

Venus wird sich über eine sehr lange Periode im Löwen, einem Sternzeichen, das in Dissonanz zu dem Ihren steht, aufhalten, nämlich genau vom *5. Juni* bis *8. Oktober*. Ihr gesellschaftliches Leben wird dadurch angekurbelt, Sie laufen jedoch Gefahr, in dieser Periode aus Nachlässigkeit oder Ungeschicklichkeit mit dem weiblichen Geschlecht schlecht umzugehen. Seien Sie vor allem auch am Arbeitsplatz äußerst diplomatisch – und zwar besonders, wenn Sie **nach dem 6. November geboren** sind. In diesem Fall könnten Sie *Anfang September* in Bezug auf eine Frau am Arbeitsplatz mit einem Problem konfrontiert sein.

## IHR JAHR 2015 IM ÜBERBLICK

**Kritische Perioden:**
(da die Einflüsse langsamer Planeten dafür bekannt sind, sich auf die vorhergehende und auf die folgende Periode auszuwirken, auch ungefähr 14 Tage **davor** und **danach**)

- *Um den 20. Juni* (**geboren um den 22. Oktober**): Fortsetzung von *Ende November 2014*: Machen Sie sich die Veränderung zu eigen!
- *Um den 26. Juni* (**geboren um den 13. November**): Destabilisierung in Verbindung mit dem kollektiven Klima.
- *Um den 3. August* (**geboren um den 21. Oktober**): Blockaden in Sicht.
- *Um den 13. August* (**geboren um den 21. Oktober**): idem.
- *Um den 15. August* (**geboren um den 15. November**): Seien Sie mit Frauen diplomatisch!

**Positive Perioden:**

- *Um den 20. Januar* (**geboren um den 29. Oktober**): Hören Sie auf Ihren Instinkt und handeln Sie!
- *Um den 17. August* (**geboren um den 24. Oktober**): Profitieren Sie von einem kollektiven Klima auf Finanzebene.
- *Um den 11. Oktober* (**geboren um den 6. November**): Starten Sie ein ehrgeiziges Projekt!
- *Um den 17. Oktober* (**geboren um den 7. November**): Gesagt, getan – also Tempo!

### HIGHLIGHTS IN DER LIEBE

- 28. Januar bis 21. Februar (vor allem die **ersten beiden Dekaden** erleben eine große Leidenschaft)
- 18. März bis 11. April (der andere steht im Vordergrund und Sie verstehen es, zu faszinieren!)
- 8. Mai bis 5. Juni (die Liebe findet sich auf einer Reise!)
- 8. Oktober bis 9. November (Liebesfreundschaften)
- 5. bis Ende Dezember (Ihre Anziehungskraft ist gewaltig, vor allem, wenn Sie **vor dem 17. November geboren** sind)

**IHRE DYNAMISCHEN UND EFFIZIENTEN PHASEN**

- 13. Januar bis 20. Februar (es lebe der Sport, seien Sie kreativ, knüpfen Sie Kontakte und spielen Sie Lotto! – **zweite Dekade**)
- 25. Juni bis 8. August (bevorzugen Sie Auslandsgeschäfte, intellektuelle Arbeiten oder organisieren Sie eine große Reise – maximale Effizienz für das **letzte Ende des Zeichens** *Ende Juli/Anfang August*)
- 26. September bis 13. November (Skorpione der **ersten beiden Dekaden**, starten Sie ein Projekt – es hat beste Erfolgsaussichten)

**BESTE PERIODEN FÜR GESCHÄFTE/GELD/KONTAKTE/REISEN**

- 13. Bis 31. März
- 15. April bis 2. Mai
- 8. bis 24. Juli (Vorsicht in der **dritten Dekade**)
- 8. bis 28. August
- 2. bis 21. November
- 10. bis 31. Dezember

## 2016

### *ALLGEMEINE TENDENZEN*

Sagen wir es ganz deutlich: Wenn Sie in die **zweite Dekade** Ihres Sternzeichens gehören, zählen Sie dieses Jahr zu den großen Gewinnern! Sie werden voll und ganz vom noch zaghaften, aber anhaltenden Aufschwung des soziopolitischen Klimas profitieren, das ein Ende der größten Krise einleitet. Genauer gesagt – und dies steht mit der Progression Plutos am Himmel in Verbindung – sind es die Skorpione, die **zwischen dem 7. und dem 11. November geboren** sind, die *2016* ein wohl einzigartiges Lebenstempo erfahren werden. Dies mit umso größerer Gewissheit, als sie im *Frühjahr* von Jupiter sekundiert werden, dem Überbringer des Glücks. Während Pluto Sie das ganze Jahr über verwöhnt, wird diese Wirkung noch deutlich verstärkt, wenn Jupiter ihn unterstützt, nämlich zwischen *Anfang März* und *Anfang Juli* (Auswirkungen vom *Herbst 2015*), was Sie Richtung Erfolg voranbringt. Sie treiben auf einer Welle der Selbstverwirklichung und persönlichen Entfaltung, die wohl einzigartig auf Ihrem Lebensweg sein dürfte. Verstehen Sie es also, auf den Zug aufzuspringen, lieber Skorpion, der kein zweites Mal vorbeifahren wird. Jupiter wird das positive Klima von *Ende 2016* für die

Skorpione neu beleben, die **vor dem 17. November geboren** sind, und zwar zwischen *Jahresanfang* und *Mitte September*. Die bemerkenswerte Unterstützung durch Pluto wirkt als Starthilfe für Ihre Projekte und fördert die verrücktesten Ambitionen. Als Wermutstropfen ist allerdings anzumerken, dass der gebündelte Einfluss von Saturn im Schützen, der Ihr Haus der Finanzen berührt, Probleme finanzieller Art mit einem Freund bedeuten könnte, insbesondere im *Frühjahr*. Meiden Sie daher zwischen *März* und *Juli* jede Vermischung von Geld und Freundschaft: Wie Sie wissen, können Sie bei dieser Art Probleme den Freund und das Geld gleichzeitig verlieren.

*Anfang des Jahres* könnte der ausgezeichnete Pluto, der sich wie gesagt am Himmel in Dissonanz mit Uranus befindet, ebenfalls Spannungen in Ihrem beruflichen Umfeld hervorrufen. Pflegen Sie daher die Beziehungen zu Ihren Kollegen, Vorgesetzten oder Untergebenen, vor allem, wenn Sie **zwischen dem 8. und dem 12. November geboren** sind, und zwar *zwischen Januar* und *Mai*. Skorpione der **ersten Dekade**, wobei sich dies besonders an die **zwischen dem 29. Oktober und dem 6. November Geborenen** richtet, werden ihrerseits die ambivalente Opposition Neptuns zu spüren bekommen. Was heißt das? Dieser Planet, der – wenn er harmonisch ist – mit einer Erweiterung des religiösen, philosophischen oder humanitären Bewusstseins oder gesteigerten künstlerischen Bestrebungen verbunden ist –, steht auch für Fehlschüsse, trügerischen Schein oder Verleumdungen, Intrigen und Eklats, wenn er dissonant ist. Da Neptun in Ihrem Fall in Harmonie mit Ihrem Zeichen steht, betrifft er vorzugsweise den Bereich Ihrer Liebe, der geliebten Menschen im Allgemeinen, Ihrer Kinder im Besonderen, aber auch Ihrer Kreativität oder Ihrer Spekulationen. Sie werden dazu neigen, Beziehungen zu Ihren Angehörigen zu idealisieren, etwa Liebesbeziehungen, was Sie zu bestimmten Zeiten in eine schlechte Position bringen könnte. Dies gilt besonders im *Frühjahr*, wenn Sie zur **ersten Dekade** und da vor allem zum Übergang **Oktober/November** gehören. Sie könnten mit außergewöhnlichen Ausgaben für Ihre Angehörigen konfrontiert werden. Seien Sie also auf finanziellem Gebiet zwischen *Anfang März* und *Ende Mai* vorsichtig, sonst könnten Sie im *August* unter einem für Ihre Finanzen negativen Klima leiden.

Um auf Jupiter zurückzukommen, den Wohltäter Ihrer Projekte, aber auch den Beschützer Ihrer sozialen Beziehungen und erfolgreichen Interventionen einflussreicher Freunde: Sie können *Anfang des Jahres* bis *Anfang September* mit seiner Unterstützung rechnen, vor allem, wenn Sie **nach dem 5. November geboren** sind. Wenn Sie **zwischen dem 5. und 16. November geboren** sind, werden Gelegenheiten oder Angebote des *letzten Vierteljahrs 2015* wieder auftauchen. Die **letzte Dekade** ist dann *Mitte Juli* bis *10. September* an der Reihe. Anschließend, wenn Jupiter in die Waage tritt, können Sie sich auf Ihren Lorbeeren ausruhen, liebe Skorpione der **ersten und zweiten Dekade,** und zwar bis *Dezember.*

## IHR JAHR 2016 IM ÜBERBLICK

**Kritische Perioden:**
(da die Einflüsse langsamer Planeten dafür bekannt sind, sich auf die vorhergehende und auf die folgende Periode auszuwirken, auch ungefähr 14 Tage **davor** und **danach**)

- Kein einziger Weltaspekt ist in Dissonanz mit Ihrem Sternzeichen! Ein Grund zum Feiern: Öffnen Sie eine Flasche Champagner!

**Positive Perioden:**

- *Um den 23. und 29. Januar* (**geboren um den 15. November**): Sie sind mit einem positiven kollektiven Klima auf einer Linie; Ihre Projekte machen große Fortschritte.
- *Um den 16. März* (**geboren um den 10. November**): Ein regenerierendes Klima von *Oktober 2015* zeigt sich erneut.
- *Zwischen 8. und 15. Juni* (**geboren um den 9. November**): Sie profitieren von einem regenerierenden kollektiven Klima.
- *Um den 26. Juni* (**geboren um den 9. November**): Einträgliche Auswirkungen von *Mitte März* und *Oktober 2015.*
- *Um den 19. Oktober* (**geboren um den 8. November**): Für den Skorpion ist nichts unmöglich! Starker Einfluss!
- *Um den 31. Oktober* (**geboren um den 4. November**): Sie profitieren von einem günstigen kollektiven Klima auf finanziellem Gebiet.
- *Um den 10. November* (**geboren um den 8. November**): idem.
- *Um den 17. November* (**geboren um den 2. November**): idem – ein Hoch auf das Glücksspiel!

**HIGHLIGHTS IN DER LIEBE**

- 24. Januar bis 19. Februar (prägende Begegnungen in Sicht! Eine alte Romanze lebt wieder auf – **zweite Dekade**?)
- 13. März bis 5. April (die **erste** und die **zweite Dekade** schweben im siebten Himmel)
- 1. bis 26. Mai (Heiraten Sie – **zweite Dekade**!)
- 18. Juni bis 31. Juli (Liebe reimt sich auf Reise)
- 6. bis Ende August (Freundschaften nehmen eine gefühlsbetonte Wende)
- 24. September bis 19. Oktober (Sie strahlen!)
- 12. November bis 7. Dezember (liebevoller Austausch; eine Romanze für die **zweite Dekade** in Sicht?)

**IHRE DYNAMISCHEN UND EFFIZIENTEN PHASEN**

- 4. Januar bis 7. März (nichts hält Sie auf, Sie sind eine wahre Planierraupe!)
- Ende Mai bis Ende Juli (die **letzte Dekade** sieht Situationen und Gelegenheiten von *Ende Februar/Anfang März* wieder auftauchen: Also los!)
- 27. September bis 9. November (unternehmungslustig und autoritär, knüpfen Sie Kontakte, verlassen Sie Ihr Schneckenhaus!)
- 19. bis 31. Dezember (**erste Dekade**: Glück im Lotto und es lebe der Sport!)

**BESTE PERIODEN FÜR GESCHÄFTE/GELD/KONTAKTE/REISEN**

- 9. Januar bis 14. Februar (**zweite** und **dritte Dekade**)
- 5. bis 22. März (!)
- 30. Juni bis 14. Juli
- 30. Juli bis 8. Oktober (ausgezeichnet vor allem für die **zweite** und **dritte Dekade**!)
- 25. Oktober bis 13. November
- 3. bis 31. Dezember (**erste** und **zweite Dekade**)

## Schütze

### ALLGEMEINE AUSWIRKUNGEN DER DISSONANZ URANUS/PLUTO AUF IHR STERNZEICHEN ZWISCHEN 2012 UND 2016

Global gesprochen gehören Sie, lieber Schütze, zu den Verwöhntesten in dieser kritischen Periode zwischen 2012 und 2016. Der Grund dafür: Uranus steht während der gesamten Periode in Harmonie mit Ihrem Zeichen. Sein Einfluss wirkt sich vor allem auf Ihre Kreativität aus, aber auch auf Ihre Bindungen zu geliebten Menschen und, auf einer anderen Ebene, auf Ihre Spekulationen und Gewinnchancen im Spiel. Dieser Uranus betrifft zwischen *2012 und 2013* die **erste Dekade**, von *2014 bis 2015* die **zweite Dekade,** während er die **dritte Dekade** *2016* fördert, und zwar bis *2018*. Sein Einfluss ist äußerst anregend und kann Sie weit voranbringen, was gut zu dem Pfeil passt, der Ihr Zeichen symbolisiert. Sie werden Lust bekommen, Ihr Leben zu erneuern und Ausdrucksmöglichkeiten zu finden, die mit Ihrem innersten Wesen und Ihren eigentlichen Talenten harmonieren.

Pluto, der am weitesten entfernte Planet des Sonnensystems, der unter anderem mit der Hochfinanz in Verbindung gebracht wird, ist *2008* in Ihr Haus der Finanzen getreten und wird dort bis *2024* bleiben! *2012* beeinflusst Pluto den Schützen der **ersten Dekade**, spezieller der **zweiten Hälfte** (Schütze-Geborene **nach dem 27. November**). *2013* wird der Planet leicht vorgerückt sein und Auswirkungen auf Sie haben, wenn Sie in den **ersten Dezembertagen geboren** sind, d. h. **vor dem 6. Dezember**. *2014* kommen dann die Schützen an die Reihe, die **zwischen dem 3. und dem 7. Dezember geboren** sind. *2015* betrifft der Planet spezieller die **erste Hälfte der zweiten Dekade**, während er *2016* wieder etwas vorgerückt ist und sich um die finanzielle Situation der Schützen kümmert, die **zwischen dem 5. und dem 11. Dezember geboren** sind. Die Entwicklung Ihrer finanziellen Situation hängt davon ab, welche Aspekte Pluto während dieser Jahre am Himmel bildet. Angesichts der Konstellation der Sternzeichen, die von den drei langsamsten Planeten des Tierkreises besetzt sind – Pluto, Neptun und Uranus –, kann man bereits jetzt behaupten, dass es Auswirkungen auf Ihre materielle Situation und Ihre Gewinne geben wird. Da Pluto, anders gesagt, während all dieser Jahre ein ausgezeichnetes Sextil mit Neptun bildet, wird die Wirkung auf die **erste Dekade** wegen der genannten Dissonanz des Gestirns mehrdeutig und gelegentlich anarchisch sein. Schließen wir in Ihrem Fall, Schütze der **ersten Dekade**, sogleich daraus, dass *2012* im Immobilienbereich viel-

versprechend sein wird. Die folgenden Jahre werden sich im Verhältnis zu den anderen Planeten verändern. Da Pluto im Übrigen am Himmel diese berühmte Dissonanz mit Uranus bildet – auch wenn dieser, wie bereits gesagt, Ihnen sehr gewogen ist –, könnten Sie zumindest am Anfang dieser Periode unter unvorhergesehenen Ausgaben für Ihre Angehörigen oder unter Verlusten im Glücksspiel und mit Spekulationen zu leiden haben. Wir werden darauf im Einzelnen in den folgenden Jahresanalysen eingehen. Die Quadratur zwischen diesen beiden Riesenplaneten, die die Ursache für die Destabilisierung in dieser gesamten Periode ist, trifft Sie nicht mit voller Wucht, die Einflüsse werden eher indirekt sein.
Mit anderen Worten destabilisiert diese wichtige Konjunktur der kommenden Krise weder Ihr tiefstes Inneres noch Ihr Schicksal. Das ist doch auf jeden Fall beruhigend, gilt jedoch nur für Ihr Sonnenzeichen! Es könnte nämlich anders aussehen, wenn Ihr Aszendent, Ihre Himmelsmitte oder Ihr Mond in den Zeichen stünde, die im Visier der berühmten Dissonanz Pluto/Uranus liegen, nämlich Widder, Krebs, Waage oder Steinbock. Eine persönliche Analyse könnte Ihnen mehr dazu sagen.

## 2012

### *ALLGEMEINE TENDENZEN*

Wie bereits im Vorspann erwähnt, könnten Ihre Finanzen unter unerwarteten Ausgaben leiden, bedingt durch Vergnügungen oder Ihre Lieben, für die Sie eventuell tief in die Tasche greifen müssen. *2012* ist der Schütze der **ersten Dekade** davon besonders betroffen. Das Risiko ist natürlich höher, wenn Mars oder Neptun mit von der Partie sind, das heißt im *ersten Halbjahr*, vor allem im *Frühjahr*. Dies wird allgemein gesprochen eine recht stressige Periode für Sie sein, wenn Sie **vor dem 16. Dezember geboren** sind. Sie bekommen nämlich die Nachwirkungen der etwas drastischen Einflüsse von *Ende 2011* zu spüren. Dies könnte sich in Streitereien am Arbeitsplatz oder Rivalitäten und Angriffen äußern. Versuchen Sie, Stresssituationen zu entschärfen. Dies wird dem Schützen der **ersten Dekade** dank des anregenden Uranus sowie der **zweiten Dekade**, die bis *Oktober* den stabilisierenden Einfluss Saturns genießt, leichter fallen. Auch Saturn beschert dem Schützen, der **nach dem 13. Dezember geboren** ist, Ergebnisse vom *November/ Dezember 2011*. Ein sehr wertvoller Augenblick folgt für Sie im *Juni*, häufig in Gestalt eines Erben oder durch den Abschluss eines wertvollen Projekts. Dieser Einfluss Saturns neigt dazu, Sie dauerhaft zu stabilisieren, was für einige von Ihnen mit gesellschaftlicher Anerkennung verbunden ist. Diese Wirkung hält bis *Anfang Oktober* an.

Für die **erste Dekade** gilt: Uranus verwöhnt und überrascht Sie. Wenn Sie **vor dem 16. Dezember geboren** sind, haben Sie mit seinem stimulierenden und erneuernden Einfluss ab *2011*, einige sogar bereits ab *Sommer 2010* Bekanntschaft gemacht. Für viele von Ihnen wird dies die Begegnung mit einer verwandten Seele oder die Ankunft eines Kindes gewesen sein oder auch ein Spielgewinn, wenn es nicht die Fertigstellung eines Werks war. In diesem schicksalhaften Jahr *2012* wird Ihnen, lieber **November**-Schütze, also eine Erneuerung widerfahren!
Sind Sie allerdings **vor dem 27. November geboren** sind, fordert Neptun Sie auf, Fallen zu umgehen, in die Sie durch Leichtgläubigkeit tappen könnten, sei es auf philosophischem/religiösem Gebiet oder im Alltag. Dies bezieht sich zwar vor allem auf Ihr Vermögen, Ihre familiäre Situation oder den Immobilienbereich. Komplikationen, Vertrauensmissbrauch – bei einigen sogar eine Pleite – könnten im *Frühjahr* (zwischen *April* und *Juli*) eine Manifestation davon sein. Halten Sie also die Augen offen und lassen Sie Ihren kritischen Verstand walten, der von den diffusen Energien Neptuns etwas benebelt sein könnte. Wenn Sie eine wichtige Entscheidung zu treffen haben, sollten Sie sich von einer Person Ihres Vertrauens beraten lassen. Ebenfalls für diesen Abschnitt des Tierkreises gilt, dass die Periode Neptuns für Sie mit der Gefahr verbunden ist, dass Ihre Abwehrkräfte zusammenbrechen, Sie unter Anämie leiden oder Viren ausgesetzt sind. Vorsicht ist also geboten, zudem ein Check-up beim Arzt. Sollten sich dabei beunruhigende Ergebnisse zeigen, holen Sie eine zweite Meinung ein, denn durch Neptun besteht ein Irrtumsrisiko.
Erwähnen wir zum Schluss einen weiteren Einfluss – die Opposition Jupiters, die sich zwischen *Mitte Juni* und *Jahresende* auf die **erste Hälfte des Zeichens** auswirkt. Es ist ein ambivalenter Jupiter, der einerseits gute Gelegenheiten durch Dritte verschafft, Verträge – dies vor allem im *Juli/August* –, andererseits aber das Risiko von Ausrutschern durch juristisch-finanzielle Probleme oder Machtkämpfe bringen kann, dies vor allem im *Oktober/November* und in erster Linie für die **zweite Dekade**.
Venus tritt *Anfang April* in den Zwilling, das Zeichen, das Ihrem entgegengesetzt ist, und verlässt es erst wieder *Anfang August*. Nun wird Venus, das Gestirn der Liebe, ab *Mitte Mai* rückläufig, wobei sie sich in der **Mitte der letzten Dekade** befindet. Erst *Ende Juni* wird sie wieder direktläufig, vom **Ende der ersten Dekade** bis zum **Ende des Zeichens**, das sie am *7. August* verlässt. Was heißt das? Allgemein gesprochen ist dies eine Zeit, in der Ihr Zeichen besonders stark von der Haltung eines anderen und von seinem guten Willen abhängig ist, was Sie aufgrund Ihrer legendären Unabhängigkeit nicht so leicht akzeptieren, vor allem nicht, wenn der aggressive Mars sich im *Mai/Juni* mit einmischt. Da könnten

in der Paarbeziehung schon einmal die Fetzen fliegen, besonders um den *5./6. August*. Vor allem die Schützen, die **um den 7. Dezember geboren** sind, stehen hier im Visier. Seien Sie daher äußerst flexibel und nachgiebig in Ihren Beziehungen zur Außenwelt – den Straßenverkehr eingeschlossen, nebenbei gesagt –, besonders jedoch mit Ihrem privaten oder geschäftlichen Partner sowie am Arbeitsplatz. Alte Geschichten könnten wieder auftauchen. Sie sollten sie mit Klugheit und Toleranz lösen. Dies wird im *Juli* einfacher sein, wenn Ihnen, zumindest in der **ersten Hälfte des Zeichens**, ein guter Freund beratend zur Seite steht.

## IHR JAHR 2012 IM ÜBERBLICK

**Kritische Perioden:**
(da die Einflüsse langsamer Planeten dafür bekannt sind, sich auf die vorhergehende und auf die folgende Periode auszuwirken, auch ungefähr 14 Tage **davor** und **danach**)

- *Um den 10. Januar* (**geboren um den 6. Dezember**): Sie leiden unter einem kollektiven negativen Klima.
- *Um den 6. Juni* (**geboren um den 7. Dezember**): Seien Sie flexibel, nachgiebig und vorsichtig!
- *Um den 25. Juni* (**geboren um den 25. November**): Hüten Sie sich vor Prozessen, Viren und Betrug!
- *Um den 2. Juli* (**geboren um den 26. November**): Das kollektive Klima schadet Ihren Finanzen.
- *Um den 21. Juli* (**geboren um den 30. November**): Meiden Sie Prozesse und überwachen Sie Ihre Finanzen!
- *Um den 4. August* (**geboren um den 24. November**): Sie unterliegen einem chaotischen kollektiven Klima.
- *Um den 21. September* (**geboren um den 23. November**): Misstrauen Sie dem Schein und Vorsicht Falle!
- *Um den 15. Oktober* (**geboren um den 8. Dezember**): Wahrscheinliche negative Nachwirkungen vom *21. Juli*.
- *Um den 11. Dezember* (**geboren um den 1. Dezember**): Der andere ist kein guter Ratgeber.

**Positive Perioden**:

- *Um den 16. April* (**geboren um den 28. November**): Spielgewinn? Versuchen Sie Ihr Glück!
- *Um den 22. Juli* (**geboren um den 1. Dezember**): Heiraten Sie – oder gehen Sie eine geschäftliche Partnerschaft ein!
- *Um den 17. September* (**geboren um den 19. Dezember**): Arbeiten Sie hinter den Kulissen an einem langfristigen Projekt.

**HIGHLIGHTS IN DER LIEBE**

- 1. bis Mitte Januar (es leben Flirts und zärtliche Romanzen!)
- 9. Februar bis 6. März (Liebe auf den ersten Blick für den **Anfang des Zeichens**?)
- 6. September bis 4. Oktober (Liebe findet sich auf einer Reise!)
- 29. Oktober bis 22. November (Liebesfreundschaften in Aussicht ...)
- 16. bis Ende Dezember (Eine prägende Begegnung für die **zweite Dekade**?)

**IHRE DYNAMISCHEN UND EFFIZIENTEN PHASEN**

- 4. Juli bis 24. August (für die vorherige Periode siehe oben; **Ende November Geborene** sollten ein Projekt starten, das sicher Erfolg haben wird!)
- 8. Oktober bis 18. November (Sie haben gewaltige Energien, meiden Sie Selbstüberschätzung – **zweite Dekade** und verlorene Liebesmüh sowie Viren!)

**BESTE PERIODEN FÜR GESCHÄFTE/GELD/KONTAKTE/REISEN**

- 1. bis 8. Januar (**dritte Dekade**)
- 28. Januar bis 14. Februar
- 2. bis 23. März (**erste Dekade**)
- 17. April bis 9. Mai
- 26. Juni bis 27. August (**erste** und **zweite Dekade**)
- 27. August bis 2. September (**dritte Dekade**)
- 17. September bis 6. Oktober
- 29. Oktober bis 14. November (**erste Dekade**)
- 11. bis 31. Dezember

## 2013

### *ALLGEMEINE TENDENZEN*

Jupiter erscheint als Nachwirkung vom *zweiten Halbjahr 2012* wieder über Ihrem Horizont, lieber Schütze, vor allem im *ersten Halbjahr 2013*. Allerdings betrifft er nur die Schützen, die **nach dem 28. November geboren** sind und etwa im *Februar* von ihm hören werden. Anschließend zieht er weiter und berührt bis *Ende Juni* nach und nach das **Ende der ersten Dekade** sowie die **beiden folgenden Dekaden**. Dieser Jupiter, der in Opposition zu Ihrem Zeichen steht, kann je nach Ihrem persönlichen Horoskop für sehr unterschiedliche Klimata sorgen. In Dissonanzen mit Ihrem Geburtshimmel legt er in gewisser Weise die Lunte ans Pulverfass, zum Beispiel durch juristisch-administrative Probleme oder finanzielle Sorgen oder auch, indem er einen Prozess mit einem privaten oder beruflichen Partner zurückbringt. Im negativen Sinn kann er auch eine Meinungsverschiedenheit mit einem Vorgesetzten, einer höheren Autorität widerspiegeln, bei der es sich häufig um das Gesetz handelt. Wetten wir jedoch, dass dieser Planet beim Schützen, der **vor dem 5. Dezember geboren** ist, mit Unterstützung des guten Aspekts von Uranus die Rolle eines willkommenen Jokers spielen wird. Dieses Duo Jupiter/Uranus wirkt in den *ersten drei Monaten* günstig auf den **November**-Schützen und lädt ihn dazu ein, eine Verbindung zu legalisieren oder einen Gesellschaftervertrag abzuschließen. Dies bringt ihn voran und eröffnet ihm einen neuen Horizont. Einen kleinen Dämpfer müssen wir diesem glücklichen Omen nichtsdestotrotz verpassen: Seien Sie besonders in der *ersten Februarhälfte* wachsam gegenüber einem diffusen Klima, das Sie zu einem Irrtum verleiten könnte, weil Sie einem Trugbild Glauben schenken, das sich als Fata Morgana Neptuns offenbart. Dies betrifft nur die Schützen, die **vor dem 28. November geboren** sind und im ganzen Jahr *2013* allgemein diesem etwas trügerischen und chaotischen Klima Neptuns ausgesetzt sind. Dieser Einfluss wirft wie bereits im Vorjahr eine gewisse Unklarheit – nicht immer angenehm zu ertragen – über die familiäre Atmosphäre, die dadurch schwer zu meisternden Situationen ausgesetzt ist oder sich in Diebstahl, Einbruch oder einem Wasserschaden äußert! Konkreter könnte jemand aus dem familiären Umfeld sich als Manipulator erweisen, es sei denn, dieser Einfluss Neptuns steht für eine Distanzierung, eine Entfremdung im Verhältnis zu einem Familienmitglied. Dieser Einfluss ruft Sie auch zu Wachsamkeit bezüglich Ihres Vermögens auf, das Sie nicht verschleudern sollten. Auch in Bezug auf Ihren Allgemeinzustand ist dieser Februar kritisch. Denken Sie daran, Ihre Abwehrkräfte zu stärken! Weitere ungünstige

Phasen in dieser Hinsicht – sowohl bezüglich möglicher Fallstricke und Fehlentscheidungen als auch gesundheitlicher Risiken – sind die *erste Junihälfte*, dann die *zweite Oktoberhälfte*. Dies gilt immer noch für Schützen, die **vor dem 28. November geboren** sind.
Wie Sie gesehen haben, ist *2013* keine Ausnahme von der Regel in dem Sinne, dass Sie auch weiterhin nicht die volle Wucht der Dissonanzen zu spüren, die sich auf kollektiver Ebene auswirken. Damit meine ich natürlich in erster Linie die gewichtige Quadratur Pluto/Uranus, die über die gesamte lange Periode vorhanden ist. Sie berührt keines Ihrer Kardinalhäuser, die nach astrologischen Regeln am verwundbarsten sind. Gleichwohl wirkt sich Pluto *2013*, wie bereits erläutert, auf die finanzielle Situation der Schützen aus, die in der **ersten Dezemberwoche geboren** sind. Sie könnten im *ersten Vierteljahr* übrigens von geheimen Einnahmen profitieren, die bis zum *Herbst* Ihren Sparstrumpf auf angenehme Art füllen könnten, wenn Sie **gleich zu Anfang Dezember geboren** sind. Eher im *Juli* wird dies der Fall sein, wenn Sie **um den 27. November geboren** sind. Liegt Ihr Geburtstag hingegen **um den 3. Dezember**, könnte sich Ihre finanzielle Situation durch Ausgaben für Ihre Angehörigen, für ein Hobby (meiden Sie das Spielcasino!) oder riskante Spekulationen destabilisieren, und zwar zwischen *April* und *Oktober*. Zum Glück für Sie könnte Jupiter ab *Ende Juni* bis *Ende des Jahres* Ihren Geldbeutel indirekt durch Provisionen, Dividenden, Pensionen oder einträgliche Investitionen füllen, insbesondere zwischen *Mitte Juli* und *Ende August* – dies betrifft die Schützen der **ersten beiden Dekaden**. Insgesamt ist also ein eher angenehmes und fruchtbares Jahr in Sicht, vor allem, wenn man es damit vergleicht, was einige Ihrer Artgenossen erwartet.

## IHR JAHR 2013 IM ÜBERBLICK

**Kritische Perioden:**
(da die Einflüsse langsamer Planeten dafür bekannt sind, sich auf die vorhergehende und auf die folgende Periode auszuwirken, auch ungefähr 14 Tage **davor** und **danach**)

- *Um den 4. Februar* (**geboren um den 24. November**): Vorsicht vor Viren und bösen Streichen!
- *Um den 20. Mai* (**geboren um den 13. Dezember**): Vorsicht in Geldangelegenheiten und mit Prozessen!
- *Um den 17. Dezember* (**geboren um den 25. November**): Vermeiden Sie es, einen Mietvertrag zu unterschreiben oder Besitz zu erwerben.

**Positive Perioden:**

- *Um den 22. März* (**geboren um den 30. November**): Unbesiegbar im Sport, feurig in der Liebe!
- *Um den 28. März* (**geboren um den 30. November**): Sie schwimmen im Liebesglück!
- *Um den 7. April* (**geboren um den 12. Dezember**): Amour fou!
- *Um den 18. April* (**geboren um den 19. Dezember**): Welche Power, man kann Ihnen gar nicht mehr folgen!

**HIGHLIGHTS IN DER LIEBE**

- 1. bis 10. Januar (die **erste Dekade** versteht zu verführen)
- 3. bis 27. Februar (gehen Sie aus, pflegen Sie die Kommunikation – das Glück schützt die **erste Dekade**!)
- 23. März bis 16. April (leidenschaftliche Liebe klopft an!)
- 10. Mai bis 4. Juni (der andere tut alles, Sie zu betören ...)
- 27. Juni bis 23. Juli (Cupido ist Ihr Reisebegleiter)
- 17. August bis 12. September (**geboren um den 5. Dezember**: aus Freundschaft wird Leidenschaft!)
- 8. Oktober bis 6. November (Sie strahlen – Amour fou in Aussicht, wenn Sie **gleich zu Anfang Dezember** geboren sind)

**IHRE DYNAMISCHEN UND EFFIZIENTEN PHASEN**

- 1. Januar bis 2. Februar (gehen Sie aus, pflegen Sie die Kommunikation, bewegen Sie sich – **erste Dekade** –, unterschreiben Sie einen Vertrag!)
- 13. März bis 20. April (es lebe der Sport, Sie sind unbesiegbar!)
- 28. August bis 16. Oktober (bevorzugen Sie Auslandsgeschäfte, Publikationen, Politik und große Reisen)
- 7. Dezember bis Ende des Jahres (starten Sie ein ehrgeiziges Projekt – **erste Dekade**!)

**BESTE PERIODEN FÜR GESCHÄFTE/GELD/KONTAKTE/REISEN**

- 19. Januar bis 6. Februar
- 14. April bis 2. Mai
- 8. bis 24. August
- 9. bis 29. September
- 5. bis 25. Dezember

## 2014

### *ALLGEMEINE TENDENZEN*

In diesem neuen Jahr hat Pluto den Finanzsektor der Schützen im Visier, die **zwischen dem 3. und dem 7. Dezember geboren** sind. Dieses Gestirn geht bis *Ende Mai* am Himmel in Opposition zu Ihrem Gebieter Jupiter. Dies ist kein sonderlich gutes Omen für Ihre Einkünfte und Ihre Liquidität. Während ab *Juni* die **zweite Dekade**, anschließend die **dritte Dekade** mit indirekten Einkünften in der Art von Dividenden, Provisionen und sonstigen einträglichen Investitionen rechnen kann, scheinen für Schützen, die in der **ersten Dezemberwoche geboren** sind, gewisse Sorgen bezüglich der finanziellen Situation angebracht. Dies wird sicher der Fall sein, wenn Mars sich einmischt, also im *Januar*, dann wieder im *Mai*. Selbst wenn Ihre Freunde Ihnen gute Ratgeber sind, sollten Sie bei Investitionen doppelt vorsichtig sein, Ihre Finanzen überwachen und administrative Probleme vermeiden, besonders mit dem Fiskus oder in Zusammenhang mit nicht offenen Rechnungen.
Abgesehen davon setzt Uranus seinen Weg fort und bietet sich dieses Jahr an, bei den Schützen, die **zwischen dem 29. November und dem 9. Dezember geboren** sind, den Alltag zu bereichern und die Verbindungen zu den Angehörigen zu segnen. *Anfang des Jahres* könnten allerdings Spannungen in freundschaftlichen Verbindungen und mit dem geliebten Menschen oder den Kindern auftauchen, übrigens nicht ohne finanzielle Komponente. Hingegen bietet Mars sich an, Ihre sozialen und freundschaftlichen Beziehungen im *ersten Halbjahr* und sogar noch darüber hinaus bis *Ende Juli* anzuregen. Dies betrifft vor allem die **Dezember**-Schützen. Wenn Sie **um den 18. Dezember geboren** sind, wird Ihnen empfohlen, *Ende Februar/Anfang März* ein Projekt zu starten – eventuell in Zusammenarbeit mit einem Freund. In der *zweiten Julihälfte* können Sie dann ausgezeichnete Ergebnisse verzeichnen.

Zurück zu Uranus, der *2014* die Schützen der **ersten Dekade** verwöhnt: Vertrauen Sie darauf, dass er Ihre Kreativität anregt oder für eine aufregende Begegnung im Sinne einer Liebe auf den ersten Blick sorgt, insbesondere im *März*, im *Mai*, im *Juli*, *Ende August*, *Anfang Oktober* und *Ende November/Anfang Dezember.*

*Last but not least* ist die Ankunft von Jupiter, alias das Glück, in einem Freundschaftszeichen zu nennen. Dies bringt ab *Mitte Juli* Ihren Kurs voran und putscht Ihre Lebensfreude auf. Für Schützen, die **vor dem 15. Dezember geboren** sind, begünstigt Jupiter Liebesabenteuer, Auslandsgeschäfte oder auch Projekte in den Bereichen Medien, Politik oder eine Publikation. Wenn Jupiter sich mit Uranus verbündet, was hauptsächlich im *September/Oktober* der Fall ist, schlägt für die Schützen, die **um den 7. Dezember geboren** sind, die glückliche Stunde. Sie profitieren von einer unvorhergesehenen Glückssträhne, die ihnen viele Gelegenheiten verschafft, sich zu verwirklichen. Wenn Sie **nach dem 4. Dezember geboren** sind, haben Sie das Vergnügen, die einträglichen Nachwirkungen dieses vielversprechenden Jupiters im *Frühjahr 2015* zu erleben!

Einen Dämpfer gibt es jedoch, der in erster Linie die **November**-Schützen betrifft, vor allem, wenn sie **nach dem 24. November geboren** sind. Sie werden es vielleicht schon erraten haben: Es handelt sich um die Dissonanz Neptuns, eine Quelle von Komplikationen und chaotischen oder unklaren Situationen, mit denen einige von Ihnen in den zurückliegenden Jahren bereits konfrontiert gewesen sein dürften. Neptun beeinflusst offenkundig weiterhin die Bereiche Familie, Vermögen oder Wohnort, wobei schwierige Situationen entstehen. Es ist nämlich typisch für Neptun, dass er uns gern im Dunkeln tappen lässt, den wahren Feind verbirgt und uns vergeblicher Liebesmühe aussetzt, ohne dass wir der Situation Herr werden. Wenn Sie im **November geboren** sind, sollten Sie besonders auf der Hut sein – und zwar ganz allgemein – vor möglichen Betrügereien, Missverständnissen oder Manipulationen. Achten Sie besonders bei Immobilien darauf, sich nicht an der Nase herumführen zu lassen. Dies gilt im *April*, *Ende Juni/Anfang Juli*, *Mitte September* und erneut *Ende November* – Zeiten, die Ihre Wachsamkeit in den genannten Bereichen, aber auch in Bezug auf Ihre Gesundheit verlangen. Neptun schwächt nämlich die Abwehrkräfte, setzt uns Viren, Schwindel und schwer zu diagnostizierenden Krankheiten aus. Wenn Sie im **November geboren** sind, sollten Sie sich gründlich untersuchen lassen. Aber Vorsicht: Holen Sie bei eventuellen schlechten Ergebnissen eine zweite Meinung ein, denn der Irrtum gehört ins Gefolge des dissonanten Neptuns!

## IHR JAHR 2014 IM ÜBERBLICK

**Kritische Perioden:**
(da die Einflüsse langsamer Planeten dafür bekannt sind, sich auf die vorhergehende und auf die folgende Periode auszuwirken, auch ungefähr 14 Tage **davor** und **danach**)

- *Um den 12. Juni* (**geboren um den 30. November**): Vorsicht vor dem chaotischen Klima Neptuns! Vermeiden Sie den Abschluss eines Immobiliengeschäfts!

**Positive Perioden:**

- *Um den 25. September* (**geboren um den 7. Dezember**): Wagemut, Wagemut und noch einmal Wagemut! Legen Sie los!

**HIGHLIGHTS IN DER LIEBE**

- 5. März bis 5. April (ausgehen, verführen, flirten ...)
- 4. bis 29. Mai (heiße Liebe ist in Sicht, aber achten Sie auf Ihre Finanzen, wenn Sie **Anfang Dezember geboren** sind!)
- 24. Juni bis 19. Juli (der andere betört Sie ... Es leben die Liebesfreundschaften!)
- 12. August bis 6. September (Venus nimmt Sie mit auf eine Reise ...)
- 1. bis 23. Oktober (ein Hoch auf Liebesfreundschaften und Feste mit Freunden!)
- 17. November bis 10. Dezember (Sie brillieren und verführen!)

**IHRE DYNAMISCHEN UND EFFIZIENTEN PHASEN**

- 1. Januar bis 26. Juli (vgl. oben: ein Hoch auf Projekte, Treffen mit Freunden und den Sport!)
- 13. September bis 27. Oktober (das Glück lacht den Schützen der **ersten beiden Dekaden** mit kleinen Abstrichen bei der **ersten Dekade**)
- 4. bis 31. Dezember (seien Sie entscheidungsfreudig, unternehmerisch, setzen Sie etwas in Bewegung – **erste beiden Dekaden**)

**BESTE PERIODEN FÜR GESCHÄFTE/GELD/KONTAKTE/REISEN**

- 11. bis 31. Januar
- 13. Februar bis 18. März (**dritte Dekade**)
- 7. bis 24. April
- 1. bis 16. August
- 2. bis 28. September
- 10. Oktober bis 9. November (**zweite** und **dritte Dekade**)
- 28. November bis 17. Dezember

## 2015

### *ALLGEMEINE TENDENZEN*

2015 gibt es einen großen Unterschied zwischen der **ersten Dekade** und dem **übrigen Zeichen**. Das beweist einmal mehr, wie wichtig es ist, nicht nur eine globale Analyse für ein Sternzeichen vorzunehmen, sondern auch eine genauere, da der Planeteneinfluss niemals ein Sternzeichen insgesamt betrifft. In diesem Fall ist wahrscheinlich die **erste Dekade** am schlechtesten dran, denn sie wird nach 30 Jahren Abwesenheit von dem ernsten Saturn besucht. Er ist der Gebieter der Erfahrung im Tierkreis, der uns zwingt, eine Lebensbilanz zu ziehen, unser Leben angesichts eines neuen Zyklus in Ordnung zu bringen. Was in diesem Fall die Situation kompliziert macht, ist die gleichzeitige Dissonanz von Neptun, zumindest beim **November**-Schützen, der **nach dem 26. November geboren** ist. Bereits *Ende Januar*, dann vor allem im *Februar/März*, werden Sie es mit komplizierten oder sogar chaotischen Situationen zu tun bekommen. Sie werden die Uhren neu stellen und alte Rechnungen begleichen müssen, ob materiell oder in Beziehungsangelegenheiten. Es ist also eine recht heikle und eher missmutige Phase, die Auswirkungen auf den kommenden *Herbst* haben wird. Sie verfügen jedoch über gewisse Lichtblicke am Horizont, etwa *Ende Februar*, *Anfang März*, *Mitte Juni*, *Mitte August* und *Mitte November*, wenn Mars Ihre Entscheidungsfreude und Handlungsfähigkeit unterstützt.

Insgesamt ist *2015* für die Schützen der **ersten Dekade** die Stunde der Wahrheit gekommen, bei einigen wird sie von einem Klima der Auf-

lösung, eines Eklats oder einer möglichen Pleite begleitet. Nutzen Sie daher, wenn Sie in diese Dekade gehören, die oben erwähnten Zeitspannen, um sich abzusichern.
Wenn Sie **nach dem 3. Dezember geboren** sind, werden sich Ihnen erneut die guten Gelegenheiten bieten – häufig in Verbindung mit dem Ausland, einer Publikation oder der Welt der Medien oder der Politik –, die *Ende 2014* bereits aufgetaucht sind, vor allem seit *Ende September*. Zwischen *Anfang des Jahres* und *Anfang April* sowie bis *Mitte August* werden sich diese Projekte konkretisieren, und zwar allmählich auch für das übrige Zeichen. Hier, wie bereits im *Herbst 2014*, ist das *Frühjahr* besonders ertragreich, wenn Sie in der **ersten Dezemberwoche** geboren sind. Dies geht zurück auf den schönen Aspekt von Uranus, der sich *dieses Jahr* anbietet, Ihnen neue Abenteuer zu eröffnen, wenn Sie **zwischen dem 4. und dem 13. Dezember geboren** sind. In diesem Fall begeben Sie sich am besten vor *Ende Juli* ans Werk, denn Uranus wird Ihre Kreativität segnen. Bis *Jahresende* werden Sie ein Echo darauf erhalten, vor allem, wenn Sie **zwischen dem 7. und dem 13. Dezember geboren** sind, wobei der Abschluss des Werks für *2016* vorgesehen ist. Greifen Sie also zur Feder, stellen Sie sich vor die Staffelei. Mit Jupiters Hilfe, der Ihnen wie gesagt bis *Mitte August* hilfreich zur Seite stehen wird, sollten Sie nicht länger zögern: frisch gewagt! Insgesamt ist es eine Phase spannender Überraschungen, die auch Ihr Gefühlsleben betreffen können: Vielleicht begegnet Ihnen die Liebe auf den ersten Blick?
Ab *Mitte August* wechselt Jupiter die Seiten. Während er einigen, zumindest im *August/September*, dann wieder *Mitte November* und *Ende Dezember*, einen äußerst wünschenswerten Aufmerksamkeitsgrad verschafft, sollten Sie wissen, dass Ihnen weder Stress noch schwierige Entscheidungen, juristische, administrative oder steuerliche Probleme erspart bleiben, wenn Sie **vor dem 16. Dezember geboren** sind, und zwar ganz besonders im *Oktober/Anfang November*.
Lieber Schütze, Sie verfügen *2015* über einen wichtigen Trumpf in Gestalt von Venus, die mit Ihnen gemeinsame Sache macht und Ihren Sommer segnet … und noch darüber hinaus! **Zwischen dem 5. Juni und dem 8. Oktober** erhellt dieses Gestirn der Schönheit und der Liebe Ihren Horizont, um Sie in die Ferne zu entführen, zu exotischen Reisen in zärtlicher Gesellschaft. Einige von Ihnen werden eine wichtige Begegnung haben, vor allem im *Juni/Juli*, wenn Jupiter mit von der Partie ist. Eine Begegnung, die im *September* wieder eine große Rolle in Ihrem Leben spielen wird, vor allem, wenn Sie **nach dem 5. Dezember geboren** sind. Viel Glück und gute Reise!

## IHR JAHR 2015 IM ÜBERBLICK

**Kritische Perioden:**
(da die Einflüsse langsamer Planeten dafür bekannt sind, sich auf die vorhergehende und auf die folgende Periode auszuwirken, auch ungefähr 14 Tage **davor** und **danach**)

- *Um den 20. Januar* (**geboren um den 28. November**): Vorsicht vor häuslichem Chaos, vor Viren, Diebstählen und Einbrüchen!
- *Um den 4. Mai* (**geboren um den 25. November**): Nehmen Sie es mit Unvorhergesehenem auf!
- *Um den 14. Juni* (**geboren um den 15. Dezember**): Halten Sie sich vorzugsweise zurück - auch im Straßenverkehr - Gelassenheit ist angesagt!
- *Um den 3. September* (**geboren um den 27. November**): Überwachen Sie Ihre Finanzen! Hüten Sie sich vor Prozessen und Streitigkeiten mit Ihren Vorgesetzten!
- *Um den 17. September* (**geboren um den 30. November**): Managen Sie chaotische Situationen, meiden Sie Prozesse!
- *Um den 17. Oktober* (**geboren um den 6. Dezember**): Angriffe/Rivalitäten sind in Sicht! Nicht der geeignete Zeitpunkt, um um eine Gehaltserhöhung zu bitten!
- *Um den 22. Oktober* (**geboren um den 25. November**): Die Nachwirkungen vom 4. Mai?
- *Um den 26. November* (**geboren um den 30. November**): Bremswirkungen oder unklare Situationen in Sicht!

**Positive Perioden:**

- *Um den 22. Februar* (**geboren um den 24. November**): Amour fou!?
- *Um den 3. März* (**geboren um den 6. Dezember**): Sie erleben die spannenden Nachwirkungen vom Herbst 2014.
- *Um den 11. März* (**geboren um den 8. Dezember**): Für den Schützen ist nichts unmöglich!

- *Um den 22. Juni* (**geboren um den 12. Dezember**): idem.
- *Um den 15. August* (**geboren um den 15. Dezember**): Ein Hoch auf die exotische Liebe!
- *Um den 17. August* (**geboren um den 23. November**): Ein Freund ebnet Ihnen den Weg.
- *Um den 30. September* (**geboren um den 23. November**): Ein langwieriges Projekt wird geboren und/oder eine Freundschaft wird gefestigt.

**HIGHLIGHTS IN DER LIEBE**

- Anfang bis 28. Januar (angeregtes Beziehungsleben, Sie verführen!)
- 21. Februar bis 18. März (Sie sind wirklich unwiderstehlich!)
- Mitte April bis 8. Mai (**erste Dekade**, halten Sie die Augen offen, hüten Sie sich vor Trugbildern! **Zweite Dekade**: Eine Begegnung auf einer Reise?)
- 5. Juni bis 8. Oktober (vgl. Allgemeine Tendenzen. Ein Hoch auf die exotische Liebe! Cupido ist Ihr Reisebegleiter)
- 9. November bis 5. Dezember (**erste Dekade**: hören Sie auf den Rat eines Freundes; **zweite Dekade**: Reibereien zwischen einem Angehörigen und einem Freund?)

**IHRE DYNAMISCHEN UND EFFIZIENTEN PHASEN**

- 1. bis 13. Januar (die **letzte Dekade** zieht Siebenmeilenstiefel an!)
- 20. Februar bis 1. April (folgen Sie Ihrer Kreativität ... und/oder treiben Sie Sport!)
- 8. August bis 26. September (Mars kurbelt Ihre Auslandsgeschäfte, ein Medienprojekt, eine Publikation oder ein politisches Projekt an)
- 13. November bis 31. Dezember (starten (oder – **erste Dekade** – beenden) Sie ein langwieriges Projekt)

**BESTE PERIODEN FÜR GESCHÄFTE/GELD/KONTAKTE/REISEN**

- 5. Januar bis 6. März (**erste** und **zweite Dekade**)
- 6. bis 14. März (**dritte Dekade**)
- 1. bis 15. April
- 23 Juli bis 8. August
- 27. August bis 28. Oktober (**erste** und **zweite Dekade**)
- 28. Oktober bis 3. November (**dritte Dekade**)

## 2016

### *ALLGEMEINE TENDENZEN*

Von Hell bis Dunkel ist alles dabei in diesem Jahr *2016*, das uns auf kollektiver Ebene langsam, aber sicher aus dem Tunnel der Krise führen sollte. Es kommt eine zaghafte Aufheiterung, von der Sie finanziell profitieren, wenn Sie **zwischen dem 5. und dem 11. Dezember geboren** sind. Pluto, der weiterhin Ihr Haus der Gewinne betrifft, möchte sich Ihnen gegenüber großzügig zeigen, insbesondere im *Frühjahr* und im *Sommer*, wenn seine Wirkungen durch Jupiter noch verstärkt werden. Ein Grund zur Freude! Die Kehrseite der Medaille ist jedoch, dass vor allem bei den Schützen, die in den **ersten acht Dezembertagen geboren** sind, zwischen *Mai* und *Oktober* die Gefahr einer recht verdrießlichen familiären Atmosphäre besteht. Sie droht auf die Stimmung des im Grunde fröhlichen Schützen zu drücken. Die Ursache könnten familiäre Sorgen sein oder Schwierigkeiten mit Ihrem Besitz oder Ihrem Vermögen. Auch Spannungen zwischen der familiären Organisation und Ihrer Karriere sind möglich, zwei Bereiche, die unter einen Hut gebracht werden müssen. Eventuell aufgewogen wird dieses Unglück durch das große Geld, das in Ihrem Geldbeutel landen dürfte. Mit Neptun, der *2016* Ihr Haus der Familie sowie Ihres Besitzes und Ihrer Errungenschaften stören wird, wenn Sie **zwischen dem 30. November und dem 5. Dezember geboren** sind, sind Sie auch Verlusten, Diebstahl oder Einbruch ausgesetzt. Halten Sie also die Augen offen!

Lassen Sie sich im Übrigen durch das schlechte Familienklima nicht allzu sehr beeindrucken, das sonst auf Ihre Psyche abfärben könnte – hüten Sie sich vor einer Depression! Ihre Abwehrkräfte werden im *Frühjahr* nicht die besten sein, wenn Sie am **Übergang November/Dezember geboren** sind. Lassen Sie sich untersuchen, wenn Sie Symptome bei sich feststellen, sonst könnten Sie die unangenehmen Nachwirkungen im *August* zu spüren bekommen. Diese Zeitangabe gilt wegen des gleichzeitigen Durchgangs von Saturn auch für das Risiko von Diebstahl und Einbruch.

Saturn ist noch immer aktuell – diese Erfahrung hat die **erste Dekade** *Ende 2015* gemacht. 2016 zwingt Saturn die Schützen, die **zwischen dem 2. und dem 13. Dezember geboren** sind, in Ihrem Leben aufzuräumen, fällige Rechnungen zu begleichen, wieder in die Spur zu kommen, auch auf Beziehungsebene. Alte Bekanntschaften werden wieder auftauchen, von denen Sie zu Recht oder Unrecht Abstand genommen hatten. Nun ist es Ihre Aufgabe, Entscheidungen zu treffen und aus Ihrem Leben die Bekanntschaften und Beschäftigungen zu eliminieren, die sich überlebt

haben. Wenn Sie **zwischen dem 7. und dem 17. Dezember geboren** sind, wird Uranus, der Ihnen frischen Wind bringt, zumindest manchen von Ihnen dabei helfen. Diese Schützen werden sich plötzlich von neuen und mitreißenden Energien getragen fühlen, die sie zu einer neuen Ausdrucksfähigkeit führen. Selbstverwirklichung und große Befriedigung liegen in der Luft. In dieser Hinsicht ist die **zweite Dekade** erst ab *Anfang April* und dann bis *Ende des Jahres* betroffen. Wenn Sie **um den 12. Dezember geboren** sind, ist es empfehlenswert, im *Frühjahr* ein neues Werk zu beginnen, wenn Sie die Lorbeeren dafür *Ende des Jahres* ernten möchten. Schützen, die **am 16. Dezember geboren** sind, werden im *Juli* ebenfalls von dieser belebten Kreativität verwöhnt, mit der Verheißung, dass ihre Werke *2017* realisiert sein werden.
Man muss auch wissen, dass Jupiter von *2015* zurückkehrt, und zwar bis *Anfang September*. Dies betrifft nur die Schützen, die **zwischen dem 5. und dem 15. Dezember geboren** sind. Wenn Sie **um den 5. Dezember geboren** sind, bringt Ihnen das *Frühjahr* ein ähnliches Klima wie im *Oktober 2015* mit Entscheidungen und einer möglichen Destabilisierung wegen der doppelten Dissonanz von Saturn und Neptun. Die Synthese dieser drei Gestirne ergibt ein chaotisches Klima, das schwer in den Griff zu bekommen ist, insbesondere im *Frühjahr/Sommer*, wo Sie weder ein noch aus wissen werden. Im *April* verfügen Sie jedoch über einen Joker, nämlich die schöne Venus: Setzen Sie auf Ihren spirituellen Charme, um die Wogen zu glätten – dies gilt auch *Ende Juli* für Schützen, die in der **ersten Dezemberwoche geboren** sind.
Der Durchgang Saturns, ein einmaliges Ereignis in Ihrem Leben, betrifft dieses Jahr die Schützen, die **zwischen dem 2. und dem 13. Dezember geboren** sind. Schützen, die **um den 8. Dezember Geburtstag haben**, werden von diesem Vorgang, der – je nach Ihrem Geburtshoroskop – für einige restriktiv, für andere wertvoll sein wird, im *Frühjahr* betroffen sein. Sie können mit den Auswirkungen dieses Klimas *Ende November* rechnen. Schützen, die **um den 13. Dezember geboren** sind und *Ende des Jahres* von den Strahlen Saturns erfüllt werden, sollte klar sein, dass diese Phase ihrer Schicksalsentwicklung Auswirkungen auf die Zeit nach *Ende der Sommerpause 2017* haben wird.
Eine gute Nachricht gibt es für die **ersten beiden Dekaden**: Ab *10. September* und bis *Ende des Jahres* segnet Jupiter Ihre Projekte, Ihre Freundschaften und die Intervention einflussreicher Freunde. Auf die **erste Dekade** wirkt er sich vor *Ende Oktober* aus, um die **zweite Dekade** zwischen dem *26. Oktober und dem Ende des Jahres* zu verwöhnen. Es bietet diesen **beiden Dekaden** die Gelegenheit, wieder Selbstvertrauen zu gewinnen und in der Gesellschaft zu glänzen, etwa *Ende Oktober/Anfang November* und

*Mitte Dezember*, wenn Venus ihnen gewogen ist. Wenn Sie in diesen Abschnitt des Tierkreises gehören, sollten Sie diese Periode Jupiters nutzen, um ein Projekt zu starten, das Ihnen am Herzen liegt und dessen Früchte Sie im nächsten *Herbst* ernten können – was wir Ihnen wünschen!
Anmerkung: Besondere Erwähnung verdient die Rückläufigkeit von Mars in Ihr Zeichen. Dieses astronomische Phänomen, das auf kollektiver Ebene häufig ein kriegerisches Klima mit sich bringt (dies ist übrigens im *August* der Fall), taucht am *7. März* auf und endet am *27. September*. In der Zwischenzeit (zwischen *Ende Mai* und *Anfang August*) wird Mars sich in den Skorpion zurückgezogen haben. Was heißt das? Angesichts des planetaren Kontexts sind Sie in der Periode *Ende März/ April* sowie *Mitte August* zu Vorsicht aufgerufen. Vermeiden Sie es in dieser Zeit, rebellisch zu werden und Ihre Kräfte zu überschätzen, ein Unfall ist schnell passiert … und gehen Sie zum Arzt, falls nötig!

## IHR JAHR 2016 IM ÜBERBLICK

**Kritische Perioden:**
(da die Einflüsse langsamer Planeten dafür bekannt sind, sich auf die vorhergehende und auf die folgende Periode auszuwirken, auch ungefähr 14 Tage **davor** und **danach**)

- *Um den 23. und 25. Januar* (**geboren um den 15. Dezember**): Das Leben verlangt Entscheidungen; meiden Sie Prozesse!
- *Um den 23. März* (**geboren um den 8. Dezember**): Hin und her gerissen?
- *Um den 26. Mai* (**geboren um den 6. Dezember**): idem!
- *Um den 6. Juni* (**geboren um den 8. Dezember**): Strengen Sie sich an, um zu verführen!
- *Um den 18. Juni* (**geboren um den 4. Dezember**): Familiäre Sorgen oder wegen einer Immobilie?
- *Um den 20. Juni* (**geboren um den 8. Dezember**): Stress ist in Sicht!
- *Um den 24. August* (**geboren um den 2. Dezember**): Vorsicht vor Stürzen und Zahnproblemen!
- *Um den 10. September* (**geboren um den 12. Dezember**): Ein Remake vom 18. Juni?

- *Um den 8. Oktober* (**geboren um den 4. Dezember**): Sie leiden unter der kollektiven Konjunktur.
- *Um den 17. November* (**geboren um den 11. Dezember**): Überwachen Sie Ihr Vermögen!
- *Um den 25. Dezember* (**geboren um den 28. November**): Sie leiden unter dem kollektiven Klima!

**Positive Perioden:**

- *Um den 26. Juni* (**geboren um den 8. Dezember**): Göttliches Manna.
- *Um den 31. Oktober* (**geboren um den 3. Dezember**): Sie profitieren von dem kollektiven Klima.
- *Um den 10. November* (**geboren um den 7. Dezember**): Beträchtliche Einkünfte in Sicht.
- *Um den 25. Dezember* (**geboren um den 12. Dezember**): Bauen Sie an Ihrer Zukunft!
- *Um den 26. Dezember* (**geboren um den 12. Dezember**): Schmieden Sie ein neues Projekt!

**HIGHLIGHTS IN DER LIEBE**

- 1. bis 24. Januar (die **erste Dekade** hängt Hirngespinsten nach, die **zweite Dekade** konsolidiert eine neue Verbindung, die **dritte Dekade** tanzt auf zwei Hochzeiten gleichzeitig)
- 19. Februar bis 7. März (ein Hoch auf Begegnungen! Sie bezaubern ...)
- 5. bis 30. April (die **erste Dekade** ist leidenschaftlich, die **zweite Dekade** erlebt möglicherweise die Liebe auf den ersten Blick und verschenkt ihr Herz leicht – Effekt im August!)
- 26. Mai bis 18. Juni (die **zweite Dekade** steht vor einer Wahl)
- 13. Juli bis 6. August (man amüsiert sich auf einer Reise oder im Ausland)
- 1. bis 24. September(eine Liebesfreundschaft?)
- 19. Oktober bis 12. November (Sie glänzen in der Gesellschaft; Freunde beweihräuchern Sie ...)
- 7. bis 31. Dezember (Austausch, Besuche und Begegnungen ... Flirts – Sie verführen!)

**IHRE DYNAMISCHEN UND EFFIZIENTEN PHASEN**

- 7. März bis 27. September (vgl. oben – mit einem Wermutstropfen!)
- 9. November bis 19. Dezember (Sie sind dirigistisch, aber Sie haben Erfolg, insbesondere in der **zweiten Dekade**!)

**BESTE PERIODEN FÜR GESCHÄFTE/GELD/KONTAKTE/REISEN**

- 14. Februar bis 6. März
- 22. März bis 6. April
- 14. bis 31. Juli
- 7. bis 25. Oktober
- 12. November bis 3. Dezember

## Steinbock

### ALLGEMEINE AUSWIRKUNGEN DER DISSONANZ URANUS/PLUTO AUF IHR STERNZEICHEN ZWISCHEN 2012 UND 2016

Mit Pluto, der nach 248 Jahren (!) in Ihr Zeichen zurückkehrt, lieber Steinbock, stehen Sie in den kommenden Jahren mit Sicherheit im Vordergrund. Pluto, der für Tod und Wiedergeburt, Zerstörung und Regeneration, unterirdische, aber irreversible Veränderungen steht, berührt Ihr Zeichen seit *Februar 2008* und wird es erst *2027* wieder verlassen. Das spricht nicht nur für die bemerkenswerte Bedeutung dieses Durchgangs, sondern auch für sein langsames Vorrücken, ein logisches Abbild seiner eindrucksvollen Umlaufbahn von 248 Jahren! Sie kommen als einziges Sternzeichen in direkten Kontakt mit diesem kraftvollen Planetentransit, dessen Einfluss Ihr ganzes Wesen und Ihren Lebensweg berührt. Wenn Sie in den **ersten beiden Dekaden** Ihres Zeichens geboren sind, werden Sie diesen kosmischen Tunnel als ein anderer Mensch verlassen, als Sie ihn betreten haben. Wenn Sie **vor dem 27. Dezember geboren** sind, haben Sie bereits Bekanntschaft gemacht mit der drastischen plutonischen Veränderung, zu der die Turbulenzen von Uranus hinzugekommen sind. Dies gilt in erster Linie für den Steinbock, der **vor dem 26. Dezember geboren** ist. Nachdem Uranus durch das Haus der Familie oder der Immobilien zieht, dem der Wohnung oder auch des Vermögens, sind dies die bevorzugten Bereiche, die im Kreuzfeuer von Pluto/Uranus standen – und stehen werden. Sie werden mit dem

Bestehenden gründlich aufräumen und könnten sich selbst auf spektakuläre Weise verändern, was Ihre Weltanschauung betrifft, in Ihrer Lebenshaltung ebenso wie in Ihrem Verhältnis zu Ihrer gesellschaftlich-beruflichen Situation bis hin zu Ihrer Erscheinung, Ihrem Look! Unter dem doppelten Einfluss dieses gemeinsamen planetaren Nenners werden Sie unter die Vergangenheit einen dicken Strich ziehen und sich ins Unbekannte stürzen. Vielleicht werden Sie auch durch äußere Ereignisse dazu gezwungen. Da Pluto häufig den kollektiven Kontext widerspiegelt, wird sich mancher Steinbock abhängig von dem Brodeln und den soziopolitischen Umwälzungen fühlen, die seinen Status quo beeinträchtigen. Einige werden dies in Form des Verlusts des Arbeitsplatzes erleben aufgrund einer Umorganisation. Durch das mehr oder weniger parallel erfolgende Fortschreiten dieser beiden Planeten werden in den kommenden Jahren mit Sicherheit unter **verschiedenen Sternzeichen** Geborene von ihrem destabilisierenden Einfluss beeinflusst. Verlieren Sie jedoch nicht den Kopf: Auch wenn diese Veränderungen unbequem sein sollten, werden Sie sie manchmal mit Freude und Jubel erleben – dies wird erst recht der Fall sein, wenn Ihnen Jupiter oder andere Planeten zu Hilfe kommen. Viel Glück!

## 2012

### *ALLGEMEINE TENDENZEN*

Einige Steinbock-Geborene vom Anfang dieses Zeichens haben in den vergangenen Jahren bereits einen kleinen Tsunami erlebt. Nun ist – zumindest was Pluto betrifft – der Steinbock an der Reihe, der **zwischen dem 27. und dem 31.Dezember geboren** ist. Alle **Dezember-Steinböcke** sind *dieses Jahr* im Visier von Uranus und seinen unbequemen Veränderungen, die häufig die Familie oder die Wohnung betreffen. Wenn Sie **in diesem Zeitraum geboren** sind, bereiten Sie sich darauf vor, unter allen Umständen gelassen zu bleiben. Passen Sie sich den Umständen an und nehmen Sie die Veränderungen hin. Vor allem bis *Mitte März* können Sie diese Veränderung(en) in eine gute Richtung lenken. Dann ist nämlich Jupiter aus dem *zweiten Halbjahr 2011* zurück, der Ihre Kreativität, den Ausdruck Ihrer Talente, Ihr Glück im Allgemeinen und in Bezug auf Ihre Liebe und Ihre Kinder im Besonderen segnet. Es ist zu wünschen, dass Sie bereits Projekte eingefädelt haben, die Ihnen am Herzen liegen, in denen dieser verwandelnde Pluto eine der positivsten Ausdrucksmöglichkeiten gefunden haben könnte. Die Allianz Pluto/Jupiter, die Sie in diesem Jahr betrifft, wenn Sie **nach dem 26. Dezember geboren** sind, wendet sich nämlich an Ihre verborgenen

Talente, denen Jupiter endlich die Förderung zuteilwerden lassen kann, die sie verdienen.

Zudem schenkt Neptun seine sanften, inspirierenden Strahlen dem Steinbock, der **vor dem 25. Dezember geboren** ist – und zwar das *ganze Jahr 2012* hindurch. Damit macht er Ihren Geist für eine geschärfte Intuition und Inspiration empfänglich, indem er im *Frühjahr* Ihre Fantasie, aber auch die Reisen, Auslandsverträge und Aktivitäten in den Medien oder der Politik ankurbelt. Wetten wir, dass die **erste Dekade** in diesem Jahr *2012* in den Genuss wertvoller Joker kommen wird?

Bezüglich Mars ist zu erwähnen, dass die **ersten beiden Dekaden** in den *letzten zwei Monaten 2011* bereits wirksam von ihm unterstützt wurden. Dies wird in den *ersten beiden Monaten 2012* in diesem Sinn wieder aktuell und trifft besonders zu, wenn Sie **vor dem 15. Januar geboren** sind. Die Früchte können Sie zwischen *Mitte April* und *Anfang Juli* ernten, d. h. bis *Mitte Mai* für die **erste Dekade** und ab *Mitte Juni* für die **letzte Dekade**.

Für die letzte Dekade gilt Folgendes: Wenn Sie **zwischen dem 12. und dem 19. Januar geboren** sind, haben Sie seit *November 2011* bereits den restriktiven/bremsenden Charakter von Saturn kennengelernt. Nachdem dieser Planet im *Januar* die Steinbockgeborenen vom **Ende des Zeichens (geboren nach dem 16. Januar**) berührt hat, kehrt er *Anfang Februar* zurück und bringt bis *Ende Juni* allmählich ein Klima vermehrter Verantwortung, manchmal auch Überbeanspruchung mit, als Nachhall von *Ende 2011*. Zwischen *Ende Juni* und *Anfang Oktober* erlebt die **letzte Dekade** die Auswirkungen dieser anstrengenden Phase, verbunden mit Einsichten in Dinge der Vergangenheit, die mit sich selbst oder den anderen noch zu regeln sind. Auch die Beendigung einer Aktivität könnte ein Ausdruck dieses Saturntransits sein.

Hier nun die gute Nachricht: Am *6. Oktober* tritt Saturn in ein Freundschaftszeichen, den Skorpion. Bis *Ende Dezember* gewährt er der **ersten Dekade** eine stabilisierende Phase der Konsolidierung, die, in Verbindung mit Pluto, sehr willkommen sein wird. Für den Fall, dass Sie sich darauf verstehen, sich den Unvorhersehbarkeiten von Uranus anzupassen, die Ihren Status quo oder Ihren Wohnort betreffen, haben Sie *Ende des Jahres* die Muße, ein größeres Projekt in Gang zu bringen. Es wird nach dem *Ende der Sommerpause 2013* erblühen.

Anmerkung: Wie Sie vielleicht in Kapitel 8 gelesen haben, wird *2012* ein sehr seltenes Phänomen auftreten, nämlich die Rückläufigkeit der Venus. Diese wirkt sich auf Ihre berufliche Situation, Ihre Beziehung zu Kollegen oder Vorgesetzten oder auch Ihre Gesundheit aus. Alles Bereiche, die für den Steinbock zwischen dem *3. April* und dem *7. August* ganz obenan stehen werden und ab *Anfang Mai* den **Januar**-Steinbock betreffen. Bringen Sie das Verhältnis zu Ihren Kollegen in Ordnung, denn wegen der Position von Mars im *Mai/Juni* besteht die Gefahr, dass diese Bereiche etwas in Bedrängnis geraten: Es könnte zu Meinungsverschiedenheiten mit bedeutsamen Konsequenzen kommen, wenn Sie die Situation nicht unter Kontrolle haben.

## IHR JAHR 2012 IM ÜBERBLICK

**Kritische Perioden:**
(da die Einflüsse langsamer Planeten dafür bekannt sind, sich auf die vorhergehende und auf die folgende Periode auszuwirken, auch ungefähr 14 Tage **davor** und **danach**)

- *Um den 10. Januar* (**geboren um den 18. Januar**): Sie leiden unter einem kollektiven negativen Klima.
- *Um den 8. Mai* (**geboren um den 27. Dezember**): Lassen Sie sich nicht destabilisieren.
- *Um den 17. Mai* (**geboren um den 30. Dezember**): idem.
- *Um den 24. Juni* (**geboren um den 29. Dezember**): Erste Salve von Pluto/Uranus, die große Umwälzung!
- *Um den 15. August* (**geboren um den 16. Januar**): Beugen Sie sich der höheren Gewalt – und Vorsicht vor Stürzen!
- *Um den 19. September* (**geboren um den 28. Dezember**): Zweite Salve von Pluto/Uranus!
- *Um den 27. November* (**geboren um den 29. Dezember**): Gehen Sie Kraftproben aus dem Weg, geben Sie nach!

**Positive Perioden:**

- *Um den 18. Januar* (**geboren um den 22. Dezember**): Super Kreativität!
- *Um den 5. März* (**geboren um den 30. Dezember**): Ziehen Sie Vorteile aus der Konjunktur!
- *Um den 13. März* (**geboren um den 30. Dezember**): Regenerierendes

Klima, Auswirkung von *Ende Oktober*, ausgezeichnet für die Finanzen!

- *Um den 17. September* (**geboren um den 18. Dezember**): Ein kollektives Ereignis lässt Sie die ausgetretenen Pfade verlassen.
- *Um den 11. Oktober* (**geboren um den 21./22. Dezember**): Begegnung oder langfristig fruchtbare Idee.
- *Um den 27. Dezember* (**geboren um den 30. Dezember**): Schützender Einfluss – Sie haben die verhängnisvollen Vorhersagen also überlebt?!

**HIGHLIGHTS IN DER LIEBE**

- Mitte Januar bis 9. Februar (eine zärtliche Begegnung am Horizont?)
- 6. März bis 3. April (erfinden Sie, erschaffen Sie und/oder genießen Sie irdische Nahrung!)
- 7. bis 15. August (man schwebt auf einer rosa Wolke, aber in der Familie herrscht explosive Stimmung!)
- 4. bis 29. Oktober (Venus lädt zu einer Liebe auf Reisen ein)
- 22. November bis 16. Dezember (eine Freundschaft wird sehr, sehr zärtlich ...)

**IHRE DYNAMISCHEN UND EFFIZIENTEN PHASEN**

- Anfang Januar bis 4. Juli (was für ein Fang! – s. oben)
- 24. August bis 8. Oktober (starten Sie ein Projekt, treffen Sie sich wieder mit Freunden, das wird Sie anregen!)
- 18. November bis 26. Dezember (die **erste Dekade** konsolidiert Projekte und Freundschaften, muss sich jedoch anpassen)

**BESTE PERIODEN FÜR GESCHÄFTE/GELD/KONTAKTE/REISEN**

- 8. bis 28. Januar
- 14. Februar bis 3. März
- 19. März bis 17. April (**dritte Dekade**)
- 9. bis 24. Mai
- 2. bis 17. September
- 5. bis 29. Oktober
- 15. November bis 12. Dezember (**dritte Dekade**)

## 2013

### *ALLGEMEINE TENDENZEN*

In dem Sturm, der die Welt bewegt, steht Ihnen das Glück zur Seite, lieber Steinbock vom **Dezember/Anfang Januar**! Saturn – der Stabilisator – spielt nämlich das ganze Jahr *2013* über die Rolle eines höchst willkommenen Schutzschirms. Nachdem er im *November 2012* in das Freundschaftszeichen Skorpion getreten ist, hat er den Steinbock der **ersten Dekade** wohl bereits in ein langfristiges Abenteuer gestürzt, das bei **manchem Steinbock dieser Dekade** die Gestalt eines Babys annehmen wird. Die fruchtbaren Auswirkungen von *Ende 2012* folgen nämlich im *letzten Vierteljahr 2013*. Damit verbunden ist die Ermunterung, falls Sie dies nicht bereits getan haben, sich in den *ersten drei Monaten dieses Jahres* an ein langfristiges Projekt zu wagen, dessen Ergebnisse *Ende des Jahres* zu erwarten sind. Einige werden von der Situation profitieren und sich eine Immobilie kaufen, was in perfekter Resonanz zu den Veränderungen durch Pluto wie auch Uranus stünde.
*Dieses Jahr* betrifft in Zusammenhang mit dem Tandem Pluto/Uranus, den Steinbock, der **zwischen dem 24. Dezember und dem 4. Januar geboren** ist. Alle **Dezember**-Geborenen werden spezieller von der Dissonanz von Uranus geprägt sein, die *zu Hause* für Hektik sorgt, häufig in Form eines Umzugs. Wenn außerdem Mars im *Frühjahr* seine drastische Wirkung mit der von Uranus verbindet, könnte Sie ein unvorhergesehenes Ereignis innerhalb der Familie völlig aus der Bahn werfen, **Dezember**-Steinbock. *März/April* ist eine Periode, in der Sie zu größter Vorsicht aufgerufen sind, im Straßenverkehr wie auch sonst. Überprüfen Sie beispielsweise den technischen Zustand Ihres Fahrzeugs und hüten Sie sich vor häuslichen Unfällen, insbesondere in Zusammenhang mit Wasser und Strom! Dasselbe gilt übrigens auch *Ende Juni/Anfang Juli*, und zwar für den Steinbock, der **vor dem 4. Januar geboren** ist. Und das Gleiche noch mal für dieselben **Steinbock-Geborenen** im *Dezember*. Gefahr erkannt, Gefahr gebannt, lieber Steinbock.
Seit dem *zweiten Halbjahr 2012* zieht Jupiter durch das Haus der beruflichen Aktivität des Steinbocks, der **vor dem 8. Januar geboren** ist. Dieser Planet kehrt nach *Oktober 2012* zurück bis *Anfang Februar*, um dann bis *Ende Juni* direktläufig zu sein. Was heißt das? Konkreter gesagt, wird der Steinbock, der **zwischen dem 26. Dezember und dem 8. Januar geboren** ist, Interesse daran haben, hinsichtlich der Beziehungen im Umfeld seiner beruflichen Aktivität seine »Hausaufgaben zu machen«, den Austausch mit Mitarbeitern oder dem Chef zu verbessern. Profitieren Sie davon insbesondere bis *April* – eine Phase übrigens, in der

die Heimarbeit gesegnet ist –, um Ihre Arbeitsmethoden zu optimieren, aber auch Ihre Lebenshygiene. Wie Sie sehen, können sich die Veränderungen durch Uranus durchaus auch als fruchtbar erweisen. Richtungsänderung: Ab *Ende Juni* zieht Jupiter im entgegengesetzten Zeichen zum Steinbock weiter und wirft den Ball ins andere Feld. Diese Situation wird mehrdeutige Auswirkungen haben, die für einige Bereiche/Perioden fruchtbar, für andere destabilisierend sein werden. Falls sich im *Juli* Machtkämpfe mit anderen abzeichnen, gießen Sie keinesfalls Öl ins Feuer, vor allem, wenn Sie **um den 4. Januar geboren** sind, es käme sonst zur Explosion! Seien Sie im Gegenteil flexibel und versöhnlich und arbeiten Sie vertrauensvoll an dem Projekt weiter, das Sie *Ende 2012* begonnen haben und dessen Ergebnisse jetzt reifen (vor *Mitte August* oder *Ende September*). Die **zweite Dekade** ist ab *Anfang Oktober* und während des gesamten *letzten Vierteljahrs* an der Reihe. Daher ist *Oktober/November* günstig für eine Verbindung – oder gar eine Hochzeit, wenn Jupiter und Saturn Ihnen gemeinsam gewogen sind. Der *August*, wenn sowohl Jupiter als auch Mars Sie herausfordern, ist, vor allem wenn Sie **Ende Dezember/Anfang Januar geboren** sind, hingegen nicht die richtige Zeitspanne, sich mit Dingen oder Menschen zu messen: Sie würden den Kürzeren ziehen! Erwähnen wir noch, dass sich der *November* für die **zweite Dekade** hervorragend für eine Hochzeit in anderen Gefilden eignen würde!

## IHR JAHR 2013 IM ÜBERBLICK

**Kritische Perioden:**
(da die Einflüsse langsamer Planeten dafür bekannt sind, sich auf die vorhergehende und auf die folgende Periode auszuwirken, auch ungefähr 14 Tage **davor** und **danach**)

- *Um den 10. Januar* (**geboren um den 30. Dezember**): Passen Sie sich den Veränderungen an!
- *Um den 11. Februar* (**geboren um den 27. Dezember**): idem!
- *Um den 22. März* (**geboren um den 29. Dezember**): Halten Sie sich bedeckt und lassen Sie rundum Vorsicht walten!
- *Um den 28. März* (**geboren um den 29. Dezember**): Auseinandersetzungen in der Familie – mit einer Frau?
- *Um den 7. April* (**geboren um den 10. Januar**): Ehekrach … die Fetzen fliegen!

- *Um den 18. April* (**geboren um den 18. Januar**): Lassen Sie rundum Vorsicht walten – vor allem zu Hause!
- *Um den 20. Mai* (**geboren um den 2. Januar**): Achtung, die dritte Salve von Pluto/Uranus! Bleiben Sie gelassen!
- *Um den 28. Juni* (**geboren um den 21. Dezember**): Gehen Sie Übertreibungen aus dem Weg!
- *Um den 13. Juli* (**geboren um den 25. Dezember**): Der andere kann das Beste und das Schlimmste sein!
- *Um den 7. August* (**geboren um den 30. Dezember**): Gehen Sie Machtkämpfen aus dem Weg!
- *Um den 22. Juli* (**geboren um den 27. Dezember**): Der andere bringt das Glück … oder Aggressivität und Probleme?
- *Um den 21. August* (**geboren um den 3. Januar**): Vorsicht vor dem Fiskus und vor juristisch-finanziellen Problemen!
- *Um den 29. August* (**geboren um den 30. Dezember**): Das Beziehungsleben hängt auf Halbmast, halten Sie sich bedeckt!
- *Um den 16. September* (**geboren um den 2. Januar**): Wenn das Schicksal mitmischt …
- *Um den 29. September* (**geboren um den 9. Januar**): Beherrschen Sie das Chaos!
- *Um den 1. November* (**geboren um den 30. Dezember**): Achtung, die vierte Salve von Uranus/Pluto, ziehen Sie den Kopf ein!
- *Um den 1. Dezember* (**geboren um den 11. Januar**): Wenn das Schicksal mitmischt …
- *Um den 17. Dezember* (**geboren um den 9. Januar**): Ein Nachhall des Klimas vom 29. September.

**Positive Perioden:**

- *Um den 8. März* (**geboren um den 2. Januar**): Konstruktives Klima als Nachhall von *Ende Dezember 2012*!
- *Um den 11. Juni* (**geboren um den 26. Dezember**): Eine Begegnung

der Vorsehung in Sicht?

- *Um den 17. Juli* (**geboren um den 26. Dezember**): Frisch und fröhlich, heiraten wir (oder verloben wir uns)… oder gehen wir eine Partnerschaft ein!
- *Um den 18. Juli* (**geboren um den 26. Dezember**): Eine Romanze in Aussicht?
- *Um den 16. August* (**geboren um den 2. Januar**): Das Glück heftet sich an Ihre Fersen!
- *Um den 6. September* (**geboren um den 30. Dezember**): Sie steigen wie Phönix aus der Asche!
- *Um den 21. September* (**geboren um den 30. Dezember**): idem – ein Nachhall von *Ende 2012*?
- *Um den 13. Dezember* (**geboren um den 9. Januar**): Zweite fruchtbare Etappe – neben *Mitte Juli*!

**HIGHLIGHTS IN DER LIEBE**

- 10. Januar bis 3. Februar (Charme und Verführung, ein jedoch häufig widersprüchlicher Einfluss, **erste Dekade**: Veränderungen/Knalleffekte, aber Konsolidierung der idealisierten Freundschafts-/Liebesbindungen für den Steinbock **ganz zu Anfang der Dekade**)
- 27. Februar bis 23. März (verständnisinnige Begegnungen und ausgezeichneter Austausch mit der Umgebung)
- 16. April bis 10. Mai (Sie erstrahlen in vollem Glanz und das Motto *carpe diem* steht auf der Tagesordnung)
- 4. bis 27. Juni (mehrdeutiges Klima, Steinböcke, die vor dem **26. Dezember** geboren sind, konsolidieren eine ideale Bindung; wer am **Ende der Dekade** geboren ist, sollte Machtkämpfen aus dem Weg gehen)
- 23. Juli bis 17. August (Cupido lädt zu einer Reise ein ...)
- 12. September bis 8. Oktober (ein Hoch auf die Liebesfreundschaft!)
- 6. November bis Jahresende (Venus, die in Ihrem Zeichen zu Besuch ist, vervielfacht Ihren veführerischen Charme, aber für die **erste Dekade** ändert sie die Ausgangssituation, während sie für die **zweite Dekade** bestehende Bindungen konsolidiert und dauerhaft verankert ... Die **letzte Dekade** erlebt 2014 die interessanten Nachwirkungen vom Jahresende!)

**IHRE DYNAMISCHEN UND EFFIZIENTEN PHASEN**

- 2. Februar bis 13. März (ein Hoch auf das Beziehungsleben! Sie sind rastlos ...)
- 20. April bis Ende Mai (hören Sie auf Ihre Kreativität, beschäftigen Sie sich mit Ihren Kindern und Ihrer Fitness – es lebe der Sport!)
- 16. Oktober bis 7. Dezember (bauen Sie die Stellung in Ihren Auslandsgeschäften aus und/oder gehen Sie auf Reisen!)

**BESTE PERIODEN FÜR GESCHÄFTE/GELD/KONTAKTE/REISEN**

- bis 19. Januar
- 5. Februar bis 7. April (**erste** und **zweite Dekade**)
- 7. bis 15. April (**dritte Dekade**)
- 2. bis 16. Mai
- 2. August bis 10. September
- 30. September bis 29. November (**erste** und **zweite Dekade**)
- 29. November bis 6. Dezember (**dritte Dekade**)
- 24. Bis 31. Dezember (**erste Dekade**)

## 2014

### *ALLGEMEINE TENDENZEN*

Da die Planeten in diesem neuen Jahr weiter fortgeschritten sind, sieht sich nun der Steinbock, der **zwischen dem 28. Dezember und dem 8. Januar geboren** ist, in seinem Weg beeinträchtigt. Da sich für diese Gruppe der Steinbock-Geborenen zu der großen Dissonanz Pluto/Uranus bis *Mitte Juni* noch das explosive Duo Jupiter/Mars hinzugesellt, wird *2014* für Sie kein stiller, langsamer Fluss sein. Ein Problem in der Paarbeziehung oder im Verhältnis zu einem Geschäftspartner, dessen Ursprung auf die Periode von *Juli bis Oktober 2013* zurückgeht, wird wieder aktuell. Dies geschieht mit Nachdruck und daher bereits gleich zu *Jahresbeginn*. Es ist ein Jahr, das Sie mit viel Tempo angehen, erst recht, wenn Sie zur **zweiten Dekade** gehören. In diesem Fall sind es berufliche Rivalitäten oder Unstimmigkeiten, die im *Dezember 2013* ihren Anfang haben und nun wieder auftauchen. Sie gehen Ihnen in höchstem Maß auf die Nerven, denn sie geben Ihnen keine Muße, das Jahr gelassen anzugehen. Dieser boshafte Mars wird den Steinbock, der **vor dem 18. Januar geboren** ist, in den *ersten beiden*

*Monaten* ärgern, um anschließend wieder den **Januar**-Steinbock bis *Ende Juli* zu stören.
*Ende Mai* kehren diese beruflichen oder gesundheitlichen Probleme zurück. Es kann auch eine Infektion/Entzündung, eine Fraktur oder ein sonstiges körperliches Problem auftreten. Unnötig hinzuzufügen, dass Sie ab *Jahresanfang 2014* alles tun sollten, was in Ihrer Macht steht, um die genannten Probleme zu regeln – sonst könnten Sie die unangenehmen Nachwirkungen ab *Ende Mai* und bis *26. Juli* zu spüren bekommen. Beim Steinbock der **ersten Januarwoche** gießt Jupiter zusätzlich Öl ins Feuer dieser kosmischen Situation, indem er die Störwirkungen von Mars noch verstärkt, während vom *Frühjahr* bis *Ende des Jahres* auch der explosive Uranus zusätzlich in diese missklingende Planetenmusik mit einstimmt. Daher benötigen Sie für die Bewältigung dieser kritischen Klimata alle Selbstbeherrschung, die Ihr Sternzeichen kennzeichnet. Merken wir noch an, dass die *ersten beiden Monate* und dann der *Mai* – wenn Venus ihrerseits in Dissonanz zu den fünf genannten Sternen geht – wahrscheinlich die schwierigsten Perioden des Jahres *2014* sein werden. Wappnen Sie sich also mit Mut, lieber Steinbock der **ersten Januarwoche**, und seien Sie bereit, mit Entschiedenheit und Optimismus eventuell auftretenden Problemen zu begegnen. Diese dürften sich vorzugsweise im Finanz- oder juristisch-administrativen Bereich manifestieren in Form von Komplikationen, die nach *2013* auftauchen könnten. Möglich sind auch Streitigkeiten als Folge infrage gestellter Herzensbindungen – ein Prozess und/oder eine Trennung sind nicht auszuschließen. Denkbar wäre zudem ein Zusammenhang mit einem Wohnungsproblem, ohne einen möglichen Knalleffekt in der Familie oder der Paarbeziehung zu vergessen … Zugegeben wenig erfreuliche Szenarien, die Ihnen in diesem Zeitraum ins Haus stehen.
Sind Sie hingegen **nach dem 5. Januar geboren** – wenn Sie **am 5./6. Januar geboren** sind, stehen Sie unter dem Einfluss beider genannter Klimata – , haben Sie wahrscheinlich im *vorangegangenen Jahr* ein langfristiges Projekt begonnen. Dies könnte zum Beispiel ein Kind sein, das bald geboren wird, oder ein Traumhaus, das Sie bauen. Den Widerhall erleben Sie bis *Juli* (**geboren zwischen dem 5. und dem 15. Januar**), das Ergebnis dieses Einflusses zeichnet sich ab *August* ab und hält bis *Ende des Jahres* an. Beim Steinbock, der **vor dem 15. Januar geboren** ist, liegt diese Phase zwischen *Mitte Juli* und *Mitte Oktober*. Die **übrige Dekade** erlebt zwischen *Mitte Oktober* und *Weihnachten* eine Konsolidierung ihres Status quo, aber auch ihrer freundschaftlichen Beziehungen, wenn Saturn in das nächste Zeichen zieht. Für die Steinbock-Geborenen der **letzten Dekade** ist zu sagen, dass die fruchtbarste Periode hinsichtlich

Zusammenarbeit, Partnerschaftsverträgen und eine Paarbeziehung im *Mai/Juni* liegt. Dies ist die beste Zeit des Jahres für diejenigen, die den Weg zum Standsamt planen. Ein besonderer Hinweis für den Steinbock, der **um den 5./6. Januar geboren** ist und insbesondere im *Sommer* einem gegenteiligen Klima ausgesetzt ist. Der *Juli* bringt Ihnen die Aussicht auf Stabilisierung der aktuellen Situation – familiär oder was das Vermögen betrifft. Die Ergebnisse dieser Stabilisierung folgen, nebenbei gesagt, *2015*. Saturn übernimmt währenddessen die Aufgabe eines Schutzschirms, sichert Sie ab und überbringt Ihnen gute Nachrichten zu einem Projekt von *Ende 2013*.
Der Steinbock, der **zwischen dem 23. und dem 29. Dezember geboren** ist und von der Gelassenheit Neptuns profitiert, wird 2014 verschont. Dies rettet Sie für das gesamte Jahr *2014*. Der schöne Einfluss von Neptun erweitert Ihre intellektuelle und spirituelle Sichtweise, eröffnet Ihnen neue Realitäten, die des Unsichtbaren, des Mystischen oder der Kunst. Im Übrigen sorgt Neptun für außergewöhnliche, ja schicksalhafte Begegnungen, die sich *zu bestimmten Zeiten des Jahres* als maßgebend für Ihre Weltanschauung erweisen könnten. Die Beziehungen zu anderen werden zarter, erhalten mehr Empathie und einige von Ihnen werden sich dafür entscheiden, sich dem humanitären Bereich zu widmen.
Es versteht sich natürlich von selbst, dass die Grunddissonanz, die Ursache und Thema dieses Buches ist und in erster Linie Sie betrifft, lieber Steinbock, auch hier Vorrang hat. Wie bereits gesagt, berührt sie *2014* den Steinbock, der **zwischen dem 28. Dezember und dem 8. Januar** das Licht der Welt erblickt hat. Das scharfe kosmische Klima wird Ihre Weltanschauung und Ihren Lebensweg komplett verändern, daran besteht kein Zweifel. Träger dafür könnte ein wichtiges familiäres Ereignis sein, es sei denn, es handelt sich um einen Umbruch Ihres Universums durch einen unerwarteten Wohnortwechsel. Wenn Sie in diesen Sektor Ihres Sternzeichens gehören, sollten Sie die Diktate des Schicksals annehmen: Sehr wahrscheinlich werden Sie sich später darüber freuen. Falls Sie in diesem Zusammenhang durch ein Nadelöhr gehen, also schwere Prüfungen überstehen müssen, werden Sie durch diese Wandlung wachsen und sich weiterentwickeln. Ist sich das nicht jeder echte Steinbock schuldig?

## IHR JAHR 2014 IM ÜBERBLICK

### Kritische Perioden:

(da die Einflüsse langsamer Planeten dafür bekannt sind, sich auf die vorhergehende und auf die folgende Periode auszuwirken, auch ungefähr 14 Tage **davor** und **danach**)

- *Um den 31. Januar* (**geboren um den 3. Januar**): Immer schön ruhig und zusammen bleiben! Überwachen Sie Ihre Finanzen und vermeiden Sie Prozesse!
- *Um den 26. Februar* (**geboren um den 1. Januar**): Es rührt sich etwas in der Paarbeziehung und/oder der Familie!
- *Um den 20. April* (**geboren um den 4. Januar**): idem – Auswirkungen von Ende Januar?
- *Um den 21. April* (**geboren um den 4. Januar**): Fünfte Salve von Pluto/Uranus, passen Sie sich an!
- *Um den 12. Juni* (**geboren um den 13. Januar**): Klären Sie Ihre Paarbeziehung oder Ihre geschäftliche Partnerschaft!
- *Um den 10. November* (**geboren um den 2. Januar**): Was für eine Kraft! Ziehen Sie Samthandschuhe an!
- *Um den 27. November* (**geboren um den 3. Januar**): Bremsen, Hindernisse und Veränderungen in Sicht, bleiben Sie gelassen!
- *Um den 3. Dezember* (**geboren um den 3. Januar**): idem.
- *Um den 15. Dezember* (**geboren um den 3. Januar**): Sechste Salve von Uranus/Pluto – ein Rückschlag vom *Frühjahr* oder aus *2013*? Die Metamorphose … passen Sie sich an!

**Positive Perioden:**

- *Um den 24. Mai* (**geboren um den 10. Januar**): Bilden Sie ein Team, gehen Sie eine Partnerschaft ein oder heiraten Sie!
- *Um den 11. August* (**geboren um den 12. Januar**): Sie verführen auf Teufel komm raus!
- *Um den 25. August* (**geboren um den 9. Januar**): Ein Projekt konsolidiert sich – jetzt heißt es: Tempo!

**HIGHLIGHTS IN DER LIEBE**

- 1. Januar bis 5. März (Ihr Charme wirkt (**letzte Dekade**); Steinbock der **zweiten Dekade**, lassen Sie sich nicht von einem Rückschlag von *November/Dezember* unterkriegen!)
- 5. April bis 4. Mai (gesegnete Beziehungen für die **erste** und **zweite Dekade**, konsolidierte Bindungen für die **letzte Dekade**)
- 29. Mai bis 24. Juni (die **erste** und **letzte Dekade** werden am meisten verwöhnt)
- 6. September bis 1. Oktober (setzen Sie zu einem Höhenflug mit dem Subjekt Ihrer Liebe an)
- 23. Oktober bis 17. November (ein Hoch auf Freunde – Frauenfeundschaften der **letzten Dekade** verankern sich dauerhaft!)
- 10. Dezember bis Jahresende (die **erste** und **letzte Dekade** werden von Cupido verwöhnt)

**IHRE DYNAMISCHEN UND EFFIZIENTEN PHASEN**

- 26. Juli bis 13. September (für die vorherige Periode siehe oben: Machen Sie Tempo bei Ihren Projekten; die **zweite Dekade** macht Riesenschritte.
- 27. Oktober bis 4. Dezember (Sie strotzen vor Energie! Immer sachte, wenn Sie **Anfang Januar** geboren sind!)

**BESTE PERIODEN FÜR GESCHÄFTE/GELD/KONTAKTE/REISEN**

- 1. bis 12. Januar (**zweite** und **dritte Dekade**)
- 17. März bis 8. April
- 23. April bis 8. Mai
- 15. August bis 3. September
- 9. bis 28. November
- 17. bis 24. Dezember (**erste Dekade**)

## 2015

### *ALLGEMEINE TENDENZEN*

Das Jahr *2015* zeigt sich weniger aggressiv als das vorangegangene – zum Glück! Schauen wir uns das im Einzelnen an: Räumen wir dem Paar Pluto/Uranus Vorrang ein, von dem Sie in diesem Jahr *2015* stärker betroffen sind, wenn Ihr Geburtstag in den **ersten zwölf Januartagen liegt**. Streng genommen sind es die Steinböcke der **ersten Januarwoche**, die mit dem in ihrem Leben einmaligen Durchgang von Pluto zu tun haben werden. Er bringt einen völligen Umsturz durch eine Wandlung Ihrer Person und wahrscheinlich Ihres Lebens. Einige von Ihnen haben in den *vorangegangenen Jahren* bereits die Wirkung von Pluto kennengelernt, dem Motor und Vermittler einer völligen Verwandlung des Bestehenden. Uranus, alias die unvorhergesehene Veränderung, wird ihn kräftig unterstützen und seine Wirkung in diesem Jahr *2015* auf den Steinbock ausdehnen, der **vor dem 12. Januar geboren** ist. Auch wenn die beiden Gestirne sich auf einen anderen planetaren Kontext verteilen, wird ihr Grundeinfluss ähnlich sein wie in den vorangegangenen Jahren. Sie machen reinen Tisch mit der Vergangenheit – und zwar endgültig – und wenden sich neuen Horizonten zu. Uranus wird Ihnen übrigens unwiderstehliche Lust auf etwas Neues und ein »Anderswo« machen, diese Energien werden verstärkt und untermauert durch die Energien tief greifender Wandlung, die man mit Pluto verbindet. Falls Sie **um den 10./11. Januar** geboren sind, erleben Sie im *Sommer* eine radikale Veränderung Ihres Status quo, vielleicht in Verbindung mit einem Umzug, der wahrscheinlich für *2016* ansteht. Wenn Sie hingegen in der **ersten Januarwoche geboren** sind, erleben Sie im *Dezember* die Auswirkungen einer tief greifenden Veränderung, deren Ursprung auf das *Frühjahr 2014* zurückgeht, gefolgt von einer weiteren Etappe *Ende des genannten Jahres*. Wahrscheinlich finden Sie sich *Ende 2015* in einer neuen Umgebung, einem neuen Haus oder sogar einem neuen Land wieder. Nebenbei gesagt könnte dieses Timing auch ein drastisches familiäres Ereignis widerspiegeln, dessen Wurzeln ebenfalls bis ins *Frühjahr 2014* zurückreichen. Sollten Sie also in der **ersten Januarwoche geboren** sein, sagen Sie Ja zur Veränderung, sagen Sie Ja zum Leben!

Bezüglich der **zweiten Dekade** ist zu sagen, dass Jupiter, der sich als gewinnbringend erweisen kann – in Form von Dividenden, Provisionen, Erbschaften oder sonstigem – Ihnen auch bei jeglichem Immobiliengeschäft nützlich sein wird, insbesondere im *Februar/März*, dann erneut *zwischen April und Juni* – einer Periode, die Ihnen das Ergebnis des Klimas von *Anfang des Jahres* oder sogar von *Ende 2014* beschert. Sollten Sie sich mit dem Gedanken eines Immobilienkaufs tragen, zögern Sie nicht, Jupiter wacht darüber!

Derselbe Jupiter wird ab *Mitte August* und bis *Ende des Jahres* Ihr Freund, wenn Sie **vor dem 15. Januar geboren** sind. Er gibt Ihrer Lebensfreude und Ihrem Selbstvertrauen neuen Schwung – was für den Steinbock der **zweiten Dekade** kein Luxus ist, weil ihn diese Konstellation ins Wanken bringt. Zudem zeigen sich aber auch Auslandsgeschäfte unter Jupiters Schutz sowie große Reisen, Studien und Weiterbildungen, schriftstellerische Prospekte, Medienprojekte oder politische Pläne, etwa im *Oktober/Anfang November* – dies dürfte die beste Periode des Jahres sein! –, denn Mars unterstützt Jupiter nun nach Kräften.

Einen Wermutstropfen gibt es jedoch, wenn Sie zur **ersten Dekade** gehören – und spezieller, wenn Sie **zwischen dem 25. Dezember und dem 1. Januar geboren** sind, weil Neptun, der am Himmel von Saturn angegriffen wird, Ihnen den Blick und das kritische Urteilsvermögen in Bezug auf Ihre Entscheidungen und auf den Umgang, den Sie pflegen, zu vernebeln droht. Dies gilt in erster Linie im *März*, in der *zweiten Maihälfte* und im *Oktober*. Halten Sie die Augen offen und lassen Sie sich keine Märchen erzählen! Wenn Sie in **dieser Dekade** geboren sind, könnte es gut sein, dass sich einige Ihrer Bekanntschaften als böswillig oder schädlich für Ihr Ansehen erweisen.

Und die **letzte Dekade**? »Glücklich lebt es sich nur im Verborgenen« lautet eine Redensart … Im Sturm der derzeitigen kollektiven Einflüsse ist es tatsächlich eine Gunst, nicht in der geballten Zielrichtung der Sterne zu stehen. Diese Gunst genießen Sie *2015*, lieber Steinbock. Was absolut nicht bedeutet, dass sich die Planetenkonstellation bei Ihnen gar nicht auswirken würde – weit gefehlt. (Siehe weiter unten die verschiedenen Kästen.) Sind Sie **vor dem 15. Januar geboren**, wird Jupiter Sie im *Dezember* ermuntern, sich um Ihre Auslandsangelegenheiten, eine neue Ausbildung, ein politisches oder Medienprogramm oder ein literarisches Projekt zu kümmern. Das Echo darauf erfahren Sie *2016*. Wenn Sie **nach dem 16. Januar geboren** sind, ernten Sie im *Sommer*, zwischen *Mitte Juni* und *Mitte September*, die köstlichen Früchte eines langwierigen Projekts, das Sie *Ende 2014* begonnen haben.

## IHR JAHR 2015 IM ÜBERBLICK

### Kritische Perioden:

(da die Einflüsse langsamer Planeten dafür bekannt sind, sich auf die vorhergehende und auf die folgende Periode auszuwirken, auch ungefähr 14 Tage **davor** und **danach**)

- *Um den 15. Januar* (**geboren um den 4. Januar**): Die kollektive Konjunktur ist Übermittler der Veränderung.
- *Um den 20. Januar* (**geboren um den 3. Januar**): idem.
- *Um den 22. Februar* (**geboren um den 22. Dezember**): Familienkrach!

- *Um den 11. März* (**geboren um den 6. Januar**): Ein Hindernis zwingt Sie zu einer Meinungsänderung.
- *Um den 17. März* (**geboren um den 6. Januar**): Letzte Salve der beachtlichen Dissonanz Uranus/Pluto: Kehrtwende!
- *Um den 4. Mai* (**geboren um den 9. Januar**): Sie sind hin- und hergerissen!
- *Um den 20. Juni* (**geboren um den 5. Januar**): Eine Zwangspassage, deren Auswirkung Mitte August folgt!
- *Um den 26. Juni* (**geboren um den 11. Januar**): Achten Sie auf Ihr Vermögen und gehen Sie Prozessen aus dem Weg!
- *Um den 4. August* (**geboren um den 4. Januar**): Höchste Wachsamkeit!
- *Um den 13. August* (**geboren um den 4. Januar**): Auswirkungen vom *20. Juni*?!
- *Um den 3. September* (**geboren um den 11. Januar**): Destabilisierung – Qual der Wahl?
- *Um den 22. Oktober* (**geboren um den 9. Januar**): Klima der Veränderung als Nachhall von *Anfang Mai*!

**Positive Perioden:**

- *Um den 20. Januar* (**geboren um den 27. Dezember**): Geschärfte Intuition – hören Sie darauf! Eine begeisternde Begegnung?
- *Um den 17. August* (**geboren um den 22. Dezember**): Ein Diplom, eine Reise, das Ausland, ein Publikation oder die Politik bringen Ihre Karriere voran.
- *Um den 17. September* (**geboren um den 30. Dezember**): Sie ziehen sich geschickt aus der kosmischen Affäre!
- *Um den 11. Oktober* (**geboren um den 4. Januar**): Schmieden Sie einen ehrgeizigen Plan in Verbindung mit dem Ausland, der Werbung, einer neuen Ausbildung … Schreiben Sie beispielsweise Ihre Memoiren!
- *Um den 17. Oktober* (**geboren um den 5. Januar**): Ihre Geschäfte stehen unter einem glücklichen Stern und machen große Fortschritte!

**HIGHLIGHTS IN DER LIEBE**

- 28. Januar bis 21. Februar (ein Hoch auf Beziehungen – Sie sind unermüdlich und verstehen es, zu gefallen!)
- 18. März bis 11. April (hören Sie auf Ihre Kreativität; Steinböcke der **ersten** und der **zweiten Dekade**, Sie sind inspiriert und Cupido macht gemeinsame Sache mit Ihnen!)
- 8. Oktober bis 9. November (die Liebe findet sich anderswo – folgen Sie einer Reiseeinladung)
- 5. bis 31. Dezember (ausgezeichnete freundschaftliche Beziehungen – und für die **letzte Dekade** auch mit dem Ausland)

**IHRE DYNAMISCHEN UND EFFIZIENTEN PHASEN**

- 13. Januar bis 20. Februar (angekurbeltes Beziehungsleben, gehen Sie aus, kommunizieren Sie, entscheiden Sie sich!)
- 1. April bis 13. Mai (der Sport ruft, aber auch Aktivitäten mit Ihren Kindern oder Spekulationen … in der **zweiten Dekade**: Vorsicht!)
- 26. September bis 13. November (die Geschäfte (im Ausland) laufen wieder an – und auch Projekte wie Publikationen, Werbung, Bildung oder Medien!)

**BESTE PERIODEN FÜR GESCHÄFTE/GELD/KONTAKTE/REISEN**

- 13. bis 31. März
- 15. April bis 2. Mai
- 8. bis 28. August
- 2. bis 21. November (ausgezeichnet für Projekte, Gewinne, Fortschritte!)
- 10. bis 31. Dezember

## 2016

### *ALLGEMEINE TENDENZEN*

Wenn Sie **um den 6. Januar geboren** sind, ist Uranus seit *Frühjahr 2014* damit beschäftigt, Sie mehr oder weniger zu destabilisieren. Er hat Sie zu einem Meinungswechsel veranlasst, sehr wahrscheinlich in Zusammenhang mit Ihrem Wohnort oder wegen eines so unvorhergesehenen wie drastischen familiären Ereignisses. Für alle Steinböcke, die **um den 6. Januar geboren** sind, bringt dieser *Jahresanfang* also den Schlusspunkt der tief greifenden Verwandlung, die beinahe *zwei Jahre* im Gange war und durch die Ankunft von Pluto in Ihrer Sonne verstärkt und erweitert wurde. Dieser Planetentransit ist jedoch schon der dritte Durchgang, die Verwandlung durch Pluto hat sich für Sie bereits im *Frühjahr 2015* abgezeichnet. Mit anderen Worten: Die Rahmenbedingungen Ihres Lebens explodieren im wahrsten Sinn des Wortes. Die Effekte *dieses Jahres* werden irreversibel und endgültig sein. Sie werden sich rundum verändern, in Ihrer tiefsten Persönlichkeit, Ihrem *modus vivendi*, Ihrem *Look*, und Sie werden wahrscheinlich auch Ihren Wohnort wechseln. *2016* spüren die Steinböcke, die **zwischen dem 4. und dem 9. Januar geboren** sind, den bedeutsamen plutonischen Einfluss, der diese mächtige, langsame und unterirdische Wandlung erzeugt. Wenn Sie **um den 8. Januar geboren** sind, werden Sie dies bis zum *Jahresende* festgestellt haben. Uranus, der gleichbedeutend ist mit unvorhergesehenen und drastischen Veränderungen, nimmt *dieses Jahr* den Steinbock ins Visier, der **zwischen dem 6. und dem 16. Januar geboren** ist. Der **Beginn der letzten Dekade** wird davon im *Sommer* betroffen und erlebt die Erfüllung der durch Uranus verursachten Veränderungen (Familie, Wohnung, Vermögen) erst *2017*. Beim Steinbock, der **zwischen dem 6. und dem 12. Januar geboren** ist, vollendet sich der Umsturz hingegen bereits *2016*.

Übrigens verfügen Sie im *Frühjahr* – dies gilt immer noch für den Steinbock, der **um den 6./7. Januar geboren** ist – über die wirksame Hilfe von Saturn, der auf praktischem Gebiet die Erschütterungen durch Uranus abfedern könnte, indem er Ihnen als Schutzschirm dient. Mit anderen Worten: Begegnungen oder Verhandlungen im *Frühjahr*, vorzugsweise geheim oder mit Unterstützung hinter den Kulissen, werden nach dem *Ende der Sommerpause* lohnende Auswirkungen bringen.

Ein weiterer wertvoller Joker ist Jupiter, der die Gelegenheiten in Verbindung mit dem Ausland, einer Reise – oder Bereichen wie einer Publikation, den Medien oder der Politik – wiederherstellt, die sich seit *November 2015* ergeben hatten. Mit Freude werden Sie diese Vorschläge zwischen *Januar* und *Mai* wieder auftauchen sehen, wenn Sie **zwischen dem 2. und 15. Januar geboren** sind, wobei die Auswirkungen dieses glücklichen Klimas für die Periode *Mai* bis *Anfang September* zu erwarten sind. Die **letzte Dekade** wird übrigens erst ab *Mitte Juli* an die Reihe kommen – und dann von Jupiter verwöhnt werden.

Jupiter, der Unbeständige – er wechselt jedes Jahr das Sternzeichen – kehrt Ihnen jedoch ab *Mitte September* den Rücken, lieber Steinbock, um den Waage-Geborenen der **ersten beiden Dekaden** Glück zu bringen, was Ihnen leider nichts mehr nützt! Das *Ende der Sommerpause* und vor allem die *letzten beiden Monate* werden zu Hause wie im Beruf von Entscheidungen und der Destabilisierung begleitet, einem störenden Klima, das sich noch *2017* bis in den *Oktober* auswirken wird, allerdings nur, wenn Sie **nach dem 2. Januar geboren** sind. Seien Sie in dieser Periode äußerst wachsam, was Ihre Finanzen betrifft, und vermeiden Sie es, übereilte Entscheidungen zu treffen, insbesondere im *Oktober*, wenn Mars zu impulsivem Handeln verleitet. In dieser Periode ist auch Vorsicht bei Meinungsverschiedenheiten mit Ihren Vorgesetzten angesagt. Es ist nicht der richtige Zeitpunkt, um über eine Gehaltserhöhung zu sprechen! Es ist auch nicht der geeignete Moment, einen Prozess anzustrengen, Sie würden den Kürzeren ziehen. Bis *Anfang September* werden Ihnen hingegen rechtliche Angelegenheiten sowie der Finanz- und Verwaltungsbereich gewogen sein, erst recht, wenn Sie **im Januar geboren** sind. Einen Wermutstropfen allerdings gibt es für den Steinbock, der in den **ersten fünf Januartagen geboren** ist und unter einem unklaren und trügerischen Klima leiden könnte, was seinen Bekanntenkreis und seinen Umgang betrifft. Wenn Sie **zu dieser Zeit Geburtstag haben** – und auch, wenn Sie **ab dem 28. Dezember geboren** sind –, sollten Sie gründlich prüfen, wem Sie Ihr Vertrauen schenken, denn Neptun kann sich in bestimmten kosmischen Zusammenhängen als Ursache von Fallen und Komplikationen bis hin zum Vertrauensmissbrauch erweisen. Dies wird zwischen *Mai* und *Juli* der Fall sein – vor allem im *Juni* –, wenn sich Jupiter und Venus zu diesem Planetenduo hinzugesellen. Seien Sie in diesen Wochen sehr umsichtig in Ihren Taten und Worten, denn alles, was Sie sagen, könnte gegen Sie verwendet werden.

Besondere Beachtung verdient Planet Mars, der zwischen *März* und *Mai* durch den Schützen ziehen wird, was sich im *August/September* auswirken wird. Dieser Transit könnte dafür sorgen, dass sich hinter Ihrem Rücken scharfe Kritik regt, insbesondere, wenn Sie **im Dezember geboren** sind. Sollten Sie sich nicht hüten, könnten sich die Wirkungen vom *Frühjahr* im *August* in unangenehmer Weise zeigen. Derselbe Mars könnte für einige von Ihnen auch gesundheitliche Sorgen oder Rivalitäten im Beruf mit sich bringen. Verhalten Sie sich daher untadelig, wenn Sie einen späteren Spießrutenlauf verhindern möchten.

## IHR JAHR 2016 IM ÜBERBLICK

**Kritische Perioden:**
(da die Einflüsse langsamer Planeten dafür bekannt sind, sich auf die vorhergehende und auf die folgende Periode auszuwirken, auch ungefähr 14 Tage **davor** und **danach**)

- *Um den 19. Oktober* (**geboren um den 6. Januar**): Akzeptieren Sie die höhere Gewalt!
- *Um den 24. November* (**geboren um den 6. Januar**): Halten Sie sich an Gesetze und Vorschriften, sonst müssen Sie sich mit den Folgen herumschlagen!
- *Um den 25. Dezember* (**geboren um den 11. Januar**): Veränderungen in Zusammenhang mit der kollektiven Konjunktur sind in Sicht. Trotzdem: Frohe Weihnachten!
- *Um den 26. Dezember* (**geboren um den 11. Januar**): Spannungen zwischen Beruf und Familie/Wohnort!

**Positive Perioden:**

- *Um den 23. Januar* (**geboren um den 13. Januar**): Sie sind an ein günstiges kollektives Klima angeschlossen.
- *Um den 29. Januar* (**geboren um den 13. Januar**): idem.
- *Um den 16. März* (**geboren um den 8. Januar**): Klima der Wiedergeburt – unbedingt nutzen!
- *Zwischen 9. und 14. Juni* (**geboren um den 7. Januar**): idem.
- *Um den 20. Juni* (**geboren um den 6. Januar**): Unverschämtes Glück auf einer Reise, mit einer Publikation, einem Examen oder in der Politik!
- *Um den 26. Juni* (**geboren um den 7. Januar**): Eine Wiedergeburt in Aussicht? – vgl. Mitte März.
- *Um den 31. Oktober* (**geboren um den 2. Januar**): Das Ausland dient Ihrer Karriere.
- *Um den 10. November* (**geboren um den 6. Januar**): Unterstützung hinter den Kulissen.
- *Um den 17. November* (**geboren um den 30. Dezember**): Eine schicksalhafte Begegnung oder Idee?

**HIGHLIGHTS IN DER LIEBE**

- 24. Januar bis 19. Februar (Ihre Verführungskunst macht Furore und die **letzte Dekade** verführt auf einer Reise; die **erste Dekade** schwebt *Ende Januar/Anfang Februar* auf einer rosa Wolke, die **zweite Dekade** erlebt zu Hause eine Veränderung)
- 13. März bis 5. April (großer Wermutstropfen für die **erste Dekade**, die zu leichtgläubig sind; ausgezeichnete Phase für die **zweite Dekade**: Das Ausland ist Ihnen gewogen!)
- 1. bis 26. Mai (die **zweite Dekade** ist unwiderstehlich, vor allem im Ausland, hervorragende Begegnungen für die **erste Dekade**)
- 6. bis 31. August (eine Eroberung im Ausland? Bereiten Sie Ihre Reisen jedoch sorgfältig vor!)
- 24. September bis 19. Oktober (treffen Sie Freunde wieder, dies tut besonders der **ersten** und der **zweiten Dekade** gut)
- 12. November bis 7. Dezember (die **zweite Dekade** verschenkt *Ende November* ihr Herz sehr leicht!)

**IHRE DYNAMISCHEN UND EFFIZIENTEN PHASEN**

- 4. März bis 7. Januar (leiten Sie ein Projekt in die Wege, das Ihnen am Herzen liegt; wenn Sie **nach dem 12. Januar geboren** sind, wird es zwischen *Ende Mai* und *Ende Juli* Früchte tragen)
- 27. September bis 9. November (Sie haben überschüssige Energie, die **ersten beiden Dekaden** hängen jedoch am Gängelband!)
- 19. bis 31. Dezember (**erste Dekade**, leben Sie Ihre Beziehungen aus!)

**BESTE PERIODEN FÜR GESCHÄFTE/GELD/KONTAKTE/REISEN**

- 8. Januar bis 14. Februar (Gewinne, Superangebote!)
- 5. bis 22. März (Glück und Expansion!)
- 6. April bis 13. Juni (hervorragend für Projekte, Begegnungen, Reisen, Investitionen etc.!)
- 1. bis 15. Juli (Begegnungen? Prüfungen?)
- 30. Juli bis 8. Oktober (gute Ergebnisse bei Projekten vom Jahresanfang?
- Gewinne? Juristische Erfolge?)
- 24. Oktober bis 13. November
- 2. bis 31. Dezember (**erste** und **zweite Dekade**)

## Wassermann

### ALLGEMEINE AUSWIRKUNGEN DER DISSONANZ URANUS/PLUTO AUF IHR STERNZEICHEN ZWISCHEN 2012 UND 2016

Lieber Wassermann, sagen wir gleich, wie es ist: Sie werden nicht direkt von dem gemeinsamen planetaren Nenner der kommenden Krise anvisiert. Die bemerkenswerte Dissonanz, von der die gesamte Periode *2012 bis 2016* durchzogen wird, berührt nämlich keines Ihrer Kardinalhäuser, womit im astrologischen Jargon ausgedrückt wird, dass Sie nur indirekt davon betroffen sind. Trotzdem bedeutet dies nicht, dass Sie für diese kräftige kosmische Spannung unempfindlich sind, die als Auslöser ernster Veränderungen in unseren Gesellschaften dienen wird. Sie wird bei Ihnen im 12. bzw. 3. Haus stehen, also denen, die mit dem Geheimen, der Esoterik und einem Wirken hinter den Kulissen in Verbindung gebracht werden. Die Einflüsse beziehen sich also auf alles, was nicht vorn auf der Bühne geschieht – soweit es Pluto angeht. Uranus seinerseits durchquert auf kollektiver Ebene Ihr Haus, das mit dem Beziehungsleben, der Umwelt, dem Umfeld, den Nachbarn, Geschäftsreisen und sonstigem Austausch zu tun hat. Wer von Ihnen in die **erste Hälfte der ersten Dekade** gehört, konnte bereits *2011* – oder sogar seit *Sommer 2010* – ein Klima der Veränderung erleben. Einige werden den äußeren Rahmen verändert haben, werden umgezogen sein oder ihr unmittelbares Umfeld verändert haben. Andere hatten es wahrscheinlich bei ihren Kontakten und gelegentlich auf Geschäftsreisen mit Unwägbarkeiten zu tun, mit denen sie fertigwerden mussten. Da das 3. Haus auch das bewusste Denken symbolisiert, werden viele von Ihnen sich mental gestresst gefühlt haben durch den lebhaften Planeten Uranus, der nebenbei gesagt Ihr Geburtsgebieter ist. Völlige Kehrtwenden gab und gibt es weiterhin in den kommenden Jahren bei Ihrer Weltanschauung, vor allem jedoch bei der Art Ihrer Beziehungen und Ihres Umgangs.
Zwischen *2012* und *2016* kündigen sich je nach dem Fortschreiten von Uranus/Pluto Spannungen in diesen Häusern an, und zwar vor allem in Abhängigkeit eines bewegten planetaren Kontextes. Der Wassermann, der **zwischen dem 20. Januar und dem 15. Februar geboren** ist, steht im Visier der aufregenden Wirkung von Uranus. Pluto seinerseits quält hinter den Kulissen Ihr Unterbewusstsein, wenn Sie **zwischen dem 26. Januar und dem 8. Februar geboren** sind – immer abhängig von der Progression der genannten Gestirne über die Jahre hinweg. Angesichts der vielfältigen Semantik, von der die *königliche Kunst des gestirnten Himmels*

charakterisiert wird, sind die Manifestationen dieser besonderen Dissonanz am Himmel des Wassermanns ebenfalls vielfältig. Sie reichen von einer heimlichen kompletten Metamorphose, die sich im bewussten Denken äußert, bis zu einer Variante, die die verdeckte Macht einer Person hinter den Kulissen impliziert, die mittels Manipulationen Ihren Umgang mit anderen Menschen belastet. Da das 3. Haus auf rein physischer Ebene auch das Haus der Verkehrsmittel ist, muss man in dieser Periode die Vorsicht und Konzentration am Steuer und bei jeder Ortsveränderung verdoppeln. Es versteht sich von selbst, dass sich die jeweilige Wirkung dieser beiden Planeten je nach dem Sternenkontext des analysierten Jahres anders darstellt und sehr unterschiedliche Klimata mit sich bringt. Sagen wir der Einfachheit halber, dass bald das eine, bald das andere Haus eine positive und konstruktive Bedeutung annimmt, während zu anderen Zeiten die Dissonanzen dieser Gestirne mit anderen Planeten am Himmel eine andere Interpretation nach sich ziehen, die sich insbesondere auf die negativen Merkmale des fraglichen Hauses konzentriert.
*Last but not least* sei noch einmal wiederholt, dass man nicht vergessen darf, dass es sich hier um kollektive Vorhersagen handelt und dass die Positionen von Pluto und Uranus an Ihrem persönlichen Himmel nicht unbedingt dieselben sind. Dies hebt die hier vorgestellte Interpretation nicht auf, eine individuelle Auslegung ist aber noch viel präziser.

## 2012

### *ALLGEMEINE TENDENZEN*

Wie sehen in diesem schicksalhaften Jahr *2012* die kosmischen Vorzeichen für Ihr Sternzeichen aus, lieber Wassermann? Sie kündigen sich in jedem Fall eher ermutigend an, auch wenn Jupiter bis *Mitte Juni* damit fortfährt, Unordnung in Ihren Alltag zu bringen, vor allem zu bestimmten Zeiten wie im *März*. Für viele von Ihnen eine relative Unordnung, denn sie wird zugleich auch mögliche Freuden am häuslichen Herd bringen. Allerdings – und dies hängt von Ihrem persönlichen Himmel ab – könnte Jupiter auch das Gesicht verschiedener juristisch-administrativer oder finanzieller Komplikationen annehmen. Ganz offensichtlich steht dieser Planet, wenn er dissonant ist, jeder juristischen Initiative feindlich gegenüber – keine Prozesse also in dieser Zeit, falls Sie die Absicht haben, einen anzustrengen …
Völlig anders wird dies ab *Mitte Juni sein*, wenn Jupiter zu Ihrem Verbündeten wird und zugleich Ihrer Lebensfreude, Ihrem Image und Ihrer Kreativität neuen Schwung verleiht. Er segnet zudem Ihre Lieben und Ihre Kinder. Der *Sommer* wird in dieser Hinsicht eine hervorragende und zugleich

aufregende Periode sein, denn Uranus mischt in die Begegnungen und den Austausch mit anderen sein Quäntchen Unvorhergesehenes. Wenn Sie ein alleinstehender Wassermann sind, wird der *Juli* Ihnen die Begegnung mit der verwandten Seele auf einem Silbertablett präsentieren. Sie genießen dann nämlich nicht nur den Segen des Paares Jupiter/Uranus, sondern auch den von Mars sowie von Venus, alias Cupido. Da Mars in dieser Zeit durch Ihr Haus des Auslands geht, besteht die Chance, dass diese Begegnung auf einer Reise oder unter anderen Himmeln stattfinden wird.
Derselbe Jupiter schmückt Ihr Leben kräftig aus, lieber Wassermann, der Sie **vor dem 8. Februar geboren** sind, und zwar bis *Ende des Jahres*. Den Wassermännern, die **am 28. Januar Geburtstag** haben bringt er dann die Früchte des Klimas vom *Juli* – oder zumindest eine zweite Etappe dieses Klimas, dessen Ergebnis für *2013* zu erwarten ist, wie auch bei denen, die **nach diesem Datum geboren** sind.
Was ist nun mit der **letzten Dekade**? Wenn Sie **nach dem 11. Februar geboren** sind, erhalten Sie *zwischen Januar und Juni* Nachricht von einem Angebot oder einem Projekt im Ausland, einer Publikation oder einer neuen Ausbildung, was auf *November 2011* zurückgeht. *Mitte Mai* dürfte in dieser Hinsicht aussagekräftig sein, wenn Venus Saturn kräftig unterstützt. Ein langfristiger Vorgang, der *Ende 2011* eingeleitet wurde, kommt *Anfang Oktober 2012* zum Abschluss. Das Ergebnis für die gesamte **letzte Dekade** zeigt sich *Ende Juni*, dank der vor allem im *August* erfolgenden Intervention von Mars. Einige Wassermann-Geborene werden die Abfassung ihrer Memoiren oder einer Studie unternommen haben, die im *August/September* zum Abschluss kommt, und zwar in befriedigender Form – trotz der Feindseligkeit von Mars, der Ihnen in der *zweiten Septemberhälfte/Anfang Oktober* eine stressige Atmosphäre bescheren dürfte.
Kommen wir zurück zur **ersten Dekade**, die vom aufregenden Einfluss von Uranus verwöhnt wird. Für die meisten von Ihnen wird er, als Nachwirkung von *2011*, das gesamte Jahr *2012* hindurch der Vermittler neuer Gelegenheiten durch bereichernde Begegnungen sein. Wenn Sie **vor dem 30. Januar geboren** sind, betrifft Sie das zwischen *Januar und Juli* – je nach Ihrem Geburtsdatum. Mit anderen Worten erlebt dies *zwischen Januar und Ende März* der Wassermann, der **vor dem 26. Januar geboren** ist, anschließend bis *Mitte Juli* der Wassermann, durch Uranus' kraftvolle Energie unterstützt, der **zwischen diesem Datum und dem 29. Januar geboren** ist. Ein besonderer Hinweis, wenn Sie **nach dem 23. Januar geboren** sind: Uranus, der bis *Dezember* zurückkehrt, wird bei derselben Gelegenheit auch seinen Einfluss einzig auf den Wassermann verstärken, der **nach dem 23. Januar geboren** ist, während die anderen Dekaden bis Anfang *2013* warten müssen. Uranus eröffnet Ihnen neue Horizonte, was

für Sie als erfinderischen und innovativen Wassermann doppelt wertvoll ist. Vergessen wir nicht, dass Uranus schließlich Ihr Planet ist …
Die **erste Dekade** hat zwischen *Anfang Oktober* und *Jahresende* Anspruch auf die Dissonanz Saturns. Der Einfluss ist gleichbedeutend mit einem Aufräumen im Leben, dem Ziehen einer Lebensbilanz, der Eliminierung von Überflüssigem, manchmal kündigt sich damit auch das Ende einer Tätigkeit an. Wenn Sie **im Januar geboren** sind, lieber Wassermann, haben Sie jedoch das Glück, dass dieser Saturn harmonisch mit Pluto am Himmel steht, was zur Folge hat, dass seine Wirkung sanft erfolgen dürfte, wobei Pluto in gewisser Weise als Schutzschirm dient. Ungeachtet dieses Vorbehalts dürfte Saturn Ihnen sehr wahrscheinlich neue Verantwortungen aufbürden und Sie zwingen, Ihr Leben neu zu gestalten. Das Ende dieses Klimas erleben Sie *2013*.
*Last but not least* könnte die lange Rückläufigkeit von Mars zwischen *Januar* und *April*, deren Wirkungen im *Frühjahr* und bis *Anfang Juli* zu spüren sind, einigen von Ihnen, wenn Sie **zwischen dem 23. Januar und dem 13. Februar geboren** sind, gesundheitliche Sorgen bescheren, die schon *Ende November 2011* aufgetreten sind. Abgesehen davon spiegelt Mars im positiven Fall eine gesteigerte Libido wider, für andere die Möglichkeit einer Erbschaft.

## IHR JAHR 2012 IM ÜBERBLICK

**Kritische Perioden:**
(da die Einflüsse langsamer Planeten dafür bekannt sind, sich auf die vorhergehende und auf die folgende Periode auszuwirken, auch ungefähr 14 Tage **davor** und **danach**)

- *Um den 16. März* (**geboren um den 30. Januar**): Seien Sie in der Familie gut organisiert und wachsam in Bezug auf Ihr Zuhause.
- *Um den 8. Mai* (**geboren um den 12. Februar**): Turbulenzen in der Familie?
- *Um den 17. Mai* (**geboren um den 15. Februar**): Destabilisierung Ihres Status quo.
- *Um den 4. September* (**geboren um den 19. Februar**): Sie sind von einem kollektiven Klima betroffen.
- *Um den 15. Oktober* (**geboren um den 21. Januar**): Hausarbeit ist angesagt!

**Positive Perioden:**

- *Um den 16. April* (**geboren um den 25. Januar**): Sie sind mit einer Innovation auf einer Linie.
- *Um den 6. Juni* (**geboren um den 6. Februar**): Amour fou?
- *Um den 22. Juli* (**geboren um den 28. Januar**): Eine prägende Begegnung in Herzensdingen?
- *Um den 15. August* (**geboren um den 16. Februar**): Reisen und Auslandsgeschäfte sind rentabel.
- *Um den 17. September* (**geboren um den 18. Februar**): Begünstigt ist der Immobilienbereich im Ausland!

**HIGHLIGHTS IN DER LIEBE**

- 1. bis Mitte Januar (**nach dem 3. Februar geboren**, Sie verführen!)
- 9. Februar bis 6. März (Begegnungen in Aussicht, vor allem, wenn Sie **um den 23. Januar geboren** sind)
- 3. April bis 7. August (Cupido segnet Ihre Liebe auf fast unverschämte Art, vor allem, wenn Sie **nach dem 26. Januar geboren** sind, der *Juli* macht Sie unwiderstehlich)
- 6. September bis 4. Oktober (Begegnungen für die **erste Dekade**, aufblühende Liebe für die **zweite Dekade**, die **letzte Dekade** festigt eine Bindung)
- 22. Oktober bis 22 November (Cupido ist Ihr Reisebegleiter)
- 16. Dezember bis Jahresende (ein Hoch auf die Liebesfreundschaften – **erste und zweite Dekade**)

**IHRE DYNAMISCHEN UND EFFIZIENTEN PHASEN**

- 4. Juli bis 24. August (machen Sie Tempo bei Reisen und Auslandsgeschäften)
- 8. Oktober bis 18. November (Ihre Projekte machen große Fortschritte, Ihre Freunde schlagen Ihnen nichts ab!)
- 26. bis 31. Dezember (wenn Sie **vor dem 26. Januar geboren** sind, kann eine Begegnung Ihr Leben verändern)

**BESTE PERIODEN FÜR GESCHÄFTE/GELD/KONTAKTE/REISEN**

- 1. bis 9. Januar (**Ende der dritten Dekade, geboren nach 15. Februar**)
- 2. bis 23. März (**erste Dekade**)
- 17. April bis 10. Mai (**erste** und **zweite Dekade**)
- 25. Mai bis 8. Juni
- 27. Juni bis 21. August (**erste Dekade**: das reine Glück!)
- 21.August bis 2. September (**zweite** und **dritte Dekade**)
- 17. September bis 6. Oktober (Gewinne, Fortschritt)
- 29. Oktober bis 15. November (**erste Dekade**)
- 12. bis 31. Dezember (fünf Sterne für die **erste Dekade**, ausgezeichnet für die anderen!)

## 2013

### *ALLGEMEINE TENDENZEN*

Wenn Sie **vor dem 3. Februar geboren** sind, lastet das Gewicht der Verantwortung, die Saturn Ihnen aufgebürdet hat, weniger schwer auf Ihren Schultern. Der Grund dafür ist der schöne Einfluss von Uranus, der Sie dieses Jahr berührt, wenn Sie **zwischen dem 23. Januar und dem 3. Februar geboren** sind. Uranus wird Sie auf mentaler Ebene elektrisieren, allgemeiner jedoch auf vitaler Ebene. Er ist das heilende Gegenmittel zu der Verdrossenheit, ja depressiven Stimmung Saturns, die auch die Form einer geschwächten Lebensenergie annehmen kann. Anders gesagt ist der Wassermann, der **zwischen dem 3. und dem 10. Februar geboren** ist und nicht den Einfluss von Uranus genießt, aber von Saturn betroffen ist, anfälliger. Da Saturn sich zwischen *Juli* und *Jahresende* hingegen in planetarer Harmonie mit Jupiter befindet und Jupiter durch Ihr Haus der Gesundheit zieht, kann man mutmaßen, dass die eventuell unangenehmen Folgen Saturns dadurch erträglicher werden. Dies gilt sowohl für Ihre Karriere als auch für Ihre Gesundheit. Ein Joker, der bei passender Gelegenheit willkommen ist!
Dieser Joker namens Jupiter wird sogar nachgerade positiv für das gesamte *erste Halbjahr* gewesen sein, insbesondere, wenn Sie **nach dem 25. Januar geboren** sind. Dann erhalten Sie zweifellos erfreuliche Nachrichten, deren Grundstein im *Sommer 2012* gelegt wurde. Für manchen Wassermann handelt es sich dabei um die Ankunft eines Babys in der Familie in den *ersten Monaten des Jahres 2013*. Jupiter, der *große Wohltäter der Antike*, wird dem Wassermann, der **vor dem 7. Februar gebo-**

**ren** ist, die fruchtbaren Nachwirkungen aus der Zeit *nach dem Ende der Sommerpause 2012* bringen, und zwar vor *Anfang Mai*. Auch hierbei kann es sich um die Ankunft eines Kindes oder (vor allem *Ende März/April* oder im *Mai*) um den Abschluss eines Werkes oder die Legitimierung einer Verbindung in Form einer Verlobung oder den Gang zum Standesamt handeln.

*2013* bringt Saturn dem Wassermann, der **nach dem 23. Januar geboren** ist, bis zum *Sommer* das Echo eines herausfordernden Klimas vom vergangenen Herbst. Für die erste Dekade konkretisiert sich die Wirkung hingegen vor *Ende September* bzw. bis *Mitte Oktober*, wenn Sie vor **dem 3. Februar geboren** sind. Falls Sie danach Geburtstag haben, befasst Saturn sich zwischen *Mitte Oktober und Ende des Jahres* mit Ihnen, Wassermann der **zweiten Dekade**. Er zwingt Sie, offene Angelegenheiten zu erledigen, nämlich Ihre Schulden zu begleichen, nicht nur auf materieller Ebene, sondern auch symbolisch. In einigen Ausnahmefällen kann Saturn eine gesellschaftliche Anerkennung widerspiegeln, etwa ab *Herbst* für die **zweite Dekade**, wenn Jupiter sich mit dem strengen Saturn anfreundet.

Die verborgene Wirkung von Pluto beeinflusst dieses Jahr den Wassermann, der **zwischen dem 28. Januar und dem 3. Februar geboren** ist. Da er in Dissonanz mit Uranus am Himmel steht, sollten diese Wassermann-Geborenen auf der Beziehungsebene vorsichtig sein – auf geografischem wie auf menschlichem Gebiet, insbesondere zu bestimmten Zeiten des Jahres. Dies gilt für *Januar*, da in diesem Moment das Risiko besteht, dass Sie nervös und leichtsinnig sind, sowie *Ende April/Anfang Mai* oder auch in der *ersten Septemberhälfte*.

## IHR JAHR 2013 IM ÜBERBLICK

### Kritische Perioden:

(da die Einflüsse langsamer Planeten dafür bekannt sind, sich auf die vorhergehende und auf die folgende Periode auszuwirken, auch ungefähr 14 Tage **davor** und **danach**)

- *Um den 10. Januar* (**geboren um den 15. Februar**): Das kollektive Klima stört Sie.
- *Um den 11. Februar* (**geboren um den 11. Februar**): idem – aber trotzdem alles Gute zum Geburtstag!
- *Um den 20. Mai* (**geboren um den 26. Januar**): Eine Entscheidung hinsichtlich der Karriere am Horizont?

- *Um den 28. Juni* (**geboren um den 5. Februar**): Überwachen Sie Ihre Finanzen und hüten Sie sich vor Prozessen!

**Positive Perioden:**

- *Um den 22. März* (**geboren um den 28. Januar**): Sie sind eine wahre Planierraupe!
- *Um den 28. März* (**geboren um den 28. Januar**): Eine zärtliche Begegnung in Aussicht?
- *Um den 7. April* (**geboren um den 10. Februar**): idem. Sie sind unwiderstehlich!
- *Um den 18. April* (**geboren um den 18. Februar**): Niemand kann Sie aufhalten!

**HIGHLIGHTS IN DER LIEBE**

- 1. bis 10. Januar (Freundschaften nehmen eine zärtlichere Wende)
- 3. bis 27. Februar (Unwiderstehlicher Charme, wenn Sie **vor dem 27. Januar geboren** sind)
- 23. März bis 16. April (heiße Liebe in Aussicht)
- 10. Mai bis 4. Juni (die **letzte Dekade** wütet!)
- 27. Juni bis 23. Juli (**Geborene um den 2. Februar:** Halten Sie die Augen offen, eine Begegnung ist in Sicht!)
- 17. August bis 12. September (ein Hoch auf die exotische Liebe!)
- 8. Oktober bis 6. November (Zärtlicher Austausch mit den Freundinnen)

**IHRE DYNAMISCHEN UND EFFIZIENTEN PHASEN**

- 1. Januar und 2. Februar: **Ende Januar geborene** (Lassen Sie sich führen!)
- 13. März und 20. April (ein Hoch auf das Beziehungsleben!)
- 1. Juni und 14. Juli (der Sport ruft und handfeste Aktivitäten mit den Kindern ...)
- 7. und 31. Dezember (**erste Dekade**: Reisen und Auslandsgeschäfte sind gesegnet!)

**BESTE PERIODEN FÜR GESCHÄFTE/GELD/KONTAKTE/REISEN**

- 19. Januar bis 10. Februar
- 14. April bis 2. Mai (Sie schalten auf Turbo!)
- 15. bis 31. März
- 9. bis 30. September
- 5. bis 25. Dezember

## 2014

### *ALLGEMEINE TENDENZEN*

Die Fügung der planetaren Positionen verlangt *dieses Jahr*, dass Ihr Sternzeichen sich in zwei fast gleichwertige, aber sehr unterschiedliche Hälften teilt. Die erste Hälfte besteht aus den Wassermännern, die **vor dem 6. Februar** und vor allem **nach dem 26. Januar geboren** sind. Sie spüren den elektrisierenden Einfluss Ihres Geburtsgebieters Uranus. Selbst wenn dieser durch die konvergenten Dissonanzen von Pluto, Jupiter und Mars vor allem in den *ersten sieben Monaten* etwas gebremst wird, sorgt Uranus trotzdem für eine neue Art des Austausches mit der Welt und für Begegnungen, die ungewöhnlich und bereichernd sind. Angesichts der erwähnten Abstriche sollten Sie sich, vor allem bis *Ende Juli*, jedoch nicht allzu sehr begeistern und beispielsweise die Zusagen und Versprechen von Leuten nicht für bare Münze nehmen. Anders gesagt verspricht Uranus mehr, als er zu halten geneigt ist, außer wenn Venus ihm assistiert, nämlich im *März* und im *Mai*. Diese beiden Phasen des *ersten Halbjahrs* sind die angenehmsten und spannendsten, denn sie bringen Überraschungen und Neuheiten. Wenn Sie **gleich Anfang Februar geboren** sind, spiegelt die *erste Märzhälfte* einige Übertreibungen in den Beziehungen zu Ihren Kollegen oder Untergebenen. Versuchen Sie, weniger autoritär zu sein, was es Ihrem beruflichen Umfeld erlaubt, sinnvoll mit Ihnen zusammenzuarbeiten. Dies gilt für Wassermann-Geborene der **ersten Februarwoche** insbesondere im *Mai*.
Die Konfigurationen dieses Jahres sind sehr komplex und widersprüchlich, was eine Synthese besonders heikel und schwierig macht. In diesem Rahmen ist der Lauf eines anregenden Mars zu nennen, der den **Februar**-Wassermann bis *Ende Juli* elektrisiert. Der **Januar**-Wassermann hat dagegen mit den Energien von Mars bereits im *Dezember 2013* Bekanntschaft gemacht. In der Tradition der Weltastrologie haben die Rückläufigkeiten von Mars einen schlechten Ruf, da sie, vor allem in

Verbindung mit einer dissonanten Venus, ein kriegerisches Klima in die Welt bringen und häufig einen bewaffneten Konflikt ankündigen. *2014* wird dies im *Februar* und im *Mai* der Fall sein. Da Mars sich dabei in Harmonie mit Ihrem Sonnenzeichen befindet, haben Sie seine Wirkung kaum zu fürchten, trotz seiner zahlreichen Dissonanzen am Himmel, die das Weltklima vor allem im *ersten Halbjahr* aufheizen werden. Was Sie betrifft, so wird Mars Ihr Haus der Reisen und Auslandsgeschäfte anregen, aber auch alles, was in den Bereich Verlag, Unterricht, Bildung, Medien oder Politik gehört. Wetten wir, dass Sie bis *Ende Juli* Erfolg in diesen Bereichen haben werden, auch wenn die Ergebnisse wegen des Sternenkontextes unter Ihren Erwartungen liegen könnten?
Da Pluto dieses Jahr die Zone des Wassermanns der **ersten fünf Februartage** abdeckt und dieser Planet sich in Spannung mit Uranus einerseits, Jupiter andererseits und gelegentlich auch mit Mars befindet, sollten Sie sich absichern, sich vor Fallen und Manipulationen hinter den Kulissen hüten. Ihre Umgebung ist nicht immer aufrichtig – ob in Ihrem direkten Umfeld oder am Arbeitsplatz. Behalten Sie im Übrigen Ihre chronischen Beschwerden im Auge – vor allem in den **ersten vier Monaten**, wenn Sie sich im Ausland befinden – auch im *Mai/Juni*. Und was ist mit Saturn? Falls Sie **vor dem 11. Februar geboren** sind, haben Sie *2013* bereits mit den Bremswirkungen, Hindernissen und mit den erhöhten Verantwortlichkeiten Bekanntschaft gemacht, die seinem rüden Einfluss zu verdanken sind. Wenn Sie **vor dem 6. Februar geboren** sind, haben Sie, wie oben bereits angekündigt, *2014* offene Angelegenheiten zu erledigen, und müssen die Uhren noch vor *Ende des Sommers* neu stellen. Sind Sie **anschließend geboren**, konfrontiert Saturn Sie zwischen *20. Juli* und *Ende des Jahres*, wobei nur der Wassermann, der **nach dem 16. Februar geboren** ist, die Nachwirkungen im *Sommer 2015* erlebt. Es ist ein Prozess, bei dem Sie Bilanz ziehen, vielleicht Ihre berufliche Aktivität teilweise oder ganz beenden. Für andere ist dieser Transit von Saturn gleichbedeutend mit einer Zunahme an Verantwortung oder einem gesundheitlichen Problem in Zusammenhang mit einer Abnahme der Lebenskraft. Eine Phase, die umso heikler zu bewältigen ist, da Jupiter *seit Oktober* Ihre berufliche Situation verkompliziert, indem er Sie vor Entscheidungen stellt, es sei denn, es handelt sich um einen Prozess oder eine juristische Klage in Verbindung mit Ihrer beruflichen Aktivität. Wenn Sie **vor dem 14. Februar geboren** sind, sollten Sie daher im *letzten Vierteljahr 2014* auf der Hut sein, sonst könnte *2015* der Zusammenprall mit der harten Wirklichkeit anstehen. Mars, der Ihr Haus durchquert, das mit Reisen und dem Ausland verbunden ist, bietet sich an, diesen Bereich anzukurbeln. Aber auch hier ruft dieser Planet, der in Spannung mit Uranus steht, Sie in erster

Linie im *Mai* zu Vorsicht auf, vor allem jedoch, wenn Sie ein Wassermann sind, der am Übergang, **Ende Januar/Anfang Februar geboren** ist. Dasselbe gilt *gleich zu Beginn des Februars,* Reisen sind dann besonders sorgfältig vorzubereiten. So ist es ratsam, eine gute Lebenshygiene einzuhalten, wenn Sie sich unter fernen Himmeln befinden, da das Ausland und die Gesundheit sich in dieser Zeit schlecht vertragen.

## IHR JAHR 2014 IM ÜBERBLICK:

### Kritische Perioden:

(da die Einflüsse langsamer Planeten dafür bekannt sind, sich auf die vorhergehende und auf die folgende Periode auszuwirken, auch ungefähr 14 Tage **davor** und **danach***):*

- *Um den 2. August* (**geboren um den 6. Februar**): Wenn das Schicksal sich einmischt …
- *Um den 25. August* (**geboren um den 7. Februar**): Hüten Sie sich vor Rivalitäten, Zerwürfnissen, Kraftproben … und vor Stürzen
- *Um den 27. November* (**geboren um den 17. Februar**): Wandlung Ihrer Karriere?
- *Um den 3. Dezember* (**geboren um den 17. Februar**): idem

### Positive Perioden:

- *Um den 25. September* (**geboren um den 5. Februar**): Der Andere ist ein Faktor für Abenteuer und Erneuerung!

**HIGHLIGHTS IN DER LIEBE**

- 5. März bis 5. April (brechen Sie mit dem/der Erwählten Ihres Herzens zu einer Reise auf!)
- 4. bis 29. Mai (zärtlicher Austausch mit der Umgebung – außer auf Reisen oder im Ausland)
- 24. Juni bis 19. Juli (glücklich, vor allem beim Reisen!)
- 1. bis 23. Oktober (cupido nimmt Sie auf eine Reise mit! Für manche führt diese Reise in den siebten Himmel ...)
- 17. November bis 10. Dezember (es lebe die Liebesfreundschaft!)

**IHRE DYNAMISCHEN UND EFFIZIENTEN PHASEN**

- 1. Januar bis 26. Juli (siehe oben): (reisen und das Ausland auf den vorderen Rängen, nehmen Sie das Steuer wieder in die Hand, vor allem bezüglich Ihrer im Ausland ansässigen Geschäfte)
- 13. September bis 27. Oktober (ihre Projekte – vor allem in einer Geschäftspartnerschaft – machen Riesenfortschritte)
- 4. bis 31. Dezember (Kontakte und Geschäftsreisen günstig für die **zweite Dekade**; Vorsicht, wenn Sie **um den 11. geboren** sind!)
- 7. bis 31. Dezember (**1. Dekade** – reisen und Auslandsgeschäfte sind gesegnet!)

**BESTE PERIODEN FÜR GESCHÄFTE/GELD/KONTAKTE/REISEN**

- 12. bis 31. Januar
- 13. Februar bis 18. März (**zweite** und **dritte Dekade**)
- 7. bis 24. April
- 8. bis 29. Mai
- 17. Juni bis 14. Juli (**dritte Dekade**)
- 2. bis 28. September (das reine Glück für die **zweite Dekade**, ausgezeichnet für die anderen)
- 10. Oktober bis 9. November (**dritte Dekade**)
- 28. November bis 18. Dezember

## 2015

### *ALLGEMEINE TENDENZEN*

Der Horizont des Jahres *2015* wirkt blau, wenn man die kleine Enklave zwischen *Mitte Juni* und *Mitte September* ausnimmt. Sie bringt für die am **Ende des Sternzeichens Geborenen** alle möglichen Komplikationen mit sich, vor allem juristisch-administrative oder finanzielle. Wenn Sie **nach dem 16. Februar geboren** Geborenen sind, erleben Sie in *diesem Sommer* die unerfreulichen Nachwirkungen von *Ende 2014*, die sich bei einigen von Ihnen in einer Scheidung, einem Prozess oder steuerlichen Problemen äußern könnten. Abgesehen von diesem negativen Vorbehalt ist die globale planetare Ausgangslage für Sie eher vielversprechend: Saturn ist in das Freundschaftszeichen Schütze gezogen, und Jupiter bringt eine Chance seitens eines anderen mit – Ehepartner, Mitgesellschafter oder Partner. Beide Gestirne verbinden sich harmonisch mit dem allgegenwärtigen

Uranus. Uranus bereichert *2015* den Alltag und das Beziehungsleben des Wassermanns der **ersten zehn Februartage**. Auf Sie warten überraschende Begegnungen, die, wenn sich zu bestimmten Zeiten des Jahres andere Planeten dazugesellen, Ihren Kurs ändern werden! Oder es handelt sich um eine geniale, improvisierte Idee, die einen eventuellen Partner verführen könnte, sodass Sie dieses Jahr rot im Kalender anstreichen. Besonders im *Frühjahr* trifft dies zu, wenn Sie **Anfang Februar geboren** sind, und dann vor allem im *März*, wenn der planetare Kontext eine überaus verlockende Melodie für Sie spielt. Die im eigentlichen Sinn **erste Dekade** sieht sich dieses Jahr in ihren Ansichten, ihrem Weg, ihren Projekten, aber auch ihren freundschaftlichen Beziehungen konsolidiert. Diese werden reifer und befriedigender. Sie räumen in diesem Bereich mehr oder weniger gründlich auf und bevorzugen Qualität statt Quantiät. Sind Sie im **Januar geboren**, sollten Sie bis *Mitte März* ein Projekt auf die Beine stellen, das gute Aussichten hat, sich ab *Oktober/November* bis *Ende des Jahres* zu entfalten. Das heißt, langwierige Projekte haben Rückenwind: dies auch als Hinweis an potenzielle Väter/Mütter! Da Jupiter durch das 7. Haus zieht, das Haus des Partners, sollten Sie, falls Sie Anwandlungen verspüren, in den Hafen der Ehe einzulaufen, die Gelegenheit im *März*, in der *zweiten Aprilhälfte* oder *Ende Juni/Anfang Juli* nicht verpassen. Oder Sie warten bis *Anfang September*, obgleich Jupiter dann das Haus der Heirat verlassen hat und Venus, alias Cupido, diesen Platz einnimmt.
Insgesamt ist *2015* ein sehr angenehmes Jahr. Fügt man zwischen *Anfang Juni* und *Anfang Oktober* noch den Venustransit hinzu, zeigt sich, dass Sie in den Augen anderer unwiderstehlich sind und einige Eroberungen machen dürften – besonders im *Juni/Juli. Dies gilt in erster Linie* für die **zweite Hälfte des Zeichens (geboren nach dem 5. Februar)**, die **zweite Dekade kommt im September an die Reihe**.

**IHR JAHR 2015 IM ÜBERBLICK:**

**Kritische Perioden:**

(da die Einflüsse langsamer Planeten dafür bekannt sind, sich auf die vorhergehende und auf die folgende Periode auszuwirken, auch ungefähr 14 Tage **davor** und **danach**):

- *Um den 20. Juni* (**geboren um den 19. Februar**): Kursänderung!?
- *Um den 26. Juni* (**geboren um den 11. Februar**): Der andere macht Ihr Leben kompliziert!

- *Um den 3./4. August* (**geboren um den 18. Februar**): Der andere bremst Sie und/oder möchte die Macht übernehmen)
- *Um den 13. August* (**geboren um den 18. Februar**): Kursänderung – ein Echo auf den *20. Juni*?

**Positive Perioden:**

- *Um den 22. Februar* (**geboren um den 21. Januar**): Heiße Romanze in Sicht?
- *Um den 3. März* (**geboren um den 4. Februar**): Abenteuer und Glück kommen zusammen mit dem anderen.
- *Um den 11. März* (**geboren um den 5. Februar**): Sie treffen im Eiltempo Entscheidungen.
- *Um den 14. Juni* (**geboren um den 13. Februar**): Es lebe der Sport und *carpe diem*.
- *Um den 22. Juni* (**geboren um den 10. Februar**): idem – eine zweite Etappe.
- *Um den 15. August* (**geboren um den 12. Februar**): Der andere zieht Sie magisch an … und/oder umgekehrt.
- *Um den 30. September* (**geboren um den 21. Januar**): Ihre Projekte sind mit dem Kollektiv auf einer Linie.

**HIGHLIGHTS IN DER LIEBE**

- Gesamter Januar (eine heiße Phase, vor allem Mitte Januar!)
- 21. Februar bis 18. Mär (es leben die Begegnungen und der zärtliche Austausch mit der Umgebung!)
- 11. April bis 8. Mai (pflücken Sic ab heute die Rosen des Lebens!)
- 5. Juni bis 8. Oktober (für einige eine traumhafte Phase: man schätzt Sie und zeigt Ihnen das, für andere eine Phase der gefühlsmäßigen Entfremdung – bemühen Sie sich um Gastlichkeit!)
- 9. November bis 5. Dezember (cupido nimmt Sie unter fremde Himmel mit …)

**IHRE DYNAMISCHEN UND EFFIZIENTEN PHASEN**

- 1. bis 13. März (Sie werden etwas rebellisch (**letzte Dekade**); immer mit der Ruhe!)
- 20. Februar bis 1. April (bewegen Sie etwas, reisen Sie, verhandeln Sie; Sie führen Ihre kleine Welt im Eiltempo)
- 15. Mai bis 26. Juni (eine Phase für den Sport und handfeste Aktivitäten mit den Kindern!)
- 13. November bis 31. Dezember (die Auslandsgeschäfte machen Riesenfortschritte – ebenso die Projekte in den Bereichen Publikation, Medien oder Politik.)

**BESTE PERIODEN FÜR GESCHÄFTE/GELD/KONTAKTE/REISEN**

- 31. März bis 15. April
- 1. Mai bis 3. Juli (**erste** und **zweite Dekade**)
- 3. bis 9. Juli (**dritte Dekade**)
- 28. August bis 27. Oktober (**erste** und **zweite Dekade**)
- 27. Oktober bis 3. November (**dritte Dekade**)
- 20. November bis 11. Dezember

## 2016

### *ALLGEMEINE TENDENZEN*

Sie haben Glück, lieber Wassermann, denn auch *2016* bleiben Sie abseits der großen Turbulenzen. Besser noch: Wenn Sie im **Februar geboren** sind – insbesondere **vor dem 16. Februar** –, sind die Götter mit Ihnen! Sie präsentieren sich in Gestalt von Uranus, der Ihrem Alltag, aber auch Ihrer geistigen Verfassung frischen Wind verpasst. Er sorgt außerdem für alle möglichen Begegnungen und Entdeckungen, die den neugierigen Wassermann nur begeistern können. Neues zeichnet sich also ab am Horizont und in Ihrem Umfeld, das Sie durch den stabilisierenden Einfluss von Saturn konsolidieren und konkretisieren können. Dieser Einfluss betrifft in diesem Fall den Wassermann der **ersten zehn Februartage**, während die **letzte Dekade** erst *2017* an die Reihe kommt. Die genannte Gruppe, besonders, wenn sie **vor dem 8. Februar geboren** ist, bringt vor *Ende März* ein langwieriges Projekt auf den Weg, das sich *nach dem Ende der Sommerpause* bis *Jahresende* konkretisieren wird. Dabei kann es sich ebenso gut um ein kreatives Werk wie um den Bau eines Hauses oder die

Umsetzung eines Kinderwunsches handeln, der übrigens hervorragend mit der von Uranus verheißenen Erneuerung zusammenpassen würde. Vergessen wir jedoch nicht, dass von diesem Klima der Erneuerung, das Uranus zu eigen ist, nur die Wassermänner betroffen sind, die **zwischen dem 5. und dem 15. Februar geboren** sind.

Auch wenn Sie nicht die volle Wucht der berühmten Dissonanz Uranus/Pluto trifft, so erleben Sie doch einige Nebeneffekte durch Spannungen, die – wie in den Vorjahren – die Beziehungen mit der Umgebung belasten könnten. Dies zeigt sich gelegentlich in Form von Manipulation hinter den Kulissen, vielleicht auch durch gewisse zwielichtige Bekanntschaften oder solche, die die Macht über Sie als unabhängigen Wassermann übernehmen möchten. Diese Dissonanz kann sich auch in geheimen Qualen manifestieren, die Sie vor dem Rest der Welt verbergen, die aber deshalb nicht weniger belastend und stressig sind. Da jedoch Uranus Ihr Geburtsgebieter ist, dürfte sein günstiges Sextil die Oberhand gewinnen und Ihre geistige Verfassung mit schönem Optimismus verbessern. Sollten Sie von diesem planetaren Aspekt berührt werden, verlassen Sie Ihr Schneckenhaus, pflegen Sie die Kommunikation, den Austausch, korrespondieren Sie, schreiben Sie, knüpfen Sie neue Freundschaften und Beziehungen – Sie werden gewinnen, vor allem, wenn Sie **zwischen dem 1. und dem 12. Februar geboren** sind. Der oben genannte Vorbehalt bezüglich der Dissonanz Uranus/Pluto betrifft Sie nur, wenn Sie **zwischen dem 4. und dem 8. Februar geboren** sind.

Und was ist mit Jupiter, dem Planeten des Glücks, der Expansion und des Lebensoptimisumus? Sie werden bis *Anfang September* (bis zum *10.*) warten müssen, um seine Wohltaten zu erfahren, vor allem, wenn Sie **vor dem 12. Februar geboren** sind, und dann weiter bis *Ende des Jahres*. Die **zweite Dekade** steht ihrerseits ab *Mitte November* in Jupiters Visier. Daraus ergibt sich, dass diese **zweite Dekade**, unterstützt übrigens von Saturn, sich (*November/ Dezember*) in einer der glücklichsten und konstruktivsten Phasen befindet. Auslandsgeschäfte sind dann vom Glück begünstigt, ebenso auch Projekte in den Bereichen Publikation, Medien oder Politik. Wenn Sie schon immer davon geträumt haben, Ihre Memoiren zu schreiben, sollten Sie *Ende 2016* damit beginnen, die Ergebnisse Jupiters sind für *2017* zu erwarten.

Zuvor, das heißt zwischen *Anfang der Jahres* und *Anfang September*, wird Jupiter sich großzügig um Ihre indirekten Einnahmen wie Dividenden, Provisionen, Renten oder Pensionen oder auch eine Erbschaft gekümmert haben. Das ist vor allem dann der Fall, wenn Sie **nach dem 3. Februar geboren** sind. Sind Sie **um dieses Datum herum geboren**, erleben Sie im *Mai* die einträglichen Nachwirkungen vom *Herbst 2015*; die **letzte Dekade** wird ihren Geldbeutel ab *Mitte Juli* füllen können.

Die erste Dekade spürt die oben beschriebene günstige Wirkung Jupiters zwischen dem *10. September* und *Anfang November*. Da Neptun das Haus der Gewinne und Finanzen durchquert, wirkt sich dies mehrdeutig auf die Finanzen aus. Die Qualität der Auswirkung richtet sich nach dem jeweiligen kosmischen Kontext, wobei Neptun Sie beeinflusst, wenn Sie **zwischen dem 26. Januar und dem 3. Februar geboren** sind. So wird er beispielsweise für eine gewisse Unklarheit Ihrer Finanzlage sorgen, wenn Sie **gleich Anfang Februar geboren** sind. Diese Unklarheit äußert sich in Form von Geldsorgen durch einen Freund oder als Projekt, bei dem schlecht gewirtschaftet wurde. Lassen Sie sich nicht ausnehmen und pflegen Sie Ihre Finanzen strikt und peinlich genau. Dies gilt wieder vor allem, wenn Sie **Anfang Februar geboren** sind, und zwar in erster Linie im *Frühjahr* bis *Juni*.
Besondere Erwähnung verdient der Kurs, den Mars im feindlichen Zeichen Skorpion nimmt und der *dieses Jahr* besonders lang sein wird – mit einer Unterbrechung allerdings zwischen *Anfang März* und *Ende Mai*. Er ist zwischen *Jahresanfang* und *Mitte März*, dann wieder von *Ende Mai* bis *Ende Juli* aktiv (diese letzte Phase berührt allerdings nur den Wassermann der **dritten Dekade**). Was kann dieser feindliche Mars im Gepäck haben? Hindernisse und Rivalitäten am Arbeitsplatz, in bestimmten Fällen auch ein körperliches Problem im Sinn einer Entzündung, Infektion, Allergie oder Sonstiges. Achten Sie auf Ihre Geschlechtsorgane, das Herz, die Augen und die Knöchel. Konkret gesprochen werden die in den **ersten beiden Dekaden Geborenen** seinen drastischen Einfluss *Mitte März* wieder los, nur bei der **letzten Dekade** taucht diese Problematik *Ende Februar/Anfang März* erneut auf. Dabei stellt sich heraus, dass sie zuvor nicht angemessen gelöst wurde. Als wolle er um Entschuldigung bitten, tritt Mars zwischen *März* und *Ende Mai* in ein Freundschaftszeichen und regt die **erste Dekade** an, der er die Ergebnisse ihrer Projekte und Initiativen vom *August* beschert. Die beiden letzten Dekaden erfahren diesen positiven Einfluss zwischen *Mitte August* und *Ende September*. Die belebende Wirkung von Mars beeinflusst nicht nur die körperliche Form, sondern auch Ihre Projekte, denen sie einen deutlichen Anstoß gibt.

## IHR JAHR 2016 IM ÜBERBLICK:

### Kritische Perioden

(da die Einflüsse langsamer Planeten dafür bekannt sind, sich auf die vorhergehende und auf die folgende Periode auszuwirken, auch ungefähr 14 Tage **davor** und **danach**):

- Lieber Wassermann, Sie haben wirklich Glück, keine Konfiguration langsamer Planeten hat Sie im Visier!

**Positive Perioden:**

- *Um den 6. Juni* (**geboren um den 6. Februar**): Ihre Verführungskunst und Ihre Lebensfreude werden angekurbelt)
- *Um den 24. August* (**geboren um den 30. Januar**): Ihr langwieriges Projekt macht Riesenfortschritte.
- *Um den 25. Dezember* (**geboren um den 10. Februar**): Sie machen aus alt neu!
- *Um den 26. Dezember* (**geboren um den 10. Februar**): Große Reisen und Auslandsprojekte.

**HIGHLIGHTS IN DER LIEBE**

- 1. bis 24. Januar (Freundschaften konsolidieren sich, vor allem, wenn Sie **Anfang Februar geboren** sind)
- 19. Februar bis 13. März (wie viel Charme, welche Verführung! **Geborene um den 5. Februar**: eine Bindung wird konsolidiert)
- 5. bis 30. April (Ausgezeichnetes Verhältnis zur Umgebung (Mütter, Schwestern, Töchter) ... **Geborene um den 29. Januar**: eine Romanze zeichnet sich ab)
- 26. Mai bis 18. Juni (Sie verschenken Ihr Herz leicht (**zweite Dekade**)!
- 13. Juli bis 6. August (eine prägende Begegnung, wenn Sie **um den 13./14. Februar geboren** sind)
- 1. bis 24. September (die Liebe findet sich auf Reisen)
- 18. Oktober bis 12. November (ein Hoch auf Liebesfreundschaften)
- 7. bis Ende Dezember (Sie strahlen aus allen Knopflöchern – eine Begegnung auf der Reise oder im Ausland für dic **zweite Dekade**?)

**IHRE DYNAMISCHEN UND EFFIZIENTEN PHASEN**

- Siehe oben den Einfluss des dissonanten Mars
- 9. November bis 19. Dezember (lernen Sie die entfachte Energie von Mars beherrschen; die **zweite Dekade** kann diese Energie in einer äußerst konstruktiven und nachhaltigen Aktion kanalisieren)

**BESTE PERIODEN FÜR GESCHÄFTE/GELD/KONTAKTE/REISEN**

- 14. Februar bis 6. März (nichts überstürzen!)
- 22. März bis 6. April
- 13. bis 30. Juni
- 7. bis 25. Oktober
- 12. November bis 3. Dezember (Glück, Gewinne, Expansion!)

## Fische

### ALLGEMEINE AUSWIRKUNGEN DER DISSONANZ URANUS/PLUTO AUF IHR STERNZEICHEN ZWISCHEN 2012 UND 2016

Liebe Fische, beglückwünschen Sie sich, denn Sie befinden sich nicht in der Schussrichtung der ernsten Dissonanz Pluto/Uranus, die der Welt eine Gesellschaftskrise bringt. Diese Dissonanz wird Ihre Kardinalhäuser nicht berühren, sodass Ihre Verwundbarkeit gering ist. Besser noch: Pluto, einer der beiden Faktoren dieses explosiven Duos, wird sogar in all diesen Jahren gut mit Ihrem Sonnenzeichen befreundet sein, was ein wertvolles Privileg ist. Selbst wenn dies letztlich nur die Fische betrifft, die **vor dem 8. März geboren** sind, ist das bereits eine sehr beruhigende Nachricht. Genauer gesagt wird Pluto weiterhin Ihr Haus der Freundschaften, der Projekte und Bestrebungen durchqueren. Da er zusammen mit Ihrer Sonne ein ausgezeichnetes Sextil bildet, halten diese Bereiche herrliche Verwirklichungen und Verwandlungen für Sie bereit. Konkreter gesagt werden Sie wahrscheinlich Ihr Adressbuch überprüfen und aktualisieren, ebenso den Kreis Ihrer Freunde. Im Übrigen profitieren Sie aller Wahrscheinlichkeit nach von der Intervention mächtiger und einflussreicher Bekannter. Auch hinsichtlich Ihrer Projekte gibt Pluto zu Hoffnungen Anlass. Ihre Ziele werden ehrgeiziger und es könnten in dem bevorstehenden Fünfjahreszeitraum größere Projekte auf der Tagesordnung stehen.

Es gibt jedoch einen Haken an der Sache, auch wenn es sich dabei nur um eine Begleiterscheinung handelt: Uranus durchquert seit *Sommer 2010* Ihr Haus der Finanzen und Gewinne, was er auch weiterhin tun wird. Bis *Ende 2016* wirkt er sich auf die Fische aus, die **vor dem 15. März geboren** sind. Nun werden sich diese beiden Gestirne in den kommenden Jahren gegenseitig stören. Was heißt das? In Bezug auf Ihr Sonnenzeichen könnten zwischen den genannten Bereichen

Spannungen auftreten, einerseits bei Freundschaften, in denen es aus Geldgründen zu Streit kommen könnte, andererseits bei Projekten, die auch wieder aus finanziellen Gründen gefährdet werden könnten. Uranus wird für Unvorhergesehenes, für zweifelhafte Überraschungen im Vergleich zu den Erwartungen sorgen. Dabei handelt es sich natürlich um ein latentes Klima, das diese Jahre prägen wird, in erster Linie für die Fische, die **vor dem 9. März geboren** sind, denn Pluto wird diese Grenze des Tierkreises nicht überschreiten. Gehören Sie in diese Gruppe Ihres Zeichens, sollten Sie in Gelddingen ebenso wie bezüglich Ihrer Projekte und Ihres Umgangs Vorsicht walten lassen. Verleihen Sie beispielsweise nicht leichtfertig Geld – Sie könnten den Freund und das Geld gleichzeitig verlieren! Es versteht sich von selbst, dass dieser Vorbehalt die äußerst positive Wirkung von Pluto nicht verhindern wird, von der wir gesprochen haben, eine Wirkung, die hier und dort durch den planetaren Kontext angekurbelt wird, wie Sie weiter unten sehen werden. Wir wünschen Ihnen alles Gute!

## 2012

### *ALLGEMEINE TENDENZEN*

Zu dem oben Gesagten ergänzen wir hier gleich, dass dieses mögliche Szenario (finanzielle Risiken in Zusammenhang mit Projekten oder dem freundschaftlichen Umgang) besonders für die Fische der **ersten Dekade** zutrifft, die **nach dem 25. Februar geboren** sind. In jedem Fall kann sich die gesamte **erste Dekade** über Ergebnisse freuen, die Jupiter ihr auf einem Silbertablett zu präsentieren verspricht – und dies noch vor dem nächsten Geburtstag. Diese Ergebnisse werden die Belohnung für das sein, was seit *Sommer 2011* in die Wege geleitet wurde. Bei einigen wird es sich um die Veröffentlichung eines Buches handeln, bei anderen um die Geburt eines Kindes. Bei wieder anderen schließlich, die **vor dem 24. Februar geboren** sind (das heißt bei denen, die von ihrem Planeten Neptun besucht werden), könnte der *Jahresanfang 2012* – etwa die *zweite Januarhälfte* – sogar einen gewissen Bekanntheitsgrad bringen, denn nun stimmt auch Venus in das Konzert von Neptun und Jupiter mit ein. Für die **zweite Dekade** beginnt die Erfolgsperiode *Mitte März* und dauert bis *Anfang Mai*, dann wird Jupiter, alias das Glück und der Lebensoptimismus, die **letzte Dekade** verwöhnen, und zwar bis *Mitte Juni*. Dies wird vielleicht die Dissonanzen von Mars/Venus eindämmen, die zwischen *April* und *Anfang Juli* mehr als einen Fisch zu destabilisieren drohen, wovon das **gesamte Sternzeichen** betroffen ist. Man muss sagen, dass die Fische der **ersten beiden Dekaden** seit *Ende*

*2011* durch eine Phase gehen, die wegen der Opposition von Mars von Stress, Überlastung, Kämpfen und Hindernissen begleitet werden. Diese Phase wiederholt sich *2012* bis *Anfang Juli*, wenn Sie **nach dem 22. Februar geboren** sind. Bis *Mitte Juni* werden Sie davon nur etwas merken, falls Sie **vor dem 14. März geboren** sind. Nebenbei gesagt kann die Dissonanz von Mars auch ein körperliches Problem symbolisieren – eine Entzündung, Infektion oder in einigen Fällen auch eine Fraktur, vorzugsweise der Hand, des Handgelenks oder Fußes. Vorsicht also! In Bezug auf diese Rückläufigkeit von Mars – denn darum handelt es sich – sollten die Fische, die **vor dem 25. Februar geboren** sind, dem *April* besondere Aufmerksamkeit schenken, denn nun sind sie dem Duo Mars/Neptun ausgesetzt, was gleichbedeutend ist mit dem Risiko von Virusinfektionen einerseits, Betrügereien, Diebstählen oder Übergriffen andererseits. Halten Sie also die Augen offen …
Ab *Mitte Juni* durchquert Jupiter Ihr Haus der Familie, der Wohnung und des Vermögens, und zwar bis Ende des Jahres. Dies gilt vor allem, wenn Sie vor **dem 8. März geboren** sind. Wenn die rückläufige Venus im *Juni/Juli* ihre Energien mit denen des etwas chaotischen Jupiters verbindet, kann man darauf wetten, dass Sie sich, da diese beiden Gestirne auch noch in Opposition zu Neptun gehen, abstrampeln müssen. Darauf sollten sich vor allem die Fische der **ersten Dekade** einstellen. Der *Sommer* wird also recht chaotisch, wahrscheinlich steht in Sachen Liebe eine Entscheidung an, die in Ihrem Zuhause und in Ihrem Herzen für Turbulenzen sorgen wird. Das *Ende des Jahres* und *der Jahresanfang 2013* bringen sehr wahrscheinlich die Auswirkungen dieses chaotischen Klimas zurück. Eine gute Nachricht: Im *Oktober* tritt Saturn in ein Freundschaftszeichen und lädt die **erste Dekade** ein, Grundlagen für die Zukunft zu legen – vielleicht Kinder zu planen? Die Wirkungen des stabilisierenden Saturns sind für den *Sommer 2013* zu erwarten.

## IHR JAHR 2012 IM ÜBERBLICK

### Kritische Perioden:

(da die Einflüsse langsamer Planeten dafür bekannt sind, sich auf die vorhergehende und auf die folgende Periode auszuwirken, auch ungefähr 14 Tage **davor** und **danach**):

- *Um den 10. Januar* (**geboren um den 3. März**): Sie leiden unter der kollektiven Konjunktur.

- *Um den 6. Juni* (**geboren um den 5. März**): Klären Sie Ihre Familienverhältnisse; Sie laufen Gefahr, auf zwei Hochzeiten gleichzeitig zu tanzen.
- *Um den 25. Juni* (**geboren um den 22. Februar**): Ruhe bewahren und zusammen bleiben! Meistern Sie Unklarheiten und Zerrüttung!
- *Um den 2. Juli* (**geboren um den 23. Februar**): Das kollektive Klima destabilisiert Sie.
- *Um den 21. Juli* (**geboren um den 27. Februar**): Behalten Sie Ihre Finanzen im Auge – Vorsicht vor gewaltigen Ausgaben und vor dem Fiskus, sonst haben Sie die Folgen zu tragen!
- *Um den 4. August* (**geboren um den 21. Februar**): Sie haben einen direkten Draht zu einer negativen Konjunktur, Vorsicht vor Viren und vor einer Pleite!
- *Um den 15. Oktober* (**geboren um den 6. März**): vgl. um den 21. Juli

**Positive Perioden:**

- *Um den 18. Januar* (**geboren um den 20. März**): Eine Begegnung oder eine Verhandlung füllt Ihren Geldbeutel.
- *Um den 5. März* (**geboren um den 28. Februar**): Die kollektive Konjunktur ist Ihnen dienlich.
- *Um den 13. März* (**geboren um den 28. Februar**): Ein Projekt von 2011 wird geboren.
- *Um den 17. September* (**geboren um den 17. März**): Gewinne durch einen Partner oder ein Auslandsgeschäft.
- *Um den 11. Oktober* (**geboren um den 19./20. Februar**): Ein Auslandsgeschäft, eine große Reise oder eine Ausbildung konsolidieren Ihre Situation, Sie erhalten Anerkennung für Ihre Verdienste.
- *Um den 27. November* (**geboren um den 27. Februar**): Ein umfangreiches Projekt macht große Fortschritte!
- *Um den 27. Dezember* (**geboren um den 28. Februar**): Bringen Sie im Ausland ein Projekt auf den Weg … oder einen Erben …

**HIGHLIGHTS IN DER LIEBE**

- Mitte Januar bis 9. Februar (**erste Dekade**: eine Bekanntschaft von *2011* taucht wieder auf; die **zweite Dekade** hat ein reges gesellschaftliches Leben und betört ihre Freunde!)
- 6. März bis 3. April (es leben die glücklichen und vielversprechenden Begegnungen, insbesondere am **Ende der ersten** und **Anfang der zweiten Dekade**)
- 7. August bis 6. September (ein Hoch auf das Motto *carpe diem*, den süßen Austausch mit dem geliebten Menschen und Ihre Kinder)
- 4. bis 29. Oktober (der **Anfang des Zeichens** schwebt im siebten Himmel ... vor allem auf einer Reise, aber bleiben Sie gelassen mit dem anderen!)
- 22. November bis 16. Dezember (die Liebe verbindet sich und konsolidiert sich für die **erste Dekade** im Ausland)

**IHRE DYNAMISCHEN UND EFFIZIENTEN PHASEN**

- Zur Rückläufigkeit von Mars siehe oben.
- 24. August bis 8. Oktober (Pflegen Sie Ihre Auslandsgeschäfte und/oder optieren Sie für eine große Reise oder für ein schriftstellerisches Werk
- 18. November bis 26. Dezember (Die Projekte nehmen neuen Aufschwung, vor allem in der **ersten Dekade**.)

**BESTE PERIODEN FÜR GESCHÄFTE/GELD/KONTAKTE/REISEN**

- 8. bis 28. Januar
- 14. Februar bis 3. März (außerordentlich!)
- 23. März bis 17. April (**dritte Dekade**)
- 9. bis 25. Mai (das reine Glück für die **dritte Dekade**, ausgezeichnet für die anderen!)
- 7. bis 27. Juni
- 5. bis 30. Oktober (nicht so hastig in der **zweiten Dekade**!)
- 14. November bis 12. Dezember (**dritte Dekade**)

## 2013

### *ALLGEMEINE TENDENZEN*

Liebe Fische, Sie werden mit Sicherheit das *zweite Halbjahr 2013* bevorzugen. Jupiter, alias das Glück und der Lebensoptimismus, beabsichtigt nämlich, *Ende Juni* mit seinen wohltuenden Strahlen Ihr Haus des Wohlbefindens, der Freizeit, der Kreativität, der Liebe und Ihrer Nachkommen zu erhellen. Bis *Ende des Jahres* beeinflusst er nur die Fische der **ersten beiden Dekaden**, sodass Sie, wenn Sie in der **ersten Märzwoche geboren** sind, seine ausgezeichneten Auswirkungen *2014* erleben werden. Dieses Jahr ist das Paar Pluto/Saturn partnerschaftlich für Sie tätig, in erster Linie, wenn Sie **zwischen dem 22. Februar und dem 2. März geboren** sind. Projekte mit dem Ausland oder in Zusammenhang mit einer Publikation, den Medien, Politik oder Bildung haben in den *ersten drei Vierteljahren* eine Glückssträhne, das *letzte Vierteljahr* reserviert der **zweiten Dekade** den Schutz des alleinigen Saturns. Der Einfluss ist jedoch ausreichend stark, um Ihre Existenz zu konsolidieren und zu stabilisieren und für eine Anerkennung Ihrer Verdienste zu sorgen. Es sei denn, dieses Projekt Saturns äußert sich für die Fische, die **nach dem 5. März geboren** sind, in der Ankunft eines Babys oder der Veröffentlichung eines Buchs in den *ersten fünf Monaten von 2014*.
Hinsichtlich des Vorbehalts, der im Vorspann bezüglich Ihrer Finanzen angekündigt wurde, bei denen es zu Spannungen mit Ihren Projekten oder freundschaftlichen Beziehungen kommen könnte, muss man wissen, dass *2013* vor allem die Fische, die **Anfang März geboren** sind, darunter leiden werden, und zwar im *Frühjahr* und *Sommer*. Jupiter wird, teilweise als Auswirkung von *2012*, weiter für Unterhaltung im familiären oder Immobilienbereich sorgen, vor allem, wenn Sie **nach dem 5. März geboren** sind. Seine Wirkung hält bis *Ende Juni* an, die **letzte Dekade** ist erst ab *Mitte Mai* an der Reihe. Aus diesem Einfluss könnten sich außergewöhnliche Ausgaben ergeben, ebenso auch einige juristisch-administrative Sorgen – halten Sie Ihren Papierkram in Ordnung und provozieren Sie die Obrigkeit nicht! Sind Sie **um den 25. Februar geboren**, wird der Immobilienbereich im *Februar* besonders begünstigt, auch wenn die Kosten Ihre Erwartungen etwas übersteigen.
Neptun wird Sie besuchen – ein besonderes Privileg, denn er wird erst in 164 Jahren wieder in Ihr Haus kommen! Er ist Ihr Gestirn und symbolisiert im positiven Sinn die (künstlerische) Inspiration und Empathie, im negativen Sinn die vernebelte Illusion, Vertrauensmissbrauch und Pleiten. Auch schwer zu diagnostizierende, meist viral bedingte Krankheiten oder auch Depressionen stehen mit ihm in Zusammenhang. *2013* beeinflusst er die

Fische, die **vor dem 26. Februar geboren** sind. *Anfang Februar* verstärkt sein Einfluss, vermischt mit der Wirkung von Mars, Ihre Geburtstendenzen. Nur diese bestimmen, ob sein Einfluss eine positive oder negative Richtung erhält. *Ende April* wird Neptun Ihre Gedanken inspirieren und hilft Ihnen bei Begegnungen und auf mentaler Ebene. Vorsicht ist hingegen *Anfang Juni* und *Ende Oktober* geboten, wenn seine Verstrickung mit Mars Ihre Gesundheit schwächt - hüten Sie sich vor Anämie, Schwindel und Viren.
Schlussbetrachtung: Wenn Sie **in den ersten fünf Märztagen geboren** sind, sollten Sie Ihren Projekten einen ordentlichen Schwung verpassen, Sie werden erfolgreich sein!

**IHR JAHR 2013 IM ÜBERBLICK:**

**Kritische Perioden:**

(da die Einflüsse langsamer Planeten dafür bekannt sind, sich auf die vorhergehende und auf die folgende Periode auszuwirken, auch ungefähr 14 Tage **davor** und **danach**)

- *Um den 4. Februar* (siehe oben): Teuflische Effizienz oder gewaltiger Fehler?
- *Um den 20. Mai* (**geboren um den 11. März**): Halten Sie finanzielle oder familiäre Unordnung in Grenzen.
- *Um den 29. September* (**geboren um den 23. Februar**): Meiden Sie Selbstüberschätzung und Illusionen. Lassen Sie sich von einem zuverlässigen Freund beraten, bevor Sie einen Vertrag unterschreiben.
- *Um den 1. Dezember* (**geboren um den 23. Februar**): idem – vgl. 29. September

**Positive Perioden:**

- *Um den 8. März* (**geboren um den 1. März**): Ergebnisse eines langwierigen Auslandsprojekts?
- *Um den 11. Juni* (**geboren um den 25. Februar**): Schöne Bestätigung in Sicht – bei einigen regelrechter Ruhm!
- *Um den17./18./19. Juli* (**geboren um den 25. Februar**): idem – ausgezeichnete Nachrichten vom 11. Juni?

- *Um den 2. Juli* (**geboren um den 6. März**): Folgen Sie Ihrer Kreativität, Freude durch die Kinder.
- *Um den 16. August* (**geboren um den 1. März**): Sie sind mit der kollektiven Konjunktur auf einer Linie.
- *Um den 6., 16. und 21. September* (**geboren um den 28. Februar**): idem – Sie ernten die Früchte von Anfang März.
- *Um den 13. Dezember* (**geboren um den 8. März**): Gute Neuigkeiten vom Juli!

**HIGHLIGHTS IN DER LIEBE**

- 1. Januar bis 3. Februar (wenn Sie **Ende Februar geboren** sind, starten Sie ein künstlerisches Projekt!)
- 27. Februar bis 23. März (die **erste Dekade** verschenkt ihr Herz leicht, der **Anfang der zweiten Dekade** glänzt in Gesellschaft und verankert eine Verbindung dauerhaft)
- 16. April bis 10. Mai (Ihnen stehen schöne Begegnungen offen! Verhandeln Sie bei dieser Gelegenheit über ein Projekt, wenn Sie **Anfang März geboren** sind)
- 4. bis 27. Juni (**geboren um den 25. Februar** Sie schweben im siebten Himmel; für **um den 1. März Geborene:** Sie sind zwischen Ihren Aktivitäten und dem Wunsch nach *carpe diem* hin- und hergerissen)
- 23. Juli bis 17. August (man liebt Sie und zeigt Ihnen dies)
- 12. September bis 8. Oktober (verreisen Sie mit dem geliebten Wesen und/oder Cupido kümmert sich um eine schöne Überraschung ...)
- 6. November bis Ende des Jahres (die Liebesfreundschaften blühen, die künstlerischen Projekte ebenfalls – aber bei denen, die **Anfang März geboren** sind, gibt es einige Spannungen zwischen Freunden und dem geliebten Menschen, die **zweite Dekade** konsolidiert eine Bindung auf einer Reise oder im Ausland)

**IHRE DYNAMISCHEN UND EFFIZIENTEN PHASEN**

- 2. Februar bis 13. März (Sie strotzen vor Energie. Wenn Sie **vor dem 2. geboren** sind, gelingt Ihnen alles, vorausgesetzt, Sie schränken sich ein und halten bei der Organisation eiserne Disziplin)
- 20. April bis Ende Mai (das Beziehungsleben steht im Scheinwerferlicht, unterschreiben Sie einen wichtigen Vertrag, wenn Sie **Anfang März geboren** sind, aber lesen Sie vorher das Kleingedruckte!)
- 14. Juli bis 28. August (Ihre Kreativität und eine schöne Energie lassen Sie bei Ihren Projekten vorankommen; die **erste Dekade** erntet, was sie Ende 2012 gesät hat)

**BESTE PERIODEN FÜR GESCHÄFTE/GELD/KONTAKTE/REISEN**

- 1. bis 20. Januar (Vorsicht in der **ersten Dekade**!)
- 5. Februar bis 6. April (**erste** und **zweite Dekade**)
- 6. bis 15. April (**dritte Dekade**)
- 1. bis 16. Mai (langfristige Projekte, Anerkennung, Neustart!)
- 1. Juni bis 9. August (im Juli das reine Glück für die **erste Dekade**!)
- 24. August bis 10. September (außergewöhnlich für die **erste Dekade**, erfolgreich für die anderen)
- 29. September bis 28. November (**erste** und **zweite Dekade**)
- 28. November bis 6. Dezember (**dritte Dekade**)
- 25. bis 31. Dezember (**erste Dekade)**

## 2014

### *ALLGEMEINE TENDENZEN*

Tatsächlich hat Jupiter Sie *vergangenen Juli* wieder gut in Form gebracht, liebe Fische der **ersten beiden Dekaden**. Im *November 2013* ist er zurückgekehrt und wird bis *Anfang März* den Fischen der **zweiten Dekade** ein vielversprechendes Klima mitbringen. Diese wohlwollende Stimmund hat Ihnen bereits *zwischen Juli* und *September* des Vorjahres Ihr Selbstvertrauen zurückgegeben. Die Früchte dieser Verheißungen sind für dieses *Frühjahr* zu erwarten, und zwar vor *Ende Mai*. Dann kommt die **letzte Dekade** an die Reihe, um von der Freigebigkeit Jupiters zu profitieren, sei es hinsichtlich Ihrer Kreativität, in Ihrem Gefühlsleben oder in Bezug auf Ihre Kinder. In diesem Bereich werden Sie von Freude erfüllt sein. Im *Juni* ist die **letzte Dekade** aufgerufen zu einer prägenden Begegnung in Herzensangelegenheiten oder zur Beendigung eines künstlerischen Werkes, das *2013* begonnen wurde. Fügen wir noch an, dass bei den **März**-Fischen, etwa zwischen *Anfang März* und *Mitte Juli*, vor allem jedoch in der *zweiten Aprilhälfte* oder im *Juni*, auch das Glücksspiel unter einem guten Stern steht.

*2014* sind mögliche Spannungen mit einem geliebten Menschen zu erwähnen, die Sie beeinträchtigen könnten, insbesondere im *März/April*, wenn Sie in den **ersten fünf Märztagen** geboren sind. Sind Sie im Übrigen **zwischen dem 27. Februar und dem 8. März geboren**, durchquert Uranus Ihr Haus der Finanzen, das er *gleich zu Beginn des Jahres*, dann wieder im *Mai/Juni* stören könnte. Achten Sie also besonders sorgfältig darauf, Ihren Papierkram wie Versicherungspolicen, Steuerunterlagen etc. in Ordnung zu halten. Hier könnte es nämlich, vor allem zwischen *Januar* und *Juni*, Ärger geben bei Fischen, die in der **ersten Hälfte Ihres Zeichens (vor dem 6. März) geboren** sind. Sie verfügen allerdings über einen mächtigen Schutzschirm in Form des stabilisierend wirkenden Saturns. Er beeinflusst dieses Jahr die Fische der **zweiten Hälfte**. In diesem Fall und ganz besonders, wenn Sie **vor dem 14. März geboren** sind, spüren Sie die Auswirkungen von *2013* bis *September*, mit einem Höhepunkt im *Juli* in Form von Prüfungsergebnissen, einer Gratifikation oder Auszeichnung oder auch der Publikation eines Buches. Möglich ist auch ein Erfolg in einem Auslandsgeschäft auf dem Medien- und Politiksektor. Die **letzte Dekade** wird im *letzten Vierteljahr* durch Saturn belohnt. *Last but not least* wollen wir in diesem Jahr *2014* den außergewöhnlichen Transit von Neptun in die Sonne der Fische nicht vergessen, die **zwischen dem 22. und dem 28. Februar geboren** sind. Dieser Stern, der Ihr Stern und wie alle Planeten ambivalent ist, je nach seiner Stellung am Himmel und im Verhältnis zu Ihrem persönlichen Horoskop, wird einerseits Vermittler außergewöhnlicher Intuition und Inspiration bei diesen Fische-Geborenen sein – insbesondere *Anfang April, Anfang Juni, Ende Juli, Ende Oktober* oder *Mitte Dezember*. Andererseits wird er eine erhöhte Verletzlichkeit durch Diebstähle, Intrigen, Skandale und Täuschungen, durch Anämie oder Viren bringen, und zwar möglicherweise *Anfang April* (sein Einfluss in dieser Periode ist sehr vieldeutig und von Ihrem Geburtshimmel abhängig), dann wieder *Ende Juni/Anfang Juli* und *schließlich Mitte September* sowie *Ende November*. Seien Sie zu diesen Zeiten des Jahres besonders wachsam, um sich nicht hintergehen oder von bösartigen Bakterien angreifen zu lassen! Dieses Risiko ist besonders hoch für die Fische-Geborenen der **ersten fünf Märztage**.

## IHR JAHR 2014 IM ÜBERBLICK:

### Kritische Perioden:

(da die Einflüsse langsamer Planeten dafür bekannt sind, sich auf die vorhergehende und auf die folgende Periode auszuwirken, auch ungefähr 14 Tage **davor** und **danach**)

- *Um den 12. Juni* (**geboren um den 26. Februar**): Putzen Sie Ihre Brille, Ihr Blick ist nicht objektiv. Hüten Sie sich vor Selbstüberschätzung, vor allem auf finanziellem Gebiet!

### Positive Perioden:

- *Um den 24. Mai* (**geboren um den 9. März**): Sie sammeln die Früchte dessen, was Sie *2013* gesät haben.
- *Um den 25. August* (**geboren um den 7. März**): Ihre Auslandsprojekte machen große Fortschritte.
- *Um den 10./11.* (**geboren um den 1. März**): Machen Sie bei einem wichtigen Projekt Tempo.

**HIGHLIGHTS IN DER LIEBE**

- 1. Januar bis 5. März (ein künstlerisches Projekt oder eine freundschaftliche Begegnung aus dem Jahr 2013 werden – zu Ihrem größten Vergnügen – wieder aktuell, vor allem, wenn Sie **im März geboren** sind)
- 5. April bis 4. Mai (Ihre Verführungskunst macht Furore, vor allem, wenn Sie zur **ersten** oder **zweiten Dekade** gehören)
- 29. Mai bis 24. Juni (ausgezeichneter Austausch mit der Umgebung; für die **letzte Dekade** eine prägende Begegnung in Herzensangelegenheiten?)
- 19. Juli bis 12. August (leidenschaftliche Liebe klopft an)
- 23. Oktober bis 17. November (Cupido ist Ihr Reisebegleiter – warum nicht eine Gruppenreise unternehmen?)
- 10. Dezember bis Ende des Jahres (ein künstlerisches Projekt oder eine Liebesfreundschaft in Aussicht)

**IHRE DYNAMISCHEN UND EFFIZIENTEN PHASEN**

- 26. Juli bis 13. September (die Auslandsgeschäfte oder ein Medien- oder Buchprojekt machen Riesenfortschritte)
- 27. Oktober bis 4. Dezember (Mars regt Ihre Bestrebungen an, dies gilt für das gesamte Zeichen!)

**BESTE PERIODEN FÜR GESCHÄFTE/GELD/KONTAKTE/REISEN**

- 1. bis 12. Januar (**zweite** und **dritte Dekade**): (ein super Jahresanfang, Glück und Expansion!)
- 1. bis 13. Februar (nur Anfang der **ersten Dekade, vor dem 25. Februar Geborene**)
- 17. März bis 8. April (Ihnen gelingt alles!)
- 23. April bis 8. Mai (außergewöhnlich!)
- 29. Mai bis 17. Juni (nur Fische, die **vor dem 26. Februar geboren** sind)
- 13. bis 31. Juli
- 28. September bis 11. Oktober (nur Fische, die **vor dem 24. Februar geboren** sind)
- 9. bis 29. November
- 17. bis 31. Dezember (**erste** und **zweite Dekade**)

## 2015

### *ALLGEMEINE TENDENZEN*

Sagen wir es ganz klar: Die **erste Dekade** hat kein einfaches Jahr vor sich. Wem dies bewusst ist, der kann die Situation entdramatisieren. Worum geht es dabei? Neptun, Ihr Planet, berührt im Jahr *2015* Ihre Geburtssonne, wenn Sie ein **Februar**-Fisch sind, der **nach dem 24. Februar geboren** ist. Wie bereits in den vorherigen Analysen gesagt, ist nicht der feierliche Neptuntransit an sich – der einmalig in einem Menschenleben ist – zu beschuldigen, denn diese Konfiguration kann ein herrliches Klima begleiten, das sogar die Größenordnung einer Erleuchtung annehmen könnte. Neptun ist der mystische Planet, der Planet der Intuition und der Inspiration schlechthin. Zudem kann sein Durchgang eine plötzliche Bekanntheit mit sich bringen – oder den Übertritt zu einer anderen Religion. Das Problem *2015* ist, dass Neptun wegen der Dissonanz von Saturn und – ab *August* – Jupiter seine negative Seite zeigt. Anders gesagt werden Sie verletzlicher sein, sowohl körperlich, beispielsweise durch Schwindel, eine mögliche Anämie, eine schwer zu diagnostizierende Krankheit, als auch psychisch oder sozial wegen einer verstärkten Neigung zu Depressionen. Auf gesellschaftlicher Ebene können Ihnen Verleumdung, üble Nachrede oder sogar Skandale und in Extremfällen auch eine Pleite zu schaffen machen. Saturn wird zwischen den Zeilen **das ganze Jahr über** einen Schatten auf Ihren Weg werfen durch Ausbremsen, Hindernisse bis hin zu Prüfungen in Verbindung mit einer Trennung oder einem Arbeitsplatzverlust. Sind Sie **vor dem 26. Februar geboren**, manifestiert sich die Besonderheit dieses Einflusses *vor Juni*, die Auswirkungen sind für die **gesamte Dekade** in der Zeit *zwischen Mitte September* und *Jahresende* zu erwarten. Hinzuzufügen ist noch, dass im *August/September*, wenn die Opposition von Jupiter eintritt, Ihr Beziehungsleben gestört sein wird, ob nun die Paarbeziehung oder die berufliche Partnerschaft. Es kann zu Machtkämpfen, Missverständnissen, einem Klima der Selbsttäuschung oder Irreführung kommen, was Sie auffordert, sich selbstkritisch zu zeigen. Wenn sich zusätzlich der planetare Kontext einmischt, werden diese Tendenzen verstärkt. Dies wird vor allem der Fall sein *zwischen Mitte Januar und Anfang Februar*, im *April/Mai* sowie in der *ersten Oktoberhälfte*. Wappnen Sie sich daher mit Geduld und Gelassenheit, meditieren Sie regelmäßig, wenn Sie das können. Entspannung wäre sicher ein ideales Heilmittel angesichts der durch Neptun gesteigerten Empfänglichkeit und Sensibilität. Einige von Ihnen werden sich als typische Fische dafür entscheiden, sich dem humanitären Bereich zu widmen. Dies könnte dazu beitragen, Sie zu deprimieren, denn es hebt nicht wirklich die Moral, diese Welt in der Krise zu beobachten.

Die **zweite Dekade** hat es mit einem ausgezeichneten Pluto zu tun, besonders die Fische, die **zwischen dem 2. und dem 7. März geboren** sind. Nutzen Sie dieses Jahr, um ein Projekt, das Ihnen lieb ist, zu verfolgen – und abzuschließen. Möglich ist dies in erster Linie *Anfang Februar* oder *Mitte April* oder auch *Mitte Juli, Ende Oktober* oder *Mitte Dezember. 2016* sind Sie nämlich an der Reihe, die Dissonanz Saturns zu spüren zu bekommen, die Ihnen Steine in den Weg legen wird. Die **dritte Dekade** wird durch ihre Werke aus dem Jahr *2014* belohnt. Dies betrifft vor allem die **nach dem 16. Geborenen**, etwa in der Periode von *Mitte Juni bis Mitte September*. Sie erleben nun das sehr befriedigende Ergebnis eines Klimas von *Ende 2014*, häufig in Gestalt einer überaus reizenden Nachkommenschaft oder, bei anderen, in Form der Veröffentlichung eines Werks oder der Verwirklichung eines Ihnen am Herzen liegenden Projekts im Ausland.

## IHR JAHR 2015 IM ÜBERBLICK

### Kritische Perioden:

(da die Einflüsse langsamer Planeten dafür bekannt sind, sich auf die vorhergehende und auf die folgende Periode auszuwirken, auch ungefähr 14 Tage **davor** und **danach**)

- *Um den 20. Januar* (**geboren um den 25. Februar**): Seien Sie auf der Hut vor Ihrem Schatten – Achtung vor Diebstahl und bösartigen Attacken, hüten Sie sich auch vor der Ansteckung mit Bakterien oder Mikroben.

- *Um den 21. Januar* (**geboren um den 25. Februar**): Wenn sich das Schicksal einmischt, setzen Sie die rosarote Brille auf!

- *Um den 4. Mai* (**geboren um den 22. Februar**): Unvorhergesehene Bremse oder Hindernis?

- *Um den 14. Juni* (**geboren um den 13. März**): Vorsicht in alle Richtungen – vor häuslichen Unfällen: Feuer, Strom …!

- *Um den 3. September* (**geboren um den 24. Februar**): Ihre Finanzen oder eine Beziehung machen Ihnen Sorgen – meiden Sie Selbstüberschätzung!

- *Um den 17. September* (**geboren um den 27. Februar**): Bemühen Sie sich um Objektivität und/oder lassen Sie sich von einem zuverlässigen Freund bei einem finanziellen, juristischen oder Partnerschaftsproblem beraten.

- *Um den 17. Oktober* (**geboren um den 4. März**): Der andere neigt dazu, Sie anzugreifen, die Macht übernehmen zu wollen; verteidigen Sie sich mit Diplomatie.

- *Um den 22. Oktober* (**geboren um den 22. Februar**): Unangenehmer Nachhall von *Anfang Mai*?

- *Um den 26. November* (**geboren um den 26. Februar**): Ein größeres Problem oder Hindernis ist in Sicht als Folge der Ereignisse *Frühjahrs …*

**Positive Perioden:**

- *Um den 17. August* (**geboren um den 20. Februar**): Sprechen Sie mit Ihrem Partner über Geld.
- *Um den11. Oktober* (**geboren um den 3. März**): Verhandeln oder unterschreiben Sie einen Partnerschaftsvertrag, er wird *2016* »Junge« bekommen, oder verloben Sie sich, heiraten Sie!

**HIGHLIGHTS IN DER LIEBE**

- 10. bis 20. Februar (**März**-Fische, Sie betören!)
- 18. März bis 12. April (ein Hoch auf Begegnungen, Kontakte und liebevollen Austausch!)
- *8. Mai bis 6. Juni* (*Carpe diem*! Liebe, Kinder und Kreativität – alles ungetrübt)
- Mitte Oktober bis 8. November (**März**-Fische: Schmieden Sie ein Teamprojekt oder laufen Sie in den Hafen der Ehe ein)
- 5. bis Ende Dezember (Machen Sie sich mit dem geliebten Menschen auf in andere Gefilde!)

**IHRE DYNAMISCHEN UND EFFIZIENTEN PHASEN**

- 1. bis 20. Februar (**März-Fische** – und speziell die **vom Monatsanfang** – Sie können Berge versetzen!)
- 1. April bis 13. Mai (vereinbaren Sie einen Termin – Verabredungen, Verhandlungen und Geschäftsreisen haben eine Glückssträhne!)
- 25. Juni bis 8. August (es lebe der Sport mit dem geliebten Menschen und den Kindern!)

**BESTE PERIODEN FÜR GESCHÄFTE/GELD/KONTAKTE/REISEN**

- 1. bis 6. Januar (**dritte Dekade**)
- 15. April bis 2. Mai (mit Ausnahme einiger Bremsklötze für die **zweite Dekade**)
- 8. bis 24. Juli
- 2. bis 21. November
- 10. bis 31. Dezember (mit Ausnahme einiger Hindernisse oder Einschränkungen für die **erste Dekade**)

## 2016

*ALLGEMEINE TENDENZEN*

**Im Februar geboren**, haben Sie, liebe Fische, *2015* bereits Bekanntschaft mit einer mehr oder weniger schwierigen Konjunktur gemacht, ob nun auf physischer oder psychischer Ebene. Sie hatten es mit dem eher deprimierenden Duo Neptun/Saturn zu tun. *Dieses Jahr* ist es leider Mars, der im *Frühjahr* Saturns Platz einnehmen wird, um Sie nun seinerseits zu erschüttern. Zwischen *Anfang März* und *Ende Mai* fühlen Sie sich bedrängt, gestresst, hin- und hergerissen zwischen schwer zu bewältigenden Hindernissen oder Angriffen, denn Sie werden die Situation häufig nicht klar erkennen. Mit anderen Worten wird es schwierig für Sie sein, durch den Filter, den Neptun Ihnen vorhält, die Dinge und die Menschen objektiv zu sehen. Dies gilt *2016*, wenn Sie **zwischen dem 25. Februar und dem 3. März geboren** sind. Seien Sie in diesem Fall in erster Linie in der *zweiten Aprilhälfte* auf der Hut, vor allem, wenn Sie **Ende Februar geboren** sind. Die **erste Dekade** erlebt die Auswirkungen dieses *Frühjahrs* im *August* und kann anschließend durchatmen. Was die **zweite Dekade** angeht, ist sie nun ihrerseits an der Reihe, sich wegen Saturns Dissonanzen unbehaglich zu fühlen, dies betrifft vor allem die Fische der **ersten Märzwoche** – und zwar zwischen *Januar* und *November*. Die übrige **zweite Dekade** wird lediglich vorübergehend zwischen *Mitte November* und *Jahresende* beeinträchtigt. Eine Prüfung könnte Sie in der *zweiten Märzhälfte* erwarten, wenn Sie **um den 6./7. März geboren** sind, dies vor allem auch, weil Jupiter im *März/April* Saturn kräftig zur Hand geht, indem er an Ihrer Gelassenheit rüttelt. Während Saturn für ein schwieriges Klima verantwortlich sein kann, insbesondere wenn Sie gleichzeitig Besuch von Neptun bekommen, also *Anfang März*, kehrt auch noch Jupiter zurück an den Horizont der Fische, die **nach dem 2. März geboren** sind. Sein Einfluss ist ambivalent, bald fruchtbar in Form einer möglichen Partnerschaft – oder sogar Heirat – für die **zweite Dekade** vor allem im *Mai* und im *Juli*, bald störend: Er kann bei geeignetem planetaren Kontext, nämlich *Anfang April* sowie im *Juni* oder auch noch im *August* (dies gilt für die **letzte Dekade**), administrative, steuerliche oder Beziehungsprobleme für diese Fische-Geborenen mit sich bringen. Lassen Sie also äußerste Vorsicht walten bei Partnerschaftsverträgen, die zur Unterschrift anstehen könnten, und auch bezüglich des Fiskus. Zahlen Sie Ihre Steuern pünktlich. Prozesse sind unter der Dissonanz im Übrigen auch wenig empfehlenswert.

Die Fische, die dieses Jahr von Plutos Hilfestellung bei einem großen Projekt am meisten profitieren können, sind **zwischen dem 3. und dem**

**8. März geboren**. Wenn Sie in diese Zone des Tierkreises gehören, genießen Ihre Projekte zwischen *Anfang März* und *Anfang Juli* den Segen der Götter, allerdings mit den oben genannten Vorbehalten. Für die **letzte Dekade** gibt es eine sehr fruchtbare Periode zwischen *Ende Mai* und *Ende Juli* – vor allem, wenn Sie **nach dem 12. März geboren** sind. Sie ernten nun die Früchte einer Initiative von *Ende Februar/Anfang März*, die Sie im Ausland oder im Bereich Medien, Publikation, einer neuen Ausbildung (ein bestandenes Examen?) oder auch in der Politik in die Wege geleitet haben.

## IHR JAHR 2016 IM ÜBERBLICK:

### Kritische Perioden:

(da die Einflüsse langsamer Planeten dafür bekannt sind, sich auf die vorhergehende und auf die folgende Periode auszuwirken, auch ungefähr 14 Tage **davor** und **danach**)

- *Um den 23. und 29. Januar* (**geboren um den 12./13. März**): Ein mehrdeutiger Aspekt, der sich bei einigen von Ihnen positiv äußern wird – Partnerschaftsvertrag? – während es für andere eine heikle Phase wird mit Komplikationen im Beziehungsleben oder Problemen mit den Finanzen, dem Gesetz oder dem Fiskus.
- *Um den 23. März* (**geboren um den 6./7. März**): Eine anstrengende Phase – vgl. oben.
- *Um den 26. Mai* (**geboren um den 3 März**): idem – dasselbe Klima wie Ende März.
- *Um den 6. Juni* (**geboren um den 6. März**): Sie fühlen sich nicht sonderlich wohl in Ihrer Haut.
- *Um den 18. Juni* (**geboren um den 2. März**): Sie werden stark gebremst.
- *Um den 2. Juni* (**geboren um den 5. März**): Dieselben Vorbehalte wie für Ende Januar.
- *Um den 24. August* (**geboren um den 28./29. Februar**): Meiden Sie Machtkämpfe und Vorsicht vor Stürzen, vor Hand- oder Fußfrakturen!

- *Um den 10. September* (**geboren um den 1. März**): Das Klima ist ein Widerhall vom 18. Juni.

- *Um den 8. Oktober* (**geboren um den 2. März**): Sie sind einem negativen kollektiven Klima ausgesetzt.

- *Um den 17. November* (**geboren um den 28. Februar**): Sie sind einem störenden kollektiven Klima ausgesetzt.

- *Um den 25. Dezember* (**geboren um den 24. Februar**): Sie erleben das Zusammenwirken eines kollektiven Störklimas.

**Positive Perioden:**

- *Um den 23. und 29. Januar* (siehe oben:) Der Einfluss ist von Ihrem persönlichen Himmel abhängig.

- *Um den 16. März* (**geboren um den 7. März**): Ein Angebot für eine Partnerschaft oder einen Vertrag von Ende 2015 taucht wieder auf…

- *Um den 9., 12. und 14. Juni* (**geboren um den 7. März**): Sie sind in Symbiose mit einer kollektiven Konjunktur, die sich vorteilhaft für Sie auswirkt.

- *Um den 20. Juni* (**geboren um den 5. März**): Dasselbe mehrdeutige Klima wie Ende Januar.

- *Um den 26. Juni* (**geboren um den 6. März**): Sie erleben das lohnende Ergebnis von *Mitte März.*

- *Um den 19. Oktober* (**geboren um den 5. März**): Ihre Projekte machen Riesenfortschritte; bitten Sie Freunde um einen Gefallen, man wird Ihnen nichts abschlagen.

**HIGHLIGHTS IN DER LIEBE**

- 24. Januar bis 12. Februar (Glückssträhne für Liebesfreundschaften und künstlerische Projekte)
- Ende März bis Anfang April (mit einem Wermutstropfen, wenn Sie **um den 7. März geboren** sind, verfolgen Sie ein Projekt, das Ihnen am Herzen liegt!)
- 1. bis 26. Mai (Begegnungen und Geschäftsreisen stehen unter einem Schutz; für die **zweite Dekade** ein guter Zeitpunkt, um in den Hafen der Ehe einzulaufen!)
- 18. Juni bis 13. Juli (hören Sie auf Ihre Kreativität. Ungetrübte Liebe. Die **zweite Dekade** könnte im *Juli* heiraten/eine Geschäftspartnerschaft eingehen)
- 24. September bis 19. Oktober (Brechen Sie mit dem geliebten Menschen in die Ferne auf)
- 12. November bis 7. Dezember (treffen Sie Freunde wieder und, wenn Sie **um den 6. März geboren** sind, machen Sie Tempo bei Ihren Projekten)

**IHRE DYNAMISCHEN UND EFFIZIENTEN PHASEN**

- 4. Januar bis 7. März (Seien Sie unternehmerisch tätig, evtl. im Ausland?, reisen Sie und, dies gilt für die **letzte Dekade**, stürzen Sie sich *Ende Februar/Anfang März* in eine neue Ausbildung oder ein Publikations- oder Medienprojekt, Erfolg garantiert ... *zwischen Ende Mai und Ende Juli*; für **nach dem 12. Geborene:** Ernten Sie die Früchte!)
- 27. September bis 9. November (verwenden Sie all Ihre Energie für die Umsetzung Ihrer Ziele, auch in der **ersten Dekade**)
- 19. bis 31. Dezember (halten Sie sich von Herbstnebeln fern: Vorsicht vor Erkältungen und Grippe!)

**BESTE PERIODEN FÜR GESCHÄFTE/GELD/KONTAKTE/REISEN**

- 8. Januar bis 14. Februar
- 6. April bis 13. Juni
- 30. Juni bis 15. Juli
- 24. Oktober bis 13. November
- 3. bis 31. Dezember (**erste und zweite Dekade**)

## BIBLIOGRAFIE


ABELLIO, Raymond, *La Fin de l'Esotérisme*, Flammarion, 1973.

ARENDT, Hannah, *La Crise de la Culture*, Folio-Essais, 1972.

BAUDRILLARD, Jean, *Le Paroxyste indifférent*, Grasset, 1997; deutsche Ausgabe: *Paroxysmus*, Passagenverlag, 2002.

BOLLE DE BAL, Marcel, *De l'esthétique sociale à la Sociologie existentielle: Sous le signe de la Reliance,* Société no. 36, 1992.

BOHM, David, *La Plénitude de l'Univers*, Le Rocher, 1987.

BONARDEL Françoise, *L'Irrationnel*, PUF, collection *Que sais-je?,* 1996.

CALLEMAN, Carl Johan *Solving the Greatest Mystery of Our Time*, Garev Publishing, 2001.

CALLEMAN, Carl Johan, *The Mayan Calendar and the Transformation of Consciousness*, Bear & Company, 2004; deutsche Ausgabe: *Der Maya Kalender und die Transformation des Bewusstseins*, EU-Umweltakademie, 2007.

CAMPION, Nicolas, *The Book of World Horoscopes*, Aquarian Press, 1988.

CAPRA, Fritjof, *Le Tao de la Physique*, Tchou, 1979; deutsche Ausgabe: *Das Tao der Physik*, O. W. Barth, 2000.

CAPRA, Fritjof, *Le Temps du Changement*, Le Rocher, 1983; deutsche Ausgabe: *Wendezeit. Bausteine für ein neues Weltbild*, Droemer Knaur, 1999.

CLOW, Barbara Hand, *Le Code Maya*, J'ai lu, 2010; deutsche Ausgabe: *2012 – Der Maya Code*, AMRA Verlag, 2010.

DARNIL, Sylvain; LE ROUX, Mathieu, *80 Hommes Pour Changer le Monde*, Edition Jean-Claude Lattès, 2005.

DIAMOND, Jared, *Guns, Germs and Steel: The Fates of Human Societies*, N.Y., W.W. Morton, 1997; deutsche Ausgabe: *Arm und Reich. Die Schicksale menschlicher Gesellschaften*, Fischer, 2006.

DOMENACH, Jean-Marie, *Le Retour du Tragique*, Seuil, 1967.

DURAND, Gilbert, *Les Structres anthropologiques de l'Imaginaire*, Bordas, 1969.

DURKHEIM, Emile, *Les Formes élémentaires de la vie religieuse*, Poche, 1991; deutsche Ausgabe: *Die elementaren Formen des religiösen Lebens*, Verlag der Weltreligionen im Insel Verlag, 2007.

EINSTEIN, Albert, *Conceptions scientifiques, morales et socials*, Flammarion, 1952.

ELIADE, Mircea, *Le mythe de l'éternel retour*, Gallimard, 1969; deutsche Ausgabe: *Kosmos und Geschichte. Der Mythos der Ewigen Wiederkehr*, Insel Verlag, 2007.

EMOTO, Masuro *The Hidden Messages in Water*, Beyond Words Publishing, 2004; deutsche Ausgabe: *Die Botschaft des Wassers*, Koha, 2002.

ENGDAHL, F. William, *Seeds of Destruction, The Hidden Agenda of Genetic Manipulations*, Global Research, 2008; deutsche Ausgabe: *Saat der Zerstörung. Die dunkle Seite der Genmanipulation*, Kopp Rottenburg, 2006.

FELIZ CARRASCO, Birgit, *2012: Die große Zeitenwende*, Knaur, 2008.

FERGUSON, Niall, *Empire: The Rise and Demise of the British Empire...*, Basic Books, 2003.

FREUD, Sigmund, *Malaise dans la Civilisation*, PUF, 1971; deutsche Ausgabe: *Das Unbehagen in der Kultur*, Reclam, 2010.

GOUCHON, H. J., *Les prévisions à longue échéance*, Dervy, 1971.

GUENON, René, *La Crise du monde moderne*, Gallimard-Idées, 1946; deutsche Ausgabe: *Die Krisis der Neuzeit*, Hegner, 1950.

GUILLE, Etienne, *L'Alchimie de la Vie*, Le Rocher, 1983.

HERMES TRISMEGISTE, *Corpus Hermeticum*, Belles-Lettres, 1954.

IBN EZRA, A., *Le Livre des Fondements astrologiques*, Retz, 1977.

IONESCU, Vlaicu, *Les dernières Victoires de Nostradamus*, Edition Filipacchi, 1993.

JASPERS, Karl, *Introduction à la Philosophie*, Plon, 1981; deutsche Ausgabe: *Einführung in die Philosophie*, Piper, 1966.

JONES, Marion D., *Die Welt nach 2012*, Ansata, 2009.

JUNG, C. G., *L'Homme et ses Symboles*, R. Laffont, 1964; deutsche Ausgabe: *Der Mensch und seine Symbole*, Patmos, 2009.

JUNG, C. G., *L'Homme à la découverte de son âme*, Payot, 1960.

JUNG, C. G., *Psychologie et Religion*, Buchet-Castel, 1988; deutsche Ausgabe: *Psychologie & Religion*, dtv, 2001.

KEPLER, Johann, *Harmonices Mundi. Die Zusammenklänge der Welten*, 1619, herausgegeben von M. Caspar, 1955.

LABORIT, Henri, *Dieu ne joue pas aux dés*, Grasset, 1987.

LABORIT, Henri, *L'Esprit du Grenier*, Grasset, 1992.

LABORIT, Henri; TEISSIER, E., *Etoiles et Molécules*, Grasset, 1992.

LUPASCO, Stéphane, *La Tragédie de l'Energie*, Castermann Poche, 1970.

MAFFESOLI, Michel, *La Violence totalitaire, Sociologie du quotidian*, Desclée de Brouwer, 1999.

MELCHIZEDEK, Drunvalo, *Schlange des Lichts - Jenseits von 2012*, Koha, 2008.

MICHAUD, Stephen G., *Les perspectives épistémologiques de l'Astrologie* in: „Astrologie-Passion", herausgegeben von E. Teissier, Hachette-Litt., 1992.

MOSCOVICI, Serge, *Psychologie des Minorités actives*, PUF, 1982.

MORTON, Chris; THOMAS, Louise, *Le Mystère des Crânes de Cristal*, Le Rocher, 1999.

NIETZSCHE, Friedrich, *Par-delà le Bien et le Mal*, Ed. Aubier Montaigne, 1951; deutsche Ausgabe: *Jenseits von Gut und Böse. Zur Genealogie der Moral*, Anaconda, 2006.

NIETZSCHE, Friedrich, *La Généalogie de la Morale*, Mercure de France, 1948; deutsche Ausgabe: *Zur Genealogie der Moral*, Reclam, 1988.

NIETZSCHE, Friedrich, *Humain, trop humain*, Gallimard, 1968; deutsche Ausgabe: *Menschliches, Allzumenschliches*, Anaconda, 2006.

NOSTRADAMUS, Michel de, *Les vraies Centuries et Prophéties de Michel de Nostradamus*, Edition Bélisane, 1981.

PLATON, *Oeuvres Complètes*, Gallimard, La Pléiade, 1950; deutsche Ausgabe: *Platon: Sämtliche Werke in 3 Bänden*, Lambert Schneider, 2010.

POPPER, Karl, *La Logique de la découverte scientifique*, Payot, 1982.

RIDLEY, Matt, *Genome: The Autobiography of a Species in 23 Chapters*, Harper Perrennial, 2006; deutsche Ausgabe: *Alphabet des Lebens: Die Geschichte des menschlichen Genoms*, Claasen Verlag, 2000.

RIFKIN, Jeremy, *The Hydrogen Economy*, Tarcher, 2003.

RUDHYAR, Dan, *L'Histoire au rythme du cosmos*, Ed. Univ., 1983.

RONECKER, Jean-Paul, *L'énergie vibratoire des ondes de forme*, Ed. Dangles, 1999.

ROBIN, Marie-Monique, *Le monde selon Monsanto*, Stanké, 2008; deutsche Ausgabe: *Mit Giften und Genen: Wie der Biotech-Konzern Monsato unsere Welt verändert*, Goldmann Verlag, 2010.

RUPPEL, Peter, *Überlebenskodex für die Wendezeit 2012*, Schirner-Verlag, 2010.

SCHIFF, Jean-Marie, *L'Age Cosmique aux USA*, Albin Michel, 1981.

SCHLOSSER, Eric, *Fast Food Nation*, Harper Perennial, 2002; deutsche Ausgabe: *Fast Food Gesellschaft*, Riemann Verlag, 2003.

SHELDRAKE, Rupert, *La Mémoire de l'Univers*, Le Rocher, 1981.

SHELDRAKE, Rupert, *Une Nouvelle Science de la Vie*, Le Rocher, 1988.

SHNAYERSON, Michael; PLOTKIN, Mark, *Die lautlosen Killer*, Blessing, 2003.

SIMMEL, Georg, *Die Philosophie des Geldes*, Metropolis, 2000.

SIMMEL, Georg, *La Tragédie de la Culture*, PUF, Rivages, 1988.

SPENGLER, Oswald, *Le Déclin de l'Occident*, Gallimard, 1948; deutsche Ausgabe: *Der Untergang des Abendlandes*, Albatros, 2007.

SIMON, Sylvie, *2012: Le Rendez-Vous*, Ed. Alphée, 2009.

TAG, Karin, *Der Geheimcode im Kristallschädel*, Kopp, 2008.

TCHIJEVSKY, A., *Les Epidémies et les perturbations électromagnétiques du milieu extérieur*, Ed. Hippocrate, 1938.

TEISSIER, Elizabeth, *1999 – 2004. Le Passage de tous les dangers*, R. Laffont, 1999.

TEISSIER, Elizabeth, *L'Astrologie, Science du XXIè siècle*, Ed. 1, 1988; deutsche Ausgabe: *Astrologie: Wiederkehr einer Wissenschaft*, Ullstein, 1989.

TEISSIER, Elizabeth, *L'Homme d'aujourd'hui et les Astres, fascination/rejet*, Plon, 2011.

TEISSIER DU CROS, André, *La France, le Bébé et l'Eau du Bain*, Ed. L'Harmattan, 2010.

THUILLIER, P., *La Revanche des Sorcières , l'irrationnel et la Pensée scientifique*, Belin, 1997.

VALERY, Paul, *Tel quel*, Gallimard, Folio/Essais, 1996 .

VALLEE, Martine, *2012 – Die große Veränderung*, Amra, 2008.

WEBER, Max, *L'éthique protestante et l'esprit du Capitalisme*, Plon, 1964; deutsche Ausgabe: *Die protestantische Ethik und der Geist des Kapitalismus*, Beck, 2010.

STEFFEN, Alex, *WorldChanging: A User's Guide for the 21st Century*, Harry N. Abrams, 2008; deutsche Ausgabe: *WorldChanging: Das Handbuch der Ideen für eine bessere Zukunft*, Knesebeck, 2008.

YOURCENAR, Marguerite, *Essais et Mémoires*, Gallimard, 1991.

ZIEGLER, Jean, *L'Empire de la Honte*, Livre de Poche, 2007; deutsche Ausgabe: *Das Imperium der Schande*, Goldmann Verlag, 2008.

## INTERNETSEITEN:

www.slate.fr

www.lepoint.fr

www.spiegel.de

www.wired.com

www.greenmoneyjournal.com

www.spaceweather.com

www.lifegen.de

www.naturalnews.com

www.faz.net

www.amanita.at

http://worldvisionportal.org/wordpress

http://spaceobs.org

http://fr.sott.net

http://terrenouvelle.ca

http://groupes.sortirdunucleaire.org

http://astrosurf.com

http://reporterre.net

## DVD

*Sharkwater* von Rob Steward